HISTOIRE
UNIVERSELLE,

DEPUIS

LE COMMENCEMENT DU MONDE

JUSQU'A PRÉSENT.

TOME QUARANTE-SEPTIEME.

HISTOIRE UNIVERSELLE,

DEPUIS
LE COMMENCEMENT DU MONDE
JUSQU'A PRÉSENT;

Composée en Anglois par une Société de Gens de Lettres;
NOUVELLEMENT TRADUITE EN FRANÇOIS
PAR UNE SOCIÉTÉ DE GENS DE LETTRES;
Enrichie de Figures et de Cartes.

HISTOIRE MODERNE.
TOME SEPTIEME.

CONTENANT la suite de l'Histoire des Tartares & des Mongols sous Jenghiz Khan; de l'Empire fondé par ce Conquérant, & de ses successeurs dans le Mogolistan.

A PARIS,

Chez MOUTARD, Imprimeur-Libraire de la REINE, de MADAME, & de Madame la Comtesse d'ARTOIS, rue des Mathurins, Hôtel de Cluni.

M. DCC. LXXXII.
Avec Approbation & Privilége du Roi.

TABLE
DES CHAPITRES,
DES SECTIONS
ET DES SOMMAIRES

Contenus dans le Tome septieme de l'Histoire Universelle.

Chapitre III. *Histoire de Jenghiz Khan, depuis son irruption dans le Karazm jusqu'à la mort du Sultan Mohammed. Ambassade de Jenghiz Khan vers Mohammed, Sulton de Karazm.* page 1
La paix conclue. Brouillerie entre Mohammed & le Califé Nafer. 3
Son armée est ruinée. 4
Ambassade de Nafer à Jenghiz Khan. 5
Le Gouverneur d'Otrar fait assassiner des Ambassadeurs & des Marchands Mongols. 7
Ressentiment de Jenghiz Khan. 10
Réglemens qu'il fait pour son armée. 11
Son départ. Etat de l'Asie au temps de l'irruption des Mogols. 13
Juji a de l'avantage dans une action. 14
Détail plus circonstancié tiré d'autres Auteurs. 16
Le Sultan se retire, & Jenghiz Khan avance. 19

a iij

TABLE.

Reddition de Zarnuk. 21
Nûr se soumet. Fuite du Sultan. 22
Description de Bokhara. 23
Siége de cette ville. 24
Elle se rend. Façon d'agir de Jenghiz Khan dans la mosquée. 25
Bokhara brûlée. 26
Siége d'Otrar. 27
Elle est prise. 28
De même que le château. 29
Mort du Gouverneur. 30
Massacre à Saganak. 31
Uzkant se rend, & Alshash est emportée. 32
Siége de Jund. 33
Elle est prise par stratagême. On épargne les habitans. 34
Siége de Tonkat. 35
Prise de cette ville. 36
Description de Khojende. 37
Belle défense de Timur Malek. 38
Sa retraite. Il combat ceux qui le poursuivent. 40
Et se sauve par la riviere. 41
Description de Samarcande. 42
Son état présent. 43
Siége de cette ville, & sa belle défense. 44
Elle est prise & pillée. 45
Le Sultan poursuivi. 46
Affaires de Herat. 47
Zaveh emportée par force. 48
Nisabûr se soumet. 49
Le Sultan est battu. 50
Il s'enfuit à Abiskûn. 51
Sa mort. 52

TABLE.

CHAPITRE IV. *Conquête du Royaume de Karazm, de la Grande-Bukharie, de l'Iran ou de la Perse, jusqu'à la défaite du Sultan Jalalo'ddin Mankberni. Progrès des Généraux Mongols.* 53

Royaume de Karazm. Description de sa capitale. 54
Grand pouvoir de la Reine Tunkhan Khatûn. 56
Malheurs de Jalalo'ddin. 57
Invasion du Karazm. 58
Siége de la capitale. Qui se défend vigoureusement. 59
Horrible carnage. 61
Exemple de vertu. Autres villes soumises. Description de Termed. 62
Cruel massacre. 63
Affaires du Khorasan. 64
Prise de Nisa, & massacre de ses habitans. 65
Siége de la citadelle de Karendar. 66
Damegan abandonnée. Ilal se rend faute d'eau. 68
La Reine Mere faite prisonniere, & sa cruauté punie. 70
Prise de Ray. 71
Prise de Kom. 72
Hamadan fait la paix. 73
Autres places réduites. Grande chasse à Termed. 74
Siége de Balkh. 76
Sa prise. 77
Description de cette ville. Siége de Talkhan. Force de cette ville, & sa prise. 78
Maru se rend, & Masar s'en saisit. 80
Bukha trompé. Masar se rend. 82
Les habitans massacrés. 84

Nisabûr assiégée. Et prise.	85
Siége de Herat, qui est prise & épargnée.	87
Description de cette ville.	88
Extrémité où se trouve Jalalo'ddin.	89
Siége de Bamiyan. Sa vigoureuse défense.	90
Elle est prise & ruinée.	91
Le Sultan défait les Mongols.	92
Le Khan Malek vient le joindre.	94
Défait Kûtûktû Noyan.	95
Stratagême de ce Général. Division entre les Généraux de Jalalo'ddin.	96
Le Sultan vaincu sur les bords de l'Indus.	98
Il passe ce fleuve.	101
Jenghiz Khan l'admire. Il fait noyer sa famille.	102
Ses exploits aux Indes.	103
CHAPITRE V. *Conquêtes dans l'Iran, depuis la bataille de l'Indus jusqu'au retour de Jenghiz Khan en Tartarie. Conquête de l'Irak Persienne.*	105
Ardebil & Tauris se rendent. Les Géorgiens font la guerre aux Mongols.	106
Détachemens des Mongols.	109
Prise de Kandahar. Prise de Multan. Massacre à Herat.	110
Gazna assiégée & prise.	111
Jagataï entre dans le Kerman, pays mal-sain.	112
Le Khan retourne à Bokhara.	113
Hubbé & Suida passent par Derbent.	114
Défont les Daghestans.	116
Ils entrent dans le Kipchak. Prise d'Astracan.	117

TABLE.

Libéralité du grand Khan. Il se rend à Tonkat. 118
Il tient une Diete avec grande pompe. 119
Tushi s'en retourne. Invasion de la Bukharie. 121
Et dans l'Iran. 124
Le Kincha envahi. 126
Massacres faits par les Mongols. Conquêtes dans les Indes. 127

CHAPITRE VI. *Conquête du Royaume de Hya, & progrès dans celui de Kitay, jusqu'à la mort de Jenghiz Khan. Affaires du Leaotong.* 130

Et de Kitay. Villes reprises. 131
Exploits de Cang-jao. 132
La Corée rendue tributaire. Conquêtes dans la province de Chan-tong. 133
Dans celles de Chan-si & de Chen-si. 134
Mort de Mûhûli. Son caractere. 135
Retour du Khan. 136
Il envahit le Hya. 137
Progrès dans le Honan. Et dans le Hya. 138
Ruine de ce royaume. 139
Les Turcs Jurjeh se soumettent. Mort de Tushi. 140
De Jalalo'ddin. 141
Et de Sidaskû. 142
Maladie du Khan, & sa mort. 143
Ses dernieres paroles. 144
Il nomme Octay son successeur. 145
Ses funérailles. 146
Son caractere & son génie. 147
Sa Religion. Ses femmes. 149
Ses enfans. 150

Leurs emplois. 151
Loix de Jenghiz Khan. 152
LIVRE V. *Histoire des successeurs de Jenghiz Khan, dans le Mogolistan ou pays des Mogols.* 160
CHAPITRE I. *Le Regne d'Octay Khan, second Empereur des Mogols. Octay est reconnu.* ibid.
Il accepte l'Empire avec répugnance. 162
Continuation de la guerre. 163
Taxes. Premiers Ministres. 164
Partage de l'Empire. 165
Loix proposées. 166
Et établies. 167
La capitale du Chensi est assiégée & prise. 168
Nouvelles mesures. 169
Le Ministre accusé par envie. 170
Sa générosité. Villes prises. 171
Toley entre dans le Honan. 172
Il est repoussé. 173
Il surprend les Kins. 174
Défaite des Généraux Kins. 175
Quelques-uns sont mis à mort. 177
L'armée des Kins périt misérablement. 178
Siége de Loyang. 179
Propositions de paix. 180
Mécontentement de Suputay à ce sujet. 181
Il continue le siége. 182
Il est forcé de se retirer. 183
Il reçoit ordre de reprendre le siége. 184
Extrémité où se trouve la capitale. Mort & caractere de Toley. 185
Son amitié pour son frere. 186
Sa femme & ses enfans. 187

TABLE.

Traité avec les Song. L'Empereur Kin sort de la ville, & son armée est ruinée, 188
Siége de la capitale. 189
Indigne procédé de Tsû-li. 190
Un autre traître insulte l'Empereur. 191
Tsû-li livre l'Impératrice & les Reines. 192
Il est dépouillé de tout. Belle action de Pu-cha-quen. Il est tué. 193
Prise de Loyang, & fidélité du Gouverneur. 194
L'Empereur se retire à Juning-fu. 195
Son insensibilité. La Cour assiégée. 196
Réduite à l'extrémité. Tour enchantée. 197
Courage de l'Empereur. 198
Extrême famine. 199
Prise de la ville. 200
Mort de l'Empereur. 201
La conduite des Song mécontente les Mongols. 202
Différentes expéditions. 203
Les Song attaqués. 204
Pertes dans le Hu-quang. 205
Monnoie de papier. Invasion du Chen-si. 206
Terrible bataille. Réduction du Se-chuen. 207
Succès dans le Hu-quang. Echec à Gantong. 208
Et à Lucheu. 209
Men-Kong bat les Mongols. Les Douanes affermées. 210
Exploits de Meng-kong. Maladie d'Octay. 211
Sa mort. Son caractere. 212
Ses femmes. 213
Sa grande libéralité. 214
Exemple de sa justice. 216
CHAPITRE II. La régence de Tolyekona & le regne de Quey-yeu Khan. 218

TABLE.

SECTION PREMIERE. *La régence de Tolye-kona ou Tûrakina Khatûn. Les avis de Chu-tſay rejetés.* 218

Il meurt de chagrin. Son caractere. 219
Ses grandes connoiſſances. 220
Son zele pour l'avancement des Sciences. Son déſintéreſſement. 221
Bravoure d'un Gouverneur. 222
Vigilance de Meng-kong. Quey-yeu eſt déclaré Khan. 223
Mort de Sûpûtay. 224

SECTION II. *Le regne de Quey-yeu ou Kayûk Khan. Les Bonzes favoriſés.* 226
Mort de Meng-kong. La Corée réduite. 227
Mort de Quey-yeu. 228
L'Impératrice Wan-li eſt Régente. 229
Election de Meng-ko. 230

CHAPITRE III. *Le regne de Mengko ou Mangû Khan. Mengko, quatrieme Khan. Conſpiration en faveur de Shiramûn.* 233
Kublay habile dans les Sciences Chinoiſes. 235
Sévérité de Mengko. 237
Sa cruauté. 238
Guerre dans l'Yun-nan. Armées en campagne. 239
Conquêtes de Kublay. Réglemens de Mengko. 240
Les Mongols policés. La Cour transférée à Chang-tû. 241
Expédition dans le Chen-ſi. 242
La prudence de Kublay prévient ſa diſgrace. Conquêtes de Hu-lyang. 243
Les forces de Mengko. 244
Les Song ſe défendent vigoureuſement. 245
Langcheu ſe rend. Priſe de Quey-ling-fu. Hocheu aſſiégée à contre-temps. 246

TABLE.

Embarras des Mongols. Assaut général, & Meng-ko tué.	248
Son portrait.	250

CHAPITRE IV. *Le regne de Hu-pi-lay ou Kublay Khan.* 252

SECTION I. *Progrès de la guerre à la Chine, jusqu'au temps où Peyen ou Bayan fut déclaré Généralissime. Expédition de Kublay.*	ibid.
Il assiége Vû-chang.	253
Il fait la paix avec les Song.	254
Il est proclamé Empereur.	256
Arikbuga aspire à l'Empire.	257
Il tente de s'emparer du Chen-si.	258
Son armée est défaite & ses Géneraux sont tués.	259
Sages Réglemens.	260
Les Sciences encouragées.	261
Fourberie du Ministre Song.	262
Un Lama devient Favori.	263
Affaires de Se-chuen. Défaite d'Alipuko.	264
Révolte de Litan.	265
Il est assiégé & tué.	266
Mauvaise foi des Song. Artifices d'Ahama.	267
Ignorance des Mongols.	268
Palais des Ancêtres.	269
Adresse de Lieu-ching.	270
Arikbuga se soumet. Gantong devient premier Ministre.	271
La ville de Tatu. Siége de Syang-yang.	273
Défaite de Haytu.	274
Puissante armée. Pasepa invente les caracteres	

Mongols. 275
Syang-yang secourue. 276
Crédit d'Ahama, qui fait disgracier Hihyen. 277
Il est haï de tout le monde. 278
Titre d'Yven. On serre Syang-yang. 279
Le Gouverneur se trouve pressé. 280
Fanching attaquée & prise. 283
Syang-yang pressée & prise. 285
Vanité du Ministre Song. Peyen est déclaré Général. 287

SECTION II. *Victoires de Peyen, & destruction de la Dynastie des Song. Regne de Kublay Khan V. Peyen se campe auprès de Ganlo.* 288

Prise de Chavukeu. 290
Il passe le Kyang. 291
Reddition de Vuchangfu. Et d'autres villes. 292
Paix proposée. 293
Peyen prend Chi-cheu. Il défait les Song. 294
Etat désespéré des affaires. 295
Le Ministre éloigné. 296
Humanité de Peyen. Plaintes des Yven. 297
Exploits d'Ali Yahya. 298
Affaires de Tartarie. 299
Siége de Yan-cheu. 300
Entreprise de Haytu. Peyen marche vers la capitale des Song. 301
Valeur de Miyeu. 302
Prise de Chang-cheu-fu. 303
Les Song demandent la paix. 304
Grandeur d'ame des Chinois. 305
L'Impératrice se soumet à Peyen. 307

TABLE.

Ventyenfuang propose la paix. Peyen le retient. 308
Il entre dans Lingan. 309
L'Empereur & l'Impératrice sont envoyés à Tatu. 310
Tréfors immenses. L'Empereur arrive à Changtu. 311
Tuontfong mis sur le trône. 313
Peyen est rappelé. Prise d'Yangcheufu & de Taycheufu. 314
Flotte & troupes de l'Empereur des Song. 315
Il offre de se soumettre. 316
Réglemens pour les Bonzes. 317
Révolte en Tartarie. Etouffée par Peyen. 318
Mort de l'Empereur des Song, & Tiping proclamé. 319
Tiping se retire dans une Isle. 320
Les Généraux des Song sont surpris & faits prisonniers. 321
Leur flotte est défaite. 323
L'Empereur est noyé avec un grand nombre d'autres personnes. 324
Extinction de la Dynastie des Song. 325
SECTION III. *Commencement de la Dynastie des Yven, & ce qui se passa sous cette Dynastie jusqu'à la mort de Hu-pi-lay. Regne de Kublay Khan. Mort de Pasepa.* 326
Le Wangho. Le Japon sommé de se soumettre. 327
Calendrier Mogol. 328
Méchanceté d'Ahama. 329
Il est tué. 330

Pertes dans le Gannan.	331
Et dans le Japon. On brûle les Livres des Taotſes.	332
Mort de Wangshun. Affaires de Littérature.	333
Superſtition de Kublay.	335
Expédition au Japon. Invaſion de Myen.	336
Sages Réglemens. Bonzes noyés.	337
Projet de Chi-jong approuvé.	338
Accuſé, convaincu & exécuté.	340
Perte dans le Gannan.	341
Mort du Prince Chengkin.	342
Mouvemens en Tartarie. Affaires de la Chine.	343
Nayen ſe joint à Haytû.	345
Il eſt défait & tué.	346
Pertes dans le Gannan.	347
Succès en Tartarie.	348
L'Empereur Song devient Bonze. Canal Royal.	349
Affaires de Tartarie.	350
Sages Réglemens.	351
Miniſtre avide.	352
Découvert & perdu.	353
Condamnation d'un Lama qui obtient ſa grace.	354
Expéditions dont on ſe déſiſte.	355
Superſtition des Chinois par rapport à des événemens naturels.	356
Victoire en Tartarie.	357
Expédition dans le royaume de Quava.	358
Deſcription de ce pays.	359
Le Général Mongol trompé par le Roi.	360

Peyen

Peyen est rappelé.	362
Apparition d'une Comete.	363
Mort de Kublay.	364
Son caractere. Ses femmes & ses enfans. Sa puissance.	365
Remarque sur ce Prince & sur les Historiens Chinois.	366
CHAPITRE V. *Histoire des successeurs de Jenghiz Khan dans la Tartarie & la Chine. Regne de Timûr, appelé Chingtsong par les Chinois. Timûr, sixieme Empereur.*	369
Ses premieres actions. Mort de Peyen.	370
Sage Réglement.	371
Défaite de Haytû.	372
Charité de Timûr.	373
Erreur au sujet d'une éclipse. Le royaume de Papesifu attaqué & conquis.	374
Révolte dans le Pégu.	376
Succès de Hayshan. Mort de Haytû. Et du Prince Kanmala.	377
Humanité de Timûr.	378
Toute la Tartarie se soumet.	379
Cérémonies fixées.	380
Mort de Timûr. Son caractere.	381
CHAPITRE VI. *Regne de Hayshan, appelé Vûtsong par les Chinois. Hayshan, septieme Empereur.*	382
Honanta est son compétiteur.	383
Politique d'Alaasun.	384
Arrivée de Palipata, & les Conjurés arrêtés.	385
Modestie de Limeng. Résolution de Hayshan.	386
Il marche à Tatû. Il est proclamé Empereur.	387
Honneurs qu'il rend à ses ancêtres.	388

Exécutions des Conjurés. Caractere de Hayshan. 389
Insolence des Lamas. 390
Les Etrangers réprimés. Disgrace d'Alaasun. 391
Sa mort & son caractere. 392
Nouvelle monnoie. Conspiration découverte. 393
Exécution injuste. Mort de Hayshan. 394

CHAPITRE VII. *Regne d'Ayyulipalipata, appelé Jintsong par les Chinois. Divers Réglemens.* 395
Calamités publiques imputées aux Bonzes. 397
Les Gens de Lettres encouragés. L'examen des Lettres établi. 398
Effets des vexations. Et de l'apparition d'une comete. 399
Meng-tse honoré. 400
Livres classiques de Fo. 401
Mort de l'Empereur. 402
Exploits de Chohangûr. 403

CHAPITRE VIII. *Regne de Chotepala, que les Chinois appellent Ingtsong.* 404
Violences du Ministre. Paychû déclaré Ministre. 405
Chotepala visite le Temple de ses ancêtres. 406
Il profite des avis qu'on lui donne. 407
Censeurs tués. 408
Réforme de la Cour. 409
Paychû & l'Empereur sont assassinés. 410

CHAPITRE IX. *Regne d'Yesun-Temur, appelé Tayting par les Chinois.* 412
Il favorise les Conjurés, & en fait mourir ensuite quelques-uns. 413
D'autres sont relégués. 414
Leçons sur le gouvernement, fondées par Chang-

TABLE.

quey. Fameux Memoire de ce Miniſtre. 415
Diviſion de l'Empire. 418
Inſolence des Lamas réprimée. 419
Grandes calamités. Soins pour la ſoie. 420
Mort de l'Empereur. Ses femmes & ſes enfans. 421

CHAPITRE X. *Regne d'Hoshila, que les Chinois appellent Mingtſong. Zele d'Yen-temûr pour la famille de Hayshan.* 422
Son activité. 423
Aſûkipa proclamé Empereur. 424
Proclamation de Tutemûr. 425
Les troupes d'Aſûkipa ſont battues. 426
Priſe de Changtû & mort d'Aſûkipa. Princes qu'on fait mourir. 427
Hoshila proclamé Empereur. 428
Sa mort ſubite. Ses femmes & ſes enfans. 429

CHAPITRE XI. *Regne de Tutemûr, nommé Ventſong par les Chinois.* 430
Révolte dans l'Yunnan. L'Empereur ſacrifie. 431
L'Yunnan ſe ſoumet. Nouvelle conſpiration. 432
Mort de Tutemûr. 433

CHAPITRE XII. *Regne de Touhan-temûr, que les Chinois appellent Chunti.* 434

SECTION I. *Troubles & révoltes cauſés par le mauvais gouvernement de ce Prince.* ibid.
Ce qu'on en dit. Il craint Yen-temûr. 435
Il épouſe ſa fille. Il eſt proclamé. 436
Il néglige les affaires. Calamités ſous ſon regne. 437
Déciſion d'une queſtion. 439
Conſpiration de Tankishi. 440
L'Impératrice eſt tuée. Examens ſupprimés. 441

b ij

Troubles. Toto entreprend de se saisir de son oncle. 442
Mort de Peyen. 444
Ce qui se passa à la Cour. Les examens rétablis. 445
Histoires achevées. 447
Honneurs rendus aux Ancêtres. 448
Toto est fait Regulo. Son pere est exilé. 449
Projet pour le Wangho. Corruption des Ministres. 450
Cas singulier. 451
Le jeune Prince ennemi de l'étude. 452
Procédé arbitraire. 453
Le projet touchant le Whangho, cause des troubles. 454
Hanshantong & Lyeufûtong se révoltent. 455
Tsûcheuhey proclamé Empereur. 456
Calamités publiques, & succès des Rebelles. 458
Injustice de Toto. 459
Les Rebelles sont battus en deux occasions. Ils défont les Mongols, & font leur Général prisonnier. 460
Ama déclaré Ministre. 462
Il supplante Toto. Qui est exilé. Vie efféminée de l'Empereur. 463
Hanlineul est proclamé Empereur. Toto est tué. 465
Exhortation inutilement adressée à l'Empereur. 466
SECTION II. *Elévation de Chû ou Hongvû, & ruine de la Dynastie des Yven.* 467
Complot d'Ama découvert. Il est exilé & tué. 468

Chû prend Nanking.	469
Wheyganfû se rend.	470
Prise de Ganking.	471
Les Rebelles pillent le Chantong.	473
Succès de Chû.	474
Le parti des Song s'affoiblit.	475
Kayfongfû est reprise.	476
Succès d'Yeulyang. Troubles excités par le Prince à la Cour.	477
Le Ministre se retire. Dynastie de Han.	478
Nouveaux troubles. Mongol rebelle.	479
Nouvel Empereur rebelle. Chahantemur tué.	480
Ce qui se passa en Corée. Dynastie de Hya.	481
Yeulyang défait par Chû, & tué.	482
Nouveaux troubles.	484
Censeur exilé. Chû est proclamé Roi.	485
Il prend Vuchangfu. Cruauté du Prince Héréditaire.	486
Et son injustice.	487
Polotemur devient Ministre & Maître de la Cour.	488
Il se livre aux plaisirs. Il est tué.	490
Koko est declaré Ministre.	491
Il cause de nouvelles brouilleries. Affaires des Rebelles.	492
Le Prince en crédit, & Koko démis. Succès de Chû.	493
Il soumet le Midi. Les Généraux envoyés vers le Nord.	495
Ils soumettent le Chantong. Chû est proclamé Empereur.	496
Il s'approche de la Capitale.	497
Les Yven se retirent.	498

TABLE

Fin de leur Dynastie. Mort de Touhan-temûr. 499
Ayyeushilitota lui succede. 500
Liste des Khans, tirée des Auteurs Orientaux. 501
Elle n'est pas bien sûre. 503
M. de Guignes critiqué. 504

CHAPITRE XIII. *Histoire des Mongols depuis leur expulsion de la Chine jusques à présent. Les Mongols chassés au delà du Désert.* 506
Les Mongols ravagent les Provinces de la Chine. 508
Ils cessent de faire des irruptions. Deviennent vassaux des Mantchéous. 510
Se révoltent inutilement. 511
Demeurent dépendans. 512
Les Kalkas indépendans. 513
Ont trois Khans. Troubles. 514
Orgueil du Khutuktu. 515
Assemblée de Commissaires. 516
Conduite de Kaldan. 518
Il attaque les Kalkas. En fait un grand carnage. 519
Il poursuit le Khutuktu. 521
Ils s'avancent vers la Chine. 522
Combat les Chinois. 523
Conclut un Traité. 524
Il recommence les hostilités. 525
Il est mis en déroute. 526
Histoire des Eluths. 527
Malheur d'Onchon. 528
Il est tué par Sengha. 529
Kaldan venge la mort de Sengha. 530
Est créé Khan. 531
Est entiérement défait. 532

TABLE. xxiij

Il s'empoisonne. Raptan son neveu lui succede.	533
Son installation.	534
Conquête du Tibet.	535
Perte de Bukharie.	536
Offres qu'il fait à la Russie.	537

Fin de la Table du Tome VII.

HISTOIRE

HISTOIRE UNIVERSELLE.

HISTOIRE MODERNE.
LIVRE QUATRIEME.

CHAPITRE III.

Histoire de Jenghiz Khan, depuis son irruption dans le Karazm, jusqu'à la mort du Sultan Mohammed.

JENGHIZ KHAN, après avoir rétabli la tranquillité dans ses Etats, & achevé de réduire toutes les Tribus de la Nation Turque sous son obéissance, résolut de cultiver la bonne intelligence avec ses voisins, & en particulier avec Mohammed Shah, Sultan de Karazm. Dans ce dessein, il envoya,

Ambassade de Jenghiz Khan vers Mohammed Sultan de Karazm.

Regne de Jenghiz Khan.

vers la fin de l'année 1217, Makinut Jalâzi en qualité d'Ambaſſadeur (a), chargé d'expoſer au Sultan, » que s'étant rendu maître de tous les » Etats depuis le fond de l'Orient juſqu'aux fron- » tieres de ſon Empire, il ſouhaitoit fort, pour » leur avantage réciproque, d'entretenir la bonne » intelligence avec lui, & qu'il déſiroit que le » Sultan voulût le reconnoître pour ſon pere, » comme de ſon côté il étoit prêt à le regarder » comme ſon fils «.

A cette propoſition, Mohammed demanda tout bas à l'Ambaſſadeur, *s'il étoit vrai que Jenghiz Khan eût conquis le Kitay?* En même temps il lui fit préſent d'une magnifique écharpe, enrichie de pierreries, qu'il portoit, pour l'engager à ne lui rien déguiſer. » Makinut proteſta devant Dieu, » qu'il lui avoit dit la vérité, ajoutant qu'il l'ap- » prendroit bientôt, s'il lui arrivoit de ſe brouiller » avec ſon Maître.

A cette réponſe, le Sultan ſe mit fort en co- lere, diſant : » Je ne ſais dans quelle vue ton » Maître me fait dire qu'il a conquis tant de pro- » vinces : ſais-tu bien quelle eſt l'étendue de mon » Empire ? & ſur quel fondement ton Maître » prétend-il être plus grand que moi, voulant que » je l'honore comme mon pere, & ne voulant » me traiter que comme ſon fils ? A-t-il donc » tant d'armées «?

(a) De la Croix, p. 149, 150, dit qu'il y avoit trois Am- baſſadeurs, dont l'un étoit né dans le pays de Karazm, qui fut celui que le Sultan entretint en particulier; mais il n'en nomme aucun. Sur tout le reſte il eſt d'accord avec Abu'lghazi Khan.

Livre IV. Chapitre III.

L'Ambassadeur ayant compris que la vérité déplaisoit au Monarque Karazmien, quoiqu'il eût exigé qu'on la lui dît, tâcha de l'appaiser, en disant : » Je sais bien que vous êtes plus puissant » que mon Maître, & qu'il y a une aussi grande » différence entre vous deux, qu'il peut y avoir » entre le Soleil & une Parélie; mais vous savez » aussi qu'il est mon Maître, & qu'il faut que » j'exécute ses ordres; cependant je puis vous assu- » rer que ses intentions sont fort bonnes «. Cette flatterie ayant adouci l'esprit du Sultan, il consentit enfin à tout ce que l'Ambassadeur lui avoit proposé, & la paix (a) fut conclue (b). L'Ambassadeur s'en retourna avec des présens pour son Maître & pour lui. Plusieurs Marchands Karazmiens, chargés des plus belles marchandises du pays, l'accompagnerent & vinrent trafiquer dans les États de Jenghiz Khan.

Regne de Jenghiz Khan.
La paix conclue.

Pendant quelque temps, il y eut une si grande harmonie entre les deux Empires, qu'on auroit pu voyager de l'un à l'autre, sans aucun danger, les mains pleines d'or & d'argent. Mais comme il est rare que deux puissans voisins vivent long-temps sans concevoir des défiances & de la jalousie, la grandeur de Jenghiz Khan donna bientôt de l'ombrage au Sultan Mohammed. Au retour de son expédition de Gazna, il garda moins de mesures avec les Mogols, & ses sujets commirent des actes d'hostilité qui obligerent Jenghiz Khan

Brouillerie entre Mohammed & le Calife Nasr.

(a) Suivant De la Croix & les Auteurs qu'il a suivis, Jenghiz Khan avoit soixante-trois ans en 1217, quand il conclut la paix avec Mohammed.

(b) Abu'lghazi Khan, p. 238-240. De la Croix, p. 151.

Regne de Jenghiz Khan.

à s'en plaindre, sans cependant avoir dessein d'en venir à une rupture (a); & les instances de Naser, Calife de Bagdad, ne purent l'ébranler.

Mohammed ayant fait couper la tête à plus de cent Princes, pour se rendre maître de leurs richesses & de leurs Etats, voulut obliger le Calife à lui accorder les priviléges dont les autres Sultans, & les Seljucides en particulier, avoient joui, & principalement celui de s'établir à Bagdad, d'y commander, & d'être nommé dans les prieres publiques, comme lui. Mais Naser n'y voulut jamais consentir, alléguant ,, que les autres Sul-
,, tans avoient eu quelque droit à ces priviléges
,, par les grands services qu'ils avoient rendus
,, aux Califes; mais qu'il n'avoit point besoin du
,, secours de Mohammed, & que ce Prince n'a-
,, voit rien fait qui lui donnât aucun droit de
,, prétendre à ces honneurs ,,.

Son armée est ruinée.

L'Ambassadeur de Karazm s'en retourna avec cette réponse, & le Calife le fit accompagner par un Ambassadeur, que le Sultan reçut avec beaucoup d'honneur; mais bien loin de se relâcher sur ses prétentions, il fit faire une assemblée générale de Muftis, de Moullas, de Cadis, d'Imams, de Sheikhs, & d'autres gens de Loi, pour déposer Naser: il fit nommer un autre Calife, & se mit en campagne avec une puissante armée pour aller prendre Bagdad.

Heureusement cette armée fut presque toute ruinée par le froid, par les neiges & par les pluies extraordinaires d'un hiver fâcheux, & le Sultan

___

(a) Abu'lghazi Khan, p. 240, 241. De la Croix, p. 156, 157.

fut obligé de retourner dans son royaume. Cependant Naser, craignant d'être enfin réduit à l'extrémité par un Prince si puissant, résolut de faire alliance avec Jenghiz Khan, & de l'engager à attaquer Mohammed d'un côté, pendant qu'il l'attaqueroit de l'autre. Le Conseil du Calife fut partagé sur cet objet ; plusieurs se déclarerent contre ce dessein, & représenterent qu'il étoit contraire aux Loix Mahométanes d'introduire dans le pays des Fideles, des ennemis de Dieu, qui pourroient causer la ruine des Musulmans & celle de l'Empire.

Regne de Jenghiz Khan.

Le zele de religion ne put faire changer de sentiment au Calife, qui répondit, ,, qu'un Tyran
,, Mahométan étoit pire qu'un Infidele ; qu'il n'ap-
,, partenoit qu'aux lâches d'abandonner le soin de
,, leur conservation, pour s'épargner la peine d'y
,, veiller : que dès qu'on se voyoit menacé de
,, périr, il falloit tout tenter pour détourner ce
,, malheur ; que d'ailleurs Jenghiz Khan ne haïs-
,, soit point la Religion Mahométane, puisqu'il
,, souffroit des Mahométans dans ses Etats, &
,, que même un de ses Visirs étoit Musulman ;
,, enfin qu'en supposant qu'il fût un ennemi de
,, la Foi, ils n'avoient rien à craindre des Mogols,
,, parce qu'il se passeroit plusieurs années avant
,, qu'ils pussent entrer dans le véritable pays Ma-
,, hométan ".

L'avis du Calife prévalut, & l'on dépêcha un Envoyé en Tartarie, sur la tête duquel on écrivit sa lettre de créance (a), pour qu'elle ne pût être

Ambassade de Naser à Jenghiz Khan.

─────────

(a) Cela se faisoit avec une aiguille & de l'indigo de la même maniere que l'on marque les Pélerins au bras à Jérusalem ; de sorte que lorsqu'on eut coupé les cheveux

A iij

surprise. Il eut une audience particuliere de Jenghiz Khan, qui lui dit » que le traité qu'il venoit » de conclure avec le Sultan, ne lui permettoit » pas alors de lui faire la guerre; mais que l'esprit » inquiet de Mohammed ne laisseroit pas long- » temps les choses dans l'état où elles étoient, » & qu'à la premiere occasion qu'il auroit de se » plaindre de lui, il lui déclareroit la guerre «. Les Historiens Mahométans ont fort blâmé cette négociation du Calife; & quoiqu'il ne paroisse pas que ce Prince ait donné aucun secours à Jenghiz Khan, il suffit qu'il l'ait excité à faire la guerre à un Prince de leur Religion, pour s'attirer leurs reproches (a).

Dans le même temps, Mohammed ne se mettant point en peine d'entretenir la bonne intelligence de son côté, donna divers sujets de mécontentement: tantôt il envoyoit des partis de ses troupes sur les terres des Mongols, tantôt il y en passoit sans permission, qui commettoient des désordres. Enfin il se saisit d'une province qui avoit appartenu à Kuchluk, & dont le Grand Khan prétendoit être le maître par le droit des armes; & un jour, par son ordre, ses gens attaquerent les troupes Mongoles qui gardoient les frontieres du pays d'Ardish.

à l'Envoyé, l'écriture parut. Histiée, Prince de Milet, étant à la Cour de Darius Roi de Perse, se servit du même expédient pour exciter Aristagore son gendre à la révolte, ainsi que nous l'apprend Hérodote, l. V, c. 35. Edit. Gronovii.

(a) Ebn Katur, Nissawi, Mirkhond, ap. De la Croix, p. 164-171.

Livre IV. Chapitre III.

Toutes ces offenses néanmoins ne furent pas encore assez puissantes pour déterminer Jenghiz Khan à déclarer la guerre à Mohammed ; au contraire, comme il avoit dessein d'enrichir ses sujets par le commerce, & de les polir par la fréquentation avec les Etrangers, il résolut de vivre en paix avec le Sultan, & même de s'unir plus fortement à lui, s'il étoit possible (a).

Regne de Jenghiz Khan.

Le bon ordre que Jenghiz Khan avoit établi dans ses Etats, & la parfaite sûreté qu'il y avoit pour les Voyageurs, y attiroient des Marchands de toutes parts, & entr'autres de la Grande-Bukharie, qui dépendoit de Sultan Mohammed. Quelques-uns de ces derniers y étant arrivés avec des marchandises de prix, le Grand Khan les manda ; mais ils mirent leurs marchandises à un prix si exorbitant, qu'il en fut outré ; & leur ayant fait voir plus de mille caisses avec toutes sortes de marchandises précieuses, il leur dit, » qu'ils pouvoient voir par-là que ce n'étoit pas » la premiere fois qu'il marchandoit de pareilles » marchandises, & que puisqu'ils osoient lui sur- » faire avec tant d'effronterie, il alloit les payer » de la bonne sorte « ; & il leur fit prendre ce qu'ils avoient, sans leur rien donner en paiement.

Le Gouverneur d'Otrar fait assassiner des Ambassadeurs & des Marchands Mongols.

Ensuite, ayant fait venir d'autres Marchands du même pays avec les mêmes sortes de marchandises, il en marchanda plusieurs parties ; mais ceux-ci qui étoient déjà informés de ce qui étoit arrivé à leurs confreres, dirent au Khan, qu'il leur en donneroit ce qu'il trouveroit à propos ;

(a) De la Croix, p. 177, 178.

A iv

Regne de Jenghiz Khan.

» que s'il vouloit même les prendre sans en rien
» payer, ils en seroient très-contens «. Cette réponse ayant plu à Jenghiz Khan, il leur fit payer leurs marchandises au double, & leur donna encore la permission de vendre librement le reste dans son camp ; cependant il ne fit rien rendre aux premiers.

Au départ de ces Marchands, le Khan profita de l'occasion pour exécuter ce qu'il avoit projeté depuis long-temps : il envoya quatre cent cinquante Marchands de ses sujets avec eux, pour aller négocier dans les États du Sultan, & les fit accompagner par Mohammed de Karazm, Ali Khoya de Bokhara, & Joseph d'Otrar, trois Officiers de sa Cour, qu'il envoya en qualité d'Ambassadeurs vers le Sultan Mohammed, & qu'il chargea d'une lettre fort obligeante pour ce Prince. Elle portoit : » Qu'il avoit si bien traité ses Mar-
» chands pendant leur séjour dans ses Etats, qu'il
» se flattoit que le Sultan en feroit de même à
» l'égard de ses sujets qui alloient trafiquer dans
» son Empire ; qu'il lui donnoit sa parole d'en
» agir toujours en bon pere envers lui, & qu'il
» comptoit que de son côté il continueroit à lui
» être bon fils ; qu'en se conduisant ainsi de part
» & d'autre, cela ne pourroit que contribuer puis-
» samment à l'agrandissement de leurs Empires
» & à l'accroissement de leur gloire commune «.

Les Ambassadeurs, après avoir traversé le Mogolistan, le Karakitay & le Turquestan, arriverent enfin à Otrar, ville de grand commerce, que les Arabes appellent *Farab*, située au nord du Sihon, aujourd'hui le Sir, à l'extrémité occidentale du Turquestan, mais de la dépendance de Mohammed. Ils allerent d'abord voir le Gouverneur : il étoit cousin-germain de la mere du Sultan, qui lui avoit donné le nom de *Gaghir Khan*. Les Marchands, de leur côté, offrirent quelques présens ; mais un d'eux, qui avoit été autrefois ami intime du Gouverneur, sans aucune malice, l'appela par son ancien nom, qui étoit *Inaljik*.

Regne de Jenghiz Khan.

Gaghir Khan en fut si offensé, qu'il fit arrêter sur le champ les Ambassadeurs & les Marchands, & dépêcha un Courrier au Sultan, pour l'informer qu'il étoit arrivé à Otrar des étrangers dont les uns se disoient Ambassadeurs, & les autres Marchands ; mais qu'ayant de fortes raisons de les soupçonner de quelque mauvais dessein, il les avoit fait arrêter en attendant ses ordres. Mohammed, sans prendre de plus amples informations, ordonna qu'on les fît mourir. Gaghir Khan fit exécuter cet ordre, & confisqua tous leurs effets au profit du Sultan.

Les Historiens que De la Croix a suivis, rapportent cette affaire d'une maniere un peu différente. Suivant eux, Jenghiz Khan n'envoya qu'un seul Ambassadeur avec les Marchands Karazmiens, accompagné de cent cinquante Marchands Mogols, dont quatre étoient chargés particuliérement de la direction du commerce. Il ordonna aussi à ses femmes & aux Grands Seigneurs d'envoyer quelques-uns de leurs gens avec les Marchands, pour acheter dans les pays étrangers ce qu'ils y trouveroient de plus rare & de plus curieux.

La plupart des Marchands étoient Mahométans, & l'on pourvut à la sûreté de leur voyage en

Regne de Jenghiz Khan.

doublant les gardes des chemins, qui étoient déjà établis dans l'Empire. Etant arrivés à Otrar, le Gouverneur, que ces Historiens appellent *Gayer Khan* & *Najal Khan* au lieu d'*Inaijik*, les reçut d'abord fort bien, & promit d'informer incessamment le Sultan de l'arrivée de l'Ambassadeur. Celui-ci, séduit par l'accueil caressant que lui fit le Gouverneur, s'ouvrit trop sur l'argent que les Marchands de son pays avoient apporté. Gayer Khan, qui ne cédoit en avarice à nul autre, pour s'enrichir de leurs dépouilles, écrivit au Sultan, & les lui dépeignit comme des espions qui s'informoient de l'état des places & des forces du pays, avec une exactitude qui lui faisoit croire qu'ils ne cherchoient qu'à connoître par quel endroit Jenghiz Khan pourroit le mieux attaquer ses Etats.

Mohammed manda au Gouverneur d'observer les Mogols, & de faire en cette conjoncture ce que sa prudence lui dicteroit. Gayer Khan résolut alors de faire mourir l'Ambassadeur avec tous ceux qui l'accompagnoient, au nombre de quatre cent cinquante personnes. Dans ce dessein, il les invita à un festin dans son palais, où il les fit mourir secrétement les uns après les autres, & se saisit de tous leurs effets.

Ressentiment de Jenghiz Khan.

Quelques précautions que le perfide Gouverneur eût prises pour cacher son crime & le dérober à la connoissance de Jenghiz Khan, un des Marchands Mogols se sauva, & en porta la nouvelle à ce Prince. Le Khan, au récit d'une action aussi peu attendue qu'exécrable, se mit dans une extrême colere, & ayant donné sur le champ les ordres nécessaires pour assembler ses troupes, il envoya déclarer (*a*) au Sultan, " que puisque par une action si odieuse il avoit violé tous les engagemens qui étoient entre eux, il se déclaroit dès à présent son ennemi mortel, & qu'il alloit lui faire la guerre à toute rigueur ". On dit que le Khan, ayant fait venir les Princes ses enfans & les Seigneurs de sa Cour, leur peignit l'assassinat commis à Otrar avec des couleurs si noires, qu'il les remplit de douleur & de colere, & qu'il représenta sur-tout celui de l'Ambassadeur avec tant de feu, qu'il n'inspira que la vengeance & la fureur contre le Sultan Mohammed, que tous regarderent comme un monstre.

Regne de Jenghiz Khan.

Après que Jenghiz Khan eut assemblé toutes les forces de son Empire, il écrivit aux Princes étrangers, tant à ceux qui étoient ses alliés, qu'à ceux qui lui payoient tribut. Il les instruisit des raisons qu'il avoit de faire la guerre au Sultan de Karazm, & les invitoit à venir le joindre avec les troupes de leurs Nations. Quand ils furent arrivés, il fit la revue de son armée, qui se trouva forte de sept cent mille hommes. Avant son départ, il ordonna qu'on fît de nouvelles

Réglemens qu'il fait pour son armée.

(*a*) Abulfarage dit qu'il envoya trois Ambassadeurs; d'autres n'en mettent qu'un; que ces Ambassadeurs parlerent si vivement, que le Sultan leur fit trancher la tête, au lieu de désavouer le crime du Gouverneur. Il ajoute que Jenghiz Khan fut si touché du procédé barbare de Mohammed, qu'il en pleura, fut trois jours sans prendre de nourriture, & ne put goûter aucun repos jusqu'à ce qu'il eût tout disposé pour se venger.

levées, pour lui en envoyer de temps en temps. Il fit aussi quelques Loix pour régler les gens de guerre. Il défendit, sous peine de la vie, aux Mogols de prendre la fuite sans avoir combattu, quelque danger qu'il y eût à vouloir résister. Il statua, que si de dix Commandans qui feroient ensemble un seul corps de leurs troupes, quelques-uns venoient à se débander & à fuir sans la participation du reste du corps, on les feroit mourir sans rémission. Il condamna aussi à mort ceux d'une dixaine qui, voyant leurs compagnons engagés au combat, n'iroient point à leur secours, ou qui se trouvant à la prise de quelqu'un de leurs camarades, ne tâcheroient pas de les délivrer.

Il ordonna le nombre & l'espece d'armes que chaque soldat devoit avoir ; les principales étoient le sabre, l'arc, le carquois garni de fleches, & la hache d'armes avec quelques cordes. Les Officiers devoient avoir des casques & des cuirasses de cuir ou de fer, ou même une armure entiere ; & l'on ne défendoit pas d'en porter aux soldats qui pouvoient en acheter. Ceux qui étoient riches devoient armer leurs chevaux de maniere que les fleches des ennemis ne pussent les blesser. Il fut encore ordonné que les gens de guerre ne feroient rien que suivant la teneur des Loix, sous peine d'être punis avec la derniere sévérité. Enfin, il commanda que s'il mouroit dans la guerre qu'il alloit commencer, on apportât les Livres où les Loix étoient écrites, qu'on les lût en présence de ses enfans lorsqu'on éliroit un Grand Khan, afin que l'élection se fît suivant

LIVRE IV. CHAPITRE III.

les Loix, & que le nouveau Khan réglât sa conduite sur celles qui le regardoient (*a*).

Quand tous les préparatifs de guerre furent achevés, il détacha son fils Juji ou Tushi (*b*) avec un bon corps d'armée du côté du Turquestan, afin d'en déloger le reste des partisans de Kuchluk (*c*), & il se mit en marche pour attaquer les Etats de Mohammed. Mais comme c'est du temps de cette expédition que l'on date la grande irruption des Mogols & des Tartares dans les pays méridionaux de l'Asie, il sera bon de donner au Lecteur une idée de ce qu'étoit alors cette partie du Monde.

Les Indes étoient gouvernées par divers Souverains, dont le plus puissant étoit le Roi des Patans (*d*), qui régnoit dans le Multan & le Dehli. La Chine méridionale, qu'on appeloit *Manji*, avoit ses Empereurs particuliers de la famille de Song; & la septentrionale, c'est-à-dire le Katay ou Kitay, étoit sous la puissance des Mongols, de même que la Tartarie orientale & occidentale, avec une grande partie du Turquestan. Le Sultan Mohammed en possédoit le

Regne de Jenghiz Khan.

Son départ.

Hégire 616. de J. C. 1218.

Etat de l'Asie au temps de l'irruption des Mogols.

(*a*) Abu'lkayr, ap. De la Croix, p. 179-192.

(*b*) Suivant les Auteurs consultés par De la Croix, Tushi étoit alors dans le Kapchak, où on lui envoya un Exprès pour lui mander de se trouver au rendez-vous. Peut-être arriva-t-il assez tôt pour être détaché du côté du Turquestan.

(*c*) Abu'lghazi Khan, p. 249.

(*d*) Ils étoient Persans d'origine, & leurs Rois étoient de la famille des Gaurides, qui succéderent aux Gaznevides dans l'Empire de Perse & des Indes: & à la longue ils s'affermirent dans leur domination sur les Indes.

Regne de Jenghiz Khan.

reste; il étoit encore maître de la Grande-Bukharie & du Karazm, où la Monarchie avoit commencé, & dont sa famille avoit pris le nom de *Karazm Shah*. D'ailleurs, sa domination s'étendoit sur la meilleure partie de la Perse ou de l'Iran, ce qui comprenoit le Khorasan, toutes les frontieres des Indes, le Fars ou la Perse proprement dite, l'Irak Ajemi & l'Azerbijan.

La Géorgie & les pays voisins avoient leurs Princes particuliers, qui ne dépendoient de personne. Pour la Grande-Arménie, son Roi payoit tribut au Sultan de Karazm. Le Calife Naser régnoit à Bagdad sur l'Irak Arabique ou la Chaldée, sur une partie de la Mésopotamie, sur les trois Arabies, & sur quelques pays de Perse, qui confinoient à ses autres Etats. Les Atabeks Princes de Mosul, descendans du grand Nûro'ddin Prince de Syrie, possédoient presque tout le reste de la Mésopotamie. Les successeurs de Saladin étoient aussi fort puissans; l'Egypte & une partie de la Syrie, où les affaires des Chrétiens étoient en mauvais état, leur obéissoient. L'Anatolie ou l'Asie-Mineure étoit pour la plus grande partie soumise aux Seljucides, appelés *Sultans d'Iconie* ou *de Rûm*, & l'Empire de Constantinople étoit alors entre les mains des François (a).

Juji a de l'avantage dans une action.

Les Historiens ne marquent pas précisément les lieux par où les Mongols passerent pour entrer dans les Etats du Sultan de Karazm: ils ne disent pas même en quel mois de l'année du Lie-

---

(a) De la Croix, p. 194-196.

LIVRE IV. CHAPITRE III. 15

Regne de Jenghiz Khan.

tre, Jenghiz Khan partit du Mogoliſtan. Cependant, Mohammed avoit fait faire des levées conſidérables pour lui faire tête, & ſe trouva quatre cent mille combattans, armée puiſſante, mais fort inférieure en nombre à celle des Mogols. Il marcha du côté de Samarcande, & de là à Khojende, nommée *Chodſan* dans Abu'lghazi Khan, pour aller au devant de Jenghiz Khan (*a*). Mais ayant appris dans cette derniere ville que Juji étoit en marche du côté du Turqueſtan, il changea de deſſein, & prit la même route avec toute ſon armée, pour attaquer le Prince Mogol, tandis qu'il étoit ſéparé de ſon pere.

Ayant pourſuivi ſa marche à grandes journées juſqu'à ce qu'il fût arrivé ſur les frontieres du Turqueſtan, il tourna vers la riviere de Kabli, pour couper la retraite à Juji. Mais lorſqu'il fut entre cette riviere & le Kamzi, il trouva un grand nombre de ſoldats nouvellement tués; & il apprit d'un ſoldat fort bleſſé, qu'ils avoient été défaits la veille par les Mongols.

Sur ces nouvelles, le Sultan fit tant de diligence, qu'il les atteignit le lendemain matin. Les Généraux, qui accompagnoient Juji, furent d'avis de ſe retirer en bon ordre, parce que le Khan ne leur avoit pas ordonné de ſe battre avec toute l'armée du Sultan, & qu'ils n'étoient pas aſſez forts pour entreprendre une action de cette conſéquence. Ils ajouterent, qu'en ſuppoſant que le Sultan voulût les pourſuivre, il ne pouvoit le faire que par de petits détachemens, contre leſquels

---

(*a*) *Idem*, p. 198.

Regne de Jenghiz Khan.

ils pourroient aisément se défendre, sans hasarder autant que dans une action générale.

Le Prince seul fut d'un avis contraire : « Que » diront, répliqua-t-il, mon pere & mes freres, » si je reviens & que j'aye pris la fuite à la vue » des ennemis ? Il vaut mieux de toute maniere » que nous tenions ferme, & que nous nous » battions courageusement, que de nous faire » tuer en fuyant. Vous avez fait votre devoir » en m'avertissant du péril où nous sommes ; je » m'en vais faire le mien en tâchant de vous » en tirer avec honneur «. Ensuite, ayant rangé ses troupes en ordre de bataille, il les mena gaiement à la charge. Dans le fort de la mêlée, Juji perça en personne deux ou trois fois les rangs des ennemis, & ayant rencontré le Sultan Mohammed, il lui porta divers coups de sabre, que le Sultan para de son bouclier.

Les Mongols, animés par l'exemple de leur Prince, firent des merveilles dans cette journée, de sorte que, malgré leur grande supériorité, les ennemis étoient sur le point de prendre la fuite, si le Sultan, voyant que son exemple ne suffisoit pas pour ranimer le courage de ses gens, ne leur eût crié de faire ferme au moins pour quelques momens, puisque la nuit alloit incessamment finir le combat. Ils obéirent, & lui sauverent la honte de voir fuir toute son armée devant la moindre partie de celle des Mongols.

Détail plus circonstancié tiré d'autres Auteurs.

Juji, qui crut pouvoir être content de l'honneur qu'il avoit acquis dans cette journée, fit allumer de grands feux en plusieurs endroits de son camp, & se retira sans bruit. Le lendemain,

les

les ennemis croyant qu'il les attendoit encore sur le champ de bataille, s'avancerent pour recommencer le combat ; mais voyant qu'il étoit décampé, ils se retirerent pareillement de leur côté. Le Prince ayant rejoint son pere avec les troupes qu'il commandoit, en fut reçu avec joie & comblé de préfens.

Tel est le récit d'Abu'lghazi Khan (a) : mais suivant De la Croix, Jenghiz Khan se trouva lui-même à cette bataille, & toute son armée y combattit.

Le Sultan Mohammed, dit-il, ne doutant point que l'Empereur Mogol n'en voulût à Otrar, tant à cause de la scene sanglante qui s'y étoit passée, que parce qu'elle lui ouvroit un passage dans le centre du royaume de Karazm, il mena son armée de ce côté. Il trouva les Mogols dans un lieu nommé *Caracon*, & les deux armées se préparerent auffi-tôt au combat. On entendit bientôt la grande trompette Kerrena, qui avoit quinze pieds de long, les timbales d'airain appelées *Kûs*, les tambours, les fifres, & autres inftrumens militaires, sonner la charge. Les Karasmiens, qui étoient tous Mahométans, implorerent le secours de leur Prophete, & les Mongols, s'affurant sur leur bonheur & sur l'expérience de leur Grand Khan, se promettoient une victoire complette.

Juji Kaffar, second frere de Jenghiz Khan, commandoit le Mangalay (b). Il s'avança vers

---

(a) Abu'lghazi Khan, p. 249-253.
(b) Mangalay se prend quelquefois pour l'avant-garde.

Regne de Jenghiz Khan.

les premiers rangs des ennemis, & défit les troupes qu'on lui opposa. Alors Jalalo'ddin, fils du Sultan, commença le combat, & chargea le Prince Tushi ou Juji, qui étoit à la tête du premier corps des Mongols; & après une assez rude & longue charge, Jalalo'ddin remporta l'avantage. Aussi-tôt on n'entendit que des cris de joie dans l'armée des Karasmiens, qui se croyoient déjà sûrs de la victoire. Mais Jenghiz Khan, peu étonné de ce premier succès, envoya d'autres troupes sous Tuli son quatrieme fils, pour soutenir Tushi, pendant qu'à la tête de son corps de bataille il alla avec son fils Jagatay fondre sur le Sultan, qui maltraitoit extrêmement son aile gauche. Ce choc fut terrible; & malgré l'exemple de leur Roi, qui combattoit avec une valeur extraordinaire, les Karasmiens commençoient à plier, quand Jalalo'ddin, qui avoit défait les nouvelles troupes qu'on avoit envoyées contre lui, vint joindre son pere, rétablit le combat, & les Karasmiens retournerent à la charge avec plus de fureur qu'auparavant. Le Prince fit en cette occasion des actions surprenantes, & les soldats, de même que les Officiers, firent paroître une valeur extrême.

D'un autre côté, les Mongols ne démentirent pas leur bravoure ordinaire; jamais ils ne s'étoient battus plus vaillamment; & comme ils avoient en tête des hommes aussi braves qu'eux, il y eut un carnage épouvantable, & la victoire

---

quelquefois pour les enfans perdus, & quelquefois pour les coureurs.

balança long-temps entre les deux partis. Enfin Jenghiz Khan, qui avoit un grand corps de réserve fous la conduite de son fils Octaï, lui manda de marcher, & d'aller charger les ennemis en flanc. Ce Prince exécuta cet ordre avec beaucoup de courage; & quoique ces troupes fraîches fissent une horrible boucherie, les Karasmiens soutinrent encore cette derniere attaque avec une grande fermeté: la nuit sépara enfin les combattans, & chaque parti se retira dans son camp: on se fortifia de part & d'autre pour ne point être surpris, & dans le dessein de recommencer le combat le jour suivant. Mais lorsque le Sultan examina l'état de ses troupes, & qu'il les trouva diminuées de plus de cent soixante mille hommes tués ou blessés, il pensa à se mettre en état de n'être pas si tôt attaqué, sur-tout ayant appris par ses espions que l'armée des Mogols, quoique bien maltraitée, étoit encore beaucoup plus nombreuse que la sienne. Il se retrancha de maniere, que Jenghiz Khan n'osa entreprendre de le forcer (a).

Regne de Jenghiz Khan.

Pendant cette espece de suspension d'armes, le Sultan n'osant risquer une seconde bataille, dont la perte auroit causé la ruine de son Empire, résolut de distribuer son armée dans les places les plus considérables (b). Il ne retint au-

Le Sultan se retire, & Jenghiz Khan avance.

―――――――

(a) Abulkayr, ap. De la Croix, p. 199-203.

(b) Abu'lghazi Khan dit qu'après avoir distribué ses troupes dans les garnisons, il s'en retourna à sa résidence ordinaire, & se livra entièrement à la débauche, qui le porta à divers excès. Entre autres, il fit massacrer un Sheikh qui passoit pour un homme saint, parce qu'il le soupçon-

B ij

près de lui qu'un camp volant, pour donner ordre aux affaires les plus pressantes. Il confia tout le reste de ses troupes au Prince Jalalo'ddin, qui n'approuvoit pas cette conduite, & qui, malgré lui, se retira vers le Khorasan, où il grossit son armée de toutes les troupes qu'il put ramasser. Il est certain qu'en divisant ainsi ses forces, le Sultan de Karazm céda la victoire à son ennemi. Tel est le récit de De la Croix.

D'un autre côté, suivant Abu'lghazi Khan, Jenghiz Khan se mit en campagne pour entrer dans la Grande-Bukharie. Dans sa route, il fut joint par Arslan Khan des Karliks, par Idikut Khan des Igûrs ou Oygûrs, par Saknak Souverain d'Amalik ou Almalig. Il marcha d'abord du côté de la ville d'Otrar; mais ayant appris que le Sultan Mohammed lui laissoit champ libre, & qu'il avoit distribué son armée dans les places fortes, il détacha ses deux fils, Ugadaï ou Octaï & Jagataï avec un bon corps de troupes, pour aller mettre le siége devant Otrar, & son fils Juji avec un autre corps vers Najan (*a*). Il fit aussi marcher deux de ses Généraux, nommés *Alan* (*b*) *Noyan* ou *Nevian* & *Suktu Buka* avec

---

noit d'un commerce scandaleux avec sa mere Turkhan Khatun. Cependant quand il eut cuvé son vin, il en eut beaucoup de regret, & envoya un grand bassin rempli d'or & de bijoux à un autre Sheikh, pour obtenir l'absolution de son crime.

(*a*) Les Auteurs que De la Croix a suivis, nomment *Jund* au lieu de *Najan* ou *Nadsan*, ainsi que porte la traduction d'Abu'lghazi Khan.

(*b*) C'est le même que d'autres appellent *Elak* ou *Alak Nevian*.

Livre IV. Chapitre III.

cinquante mille hommes (*a*) du côté de Farnakant ou Fenakant & de Khojende, & il continua en personne sa marche avec le gros de son armée, accompagné de son fils Taylaï ou Tuli, vers la Grande-Bukharie (*b*).

Regne de Jenghiz Khan.

La premiere ville que Jenghiz Khan trouva sur son passage, fut Zarnuk (*c*), sous les murailles de laquelle il vint se camper, avec de si effroyables cris de la part de ses soldats, que les habitans, tout épouvantés, fermerent leurs portes. Mais le Khan leur envoya un de ses Officiers, nommé *Hajib*, pour leur représenter que le meilleur parti qu'ils pouvoient prendre étoit de se rendre, de démolir leur château, & d'envoyer au camp de l'Empereur Mogol tous les jeunes gens capables de porter les armes, pour servir sous lui. Ces remontrances produisirent leur effet, & les habitans de Zarnuk sortirent en foule de la ville avec beaucoup de présens, pour se soumettre à l'obéissance de Jenghiz Khan, qui les reçut fort

Reddition de Zarnuk.

(*a*) De la Croix dit, sur le témoignage de Fadlallah, qu'Octaï & Jagataï avoient deux cent mille hommes, que Tushi, qui marcha du côté de Kapchak, en avoit cent mille, & qu'Elak Nevian lui servoit de Lieutenant-Général; que plusieurs autres Capitaines Mogols allerent dans le Turquestan & en d'autres pays vers l'Orient; que cependant il restoit encore à Jenghiz Khan plus de deux cent mille hommes, avec lesquels, accompagné du Prince Tuli, il marcha vers Bokhara & Samarcande pour assiéger ces deux villes.

(*b*) De la Croix, p. 203. Abu'lghazi Khan, p. 257, 258.

(*c*) Située au sud du Sihon ou Sir dans la Grande-Bukharie, à quelques lieues au midi d'Otrar.

B iij

Regne de Jenghiz Khan.

Nûr se soumet.

gracieusement, donna à leur ville le nom de *Kût-lûk Balek*, & permit aux vieillards de s'en retourner.

De là le Khan marcha vers la ville de Nûr, ayant pour guide un habitant de Zarnuk, qui conduisit son armée par un chemin détourné, qu'on a depuis appelé le *chemin du Grand Khan*. Nûr étoit situé entre Bokhara & Samarcande : le nom de *Nûr*, qui signifie *lumiere*, avoit été donné à cette ville, parce qu'elle renfermoit plusieurs lieux dont la sainteté attiroit de toutes parts une grande foule de peuple. Les habitans, après avoir été sommés plusieurs fois de se rendre, prirent enfin le parti d'ouvrir leurs portes ; mais Jenghiz Khan, pour les punir d'avoir osé former seulement la pensée de lui résister, ne leur accorda que les bestiaux & les vivres dont ils avoient besoin pour leur subsistance, & donna tout le reste en pillage à ses troupes. D'autres prétendent que le Gouverneur, soit par lâcheté, soit qu'il se fût laissé corrompre, persuada aux habitans de se rendre, & qu'ils ne furent obligés que de fournir des vivres aux troupes de l'Empereur, & de lui payer annuellement quinze cents écus d'or qu'ils payoient auparavant au Sultan Mohammed.

Fuite du Sultan.

Le Khan ne s'arrêta point, parce qu'il souhaitoit d'arriver à Bokhara le plus tôt possible, à cause que cette ville étoit comme le centre des Etats du Sultan, & qu'il savoit que ce Prince s'y étoit retiré avec la plus grande partie de ses richesses ; mais Mohammed ne jugea pas à propos de l'attendre : il laissa vingt mille hommes pour la défense de la place, & se retira secrétement avec ce qu'il avoit de plus précieux à Samarcande. De fausses lettres qui tomberent entre ses mains, contribuerent fort à sa fuite ; on lui mandoit que les meilleurs Officiers quittoient son service : ces lettres ayant été répandues parmi ses troupes, y causerent du désordre. Elles étoient l'ouvrage d'un de ses Officiers nommé *Bedro'ddin*, qui voulant se venger de ce que le Sultan avoit fait mourir son pere, son oncle & ses freres, les avoit écrites de la Cour de Jenghiz Khan, où il s'étoit retiré. L'Empereur Mogol lui avoit permis de se servir de cet artifice, après avoir appris qu'il y avoit de la mésintelligence entre le Sultan & sa mere, & que plusieurs Capitaines l'avoient abandonné pour suivre cette Princesse. Jenghiz Khan envoya même offrir son appui à la Reine, & un établissement dans tel endroit de ses Etats qui lui plairoit ; mais elle ne voulut pas se fier aux promesses d'un Prince idolâtre.

Regne de Jenghiz Khan.

La ville de Bokhara est à une journée au nord du Gihon ou Amu, & située très-avantageusement pour le commerce & dans un très-beau pays ; outre les murailles qui étoient fortes, la ville avoit une autre enceinte de douze lieues, qui renfermoit non seulement les fauxbourgs, mais encore plusieurs maisons de plaisance, & un grand nombre de belles fermes qu'arrosoit la petite riviere de Sogde dont l'ancienne Sogdiane tiroit son nom. Les Arts & les Sciences y florissoient autant que dans aucun lieu du Monde ; & les Etudians s'y rendoient de toutes parts : on dit que Bukhar signifie en langue Mongole un *homme savant*. Parmi ceux qui se sont rendus célebres à Bokhara, on compte Ebn Sina, connu en Europe sous le nom d'*Avicenne*, qui étoit

Description de Bokhara.

B iv

d'Ashana : il fit une grande partie de ses études dans l'Université de cette ville, & à l'âge de dix-huit ans il possédoit toutes les Sciences. Il fut ensuite appelé à la Cour & devint premier Ministre, sans cesser d'étudier. On dit qu'il a écrit plus de cent volumes : il mourut en 1036, âgé de cinquante-huit ans (*a*).

Siège de cette ville.
Hégire 616.
J. C. 1219.

Les Mongols arriverent dans les plaines de Bokhara vers la fin de Juillet 1219 (*b*), & ils y demeurerent campés tout le reste de l'hiver. Au mois de Mars 1220, ils forcerent la premiere enceinte, ruinerent les fauxbourgs, & commencerent à assiéger la ville dans les formes. Le Sultan Mohammed y avoit laissé une garnison fort nombreuse sous le commandement de trois Officiers généraux, nommés *Kuk Khan*, *Siunj Khan*, & *Kuchluk Khan*. A l'approche de Jenghiz Khan, ces trois Généraux firent dans la nuit une sortie sur les Mogols avec toute la garnison, qui étoit de plus de vingt mille hommes ; mais ayant été repoussés dans la ville, ils perdirent courage, & au lieu de demeurer pour défendre les habitans, ils sortirent par la porte opposée avec leurs familles & presque tous les gens de guerre, espérant que l'obscurité de la nuit cacheroit leur retraite aux Mogols ; mais leur dessein ayant été

_____

(*a*) Abu'lghazi Khan, p. 258-260. Fadlallah, ap. De la Croix, p. 262, 263, 274, 275.

(*b*) Abu'lghazi Khan dit qu'ils vinrent camper devant Bokhara le premier du mois Rabiyo'l Akhir, de l'année 616 de l'Hégire ; & De la Croix, qu'ils campérent dans la plaine pendant tout l'hiver.

Livre IV. Chapitre III.

découvert, trente mille Mogols les pourſuivirent, les atteignirent ſur les bords de l'Amu, & après un combat ſanglant, les taillerent preſque tous en pieces (a).

Regne de Jenghiz Khan.

Cependant Jenghiz Khan, informé du trouble où la déſertion de leur garniſon avoit jeté les habitans de Bokhara, ordonna d'attaquer la place de tous côtés ; mais tandis qu'on préparoit les machines pour la battre, tous les Officiers de la ville, les Gens de Loi & les principaux habitans vinrent le lendemain matin en corps préſenter les clefs à Jenghiz Khan, qui leur accorda la vie, à condition qu'ils ne donneroient ni retraite ni aſſiſtance à aucun des ſoldats du Sultan, & qu'ils feroient ſortir de la ville toutes les perſonnes qui pourroient être dans les intérêts de ce Prince ; à quoi ils s'engagerent par ſerment. Toute la jeuneſſe, mécontente de l'accommodement fait avec les Mogols, s'étoit retirée dans le château, qui étoit très-fort, ſous les ordres d'un brave Gouverneur, réſolu de tenir juſqu'à la derniere extrémité.

Elle ſe rend.

Jenghiz Khan ayant pris poſſeſſion de Bokhara, entra à cheval dans la grande moſquée, & demanda en badinant ſi c'étoit-là le palais du Sultan. Sur la réponſe qu'on lui fit que c'étoit la maiſon de Dieu (b), il mit pied à terre & donna ſon cheval à tenir au principal Magiſtrat ; il monta enſuite à la tribune où les Eccléſiaſtiques ont coutume de ſe placer, & ayant pris l'Alcoran, il le

Façon d'agir de Jenghiz Khan dans la moſquée.

(a) Fadlallah, ap. De la Croix, p. 265. Abu'lghazi Khan, p. 261.

(b) Abu'lghazi Khan, p. 262. De la Croix, p. 267.

jeta sous les pieds de ses chevaux. Dès qu'il se fut assis, ses soldats se mirent à manger & à boire au milieu de la mosquée sans aucun respect pour le lieu. Il se retira ensuite dans son camp; mais quelques jours après, ayant fait assembler les principaux de la ville, il monta encore dans une tribune qu'on avoit élevée (a). Il commença son discours par les louanges de Dieu, & par un détail des graces qu'il en avoit reçues: il représenta ensuite aux habitans la perfidie avec laquelle leur Sultan en avoit usé à son égard, en faisant assassiner ses Marchands & ses Ambassadeurs; il ajouta que Dieu l'avoit choisi pour punir Mohammed de toutes ses injustices, & pour purger la terre de tous les autres tyrans. Il leur témoigna la satisfaction qu'il avoit de ce que sans violence ils avoient fourni à son armée les choses dont elle avoit besoin, leur promit que ses soldats ne toucheroient à rien de ce qui leur servoit dans leurs maisons, & leur ordonna de lui remettre tout ce qu'ils avoient caché, les menaçant de le leur faire découvrir par la force des tourmens.

Les habitans apporterent aux Officiers qu'il avoit commis, ce qu'ils avoient caché de leurs biens & ce qu'ils avoient gardé pour leur usage, dont le Khan parut satisfait; mais ayant appris dans la suite que plusieurs des soldats du Sultan se tenoient encore cachés dans la ville, il y fit mettre le feu, qui la consuma entiérement, en sorte qu'il n'en resta que le palais du Sultan, nommé *Ark*, & quelques maisons particulieres

---

(a) De la Croix, p. 269. Abu'lghazi Khan, p. 264.

bâties de brique, toutes les autres étant de bois.

Regne de Jenghiz Khan.

Le Khan envoya ensuite faire la visite dans les maisons qui avoient échappé à l'incendie, & sur-tout dans le palais du Sultan, & fit faire main-basse sur tous les gens de guerre qu'on y trouva cachés. La ville de Bokhara demeura quelques années en cet état, jusqu'à ce que Jenghiz Khan la fit enfin rebâtir, peu de temps avant sa mort. Le château, qui avoit résisté quelque temps après la reddition de la ville, fut enfin obligé de se rendre à discrétion ; mais le Gouverneur & sa garnison ne furent que prisonniers de guerre.

Siége d'Otrar.

La réduction de Bokhara donna beaucoup de satisfaction à Jenghiz Khan, & elle fut augmentée par l'arrivée des Princes Jagataï & Octaï, qui s'étoient rendus maîtres d'Otrar (*a*). Le Sultan Mohammed avoit laissé Gaghir ou Gayer Khan (*b*) avec cinquante mille hommes près de cette place pour s'opposer à Jenghiz Khan, s'il tournoit de ce côté : ayant appris ensuite qu'il avoit détaché deux de ses fils pour assiéger cette ville, il y envoya encore un renfort de dix mille hommes sous le commandement de Karaja Hajib (*c*), un des Seigneurs de sa Cour.

(*a*) Mirkhond, Fadlallah, ap. De la Croix, p. 261-274. Abu'lghazi Khan, p. 261-266.

(*b*) Il est nommé *Atchir* dans l'Histoire de la Chine, qui ne dit autre chose de ce siége, sinon qu'Otrar ayant été prise en 1219, le Gouverneur appelé *Atchir*, qui avoit maltraité les gens de Jenghiz Khan, fut tué. Gaubil, p. 35, 36.

(*c*) De la Croix le nomme *Cariacas*, Capitaine des Gardes du Sultan.

Regne de Jenghiz Khan.

Le Gouverneur se renferma dans la ville avec ces soixante mille hommes, & fit tous les préparatifs nécessaires pour une vigoureuse résistance, en augmentant les fortifications & en faisant de grands magasins de provisions. Les Mongols commencerent le siége par l'approche de leurs beliers & de leurs autres machines, & tenterent de combler le fossé (*a*); ils en vinrent à bout après bien des difficultés, & pour lors ils purent faire agir leurs machines avec plus de succès. Mais les assiégés faisoient de fréquentes sorties, & tantôt brûloient, tantôt endommageoient leurs machines, de sorte que pendant plusieurs mois les Mongols n'avancerent guere : cela détermina les Princes à affamer la ville ; mais comme il fallut consulter leur pere, & qu'il ne leur fit point d'autre réponse, sinon qu'ils combattissent, ses ordres furent exécutés avec une ardeur si infatigable, qu'en moins d'un mois les assiégés virent leurs tours renversées, leurs machines brisées & leurs murailles percées ; & ils furent réduits à se défendre dans leurs secondes fortifications, qui n'étoient pas à la vérité moins bonnes que les premieres.

Elle est prise.

Après que le siége eut duré cinq mois, Karaja Hajib, voyant l'état désespéré des choses, dit à Gayer Khan qu'il étoit temps de penser à se rendre, parce qu'il étoit impossible de défendre la place encore long-temps ; & que si l'on retar-

———

(*a*) De la Croix rapporte d'après Abu'lkayr, que Jenghiz Khan vint, à la priere des deux Princes, reconnoître la place, & qu'après avoir donné ses conseils sur la maniere de l'attaquer, il partit pour la Grande-Bukharie : & cela se pourroit fort bien, puisqu'en allant à Zarnuk, la premiere ville qu'il assiégea, il dut passer près d'Otrar.

doit, il étoit à craindre que les ennemis ne vouluſſent point accorder de capitulation. Mais le Gouverneur, qui ſavoit très-bien qu'il étoit l'unique cauſe de la guerre, & qu'il n'avoit aucune grace à eſpérer, rejeta abſolument cette propoſition, réſolu de ſe défendre juſqu'à la derniere extrémité. Comme il avoit de l'eſprit, il inſpira aux aſſiégés tant d'horreur pour les Mongols, parce qu'ils étoient idolâtres, qu'il fit entrer les habitans & la garniſon dans ſon ſentiment.

Regne de Jenghiz Khan.

Hajib, voyant qu'il s'étoit rendu ſuſpect par cette démarche, fit ouvrir dans la nuit, de l'aveu des Officiers qui ſervoient ſous lui, la porte qui s'appeloit *Dervaſi Sûfi*, dont la garde lui étoit confiée, & ſe retira, avec les dix mille hommes qu'il commandoit, dans le camp des Mongols; mais les Princes, qui avoient pour maxime qu'un homme qui étoit capable de trahir ſon Maître légitime, ne ſe feroit aucun ſcrupule de les trahir de même dans l'occaſion, le firent tuer avec tous ſes gens (a): ils entrerent enſuite dans la ville par la même porte par où Hajib venoit de ſortir.

Le Gouverneur, voyant la ville priſe (b), ſe retira avec vingt mille hommes dans le château;

De même que le château.

———

(a) Suivant De la Croix, on ne tua que le Général, les Officiers & quelques ſoldats, & tout le reſte fut fait eſclave.

(b) De la Croix dit qu'ils entrerent par une breche, & que ce fut avant qu'ils fuſſent maîtres de la ville, parce que les aſſiégés avoient fortifié tout ce qui pouvoit l'être, & que l'on avoit fait des retranchemens dans les rues étroites.

tout le reste de la garnison fut chassé hors de la ville, & passé au fil de l'épée. Gayer Khan se trouvant trop à l'étroit dans le château avec tant de monde, fit de fréquentes sorties sur les ennemis, par lesquelles il les incommoda extrêmement ; mais les Princes redoublant leurs efforts à mesure que la défense des assiégés devenoit plus opiniâtre, emporterent enfin, après un mois de combats, le château le sabre à la main, & passerent toute la garnison au fil de l'épée. Les lieux étroits tinrent plus long-temps, parce qu'ils étoient fortifiés & d'un abord difficile ; & les ruines des maisons qu'on avoit abattues, servoient aux soldats Karazmiens à combattre à couvert : cependant, comme les assiégeans faisoient sans cesse avancer des troupes fraîches, ils réussirent enfin à tuer tous leurs ennemis (a).

Mort du Gouverneur. Gayer Khan, voyant que tout étoit perdu, se retira avec deux hommes sur une terrasse de son palais, & s'y défendit en désespéré. Comme Jenghiz Khan avoit défendu qu'on le tuât, l'exécution de cet ordre couta la vie à bien des Mongols : ses deux hommes furent tués, & quoiqu'il manquât de fleches pour tirer sur ceux qui vouloient monter au lieu où il étoit, il se défendit encore long-temps avec de grosses pierres que sa femme lui apportoit ; mais ayant été enfin environné, il fut fait prisonnier & mené aux Princes, qui le firent charger de chaînes. S'étant mis en marche vers Bokhara, ils le firent mourir dans un endroit

---

(a) Mirkhond, Abu'lkayr, Fadlallah, ap. De la Croix, p. 205-215.

nommé *Kuk Saray* (a), conformément aux ordres qu'ils en avoient reçus de leur pere. Le château d'Otrar fut rasé ; mais on rétablit les murailles de la ville. On permit ensuite aux vieillards, aux femmes & aux enfans qui en avoient été chassés par Gayer Khan, d'y revenir ; & l'on défendit, sous de rigoureuses peines, à la garnison qu'on y laissa, d'inquiéter en aucune maniere les habitans.

Regne de Jenghiz Khan.

Jenghiz Khan, persuadé qu'il falloit réduire plusieurs autres villes situées sur le Sir avant qu'il pût entreprendre la conquête de la Grande-Bukharie, envoya ordre, après la prise d'Otrar, à Juji ou Tushi de commencer par assiéger Saganak (b). Dès que ce Prince fut arrivé devant la ville, il envoya un Mahométan, nommé *Haji Hassan*, pour sommer les habitans de se rendre, avec l'assurance qu'ils seroient bien traités ; mais quoique le Gouverneur eût donné parole à cet Officier qu'il seroit bien reçu, il fut mis en pieces par la populace dans un tumulte excité par les principaux Officiers.

Massacre de Saganak.

A la nouvelle de cet assassinat, Juji fit jurer ses soldats de s'en venger, & qu'ils ne cesseroient point d'attaquer la ville qu'elle ne fût en leur puissance. Tous les Officiers & les soldats, avec plus de la moitié des habitans (c), payerent de leur

---

(a) De la Croix le nomme *Gheuk Serai*, & dit que c'étoit le palais de Samarcande.

(b) *Sagnok* ou *Signak*, ainsi qu'on lit dans l'Histoire d'Abu'lghazi Khan.

(c) Abu'lghazi Khan dit qu'il y eut plus de dix mille habitans d'égorgés. Ce furent sans doute l'inhumanité & la perfidie de ces peuples, qui porterent Jenghiz Khan à les

sang le meurtre de Haſſan : la ville auroit été raſée & le reſte des habitans paſſé au fil de l'épée, ſi l'on n'en avoit pas eu beſoin pour la ſuite de la guerre. Mais pour honorer la mémoire de ſon infortuné Officier, & pour faire ſouvenir les habitans de leur inhumanité, Jaji lui fit élever un ſuperbe mauſolée dans le lieu de la ville le plus éminent.

Regne de Jenghiz Khan.

Uzkant ſe rend, & Alſhash eſt emportée.

Les Mogols, pour ſe venger, avoient perdu devant Saganak beaucoup plus de monde que cette place ne méritoit ; mais la maniere dont ils ſe vengerent produiſit un tel effet, que pluſieurs villes du pays, effrayées par cet exemple, ſe rendirent ſans réſiſtance. Les habitans d'Uzkant (*a*), devenus ſages par les malheurs de ceux de Sagnak, vinrent au devant du Prince, à deux journées de la place, avec de magnifiques préſens, & lui remirent leur ville ſans réſiſtance. Le Gouverneur & ceux qui auroient voulu défendre la place ſe retirerent à Tonkat. Juji défendit à ſes gens de leur faire la moindre inſulte ou de leur prendre aucune partie de leurs biens. De là il marcha vers Alshash (*b*), très-belle ville, & qui avoit des eaux dans tous les jardins de ſes maiſons. Elle étoit ſituée auprès du Sihon ou Sir, à quatre

---

traiter avec tant de rigueur, après avoir montré d'abord tant de clémence, juſqu'à épargner les habitans d'Otrar, où ſes Marchands & ſes Ambaſſadeurs avoient été aſſaſſinés.

(*a*) Uskend ou Urkend, qu'Abu'lghazi Khan nomme *Urgan*, ſituée ſur les frontieres orientales du Turqueſtan, à environ quatre-vingt dix milles au nord-eſt de Tonkat.

(*b*) On croit que c'eſt Taskhant, aujourd'hui la capitale de la partie orientale du Turqueſtan, que poſſedent les Kaſſats ou Kaſſacha Orda.

journées

LIVRE IV. CHAPITRE III. 33

journées au nord de Khojende. Cette place refusa de se rendre ; Juji l'assiégea, & l'ayant emportée, il fit faire main-basse sur un grand nombre des habitans, parce qu'ils avoient osé lui résister (*a*).

Regne de Jenghiz Kahn.

Après la réduction d'Alshash, le Prince marcha à Jund (*b*), ville située sur les frontieres du Turquestan, peu éloignée du Sir, & que le séjour que plusieurs Savans y ont fait ont rendue célebre. Le Gouverneur, qui y commandoit, s'appeloit *Kûtlûk Khan* : on lui donnoit ce titre, parce que cette ville & tout son territoire lui appartenoient en propre par droit d'héritage. Il possédoit de grandes richesses, & avoit promis de se bien défendre s'il étoit attaqué ; mais aussi-tôt qu'il apprit que les Mongols approchoient, il passa le Sir & un désert, & se retira dans le royaume de Karazm avec tous ses trésors : cependant les habitans de Jund résolurent de se défendre jusqu'à la derniere extrémité.

Siège de Jund.

Juji leur envoya un Capitaine nommé *Jitmur*, qui leur promit toutes sortes de bons traitemens, s'ils vouloient ouvrir leurs portes : une partie du peuple se laissa persuader ; mais les autres, en plus grand nombre, furent d'un avis contraire ; & Jitmur auroit infailliblement perdu la vie comme Hassan, si ceux qui goûtoient ses propositions ne

---

(*a*) Abu'lghazi Khan, p. 270, 271. De la Croix, pag. 221, 222.

(*b*) La traduction Françoise d'Abu'lghazi Khan porte *Nadsan*, & l'Angloise *Najan*, au lieu de *Jund* ; & Nadsan doit, suivant cet Historien, avoir été proche d'Alshash, au lieu que les Historiens mettent Jund à plusieurs degrés de là vers l'Occident.

Tome VII.   C

Regne de Jenghiz Khan.

lui eussent donné moyen de se sauver. Cet Officier, qui étoit habile Ingénieur, avoit observé la force de la place, & jugeant qu'il faudroit beaucoup de temps & qu'il en couteroit bien du monde pour la forcer, proposa au Prince de faire jeter des ponts sur une partie du fossé, qui étoit plein d'eau, disant que l'on pourroit escalader la muraille par l'endroit où les ennemis se croyoient le plus en sûreté, & prendre la ville par surprise.

Elle est prise par stratagême.

On remit la décision de cette proposition à un conseil de guerre; & quoiqu'Elak Nevian insistât sur la voie des armes, comme la plus noble, le plus grand nombre se déclara pour le stratagême de Jitmur; & il fut résolu que, pour amuser les assiégés, on feroit trois fausses attaques du côté le plus foible de la ville. On commença les attaques un peu avant la nuit avec de grands cris, & si-tôt que l'on fit agir les beliers & les catapultes, toute la garnison accourut aux attaques & abandonna les autres postes. Jitmur, de son côté, aussi-tôt que la nuit fut venue, fit jeter ses ponts sur le fossé, & poser deux échelles contre la muraille; il monta lui-même par l'une, suivi de ses gens, qui en attacherent bientôt un si grand nombre, que les troupes entrerent dans la ville & se saisirent d'une porte sans faire grand bruit. Les Mogols s'emparerent des principaux postes, & les assiégés, consternés de cette surprise, abandonnerent les attaques & se sauverent où ils purent pour se cacher.

On épargne les habitans.

Ainsi fut prise la ville de Jund, sans aucune effusion de sang; car les Mogols n'ayant perdu aucun des leurs, épargnerent les habitans, & l'on n'en fit mourir que deux ou trois qui

Livre IV. Chapitre III.

avoient insulté Jitmur, quand il étoit venu les sommer de se rendre. Tous les autres crurent cependant qu'on les alloit massacrer, quand ils reçurent ordre de s'assembler dans une plaine voisine ; mais on ne vouloit qu'en faire le dénombrement, & on leur permit ensuite de retourner dans leurs maisons ; ils n'y trouverent que ce que les Mogols n'avoient pu emporter. On laissa une forte garnison dans la ville pour les contenir, & on leur donna pour Gouverneur un Officier Mogol, qui étoit Mahométan, & qui se nommoit *Ali Koja* (a).

Après la réduction de cette place, Juji, ou Tushi Khan, partagea son armée en deux corps. Il donna cinquante mille hommes à Elak-Nevian (b), pour aller soumettre les pays d'Ilak, d'Alshash & de Khojende ; il garda le reste des troupes pour tenir la campagne, & pour faciliter la prise de Khojende, qui étoit une place importante. Elak Nevian marcha avec tant de diligence vers l'Ilak, que plusieurs villes se rendirent à lui sans résistance. D'autres se défendirent ; la plus considérable fut Tonkat, qu'Abu'lkayr appelle *Daro'l Ilm*, c'est-à-dire *le Palais des Sciences* (c). Elle dépendoit d'Alshash, étoit située

Regne de Jenghiz Khan.

Siége de Tonkat.

(a) Mirkhond, Abu'lkayr, ap. De la Croix, p. 222-228. Abu'lghazi Khan, p. 271.

(b) Suivant Abu'lghazi Khan, Alau Noyan, qui, comme nous l'avons dit, est le même qu'Elak Nevian, & Suktu Bûka, marcherent tous deux à cette expédition.

(c) A cause de l'Académie des Arts & des Sciences qui y étoit établie. Abu'lghazi Khan nomme *Farnakant* au lieu de *Tonkat*, ce qui fait voir que les Historiens nomment les

sur la frontiere de la province d'Ilak, & servoit de rendez-vous aux Marchands de ces deux pays. Cette ville étoit plutôt un lieu de plaisir qu'un lieu de défense ; on n'y voyoit que fontaines, jardins & promenades, de sorte que l'on disoit que *Dieu n'avoit rien fait de plus délicieux*. La garnison étoit composée de Turcs de la nation des Kangûli (*a*), qui avoient la réputation d'être fort courageux. Le Bey, qui s'appeloit *Ilenko Malek*, & qui en étoit Seigneur, répondit fort fiérement quand les Mongols le sommerent de leur ouvrir les portes : mais dès la premiere attaque, il se retira dans le château avec les principaux habitans.

Les assiégés se défendirent vigoureusement pendant trois jours, & Elak Nevian, qui jugeoit que la prise de cette place étoit nécessaire avant d'attaquer Khojende, donna plusieurs assauts : le quatrieme jour il fit breche à la muraille, & les habitans épouvantés demanderent à capituler ; mais le Général Mogol les obligea de se rendre à discrétion, & croyant avoir sujet de se plaindre de la garnison, il fit main-basse sur elle, & obligea les habitans de sortir de la ville, pour piller plus aisément leurs maisons (*b*). Ilenko Malek auroit eu le même sort que la garnison, s'il

---

uns une ville, les autres une autre. C'est peut-être la raison qui fait qu'en d'autres endroits De la Croix dit que Tonkat est aussi appelée *Feneket* ; mais Feneket ou Farnakant est différente de Tonkat : c'est la ville qui, après avoir été rebâtie dans la suite, fut appelée *Shah Rackhiya*, entre Tonkat & Khojende. Voy. L. III, ch. L sect. VI.

(*a*) Ce sont sans doute les Kangli ou Kankli, Tribu Turque, dont on a parlé ci-dessus.

(*b*) Suivant Abu'lghazi Khan, tous les habitans furent emmenés en captivité.

n'avoit eu le bonheur de se sauver avant que le château se rendît. Les Mongols, après avoir établi dans cette ville un magasin considérable de munitions, marcherent vers Khojende (*a*).

Khojende ou Kojende étoit située le long du bord méridional du Sir, dans une belle & fertile campagne; elle étoit grande & bien fortifiée; elle faisoit un grand commerce en musc & autres marchandises odoriférantes; elle n'étoit qu'à sept journées de Samarcande au nord, & étoit de ce côté la clef de la Bukharie. Cette ville étoit recommandable à plusieurs égards, & particuliérement par la valeur de ses habitans, & la bravoure du Chef qui y commandoit, lui donnoit encore plus de réputation. C'étoit Timur Malek, Souverain de la place, & Khan qui payoit tribut au Sultan de Karazm, dont il avoit souvent commandé les armées.

Dès qu'Elak Nevian mit le siége devant Tonkat, le Khan, qui s'attendoit bien que son tour viendroit ensuite, n'oublia rien de ce qui pouvoit servir à la défense de la ville; il fit des magasins de munitions de guerre & de bouche; il fit rompre les ponts, gâter les chemins, & enlever tout ce qu'il y avoit de bled, de fruits & de bestiaux dans le pays. Le Général des Mongols commença le siége de Khojende par établir un pont de communication un peu au dessus de la ville; ensuite il envoya une partie de son armée au delà de la riviere, & fit jouer ses machines : les Historiens disent qu'il fit lancer des meules

---

(*a*) Mirkhond, Abu'lkayr, ap. De la Croix, p. 228-231.
Abu'lghazi Khan, p. 272.

entieres contre la ville, & qu'il s'expofa à mille dangers.

De fon côté, Timur Malek mit en œuvre toutes fortes de moyens pour ruiner les machines des ennemis. Il avoit douze Kerûd ou Brigantins (a), dont il en envoyoit fix de chaque côté de la riviere, qui tiroient une fi grande quantité de traits, de pierres & de fleches dans le camp des Mongols, qu'ils tuoient & bleffoient bien du monde. D'ailleurs, la garnifon recevoit de temps en temps de petits fecours d'hommes par la voie d'un marais qui avoit empêché les ennemis d'inveftir toute la place; fi bien que le Khan fe flattoit qu'il pourroit enfin rebuter les Mogols : mais Elak Nevian, ayant reçu de nouvelles troupes que le Prince Juji lui envoya, redoubla fes affauts, & fatigua tellement les affiégés qu'ils défefpérerent de réfifter plus long-temps : cependant Timur Malek eut recours à un ftratagême.

Il avoit fait bâtir autrefois une efpece de fortereffe à l'extrémité de la ville, dans une petite Ifle (b) qui étoit de très-difficile accès ; il mit dans ce fort mille hommes, & envoya au camp des Mogols de fes gens, qui, en fe difant déferteurs, confeilleroient aux ennemis d'attaquer ce fort, en les affurant que dès qu'il feroit pris, la ville feroit obligée de fe rendre. Elak s'y laiffa tromper, & fit tourner fes machines de ce côté ; mais comme le fort étoit très-élevé & bien bâti,

---

(a) Suivant Abu'lghazi Khan, il n'avoit que quatre bateaux couverts, avec des embrafures des deux côtés.

(b) Abu'lghazi Khan dit que l'Ifle étoit devant la ville, & que le château étoit extrêmement fort.

Regne de Jenghiz Khan.
Belle défenfe de Timur Malek.

que d'ailleurs il étoit trop éloigné des bords de la riviere, les Mogols, après l'avoir battu plusieurs jours, manquerent de pierres & d'autres matériaux ; ce qui les retarda beaucoup, parce qu'il fallut en aller chercher à plus de trois lieues du camp.

Cette difficulté ne les rebuta point, & ils s'engagerent gaiement à ce travail : quand ils en eurent apporté une grande quantité, le Général s'en servit d'une autre façon qu'il n'avoit fait pour prendre le fort ; au lieu de les faire lancer, ce que l'éloignement rendoit inutile, il les fit jeter dans la riviere, pour faire une digue qui facilitât les approches. La plus grande partie de l'armée fut occupée à cet ouvrage (*a*), qui étoit extraordinairement difficile, à cause des grands creux qui étoient dans le lit de la riviere.

Les gens de pied apportoient les pierres jusqu'au bord de l'eau, & les cavaliers les alloient jeter pour les mêler avec les terres & les arbres entiers qu'on lioit ensemble, ainsi que les fascines & les autres choses dont il falloit se servir pour affermir l'ouvrage. Les assiégés incommodoient beaucoup le travail ; souvent avec leurs machines, & quelquefois par des sorties qu'ils faisoient sur leurs brigantins armés, ils renversoient la digue, & détruisoient tout ce qui avoit été fait. Enfin, Timur Malek n'oublia rien de ce qui étoit capable de traverser cette entreprise; mais quand il vit qu'il ne pouvoit disputer plus long-

Regne de de Jenghiz Khan.

―――――――――――――――――

(*a*) Le même Historien rapporte qu'on se servit des habitans de Farnakant, qu'on tenoit captifs, pour travailler à cet ouvrage.

Regne de Jenghiz-Khan.
Sa retraite.

temps aux Mogols le passage de la riviere, il se mit dans ses barques avec tout son monde; pendant le siége, il en avoit fait construire jusqu'à soixante-dix, & il les avoit fait enduire d'une certaine matiere où il entroit du feutre humide, pétri d'argile & de vinaigre, de sorte que ni les fleches, ni les feux ne pouvoient nuire aux bâtimens. Comme le pont de communication étoit un obstacle à sa retraite, il fit faire une nuit une sortie; & pendant que l'Officier qui la commandoit attaqua les gardes du pont, quelques barques remplies de goudron & de naphte mirent le feu aux pontons qui le formoient, & ouvrirent le chemin au Khan & à sa flotte, qui s'abandonna au courant de l'eau.

Il combat ceux qui le poursuivent.

Dès que le Général Mogol fut informé de la retraite de Timur Malek, il envoya un grand corps de cavalerie, qui suivit les barques, & qui de temps en temps lançoit contre elles des fleches & des feux, souvent même les cavaliers s'avançoient dans l'eau pour attaquer leurs ennemis de plus près: il y eut de part & d'autre bien du monde de tué dans ces combats; les plus dangereux se donnoient, lorsque quelques rochers ou bancs de sable, du côté du nord de la riviere, obligoient la flotte de s'approcher de la rive méridionale. C'étoit en ces rencontres que le Khan faisoit des prodiges de valeur; il se distingua surtout dans une action qui se passa dans un endroit où la riviere étant guéable, les cavaliers purent s'approcher des barques plus près qu'à l'ordinaire; mais après un furieux combat, les Mongols furent obligés de se retirer honteusement (*a*).

_____
(*a*) Abu'lkayr, Fadlallah, ap. De la Croix, p. 234-243.

Quelques Historiens rapportent que les Mogols se contenterent d'observer Timur Malek de dessus les bords de la riviere, dans l'opinion qu'il ne pourroit pas leur échapper, à cause d'une chaîne tendue à travers la riviere devant la ville de Farnakant, ou, selon d'autres, devant Tonkat; mais le Khan la coupa pendant la nuit avec d'excellentes cognées & de bonnes limes dont il s'étoit muni, & passa après avoir à la vérité perdu bien du monde. Cependant, étant arrivé à un endroit où la riviere étoit fort étroite & peu profonde, il fut obligé de quitter ses bateaux, & d'essayer de se sauver par terre.

Regne de Jenghiz Khan.

Et se sauve par la riviere.

D'autres prétendent qu'il n'étoit point dans la nécessité de prendre terre, mais qu'il le fit volontairement pour combattre les Mogols; il se posta d'abord sur une hauteur, d'où il tomba sur ses ennemis avec succès, & se retirant d'un lieu difficile dans un autre, il fatigua ceux qui le poursuivoient. Cependant les barques, que les Mogols négligerent, entrerent avec la famille du Khan dans un lieu qui appartenoit au Sultan de Kharazm.

Timur Malek ayant perdu tous ses soldats les uns après les autres, resta seul, & se voyant poursuivi de près par trois Mogols, il tira une fleche au plus avancé, qui lui entra dans l'œil; ce qui épouvanta tellement ses compagnons, qu'ils s'arrêterent & lui laisserent le temps de gagner une ville nommée *Kent* : là il assembla à la hâte un petit corps de troupes, & alla surprendre Farnakant, & après avoir égorgé les Mogols qui y étoient en garnison, il s'en retourna auprès du Sultan Mohammed, qui le combla de louan-

Regne de Jenghiz Khan.

ges, & lui donna le gouvernement de Kent (a).

Khojende s'étant rendue le lendemain du départ de Timur Malek, Elak Nevian, après y avoir tout réglé, alla avec le Prince Juji ou Tushi rejoindre le Grand Khan ; ils le trouverent à une journée de Samarcande, dans un endroit où l'armée étoit campée dès la fin du mois de Mai de l'an 1220, de l'Hégire 617 (b).

Description de Samar-cande.

Samarcande, que l'on croit être la Marakande des Anciens, étoit alors la capitale de la Grande-Bukharie ; elle avoit soixante-dix stades, c'est-à-dire environ trois lieues de France de tour du temps d'Alexandre, & elle a eu depuis plus de douze lieues de circuit. Elle avoit aussi un mur extérieur, mais beaucoup plus régulier & mieux fortifié que celui de Bokhara. Elle avoit douze portes de fer, éloignées l'une de l'autre d'une lieue, & de deux en deux lieues il y avoit un bâtiment pour un grand

---

(a) Dans la suite, les Mogols éprouverent encore son courage, quand ils porterent la guerre dans le Karazm : il leur résista jusqu'à ce que voyant tout perdu de ce côté, il se retira en Perse, & quelque temps après, déguisé en Religieux, il gagna la Syrie ; & quand les Mogols se furent rendus maîtres de la Perse, il y retourna, & se soumit au Prince régnant, qui lui permit de se retirer à Khojende. Il n'y trouva qu'un de ses fils en vie, & Batu Khan de K'pchak lui permit de faire la recherche des biens de son pere, & d'en jouir. Timur Malek lui aida à les recouvrer ; mais il se fit des ennemis de tous ceux qui les avoient usurpés ; ils chercherent l'homme qu'il avoit blessé à l'œil, qui le tua un jour d'un coup de fleche, sous prétexte qu'il avoit répondu d'une maniere peu respectueuse à un Prince du Sang qui lui avoit témoigné du mépris.

(b) Abu'lghazi Khan met la prise de Samarcande dans l'année précédente.

Livre IV. Chapitre III.

corps-de-garde. Outre cela, les murailles étoient revêtues de creneaux & de tourelles pour combattre à couvert ; elles étoient entourées d'un fossé très-profond, sur lequel passoit un aqueduc qui conduisoit les eaux de la petite riviere de Sogde, & les distribuoit dans tous les quartiers de la ville par des conduits de plomb, de sorte qu'il n'y avoit pas de grande rue qui n'eût ses eaux courantes, & point de maison considérable qui n'eût sa fontaine & son jardin. Plusieurs autres ruisseaux descendoient de différens tertres élevés, & ils formoient des jets & des cascades. Il y avoit de plus dans cette grande ville un enclos, qu'on appeloit *la ville intérieure*, qui avoit quatre portes, mais des murs sans défense. La mosquée principale étoit dans cet enclos, de même que le palais où le Prince faisoit sa demeure. Comme il y avoit, dans la grande enceinte, des champs labourables, des prés & une infinité de jardins, on ne voyoit que des arbres & aucun toit de maison, quand on regardoit la ville du haut de la forteresse.

Regne de Jenghiz Khan.

Il y a des Auteurs qui prétendent qu'elle a été bâtie par Alexandre le Grand ; mais ils se trompent, elle existoit avant son expédition : il n'y a pas plus de fondement à l'opinion de ceux qui attribuent sa fondation à un Roi de l'Arabie Heureuse, nommé *Tobay* ; ce Prince n'y fit construire qu'une porte, qu'on appelle *Kash*. Cette ville a été le séjour des Princes Mahométans de différentes familles, depuis le temps des Arabes, qui s'en rendirent les maîtres, & Timur Bec ou Tamerlan en fit le siége de son Empire, environ cent quarante ans après Jenghiz Khan.

Son état présent.

Regne de Jenghiz Khan.

Elle est à présent le lieu de la résidence d'un des trois Khans Uzbecs, qui regnent dans la Grande-Bukharie ; les deux autres résident à Bokhara & à Balkh. Les édifices publics sont assez beaux, ils sont bâtis de belles pierres, il y a aussi de belles places bien pavées. Cette ville fait un grand commerce avec la Grande-Tartarie, la Perse & les Indes ; c'est elle qui fournit en particulier à l'Indostan les meilleurs fruits, & sur-tout d'excellens melons. On y fait le plus beau papier de soie ; & il y a une Académie des Sciences fameuse (*a*).

Siége de cette ville, & sa belle défense.

Le Sultan Mohammed avoit fait entrer dans cette ville cent dix mille hommes, sous trente Généraux ; il y avoit soixante mille Turcs qui avoient des Commandans très-célebres, & les autres étoient des Tajis (*b*), assez braves pour ne redouter ni un lion, ni un éléphant : il y avoit aussi vingt éléphans des plus grands & des plus forts, & une si grande quantité de peuple, tant des habitans de la ville que de ceux qui s'y étoient réfugiés, qu'à peine la place, quelque étendue qu'elle fût, pouvoit les contenir.

(*a*) Abu'lghazi Khan, p. 278, 279. Fadlallah, Nissavi, Yakut, Al Hamawi, Abulfeda, ap. De la Croix, p. 276-279.

(*b*) Taije signifie *Turcoman*, selon Fadlallah ; mais selon le Dictionnaire Persan & Turc de Nimetallah, ce sont les naturels de Perse qui ne savent pas la langue Turque. De la Croix, p. 280. Nous soupçonnons que le nom doit être *Tajik*, qui est un sobriquet que les Turcs & les Tartares donnent aux naturels de tous les pays qu'ils ont conquis, & sur-tout à ceux qui préferent la vie tranquille & le commerce à la guerre : ils donnent aussi fréquemment ce nom aux Persans, par malice.

Livre IV. Chapitre III.

A l'arrivée d'un si puissant renfort, on tira à l'entour de la ville un fossé fort large, qu'on fit creuser jusqu'à l'eau, & l'on fit camper les troupes derriere ce fossé, qui leur servoit de retranchement. Lorsque Jenghiz Khan parut, les ennemis firent une furieuse sortie sur lui ; mais ayant été repoussés dans la ville après une action fort sanglante, il vint le lendemain se camper sous les murailles de la place. Dès que les machines furent dressées, il fit faire plusieurs attaques en même temps pour étonner les assiégés : ceux-ci les soutinrent avec vigueur, & firent plusieurs sorties, dans lesquelles ils tuerent un grand nombre de Mogols ; & dans un assaut général que ces derniers donnerent, qui dura depuis le matin jusqu'au soir, ils ne purent gagner un seul pouce de terrein sur les assiégés.

Regne de Jenghiz Khan.

Selon toutes les apparences, ils n'auroient jamais pris la place, si la division ne se fût glissée entre les principaux habitans & les Commandans des troupes. Les premiers avoient à leur tête le Mufti & le Cadi, avec plusieurs Seigneurs qui souhaitoient de conserver leurs biens ; ils se saisirent d'une des portes, porterent les clefs à Jenghiz Khan, & implorerent sa clémence pour tous les assiégés ; mais il ne voulut accorder de grace qu'à ceux de leur parti qui, au retour de leurs Députés, se rangerent au nombre de cinquante mille auprès d'eux.

Cependant le Gouverneur Alub Khan s'étoit saisi des lieux de la ville qui étoient du plus difficile abord, & n'espérant aucun quartier, il résolut de se défendre jusqu'à la derniere extrémité contre les Mogols : ceux-ci, étant entrés par la

Elle est prise & pillée.

porte qu'on leur avoit livrée, l'attaquerent vigoureusement dans son fort; mais il soutint pendant quatre jours leurs assauts avec une valeur extraordinaire : voyant alors que tous ses postes étoient pris, & qu'il ne restoit plus que celui qu'il défendoit en personne, le cinquieme jour, accompagné de ses principaux Officiers & de mille chevaux d'élite, il traversa le camp des Mogols, qu'il surprit, & se sauva.

La retraite du Gouverneur fit perdre courage au reste de la garnison, au nombre de trente mille hommes ; ils furent bientôt vaincus & passés au fil de l'épée ; le Prince des Kanguli, & cinq ou six autres petits Princes qui s'y trouvoient, eurent le même sort. Le Khan fit ensuite mettre la ville au pillage, & fit présent à ses Généraux de trente mille habitans avec leurs femmes & leurs enfans. Il pardonna aux autres, & leur permit de demeurer dans la ville comme auparavant, moyennant un tribut annuel de trois cent mille dinars ou écus d'or (*a*).

Avant d'arriver devant Samarcande, Jenghiz Khan, ayant appris que le Sultan s'étoit sauvé le long de l'Amu, vers le pays de Termede, détacha trente mille chevaux pour le poursuivre. Ces troupes étoient commandées par Hubbé Nevian, Suida Behader, & Amir Tuker (*b*), qui avoient tous trois le rang de Princes. Ils

---

(*a*) De la Croix, p. 280-286. Abu'lghazi Khan, p. 276-278.

(*b*) Abu'lghazi Khan les nomme *Zena* ou *Jena Noyan*, *Suday Bayadûr*; & *Togazar Kantaret*.

eurent ordre du Khan, » de bien traiter les
» villes qui leur ouvriroient leurs portes; mais
» de piller toutes celles qui réſiſteroient, &
» d'en emmener les habitans en captivité; de
» pourſuivre le Sultan Mohammed juſqu'à Der-
» bend, même dans le Shirwan, & de ſe faire
» paſſage par force ſur les terres des Princes qui
» s'y oppoſeroient; enfin, de ſoumettre à ſon
» obéiſſance tous les pays ſitués le long de la
» mer Caſpienne, & de venir le rejoindre dans
» le Kipchak, ajoutant qu'il n'avoit pas deſſein
» de s'arrêter plus long-temps dans ces provin-
» ces méridionales (a) «.

Regne de Jenghiz Khan.

Ces trois Généraux partirent au mois de Juin de l'an 1220, &, trompés par un faux avis, ils marcherent vers Balkh; mais n'apprenant aucunes nouvelles du Sultan de Karazm, Tûker s'avança vers les Indes, & les deux autres tournerent vers Herat, capitale du Khoraſan. Le Gouverneur Amîn Malek, parent du Sultan, ſurpris d'une invaſion ſi bruſque, & ne ſe trouvant pas en état de ſe défendre, leur envoya dire qu'il étoit Serviteur de Jenghiz Khan. Les deux Généraux, ſans s'arrêter & ſans commettre aucun déſordre, s'avancerent vers la ville de Zaveh, ſituée entre Herat & Niſabûr.

Affaires de Herat.

Tûker, quelque temps après, ayant laiſſé la frontiere des Indes, arriva dans le pays de Herat, où il commit quelques hoſtilités, ignorant ou feignant d'ignorer que le Gouverneur s'étoit ſoumis à ſes Collegues. Le Prince Amîn Malek dé-

---

(a) De la Croix, p. 289-291. Abu'lghazi Khan, p. 288.

pêcha un homme aux deux autres Généraux, pour se plaindre de ce procédé. Et cependant il fit sortir des troupes de la ville, & les joignit aux peuples de la campagne, qui avoient pris les armes; ce qui forma une armée si supérieure à celle de Tûker, que ce Général fut défait & tué d'un coup de fleche. Le reste de ses troupes alla joindre les autres Généraux (*a*).

Regne de Jenghiz Khan.

Zaveh emportée par force.

Lorsque Hubbé & Suida furent auprès de Zaveh, les habitans leur fermerent les portes, & le Gouverneur ne voulut, à aucun prix, leur donner des vivres. Ce refus irrita si fort les Mogols, qu'ils attaquerent la place avec furie, & malgré la vigoureuse résistance des assiégés, ils l'emporterent en trois jours, non sans perdre beaucoup de monde. Ils s'en vengerent en faisant mainbasse sur tous ceux qui tomberent entre leurs mains, & en pillant les maisons.

Ils marcherent de là vers Nisabûr, sur l'assurance qu'un espion leur donna que le Sultan y étoit : mais Mohammed en étoit parti quelque temps auparavant, pour se rendre dans l'Irak Persienne. Il y avoit été déterminé par son petit-fils Amedo'ddin (*b*), dont le pere Rocno'ddin étoit Prince de cette province opulente & peuplée; & le jeune Prince faisoit espérer à Mohammed qu'il y trouveroit les secours nécessaires

---

(*a*) De la Croix, p. 291, 292. Abu'lghazi Khan, p. 288-289.

(*b*) Abu'lghazi Khan dit qu'il prit le chemin de l'Irak par l'avis de son Conseil, & qu'il envoya la Sultane avec son fils Kyaso'ddin dans la ville de Karender, que De la Croix nomme *Kaendar*.

pour

Livre IV. Chapitre III.

Regne de Jenghiz Khan.

pour se venger de Jenghiz Khan. Mais Amedo'ddin trompoit le Sultan, & se trompoit lui-même; il s'en falloit de beaucoup que l'Irak fût aussi puissante que le Khorasan, qui contenoit les villes les plus peuplées, & les provinces de l'Asie les plus belles & les plus riches.

Nisabûr soumis.

Quand les Généraux Mongols approcherent de Nisabûr, on leur députa trois personnes considérables, qui firent les soumissions du Gouverneur (a); ils promirent de donner tout l'argent qu'on leur demandoit, de payer tribut, de fournir des rafraîchissemens à l'armée, & de ne point secourir leurs ennemis. Les Généraux, satisfaits de ces marques d'obéissance, continuerent de poursuivre le Sultan Mohammed.

Ce Prince, en quittant Nisabûr, se rendit à Bastam, ville forte & agréable du Tabarestan, où il remit à l'Emir Omar, un des Maîtres d'hôtel de sa maison, dix coffres scellés du Sceau royal, remplis de pierreries, dont plusieurs étoient d'un prix inestimable. Le Sultan lui dit qu'aucun homme au monde, à la réserve de deux personnes qui étoient présentes, ne savoit ce qu'il y avoit dans ces coffres; & il le chargea de les faire transporter sur le champ dans la forte citadelle d'Ardahan. De Bastam, il se

---

(a) Suivant Abu'lghazi Khan, les Généraux Mogols firent sommer de rendre la place quatre Seigneurs que Mohammed y avoit laissés pour y commander: ils leur firent réponse qu'ils n'avoient qu'à poursuivre vivement le Sultan, & qu'ils ne manqueroient pas de leur remettre la ville à leur retour. Les deux Généraux se contenterent de cette réponse.

rendit dans l'Irak, & s'arrêta (a) à Maradawlet Ahad, place dépendante de Hamadan, où son fils Rocno'ddin le vint trouver avec quelques troupes, qui, jointes à celles que le Sultan avoit levées en chemin, faisoient plus de vingt mille chevaux.

Cependant les Mongols marcherent sur ses traces avec tant de diligence, qu'ils le surprirent à Farzine, auprès de Maradawlet. Ils taillerent en pieces la meilleure partie de son armée; mais Rocno'ddin & le Sultan se sauverent. Le premier s'enfuit dans le Kerman, & le second se retira par plusieurs détours, avec un petit nombre d'Officiers, dans le Ghilan, & de là à Estadad, la plus forte place du Mazanderan, & d'un très-difficile accès. Il auroit pu y demeurer caché, sans que les partis envoyés pour apprendre de ses nouvelles l'eussent découvert, si un Seigneur du pays, pour se venger de ce Prince qui avoit fait mourir son oncle, n'eût découvert, à la tête d'un petit détachement de Mogols, la route qu'il avoit prise.

Il s'avança jusqu'auprès d'Estadad: quelques paysans lui dirent que le Sultan étoit dans un bourg voisin de la mer Caspienne, où il assistoit tous les jours aux prieres publiques; & l'on dit qu'il promettoit à haute voix de changer de

───────────────

(a) Le même Historien dit qu'il gagna la ville de Kazwin, où son fils Rocno'ddin commandoit, avec un corps de trente mille hommes, & qu'à son approche, le Sultan Rocno'ddin vint au devant de lui avec un détachement de ses troupes, & le conduisit dans la ville avec tous les honneurs possibles.

conduite, si Dieu le délivroit du péril où il étoit, & qu'il se vît rétabli sur son trône.

Mais tandis qu'il se flattoit de recueillir d'heureux fruits de sa repentance tardive, il fut averti que les Mogols, avec le Seigneur Persan à leur tête, approchoient du bourg. Il quitta tout pour se mettre en sûreté ; & à peine étoit-il à bord d'un vaisseau, qu'il faisoit tenir prêt, que les ennemis parurent sur le rivage, & voyant qu'ils avoient manqué leur proie, ils tirerent inutilement un grand nombre de fleches. Ce malheureux Monarque, accablé d'affliction, fut encore attaqué d'une pleurésie, de sorte qu'il fut obligé de relâcher dans une Isle nommée *Abiskun* (*a*), & son mal termina enfin ses malheurs, malgré l'art des Médecins.

Peu de jours avant sa mort, le Prince Jalalo'ddin ayant su qu'il étoit dans cette Isle, s'y rendit secrétement avec deux de ses freres. A son arrivée, le Sultan lui dit : ". Prince, vous ” êtes celui de mes enfans que je crois le plus ” capable de me venger des Mogols ; ainsi, je ” révoque l'acte que j'ai fait autrefois à la sol-” licitation de la Reine ma mere, en faveur de ” mon fils Kothbo'ddin ". Il le nomma donc son successeur, & il ordonna aux autres Princes ses fils d'obéir à leur frere : en même temps il lui donna son épée, & le renvoya pour vaquer aux affaires de l'Etat ; ensuite il expira

Regne de Jenghiz Khan.

Il s'enfuit à Abiskûn.

―――――――

(*a*) Ou Aboskun : Abu'Ighazi Khan l'appelle *Aboskun Kafira*, au lieu de *Jezira*, qui veut dire *Isle* : elle n'est pas loin d'Astarabad, dans le coin de la mer Caspienne, qui est au sud-est.

Regne de Jenghiz Khan.

Sa mort.

sous une petite tente qu'on lui avoit dressée. Son premier Valet de chambre lava son corps, & l'enveloppa d'une chemise, n'ayant pas d'autre toile pour l'ensevelir : mais quelques années après, le Sultan Jalalo'ddin fit enlever ses os, qui furent portés avec pompe dans la forteresse d'Ardahan (*a*).

(*a*) Fadlallah, Nissavi, ap. De la Croix, p. 292-302.

CHAPITRE IV.

Conquête du Royaume de Karazm, de la Grande-Bukharie, de l'Iran ou de la Perse, jusqu'à la défaite du Sultan Jalalo'ddin Mankberni.

DANS le Chapitre précédent, on a vu le récit de De la Croix : celui d'Abu'lghazi Khan est à bien des égards fort différent. Il rapporte que les deux Généraux Mongols, étant partis de Nisabûr, marcherent vers la ville de Mazanderan, qu'ils emporterent par force, & dont ils égorgerent tous les habitans. Ils s'avancerent ensuite vers Kazwin, & traiterent de même toutes les villes qui leur résisterent, & avec beaucoup de douceur celles qui leur ouvrirent les portes. Ils passerent auprès de la ville d'Ilan, dans laquelle la mere du Sultan s'étoit renfermée avec les plus jeunes enfans de ce Prince : ils ne l'attaquerent cependant point, parce qu'elle étoit très-forte par sa situation, & paroissoit résolue à se bien défendre. Mais celle de Rudin fut saccagée, & tous les habitans furent égorgés, parce qu'ils n'avoient pas voulu se rendre.

Le Sultan Mohammed ayant eu avis que les Mogols approchoient de Kazwin, résolut de se retirer à Karendar; mais étant tombé en chemin parmi quelques troupes Mongoles, peu s'en fallut qu'il

Regne de Jeng-iz Khan.

Progrès des Généraux Mongols.

Regne de Jenghiz Khan.

ne fût fait prisonnier, ayant eu un cheval tué sous lui. Quelque temps après, il apprit que les Mogols venoient encore le chercher à Karendar, ce qui l'obligea à se retirer dans la province de Ghilan. Les Généraux Mogols laisserent quelques troupes aux environs de Karendar, & le suivirent avec le reste : mais le Sultan étant arrivé dans le Ghilan, s'en alla à Istadura, & dans la route il perdit sa caisse & tout son équipage. D'Istadura, il alla s'embarquer sur le Kulzum ou la mer Caspienne, & fut gagner le pays d'Abaskûm.

Les Mogols, voyant qu'il leur étoit échappé, retournerent assiéger la ville de Karendar, qu'ils emporterent après une résistance très-vigoureuse. La Sultane, femme de Mohammed, & son fils Kyaso'ddin, tomberent entre leurs mains. De là ils allerent assiéger Ilan, qu'ils prirent, & où ils trouverent la mere & les enfans du Sultan, qu'ils envoyerent à Jenghiz Khan ; ce Prince les fit tuer sur le champ. Le Sultan Mohammed fut si saisi de cette triste nouvelle, qu'il tomba mort; & on ne put l'enterrer honorablement. Il fallut l'inhumer avec les habits qu'il avoit sur le corps (*a*). Outre les autres différences qu'il y a entre ce récit & celui de De la Croix, Abu'lghazi Khan a joint ensemble des événemens qui, selon De la Croix, sont arrivés en différens temps, comme on le verra dans la suite.

Royaume de Karazm. Description de sa capitale.

Les Généraux Mongols, qui avoient poursuivi le Sultan, croyant qu'il s'étoit embarqué

(*a*) Abu'lghazi Khan, p. 302-306.

pour se retirer dans le pays de Karazm, ou chez quelque Prince voisin, donnerent avis de sa fuite à Jenghiz Khan, qui étoit alors à Samarcande, & il ne manqua pas de le faire chercher dans le royaume de Karazm, & par-tout où il crut qu'il pouvoit être ; ensuite il envoya ses trois fils, Juji, Octaï, & Jagataï avec une nombreuse armée, pour attaquer la capitale du Karazm.

Regne de Jeggh z Knan.

Ce pays est celui que les anciens Grecs appeloient *Chorasmia*. Il avoit à l'occident la mer Caspienne ; le Turquestan au nord ; à l'orient la Grande-Bukharie, dont il étoit séparé par des déserts, & au midi le Khorasan. Il y a au nord un vaste lac, qu'on appeloit le *Lac de Karazm*, & qu'on nomme aujourd'hui *Arâl Nor* ou le *Lac aux Aigles*. Le fleuve Amu, que les Arabes appellent *Gihon*, & qui sépare la Grande-Bukharie de la Perse, arrose ce pays ; & après avoir coulé cinquante ou soixante lieues au nord-ouest, il se partage en deux grands bras, qui, après un long cours entre l'ouest & le sud, vont se jeter dans la mer Caspienne.

La plupart des villes étoient situées sur ce fleuve, toutes bâties de brique ; il y en avoit de très-belles, sur-tout du côté du Midi ; celles qui étoient plus avant dans les terres, étoient les moins considérables. La Capitale s'appeloit *Karazm* ; les Persans l'ont nommée *Korkange*, & les Mogols *Orkange* ou *Urghenge*, & elle porte encore ce dernier nom. Elle étoit située sur le bord méridional de la plus septentrionale des deux branches de l'Amu, qui quitta, il y a environ un siecle, son ancien lit, & se jette à présent dans le lac aux Aigles. Le pays de Ka-

D iv

razm, qui donnoit son nom à toutes les provinces de l'Empire du Sultan Mohammed & de ses prédécesseurs, étoit plein de Savans, qui cultivoient la Philosophie & les autres Sciences ; la Poésie y fleurit encore ; & il y a peu d'Orientaux plus polis que ceux-là. Ils s'appliquent beaucoup à la musique, ou plutôt ils sont naturellement Musiciens : & c'est de leurs enfans qu'on a coutume de dire dans le Levant, qu'ils ne pleurent qu'en musique.

Les Princes Mogols eurent ordre de s'avancer, sans s'arrêter, vers la capitale du Karazm, & de l'assiéger, pour que la prise de cette ville effrayât les autres, & pour réduire ainsi le pays tout d'un coup. Ils avoient fait de grands préparatifs pour cette expédition, & ils s'attendoient à une vigoureuse résistance, parce que c'étoit la capitale de l'Empire de Karazm, & que la Reine Mere Turkhan Khatûn y avoit toujours fait sa résidence depuis la mort du Roi Takash, son mari.

Cette Princesse étoit fille d'un Roi Turc, nommé *Harkashi* (a). Ce Prince étant mort sans enfans mâles, ses sujets se soumirent à l'obéissance de Mohammed, qui par-là étendit assez loin les bornes de son Empire chez les Turcs de la Grande-Tartarie. Turkhan Khatûn avoit un esprit supérieur, & écrivoit très-bien. Par ces considérations, elle avoit une autorité presque absolue dans les Etats de son fils. Elle prenoit la qualité de Protectrice de la Foi & du Monde, & de Reine

---

(a) C'étoit probablement le Khan des Kangulis ou Kanklis qui occupoient les parties orientales du Turquestan vers Kashgar.

des Femmes. Elle protégeoit les foibles contre les puiſſans, adminiſtroit la juſtice avec une grande impartialité, & examinoit les affaires avec tant d'attention, que ſes jugemens étoient toujours équitables.

Regne de Jenghiz Khan.

Elle étoit auſſi très-charitable envers les pauvres; mais ces grandes qualités étoient ternies par ſa cruauté, & quand, à l'approche des Mogols, elle réſolut de quitter le royaume, elle fit mourir juſqu'à douze enfans de Souverains qu'elle tenoit priſonniers : de ce nombre étoit un fils de Togrol, le dernier des Seljucides d'Iran, que Tekash, ſon mari, avoit fait périr. Elle fit enſuite tuer Omar Khan, qui la conduiſoit au château d'Elak dans le Mazanderan. Elle haïſſoit Jalalo'ddin, & avoit même engagé Mohammed, ſon fils, à le déshériter, en faveur de ſon frere Kothbo'ddin, qu'elle aimoit. Dès qu'elle apprit que le Sultan avoit annullé l'acte qui déclaroit ce dernier ſon ſucceſſeur, elle ſe mit peu en peine de fortifier le pays de Karazm ; elle ſe détermina même à l'abandonner, lorſqu'elle apprit que les Mogols s'en approchoient.

Son départ cauſa de grands déſordres dans la capitale. Quelques Seigneurs prirent le gouvernement en main au nom de Jalalo'ddin ; mais vers le temps qu'il y arriva, les perſonnes les plus conſidérables de l'Etat conſpirerent contre lui en faveur de Kothbo'ddin. Il réſolut de ſe retirer dans le Khoraſan, & partit ſuivi ſeulement de trois cents chevaux, reſte de ſept mille qui s'étoient rangés auprès de lui à ſon arrivée. Avec ce petit nombre de troupes, il défit ſept cents Mogols, qui l'attaquerent près de Neſa, dans le Khoraſan, &

Malheurs de Jalalo'ddin.

Regne de Jenghiz Khan.

se rendit à Nisabûr. Ce fut là que Jalalo'ddin, qui avoit pris le titre de Sultan, donna ses ordres pour assembler une armée; mais ayant appris que les ennemis étoient en marche pour y venir, il en sortit au bout d'un mois afin de les éviter : il eut le malheur de rencontrer deux de leurs partis; il défit le premier; le second, qui étoit plus nombreux, l'enveloppa : il leur échappa à la vérité, mais deux de ses freres, qui l'accompagnoient, & presque tous ses gens furent tués. Nous le quitterons pour quelque temps, afin de voir ce qui se passoit au siége de la capitale du Karazm (*a*).

Invasion du Karazm.

Les Karazmiens, surpris à l'approche imprévue des Princes Mogols, se réunirent pour leur commune sûreté, & donnerent la conduite des affaires à un Seigneur du pays, nommé *Himar Takin* (*b*), parent de la Reine. Comme ce Seigneur n'avoit aucune nouvelle de la marche des Mogols, & qu'il les croyoit encore bien éloignés de sa place, il avoit permis aux habitans de faire paître leur bétail dans les prairies voisines, ce qui donna occasion à l'avant-garde des Mogols d'en enlever la plus grande partie à son arrivée. Ceux de la ville firent une sortie avec dix mille hommes, & ayant atteint auprès d'un grand jardin appartenant à la ville, les ennemis qui se retiroient au petit pas, ils les attaquerent vivement; mais les Mongols, qui avoient mis de bonnes troupes en embuscade des

---

(*a*) De la Croix, p. 305-312. Abu'lghazi Khan, p. 279.

(*b*) Abu'lghazi Khan le nomme *Kamar*, & lui donne trois Collegues, Mogul, Hajib, & Firudini Gheri; mais, selon lui, Kamar avoit le commandement en chef.

deux côtés de ce jardin, voyant les ennemis assez engagés pour ne pouvoir plus reculer, les chargerent si brusquement en tête & en queue, qu'à peine il s'en sauva cent hommes : ils pousserent même en cette occasion jusqu'aux fauxbourgs de la ville, passerent au fil de l'épée tout ce qui se présenta devant eux, & y mirent le feu après les avoir pillés. Le lendemain, toute l'armée des Mongols arriva devant la ville & l'assiégea dans les formes.

Regne de Jenghiz Khan.

Comme on n'avoit point d'armée à craindre qui pût venir au secours de la place, on ne fit ni tranchée ni lignes. Quant tout fut prêt pour l'attaque, les Princes envoyerent sommer le Gouverneur de se rendre, & lui firent savoir, qu'en cas de refus, on ne lui feroit aucun quartier. Cette menace n'ayant point ébranlé Himar Takin, les Mongols firent une attaque générale que les Karazmiens soutinrent avec beaucoup de valeur. Les femmes même firent le devoir de soldats ; elles ne se contentoient pas d'assister ceux qui défendoient les murailles, mais elles montoient à cheval & se mêloient parmi les troupes qui faisoient des sorties. Les Mongols, quoique toujours repoussés, continuerent à faire de fréquentes attaques jusqu'à ce que les pierres leur manquerent, de sorte qu'ils furent obligés de battre la ville avec de gros troncs de mûriers qu'ils faisoient scier pour s'en servir.

Siége de la capitale.

Les Princes, croyant que cette place seroit aussi aisée à prendre que les autres, avoient voulu ménager le temps & s'épargner la peine de combler les fossés ; mais ils virent qu'ils ne réussiroient jamais sans cela : comme la riviere les remplissoit d'eau, cette opération ne pouvoit s'exécuter qu'en détournant le cours du fleuve par un canal.

Qui se défend vigoureusement.

Regne de Jenghiz Khan.

Le siége avoit déjà duré sept mois, quand les Mongols commencerent ce travail avec trois mille hommes : il étoit fort avancé lorsque les assiégés firent, pendant la nuit, une sortie & taillerent presque tous les travailleurs en pieces. On acheva cependant enfin le canal, & l'on saigna la riviere qui y prit son cours, de sorte qu'on eut bientôt comblé le fossé de terre, de paille & de fascines, malgré tout ce que les assiégés purent faire pour l'empêcher (*a*). Ce fut alors que les Princes firent redoubler les batteries, & l'on fit des breches considérables ; les Mongols donnerent ensuite un assaut général, & planterent leurs étendards sur la muraille ; mais les assiégés firent de si grands efforts qu'ils les arracherent, repousserent les ennemis, & réparerent même les breches.

Ce mauvais succès mit la mésintelligence entre Juji & Jagataï ; ils se reprocherent mutuellement qu'ils s'étoient épargnés en plusieurs occasions, & que cela étoit cause de la durée du siége. Pendant cette division on n'agit que foiblement ; Jenghiz Khan, qui en fut informé, ordonna aux deux Princes de remettre le commandement à Octaï. Les choses changerent alors de face. Quoique les assiégés ne combattissent pas moins vaillamment, leurs sorties ne furent pas aussi heureuses. D'un autre côté, les Mongols ayant fait de nouvelles breches, se rendirent maîtres des murailles, & arborerent leurs enseignes sur les tours

---

(*a*) Selon Abu'lghazi Khan, le dessein des Mogols, en détournant la riviere, étoit de couper l'eau à la ville ; mais ils ne réussirent pas, les trois mille Mogols employés à ce travail ayant été tous taillés en pieces.

de la ville, tandis que les affiégés, hors d'état de les pouvoir arracher, fe retirerent dans les lieux qu'ils avoient fortifiés dans la ville ; il y en eut à la longue plufieurs de pris, de même que la citadelle : le Gouverneur rejeta cependant toutes les propofitions qu'Octaï lui fit faire de fe rendre, parce qu'on ne parloit point de laiffer la liberté aux habitans.

Regne de Jenghiz Khan.

Les Mongols, irrités de ce refus, mirent le feu aux maifons de tous côtés, & un nombre infini de perfonnes & d'immenfes richeffes périrent dans les flammes. Comme ils perdoient beaucoup par cet incendie, ils cefferent de jeter des feux, & ne s'attacherent plus qu'à attaquer les divers quartiers de la ville. Les affiégés étoient retranchés de maniere qu'un quartier fecouroit l'autre, & quand l'un étoit forcé, ils trouvoient dans les autres un afile affuré. Les attaques continuerent jour & nuit, & la fatigue fut extrême de part & d'autre.

Horrible carnage.

Enfin le brave Himar Takin fut tué d'un coup de fleche : le refte des habitans fe défendit jufqu'à la derniere extrémité ; & lorfqu'ils s'apperçurent qu'ils alloient fuccomber, ils mirent eux-mêmes le feu aux maifons qui reftoient dans la ville, pour fruftrer leurs ennemis du butin fur lequel ils comptoient. Les Mogols, pour s'en venger, firent main-baffe fur tous les Karazmiens qu'ils rencontrerent, & ils tuerent jufqu'à cent mille perfonnes ; il y a même des Auteurs qui difent deux cent mille. Le Prince Octaï eut beaucoup de peine à faire ceffer le carnage. On fit alors fortir de la ville tout le refte des habitans, & on les condamna tous à l'efclavage avec leurs femmes & leurs enfans : les uns difent qu'il y en avoit cent mille, & d'autres que le nombre fut si grand, que dans le partage qu'Octaï en fit faire entre les soldats de son armée, il en revint à chaque soldat vingt-quatre pour sa part.

Exemple de vertu.

Parmi ceux qui périrent dans cette occasion, on trouva le Sheikh Hafreti Kubra, surnommé *Najmo'ddin*, dont le rare exemple de patriotisme mérite d'être transmis à la postérité. Octaï, qui avoit une considération particuliere pour lui, à cause de sa grande piété, lui fit offrir un passeport pour lui & pour dix de ses amis, ensuite pour mille; mais le Sheikh ne voulut l'accepter qu'à condition qu'on feroit grace à tous les Mahométans de la ville; & il fit répondre au Prince, „ qu'il étoit attaché aux „ autres par des liens si forts, qu'il falloit qu'il „ eût le même sort « : en sorte qu'il périt avec ses concitoyens, après s'être défendu avec tout le courage possible.

Autres villes soumises.

La capitale du Karazm fut prise & ruinée sur la fin de l'hiver de l'an de l'Hégire 618, après quoi la terreur s'empara de tous les peuples; les autres villes, comme Kât, Feraber, Dargan ou Dûrûn, Zamakshar, se rendirent sans résistance. Octaï laissa dans le pays les troupes qu'il crut nécessaires pour le tenir dans l'obéissance, & avec le reste de son armée il alla joindre son pere (a).

Description de Termed.

Cependant Jenghiz Khan, qui s'étoit arrêté tout le printemps aux environs de Samarcande, parce que le pays lui plaisoit, pensa à continuer ses conquêtes. Il partit de cette ville à peu près dans le même temps que ses trois fils se mirent en marche pour Karazm. A son approche, plusieurs villes lui

---

(a) Abu'lghazi Khan, p. 280-283. De la Croix, p. 313-327.

Livre IV. Chapitre IV. 63

ouvrirent les portes : de ce nombre fut Nakshab, dont le territoire lui parut si agréable & l'air si bon, qu'il y demeura la plus grande partie de l'été. Il marcha ensuite vers Termed par le chemin du détroit taillé dans le roc, appelé *Koluga*, c'est-à-dire la porte de fer : il fut plusieurs semaines en marche pour se rendre à Termed, qui est la derniere place de la Grande-Bukharie vers le Tokhareftan.

Regne de Jenghiz Khan.

Elle étoit située sur l'Amu ; & comme elle étoit dans un lieu commode pour le commerce, elle avoit un port très-fréquenté. Le Sultan Mohammed l'avoit conquise depuis peu de temps sur Bahram Shah, qui fut du nombre des Princes que la Sultane Mere fit mourir avant de partir de Karazm. Quoique Termed eût quantité d'autres places sous sa domination, elle dépendoit pourtant de la ville de Kash ou Kesh. Elle avoit des murailles revêtues de brique, & un château dont la riviere défendoit un côté ; de sorte que les habitans se crurent assez forts pour amuser les Mogols jusqu'à l'arrivée de Sultan Jalalo'ddin, qui leur avoit fait espérer qu'il viendroit à leur secours.

Jenghiz Khan, instruit de leur résolution, serra la place fort étroitement en faisant travailler à des lignes très-profondes & très-larges. Les assiégés se défendirent pendant onze jours avec toute la valeur possible ; mais leurs murailles se trouvant ruinées, & Jalalo'ddin ne paroissant pas pour les secourir, les Mogols donnerent l'assaut & emporterent la ville.

Cruel massacre.

Toute la garnison & tous les habitans, à l'exception de quelques jeunes gens qui furent réservés à l'esclavage, furent inhumainement mas-

Regne de Jenghiz Khan.

sacrés : d'autres disent que tous les habitans furent passés au fil de l'épée, excepté une vieille femme, qui offrit une grosse perle pour sauver sa vie ; mais ayant été interrogée où elle avoit cette perle, elle avoua qu'elle l'avoit avalée ; on lui ouvrit sur le champ le ventre, & la perle s'y étant effectivement trouvée, les Mogols ouvrirent le ventre à tous les autres morts, dans l'opinion d'y trouver pareillement des bijoux.

Le Grand Khan fit raser la ville, & mit ensuite ses troupes en quartiers d'hiver. Parmi les villes qui s'étoient soumises de ce côté, étoient Langherte, Samande, & Badakshan. Les deux premieres ayant témoigné du regret de s'être rendues, furent pillées & maltraitées par les Tartares envoyés en parti : la derniere perdit seulement ses richesses ; les Mogols y trouverent quantité d'hyacinthes & de rubis balais, dont les montagnes du territoire de cette ville abondent. Il fournit aussi de bel azur, de bon bézoar, & ce qu'on appelle le fin cristal de Levant (a).

Affaires du Khorasan.

Avant que l'armée prît ses quartiers d'hiver, Jenghiz Khan envoya un renfort de vingt mille hommes de ses meilleures troupes à Hubbé Névian & à Suida Behader, pour l'année suivante. Ces deux Généraux étoient sur les frontieres septentrionales du Khorasan, lorsqu'ils reçurent les ordres de leur Maître. En attendant le renfort qu'on leur envoyoit, & qui étoit encore en marche, ils partagerent leurs troupes ; Hubbé tira vers le Mazanderan, & Suida prit la route de

---

(a) De la Croix, p. 327, 330. Abu'lghazi Khan, pag. 284. Helvas.

Livre IV. Chapitre IV. 65

Helvas. Après qu'ils eurent tous deux ravagé ces pays, ils revinrent dans le Khorafan, où Aynanje Khan, Officier du Sultan Mohammed, avec quelques troupes, inquiétoit les Mogols.

Regne de Jenghiz Khan.

Suida l'engagea au combat, mais il fut défait. Le Seigneur Mahométan pourfuivant les fuyards, rencontra près de Nakshivan une brigade de Tartares, qui vouloient fe retirer dans cette place; il fondit fur eux & les poufla dans les foffés, où ils fe noyerent tous. Ayant été joint par quelques troupes débandées, il leva des contributions, & avec l'argent des impofitions de Nifa, il pourvut aux befoins de fa petite armée; mais il fe retira dans les montagnes, quand il apprit l'arrivée du renfort, conduit par Jaffer & Ika, deux évians, chacun à la tête d'un toman ou corps de dix mille hommes; & comme la ville de Nifa nuifoit à la conquête du Khorafan, ces deux Capitaines furent chargés du foin de la réduire.

Nefa ou Nifa (*a*) étoit fituée fur les confins du défert du côté du pays de Karazm. Elle fervoit autrefois de frontiere aux Turcs & aux Perfans. Le Sultan Mohammed l'avoit ufurpée fur les enfans de Nafro'ddin, qui en étoit Souverain; il en avoit fait rafer la citadelle, mais depuis il avoit permis aux habitans de la rétablir; & comme elle étoit bien fortifiée, ils efpéroient de pouvoir s'y défendre long-temps.

Prife de Nifa, & maffacre de fes habitans.

Quand les Mogols eurent invefti la ville, ils firent offrir au Gouverneur des conditions raifon-

---

(*a*) Abu'lghazi Khan la nomme *Nefay*; on lui donne auffi le nom de la *Petite-Damas*, à caufe de l'agrément de fa fituation.

Tome VII. E

nables ; mais pendant qu'on traitoit, quelques Karazmiens eurent l'imprudence de tirer sur les assiégeans, & tuerent Balkûsh leur Lieutenant-Général. Les Mogols résolurent d'en venger la mort. Ils battirent les murailles de la ville avec 20 grandes machines. Les assiégés se défendirent courageusement, & comme ils lançoient beaucoup de feux, les assiégeans, pour pouvoir approcher de la place, faisoient porter sur le dos de leurs esclaves de larges pieces de bois, couvertes de peaux fraîches, pour se garantir. Comme ils donnerent des assauts jour & nuit, ils firent, au bout de quinze jours, une breche que les assiégés ne purent réparer ; ils se saisirent des murailles une nuit, & se rendirent maîtres de la ville.

Le lendemain, ils firent sortir les habitans & les conduisirent dans une plaine, où ils les environnerent & les accablerent de fleches & de traits, comme des bêtes qu'on chasse. Tous périrent au nombre de soixante-dix mille, tant habitans naturels, qu'étrangers & paysans qui s'étoient réfugiés dans la ville. Shahabo'ddin, un des Ministres du Sultan, & son fils, qui s'y étoient retirés avec leurs richesses, furent amenés chargés de chaînes aux Névians, qui, après avoir vidé leurs coffres, les firent décapiter.

Trois jours après, ils allerent assiéger la citadelle de Karendar. Cette place passoit pour la plus forte du Khorasan, & elle étoit sur le chemin de Nesa à Nisabûr. Elle avoit pour Gouverneur Mehemed Nisavi, Auteur de l'Histoire du Sultan Jalalo'ddin, à qui elle appartenoit. C'étoit là que Nezamo'ddin, l'un des plus grands Seigneurs de l'Empire, s'étoit retiré avec tous ses biens.

Quelques jours avant l'arrivée des ennemis, visitant la place, & la trouvant presque imprenable à cause de son assiette, il dit au Gouverneur : » Nous attendrons ici les Tartares «. Mais lorsqu'il vit que les ennemis l'attaquoient du côté où elle étoit la plus foible, il fut tellement effrayé, qu'il pria le Gouverneur de le faire descendre avec des cordes dans la campagne, & il eut le bonheur de se sauver.

Les Mogols battirent la place fort long-temps ; mais les assiégés se défendirent si vigoureusement, que les Généraux Mogols, désespérant de prendre la place avec ce qu'ils avoient de troupes, offrirent de lever le siége, à condition qu'on leur fourniroit des habits & d'autres choses dont leurs soldats avoient besoin. Le Gouverneur leur accorda leur demande ; mais la difficulté fut de trouver des Officiers qui voulussent accompagner ceux qui porteroient ce présent, parce qu'on croyoit les ennemis assez cruels pour être capables de se venger sur les Officiers qu'ils auroient en leur pouvoir, de la honteuse retraite qu'ils se voyoient forcés de faire.

Après le refus d'un grand nombre, deux vieillards se présenterent, & les Mogols furent effectivement assez lâches pour tremper leurs mains dans leur sang (*a*). Ensuite les deux Névians

---

(*a*) Nous ne contesterons point ce fait, quoique Nissavi fût extrêmement prévenu contre les Mogols, en faveur de son Maître le Sultan Jalalo'ddin : quoi qu'il en soit, il paroît certain que la place ne fut point prise, comme le rapporte Abu'lghazi Khan, non plus que la Sultane, femme de Jalalo'ddin, & son fils, comme on l'a rapporté d'après cet Historien.

leverent le siége, & ravagerent le pays (a).

Regne de Jenghiz Khan.

Damegan abandonnée.

Suida vint les trouver, & ils marcherent tous trois pour joindre Hubbé Névian, qui étoit occupé à une autre expédition. Ils se rendirent, tant par le désert que par d'autres chemins, devant Damegan, capitale de Kumas, ville considérable située dans une vaste plaine, arrosée de quantité de belles eaux qui sortent des rochers : on les nomme par excellence les *Eaux de Khosrou* ou *Cosroès*, parce que ce Monarque les fit conduire dans la ville par de beaux aqueducs, & qu'il n'en vouloit point boire d'autre. Les Mogols trouverent Damegan presque déserte, parce que les habitans s'étoient retirés avec leurs meilleurs effets dans les bois & dans les montagnes. N'ayant trouvé rien de propre à contenter leur avarice, les ennemis se rendirent devant Amol, ville du Mazanderan, sur les confins du Ghilan, & environ à une journée de la mer Caspienne; ils la réduisirent aisément, ainsi que plusieurs autres villes du Tabarestan Oriental.

Ilal se rend faute d'eau.

Hubbé Névian, de son côté, n'acquit pas moins de réputation dans son expédition, que les autres Généraux. Il réduisit le Tabarestan Occidental, que l'on nomme *Mazanderan*, & se saisit même de la Reine Mere Turkhan Khatûn, qui s'y étoit retirée avec ses immenses richesses. Comme Jenghiz Khan avoit des espions ou des correspondans dans tout l'Empire Karazmien, il apprit par l'un de ces espions que la Reine Mere s'étoit retirée dans la citadelle d'Isal, qu'Abu'lghazi Khan nomme *Ilan*.

(a) Nissavi, in Jalalo'dd. ap. De la Croix, p. 342-346.

Il dépêcha aussi-tôt un Courrier à Hubbé pour le lui faire savoir, & lui ordonna en même temps de tout hasarder pour prendre cette forteresse. Ce Général battit cette place pendant trois mois en vain. Jenghiz Khan, informé de l'état des choses, jugea qu'il la pourroit plus aisément réduire par la famine, & ordonna à Hubbé de faire élever, outre ses lignes, une forte muraille avec des portes qu'on fermeroit la nuit, & de faire faire une garde si exacte que les assiégés ne pussent être secourus. Les ordres de l'Empereur furent exécutés; & quoique le Gouverneur ne pensât point à se rendre, & qu'il prétendît n'avoir besoin de rien, cependant, au bout de trois semaines, les vivres manquerent, & sur-tout l'eau; de sorte qu'une partie de la garnison & des habitans étoient déjà morts de soif; la Reine fut donc obligée de demander à capituler.

Ce manque d'eau passa dans le pays pour un miracle, parce que, quoiqu'il n'y eût point de puits dans la ville, ni riviere dans son voisinage, elle étoit située dans un climat si pluvieux, qu'elle n'avoit jamais manqué d'eau, à cause des fréquentes pluies qui y tomboient. Cependant, comme il n'en tomba pas une goutte pendant tout le siége, les habitans dirent que c'étoit un châtiment de Dieu, qui vouloit punir Turkhan Katûn d'avoir fait mourir injustement tant de Princes & de Rois (*a*). Ce qui acheva de le leur persuader, c'est que dès qu'on eut rendu la place,

Regne de Jenghiz Khan.

─────────────────────

(*a*) Abu'lghazi Khan dit qu'ils obligerent Nasro'ddin, leur Gouverneur, de se rendre au camp des Mogols pour faire sa capitulation.

Regne de Jenghiz Khan.

La Reine Mere faite prisonniere, & sa cruauté punie.

il tomba tant de pluie, que toutes les rues furent inondées.

Hubbé Névian n'ignoroit pas à quelle extrémité la place étoit réduite ; en conséquence il ne voulut rien accorder à la Reine que la vie. D'abord que les Mogols furent entrés dans la place, ils se saisirent de tous les trésors de cette Princesse, & la traitant en captive, ils l'envoyerent à Jenghiz Khan sous bonne & sûre garde, avec ses femmes, ses petits enfans, & tous les Seigneurs qui s'étoient retirés avec elle dans la forteresse.

La haine qu'elle portoit à son petit-fils Jalalo'ddin, fut la cause de sa perte. Au lieu de faire des vœux pour l'heureux succès de ses armes, elle ne fit que lui souhaiter toutes sortes de malheurs. Quelques jours avant le siége de la place, elle trouva une occasion de se retirer sûrement auprès de ce Prince ; mais elle n'en voulut pas profiter, &, inflexible à tout ce qu'on put lui dire, elle protesta que l'humiliation & les traitemens les plus rigoureux de la part des Mogols, lui seroient plus doux que toutes les marques d'amitié qu'elle pourroit recevoir du fils d'Ayjeah, son ennemie mortelle. Tels étoient les sentimens de cette implacable Reine ; mais elle fut traitée comme sa méchanceté & son humeur cruelle le méritoient.

Jenghiz Khan la faisoit quelquefois venir en sa présence quand il étoit à table, & lui jetoit, comme à un chien, des morceaux dont il avoit mangé. On fit mourir les petits-enfans de son fils avant qu'elle arrivât à la Cour, & on ne lui laissa que le plus jeune pour lui servir de conso-

LIVRE IV. CHAPITRE IV.

lation, & encore ne le lui laissa-t-on pas long-temps. Un jour, comme elle le peignoit elle-même, on vint l'enlever d'entre ses bras. Elle avoua que la douleur qu'elle en avoit, étoit la plus vive qu'elle eût jamais sentie. Les Princesses ses arriere-petites-filles ne furent pas si malheureuses; on leur sauva la vie, & on les maria même avec les premiers Seigneurs Mogols; & le Prince Tushi ou Juji épousa Khan Sultane, qui avoit déjà été mariée avec Osman Khan, Prince de Samarcande. Telle fut la destinée de cette grande Reine, qui fut menée comme en triomphe, quelques années après (a), dans les mêmes pays où elle avoit commandé.

Regne de Jenghiz Khan.

Après que Hubbé Névian eut quitté la forteresse d'Ilal, il alla droit à Ray ou Rey, l'ancienne Ragau ou Rages, où Suida & les deux autres Commandans Mogols le vinrent trouver en revenant du Khorasan. Ils avoient soumis la partie septentrionale & occidentale de cette province, à l'exception de Nisabûr, qui, suivant la capitulation que les deux Généraux lui avoient accordée, demeura tranquille jusqu'au temps que Jalalo'ddin s'y réfugia.

Prise de Ray.

La ville de Rey étoit en état de faire une vigoureuse défense; mais elle ne couta guere aux Mogols, à cause de la division qui regnoit parmi les habitans sur la Religion. Ils étoient partagés en deux factions; l'une suivoit la doctrine d'Abu

---

(a) Abu'lghazi Khan rapporte que Jenghiz Khan la fit mourir avec tous ses petits-enfans, aussi-tôt qu'ils furent arrivés dans son camp.

E iv

Hanifah, & l'autre celle de Shafey (a). Le Cadi de la ville, qui étoit du dernier parti, alla au devant de Hubbé avec les principaux de sa Secte, & lui offrit la place de la part de tous les Shafeïtes; ils lui remirent deux des portes, par lesquelles les Mogols entrerent dans la ville. L'autre parti s'étoit fortifié, & fit quelque résistance, plutôt par la haine qu'il avoit pour les Shafeïtes, que pour les Mogols mêmes. Mais Hubbé les força, &, poussé par la mauvaise opinion que le Cadi lui avoit donnée des Sectateurs d'Abu Hanifah, il les fit presque tous mourir; ce qui réjouit sans doute les charitables Shafeïtes. Il ne resta donc guere que la moitié des habitans de Rey.

Hubbé & Suida séjournerent quelque temps à Rey, à cause de la beauté de la ville, qui étoit une des quatre plus considérables de l'Irak; les trois autres sont Hamadan, Kom, & Ispahan. Aussi-tôt que la saison permit de se mettre en campagne, ils se séparerent. Hubbé marcha vers Hamadan, & Suida vers Kazwin. Le premier devant passer par la ville de Kom, éloignée de Rey de vingt lieues, somma les habitans de se rendre; & quoiqu'ils n'obéissent pas, ils firent si peu de résistance, qu'ils pouvoient mériter la grace qu'on accordoit aux places qui ouvroient leurs portes. Mais les Députés des Shafeïtes, qui avoient une haine implacable pour les Hanifites, qu'ils appeloient *Rafezis*, c'est-à-dire *Hérétiques*, dirent à Hubbé Névian, qu'ils accompagnoient toujours, parce qu'il avoit de la confiance en

---

(a Deux des quatre Docteurs, qui sont les Chefs des quatre Sectes Orthodoxes parmi les Mahométans.

eux, que le peuple de Kom étoit fort féditieux, & qu'il ne falloit pas s'en étonner, puisqu'il suivoit la doctrine d'Abu Hanifah : enfin ils l'animerent tellement contre les habitans de la ville, que le Général Mogol, sous prétexte d'un ordre mal observé, les fit presque tous tuer ou mener en esclavage.

Regne de Jenghiz Khan.

Hubbé marcha peu de jours après vers Hamadan ; il se prépara à en faire le siége, & il avoit déjà tout ce qui étoit nécessaire pour la forcer, lorsque tout à coup il fit la paix avec Majedo'ddin, qui y commandoit. Toute l'armée en fut d'autant plus surprise, que les habitans avoient fait paroître plus de fierté que d'autres à qui l'on n'avoit point pardonné, & qu'ils avoient même fait quelque insulte aux Mogols. Les ennemis du Général disoient qu'il s'étoit laissé corrompre, & ses amis soutenoient qu'il n'avoit fait que suivre les ordres de Jenghiz Khan.

Hamadan fait la paix.

Hamadan (a) est à cinq lieues de Kom ; c'est une grande ville fort peuplée, & qui a été souvent le séjour des Rois ; elle avoit encore de fortes murailles & un bon château ; mais tout cela est présentement ruiné, & sa beauté ne consiste plus que dans ses jardins & ses fontaines, dont les sources, qu'on fait monter au nombre de mille, sont dans la montagne d'Alwend, qui n'en est pas fort éloignée.

(a) C'est l'Ematha du vieux Testament & l'Ecbatane des Grecs, quoique la plupart des Géographes prétendent que c'est Tauris. Abulfeda dit que c'est Ecbatane, & le nom de *Hamadan* a quelque affinité avec celui d'*Ematha* ou *Amatha*.

Regne de Jenghiz Khan.

Autres places réduites.

De Hamadan, Hubbé mena ses troupes en d'autres endroits de l'Irak, & en très-peu de temps il se rendit maître de Dinewar ou Daynût, Sûvan, Holwan, Nahawend, & de plusieurs autres villes de cette province, & par ces conquêtes il amassa de grandes richesses. A l'égard de Suida Bahader, qui étoit allé assiéger Kazwin, située entre Rey & Abher sur les confins du Ghilan & du Mazanderan, il l'emporta d'assaut, & fit massacrer cinquante mille personnes, tant dans cette ville que dans le Deylem & autres pays circonvoisins. Toutes ces expéditions furent faites l'an de l'Hégire 618 (a).

Grande chasse à Termed.

Cependant Jenghiz Khan, après la prise de Termed, pour tenir ses soldats en action pendant l'hiver, ordonna une grande chasse dans les plaines de cette ville. Les Veneurs ayant tracé l'enceinte que les Mogols appellent *Nerké*, les Officiers y conduisirent leurs troupes, & les postèrent en cercle. Les instrumens de guerre s'étant fait entendre, les soldats s'avancerent tous à la fois, & toujours vers le centre, en poussant devant eux les bêtes qui se trouvoient dans l'intérieur du cercle; mais il leur étoit défendu de tuer ou de blesser aucun animal, quelque violence qu'il voulût faire.

On campoit toutes les nuits, & tout ce qui se pratique à la guerre étoit ponctuellement observé. La marche continua pendant plusieurs semaines; le cercle commençant à se rétrécir, les bêtes, qui se sentoient pressées, se jetoient dans

---

(a) Fadlallah, ap. De la Croix, p. 347-357.

les montagnes & dans les bois, d'où elles furent bientôt délogées, parce que les chasseurs ouvroient les tanieres & les terriers avec des beches ou des hoyaux; on se servoit même de furets pour les faire sortir de leurs retraites.

Regne de Jenghiz Khan.

Le terrein ordinaire leur manquant peu à peu, les diverses especes se mêlerent les unes avec les autres; il y eut des animaux qui devinrent furieux, qui s'élançoient sur les plus foibles, & les déchiroient; ce ne fut même qu'avec beaucoup de peine que les soldats les chasserent en avant à force de cris. Enfin, quand les troupes furent parvenues au cercle intérieur nommé *Jerk*, qui ne renfermoit qu'un petit espace où l'on pouvoit voir tous les animaux ensemble, on fit battre les tambours, les timbales, & jouer toutes sortes d'instrumens; tous ces sons, joints aux cris & aux huées des chasseurs & des soldats, causerent une si grande frayeur à ces animaux, qu'ils en perdirent toute leur férocité. Les lions & les tigres s'adoucirent; les ours & les sangliers, semblables aux bêtes les plus timides, paroissoient abattus & consternés.

Le Grand Khan, accompagné de ses fils & de ses principaux Officiers, entra le premier dans le Jerk, tenant son épée nue & son arc, & commença lui-même le carnage en frappant les bêtes les plus féroces, dont quelques-unes entrerent en fureur & voulurent défendre leur vie. Il se retira ensuite sur une éminence, s'assit sur un trône qu'on lui avoit préparé, & de là il observoit l'attaque, dans laquelle personne ne s'épargna, quelque risque qu'il y eût à courir.

Quand les Princes & les Seigneurs eurent

Regne de Jenghiz Khan.

donné assez de preuves de leur courage & de leur adresse, les jeunes gens de l'armée entrerent dans le Jerk, & firent un grand carnage des animaux. Les petits-fils de Jenghiz Khan, suivis de plusieurs jeunes Seigneurs de leur âge, se présenterent ensuite devant le trône, &, par une petite harangue, prierent l'Empereur de donner la vie & la liberté aux bêtes qui restoient : il leur accorda cette grace, & renvoya les troupes dans leurs quartiers, après que cette chasse eut duré quatre mois.

Siége de Balkh.

Vers la fin de Mars, Jenghiz Khan se mit en marche, fit passer l'Amu à son armée, & la conduisit vers la ville de Balkh avec toute la diligence possible (*a*). Il avoit conçu une grande haine pour cette ville, parce qu'elle avoit donné retraite au Sultan Jalalo'ddin, qui de là, inquiétoit les Mogols avec ses troupes, pendant que le Grand Khan étoit occupé à la conquête de la Grande-Bukharie. Les habitans, n'ayant pas envie de courir les risques d'un siége, prirent la résolution de se rendre. Les grands Seigneurs du pays, qui s'y étoient retirés, allerent au devant de Jenghiz Khan avec les Officiers de la ville, & lui firent leurs soumissions, accompagnées d'une infinité de riches présens. Jenghiz Khan les rejeta, & dit, que des gens qui avoient comme eux aussi bien reçu son ennemi, ne pouvoient avoir pour lui une amitié sincere. Il parla des troupes qu'ils avoient levées pour Jalalo'ddin, des sommes qu'ils lui avoient four-

_____

(*a*) De la Croix, p. 362 & suiv.

nies pour payer son armée. » Ne devriez-vous
» pas rougir de honte, leur dit-il, d'avoir si
» peu d'amour pour votre Prince naturel, & si
» peu d'aversion pour les tyrans qui l'ont mis
» aux fers ? Est-ce ainsi que vous devez
» traiter ceux qui, après avoir dépouillé de ses
» Etats Omado'ddin, votre Souverain, l'ont fait
» mourir cruellement avec son fils « ?

Regne de Jeng iz Khan.

Cependant l'armée des Mongols s'avançoit vers la ville ; & comme les habitans savoient qu'on étoit convenu d'ouvrir les portes, ils laisserent entrer l'avant-garde sans obstacle. Ils eurent, immédiatement après, ordre de s'assembler dans la campagne : on mit à part tous les jeunes gens qui étoient propres à l'esclavage, & l'on coupa la tête à la plupart des autres (*a*) : ensuite la ville fut pillée, & les murailles abattues. L'armée Mogole s'enrichit dans cette place, qui avoit toujours été très-commerçante. D'ailleurs, elle étoit pleine de monumens, d'ouvrages exquis, & de tout ce qui peut servir d'ornement à une grande ville, qui avoit été le séjour de plusieurs hommes illustres dans toutes sortes d'Arts.

Sa prise.

Les places publiques y étoient vastes & régulieres ; les caravanserais ou hôtelleries, les mosquées & les colléges, magnifiques. On y comptoit douze cents mosquées, sans les petites chapelles, & deux cents bains publics (*b*) pour les

---

(*a*) Suivant Abu'lghazi Khan, Balkh fut emportée d'assaut sans beaucoup de peine, & tous les habitans furent passés au fil de l'épée.

(*b*) C'est ce que dit Abu'lghazi Khan ; mais DelaCroix,

Regne de Jenghiz Khan.
Description de cette ville.

Marchands du dehors & les autres étrangers.

Balkh est à huit lieues du Gihon ou Amu, & à quatre lieues des montagnes, dans une plaine très-fertile, plantée de cannes de sucre & de citronniers. Ses fauxbourgs sont arrosés par une riviere nommée *Dabak*, qui se jette dans l'Amu environ à douze lieues de la ville. Elle est encore à présent une des capitales des Uzbecs, qui habitent la Grande-Bukharie, quoiqu'elle soit proprement une ville du Khorasan.

Siége de Talkhan.
Force de cette ville, & sa prise.

Après cette prise, Jenghiz Khan envoya son fils Tuli ou Taulaï en Perse, avec une armée de quatre-vingt mille hommes, pour poursuivre le Sultan Jalalo'ddin : il détacha un autre corps vers les Indes, & ensuite, il alla en personne mettre le siége devant Talkhan, ville du Tokharestan, extrêmement forte par sa situation. Elle étoit entre Balkh & Maru dans le Khorasan, que Tuli avoit ordre d'assiéger. La ville avoit été autrefois très-florissante ; il n'en restoit alors que la citadelle, qu'un Prince de Tokharestan avoit fait bâtir au haut de la montagne Nokrekûh, ou montagne d'argent, ainsi nommée à cause des mines d'argent qu'elle renfermoit. Comme cette citadelle étoit grande & forte, on lui donnoit indifféremment le titre de *Ville* & de *Forteresse*.

Outre la force naturelle de la place, la garnison étoit abondamment pourvue de toutes sortes de munitions, qui pouvoient suffire pendant un long siége. Les Mogols n'avoient ni terre ni

---

sans parler du nombre des mosquées, dit qu'il y avoit douze cents bains.

tranchées pour se mettre à couvert, seulement quelques mantelets pour se garantir des traits & des feux. Les assiégés en tuerent un si grand nombre, que l'Empereur se repentit de s'être attaché à cette place; mais ne voulant pas avoir la honte de reculer, & craignant de n'avoir pas assez de troupes, après les pertes considérables qu'il avoit faites, il dépêcha des courriers à Tuli, pour lui ordonner de revenir, sous prétexte des excessives chaleurs, qui commençoient à se faire sentir. Cependant il fit reposer son armée pendant quelques semaines: après ce terme, il ordonna d'escalader la montagne de tous côtés, par le moyen de coins de fer, de clous fort longs, de crochets, d'échelles & de cordages, afin d'obliger les assiégés à diviser leurs forces. Les Mogols tenterent plusieurs fois l'escalade en vain; les assiégés, qui étoient sur leurs gardes, rendirent leurs efforts inutiles, & en tuerent un grand nombre. Cependant Jenghiz Khan fit soutenir ses soldats par tant de sortes de machines, qu'enfin un assez bon corps de soldats se trouva sur la montagne. Les assiégés furent si étonnés, qu'accourant pour les repousser, ils eurent l'imprudence d'abandonner quelques postes: les Mogols aussi-tôt s'en saisirent, & entrerent dans la ville. Les assiégés revinrent en confusion pour les chasser; mais les Mogols furent les plus forts, & firent main-basse sur tout. Pour venger la mort de leurs compagnons, & les fatigues qu'ils avoient essuyées pendant sept mois que le siége avoit duré, ils exercerent toutes les cruautés imaginables. C'est ainsi que cette place fut prise, sans le secours de Tuli, qui n'arriva qu'après sa réduc-

Regne de Jenghiz Khan.

Regne de Jenghiz Khan.

Maru se rend, & Mafar s'en saisit.

tion (a). Parlons à préfent des conquêtes que fit ce Prince pendant fon expédition dans le Khorafan.

Tuli, après une longue marche, apprit que Jalalo'ddin avoit quitté Nifabûr, de forte que, fuivant l'ordre de fon pere, il alla affiéger Maru (b) Shah Jan ou Maru Shabi Jehan, qui étoit une puiffante ville. Le Sultan Mohammed en avoit donné le gouvernement à Bukha Al Mulk, après l'avoir ôté à Mafar Al Mulk, qui en fut privé à caufe de la difgrace de fon pere. Pendant que Tuli affiégeoit la ville de Khorafan (c), qui étoit voifine de Maru, le Sultan Mohammed fit favoir à Bukha qu'il feroit bien de ne point réfifter aux Mogols, & de tâcher d'obtenir une bonne capitulation pour la ville. Sur ces ordres, le Gou-

---

(a) Abu'lghazi Khan rapporte qu'elle fut prife à l'aide du renfort que Tuli amena, & c'eft ce que porte auffi l'Hiftoire de la Chine. Mirkhond, Fadlallah, ap. De la Croix, p. 366-370. Abu'lghazi Khan, p. 286-287.

(b) C'eft-à-dire, Maru, Roi du Monde; elle fut ainfi nommée par le Sultan Malek Shah, troifieme Roi Seljucide de l'Iran : fa belle fituation, la pureté de fon air & la fertilité de fon terroir l'avoient engagé à y fixer fon féjour, & il y fut enterré. Il y a une autre Maru qu'on nomme *Al Rudh* ou *Araudh*, c'eft-à-dire, *de la riviere*, parce qu'elle eft fituée fur le Morgab, au midi de la premiere.

(c) Suivant Abu'lghazi Khan, Tuli, avant que d'affiéger Maru, Marwo ou Meru, attaqua & prit la ville de Khorafan, qui en étoit voifine ; c'étoit une très-belle ville, & fes habitans étoient fi opulens, qu'ils fe maintenoient dans une efpece d'indépendance, fans vouloir fe foumettre à aucune domination abfolue.

verneur abandonna la place, & se retira à Waūr dans le Karazm : une partie de la garnison se dispersa dans les villes voisines. Tuli alors détacha deux Officiers-Généraux avec un corps de troupes, pour aller se mettre en possession de Maru. A leur approche, le Sheikh Al Islam, pere de Bukha, vint au devant d'eux avec une nombreuse suite & de magnifiques présens, & leur présenta les clefs de la ville. Les Généraux Mogols, contens de cette soumission, tournerent leurs armes d'un autre côté. Cependant un certain Bukha Turkman, qui avoit été autrefois Chef des guides au service de Mohammed, & qui, dans la retraite du Commandant de Maru, s'étoit retiré dans la forêt voisine avec les Turcomans, qui faisoient partie de la garnison de la ville, y revint peu de temps après le départ des Mogols, suivi des Tajiks, des Turcomans, & des autres qui avoient pris la fuite à l'approche des Mogols. Ces gens-là lui conférerent le gouvernement de Maru, & obligerent tous les habitans à le reconnoître en cette qualité. Vers le même temps, Mafar ou Majer Al Mulk, qui, depuis qu'on l'avoit dépossédé de son gouvernement, avoit fait son séjour dans l'Irak, ayant appris la mort du Sultan Mohammed, monta sur une mule très-légere à la course, & vint en toute diligence à Maru : mais Bukha Turkman lui fit refuser l'entrée de la ville. Cependant, Mafar ayant trouvé moyen quelques jours après d'y entrer à la dérobée, Bukha, sur l'avis qu'il en eut, fit assembler sur le champ les habitans, & déclara que pour l'amour de la paix & du bien public, il étoit prêt à céder le commandement à leur ancien Gouverneur, & à vivre en particulier parmi eux : ce qui fut accepté avec beaucoup de satisfaction.

Les Généraux Mongols, qui marchoient pour s'emparer du Mazanderan, en s'approchant de la capitale de cette province, rencontrerent Bukha Al Mulk, qui s'étoit retiré de Wafir dans cette ville : il leur raconta ce qui étoit arrivé à Maru, & leur offrit, s'ils vouloient lui donner quelques troupes, de remettre incessamment cette ville sous leur obéissance. Ses offres furent acceptées. Les Généraux lui donnerent sept mille chevaux (*a*), avec lesquels il se mit en marche pour Maru; mais ayant appris en chemin que Mafar Al Mulk avoit augmenté ses forces dans la ville jusqu'à quatre-vingt mille hommes, il n'osa passer outre, & lui envoya deux Officiers avec une lettre, qui portoit : » Que comme il ne seroit pas en état de » tenir long-temps contre les Mongols, il le som- » moit de lui remettre la ville, que les Généraux » Mongols l'avoient envoyé avec des troupes » pour l'y forcer «. Mafar, au lieu d'entendre à cette sommation, fit tuer les deux Officiers. Cette nouvelle s'étant répandue parmi les troupes Mogoles qui étoient sous le commandement de Bukha, elles l'assommerent, & rebrousserent chemin.

Mafar éprouva tant de joie de la mort de Bukha Al Mulk, qu'il donna un magnifique festin aux principaux habitans de Maru; mais sa joie ne dura

---

(*a*) Il y a dans l'Anglois sept cents ; mais comme l'Auteur suit ici Abu'lghazi Khan, & qu'il parle de sept mille, on a cru devoir rectifier l'original.

Livre IV. Chapitre IV.

guere; car le Commandant de la ville d'Amûya (a), qui étoit un Chef des Turcomans, vint le trouver le lendemain, pour lui annoncer que les Mongols étoient en marche vers la ville de Maru avec une puissante armée. C'étoit Tuli lui-même qui, après avoir achevé de soumettre le Khorasan, venoit en personne visiter la ville de Maru : il arriva devant la place le premier de Moharram de l'an 618 de l'Hégire, c'est-à-dire le 24 Février 1221. Les habitans essayerent d'abord de le tenir éloigné de leur ville par une vigoureuse sortie ; mais ayant perdu, en moins d'une heure, plus de mille des leurs, ils se retirerent un peu consternés. Le siége dura plus de trois semaines : Tuli, qui commençoit à perdre patience, fit mettre toutes ses troupes sous les armes, partagea son armée en deux cents corps, se plaça à la tête de tous ceux qui étoient armés de boucliers, & se prépara à l'assaut ; mais dans le moment qu'il alloit le donner, Mafar Al Mulk demanda à capituler. Tel est le récit d'Abu'lghazi Khan (b). Mais De la Croix raconte, sur l'autorité de Mirkhond, que Mejir ou Mafar fatigua les assiégeans par de fréquentes sorties, dans l'une desquelles il tailla en pieces plus de mille hommes des meilleures troupes de

Regne de Jenghiz Khan.

(a) Ville sur le fleuve Amu, à trois ou quatre journées au nord de Maru.

(b) Il paroît un peu extraordinaire que ce Gouverneur n'ait pas fait une vigoureuse résistance, s'il est vrai, comme Abu'lghazi Khan le rapporte, qu'il avoit augmenté ses forces jusqu'à quatre-vingt mille hommes. On soupçonne fort que l'Historien-Roi n'a pas eu des Mémoires bien justes, d'autant plus que les Auteurs que De la Croix a suivis ne parlent point de ces nombreuses forces.

F ij

la Maison du Grand Khan. Tuli, pour se venger de cette perte, fit donner un assaut général : les assiégés le soutinrent avec une vigueur étonnante, & les Mogols furent repoussés avec perte pendant vingt-deux jours. A la fin, les assiégés se trouvant fort affoiblis, Mejir sentit bien qu'il ne pourroit tenir long-temps, & prit le parti de se soumettre.

Règne de Jenguiz Khan.

Les habitans massacrés.

Le Gouverneur & un autre Seigneur persuaderent ceux de leur faction, & envoyerent de grands présens à Tuli, en lui offrant la ville. Le Prince Mogol les traita mieux encore qu'ils n'espéroient ; il leur donna des sauve-gardes pour leurs biens, & quatre cents de leurs amis, à condition qu'ils lui remettroient un état de tous les riches de la ville. Tuli, après qu'il se fut emparé du trésor & de tout ce qu'il pouvoit y avoir d'effets de prix dans la ville, commanda qu'on eût à en faire sortir tous les habitans ; & Maru étoit si peuplé, qu'il ne fallut pas moins de quatre jours pour exécuter l'ordre : il fit ensuite séparer tous les Artisans, & fit passer tous les autres au fil de l'épée ; il s'en trouva plus de cent mille, suivant la notice qu'il en fit prendre par un de ses Secrétaires. C'étoit la quatrieme fois que Maru fut saccagée, & à chaque fois il y eut plus de cinquante ou soixante mille des habitans de tués. Cette ville est située dans une plaine sablonneuse qui produit du sel ; trois rivieres qui l'arrosent la rendent délicieuse, & elle est également éloignée de douze journées de Nisabûr, de Herat, de Balkh & de Bokhara. Tuli en donna le gouvernement à l'Emir Ziyao'ddin, Seigneur du pays, & lui ordonna de faire une exacte recherche des habitans qui pouvoient encore être cachés, & de les remettre en possession de leurs terres, afin de les cultiver. Mais après le départ du Prince Mogol, Ziyao'ddin fut tué par Barmah son Lieutenant, & le pays retomba dans l'anarchie.

Regne de Jenghiz Khan.

Depuis la mort du Sultan Mohammed, les Mogols, sous la conduite de Hubbé Névian, & de Suida Behader, s'étoient rendus maîtres de toute la partie occidentale du Khorasan, par la prise d'un grand nombre de villes; ils avoient toujours laissé en paix celle de Nisabûr, dont les habitans avoient prêté serment de fidélité dès le commencement de l'expédition : mais touchés des disgraces du Sultan Jalalo'ddin, ils fournirent des rafraîchissemens à ses troupes, & lui donnerent même de l'argent pour lever des soldats. Tout cela se fit si secrétement, que les Généraux n'en eurent pas le moindre soupçon : Jenghiz Khan en fut informé par ses espions ; & il en fut si irrité, qu'il écrivit sur le champ au Prince Tuli d'abandonner toute autre entreprise, pour aller punir cette ville rebelle. Sur ses ordres, Tuli quitta le pays de Maru, & marcha à Nisabûr : les habitans n'espérant aucun pardon, se déterminerent à se défendre jusqu'à la derniere extrémité (a).

Nisabûr est siégée.

Le Prince Tafar, qui commandoit l'avantgarde des Mogols, ayant été tué dans une sortie que les assiégés firent au commencement du siége, Tuli fit camper son armée à l'orient de la place, auprès d'un bourg nommé *Tushanian*, pour y faire préparer des machines. Dès que tout fut prêt,

Et prise.

(a) Mirkhond, ap. De la Croix, p. 375-378. Abu'lghazi Khan, p. 321-323.

F iij

Regne de Jenghiz Khan.

il fit battre les murs avec plus de douze cents machines. Les assiégés se défendirent comme des lions ; mais au bout de trois jours de siége, les Mogols apperçurent une entrée secrete, que les ruines d'une muraille avoient découverte ; ils s'y glisserent, surprirent la place, & firent un carnage affreux. La plupart de ceux qui échapperent au massacre, moururent sous terre, où ils avoient fait des especes de cavernes pour s'y sauver ; une infinité de jeunes gens furent faits esclaves, & la ville même, après qu'on l'eut pillée, fut rasée jusqu'aux fondemens, sans qu'il restât sur pied ni bâtiment ni muraille. On assure que l'on mit douze jours à compter les morts, & qu'en y comprenant ceux qui furent égorgés dans les autres lieux de la dépendance de Nisabûr, les Mogols tuerent jusqu'à dix-sept cent quarante mille personnes. Ce nombre paroît incroyable, à moins que l'on ne suppose que les autres lieux étoient extrêmement peuplés, & qu'on n'y comprenne ceux qui périrent à la ruine de Tûs, ville à douze lieues au nord de Nisabûr, qui fut prise & détruite dans le même temps. Peu de temps après, ces deux villes furent rebâties, & sortirent de leurs ruines plus éclatantes que jamais. On a conduit à la premiere, par des canaux, les plus belles eaux du monde, qu'on a découvertes dans les montagnes voisines, où l'on trouve aussi les plus belles turquoises. Tûs ou Thûs, où le célebre Astronome Nassro'ddin, surnommé *Altusi*, étoit né, devint une des plus belles & des plus célebres villes de l'Empire de Perse. Ismaël Sûfi, premier Roi de la Maison des Sûfis, la fit entourer de fortes murailles, fortifiées de trois cents tours, & lui donna le nom de

Mashhad ou *lieu du Martyre*, en mémoire de l'Iman Ridha ou Riza qui y avoit été tué. Dans la suite, Shah Abbas I, pour empêcher que l'argent ne sortît de ses Etats par des pélerinages en d'autres pays, ordonna à ses sujets d'aller faire leurs dévotions au tombeau de cet Iman, & plusieurs Rois de Perse sont enterrés dans ce lieu.

Quand Tuli eut achevé les siéges de Nisabûr & de Tûs, il mena son armée devant Herat, sur le faux avis qu'on lui avoit donné que Jalalo'ddin s'y étoit retiré. Ce Prince avoit pris le chemin de Bost, dans le Sejestan; il n'avoit garde d'aller à Herat, où commandoit un Seigneur nommé *Malek Shamso'ddin Mohammed*, qui avoit surpris cette ville en l'absence de l'Emir Malek, oncle du Sultan. Il avoit en cela suivi l'exemple de la plupart des autres Gouverneurs, qui, pendant les troubles de l'Empire, s'étoient érigés en petits Souverains; de sorte que ces usurpateurs avoient dépouillé Jalalo'ddin de presque tous ses Etats. Tuli arriva à Herat en douze jours, & envoya sommer le Gouverneur de se rendre; mais Shamso'ddin, qui avoit armé près de cent mille hommes pour la défense de la place, au lieu d'obéir, fit tuer l'Envoyé. Ensuite il fit une sortie sur les Mogols, & les continua pendant sept jours consécutifs, avec tant de carnage de part & d'autre, que le sang couloit de tous côtés par ruisseaux. Tuli perdit dans cet intervalle plus de dix-sept cents Officiers, sans compter les simples soldats; mais le huitieme jour, après un long & opiniâtre combat, Malek Shamso'ddin fut mortellement blessé d'un coup de fleche; les assiégés perdirent courage, & se retirerent en con-

Regne de Jenghiz Khan.

Siége de Herat, qui est prise & épargnée.

fusion dans la ville, où les Mogols entrerent pêle-mêle avec eux. Tuli, qui étoit à leur tête, ôta son casque en criant aux habitans de se rendre (a), qu'il étoit le fils de Jenghiz Khan, & qu'il leur promettoit qu'ils seroient bien traités, & qu'ils ne payeroient que la moitié du tribut qu'ils avoient payé au Sultan Jalalo'ddin. Les habitans accepterent ces propositions; mais les soldats ne voulurent pas y acquiescer; le Prince les fit désarmer, & passer au fil de l'épée au nombre de douze mille.

Il donna ensuite le gouvernement de la ville à Malek Abubecre, & reprit avec soixante mille hommes le chemin de Talkhan, où son pere le rappeloit.

Herat, qu'on appelle aussi *Heri* & *Eri*, a toujours passé pour une ville très-forte, & sert encore de rempart aux Persans contre les Uzbecs. Le pays où elle est située, est l'Aria des Anciens. Alexandre le Grand en est le Fondateur, si l'on en croit le fameux Historien Persan Mirkhond, qui y étoit né. Elle est sur la riviere Heri Rudh, à deux lieues d'une montagne où les adorateurs du feu, que les Persans appellent *Guebres* & *Attesperest*, font les exercices de leur Religion dans un endroit bâti sur le sommet de la montagne des ruines d'un fameux Temple des anciens Mages. La ville & son territoire sont fort peuplés ; l'air

---

(a) C'est ce que rapporte Abu'lghazi Khan : mais De la Croix dit que les habitans ayant perdu leur Gouverneur, envoyerent demander à capituler, & cacherent la mort de Shamso'ddin à Tuli, qui condescendit à l'accommodement, à cause de la bravoure du Gouverneur, dont il ignoroit la mort.

y est excellent, & les habitans en sont la plupart honnêtes gens & très-civils (a).

Jenghiz Khan, après la prise de Talkhan, fit marcher son armée vers Bamiyan, attendant toujours des nouvelles du Sultan Jalalo'ddin, & des troupes qu'il avoit envoyées du côté des Indes pour l'observer (b).

Le Sultan, échappé des mains du second parti de Mogols qu'il rencontra en se retirant de Nisabûr, gagna, avec beaucoup de peine, la forteresse de Kahera, & cédant à son désespoir, il voulut s'y enfermer avec ses troupes, & attendre les Mogols; mais le Gouverneur lui fit sentir que c'étoit une foiblesse indigne d'un Prince de son mérite. Cette remontrance hardie réveilla son courage; il se rendit à Bost, dans la province de Sejestan ou Sistan, où il leva environ vingt mille hommes (c); mais quand il apprit la force de l'armée des Mogols, il ne sut quel parti prendre: enfin, excité par son extrême danger, il résolut de faire tête à ses ennemis à tout hasard; il partit de Bost pour gagner, s'il étoit possible, Gazna, capitale du Zablestan, avant que les Mogols pussent s'en emparer; il y avoit vingt-quatre journées de chemin, & il fit tant de diligence qu'il y arriva. Cette ville avoit été la capitale de l'Empire des Gaznevides, & un Seigneur nommé *Ker-*

Regne de Jenghiz Khan.

Extrémité où se trouve Jalalo'ddin.

(a) Ceux qui seront curieux de voir de plus amples détails sur Herat, peuvent consulter Otter, Voyage en Turquie & en Perse, tom. I, p. 291-293, dans les Notes.

(b) De la Croix, p. 385. Abu'lghazi Khan, p. 287.

(c) De la Croix, p. 385, 386.

Regne de Jenghɤ Khan.

ber *Malek*, y commandoit dans l'absence de Jalalo'ddin; mais quelque temps avant son arrivée, le peuple, divisé par les grands Seigneurs, avoit secoué le joug : le Prince fut cependant reçu avec les plus grandes marques d'affection; il dissimula son ressentiment, & remit à un autre temps la punition de leur révolte.

Siége de Bamiyan.

Jenghiz Khan ayant appris que Jalalo'ddin étoit à Gazna, hâta sa marche pour l'y aller surprendre; mais il fut arrêté en chemin par la garnison de Bamiyan, qu'il espéroit prendre d'emblée. Les habitans qui s'étoient bien attendus à être attaqués, avoient ruiné tout le pays à quatre ou cinq lieues à la ronde, & les gens de la campagne avoient enlevé toutes les pierres & ce qui pouvoit servir aux assiégeans; de sorte que les Mogols eurent beaucoup de difficultés à surmonter. A peine avoient-ils commencé à battre la place, qu'il arriva deux Courriers, dont l'un apportoit la nouvelle de la défaite des troupes Mogoles par Jalalo'ddin, & l'autre celle de la révolte de Herat. Le Grand Khan redoubla ses efforts contre Bamiyan, & après avoir envoyé des troupes contre Jalalo'ddin & vers Herat, il fit élever une montagne de terre devant la ville, à l'endroit où il vouloit faire sa principale attaque; on bâtit aussi par son ordre des tours de bois, dont la hauteur égaloit celle des murailles, sur lequelles il fit placer ses machines, & que l'on couvroit de peaux fraîches pour les garantir des feux des assiégés : chaque jour on tuoit nombre de vaches & de chevaux pour y fournir.

Sa vigoureuse défense.

Les machines de la ville ne laisserent pas de renverser un grand nombre de celles des Mongols : & comme la réfiſtance des habitans fut opiniâtre derriere leurs murs, qui étoient très-forts, les aſſiégeans manquerent enfin de pierres & de feux. Ils furent obligés de diſcontinuer les attaques, juſqu'à ce qu'ils euſſent fait venir des cailloux, des meules, & d'autres maſſes propres à battre les murailles & à être lancées. Quand ils recommencerent leurs attaques, les aſſiégés firent des ſorties ſi furieuſes, qu'ils renverſerent des eſ-cadrons entiers, & ruinerent des tours & des machines ; & il eſt conſtant que ſi Jenghiz Khan avoit eu une armée moins nombreuſe, il auroit été obligé de lever le ſiége. Ce qui augmenta ſon chagrin, c'eſt qu'en entrant dans ſa tente au retour d'un aſſaut qui n'avoit pas réuſſi, un Courrier lui apporta la nouvelle de la défaite de Kûtûkû, ſon Général, par Jalolo'ddin. Le Grand Khan en fureur jura de s'en venger ſur la ville de Bamiyan ; mais cet emportement couta la vie à un de ſes petits-fils, qui s'expoſant, pour lui plaire, aux plus grands périls, fut tué d'un coup de fleche. L'Empereur qui l'aimoit tendrement, parce qu'il découvroit en lui toutes les marques d'un grand courage, ne put s'empêcher de mêler ſes larmes à celles de la mere, dont la douleur alloit juſqu'au délire (a).

Regne de Jenghiz Khan.

Jenghiz Khan, animé par cette perte, & plus impatient que jamais de ſe voir bientôt maître de la place, prodigua l'or & l'argent pour encourager ſes ſoldats, qui, donnant jour & nuit aſſaut ſur aſſaut, ruinerent enfin les murailles de

Elle eſt priſe & ruinée.

(a) Niſſavi in Jalal. Mirkhond, Fadlallah, ap. De la Croix, p. 392-397.

Regne de Jenghiz Khan.

la ville en plusieurs endroits, & l'emporterent. Les plus braves Officiers & soldats de la garnison avoient été tués en la défendant. La mere du jeune Prince qui avoit été victime de son ardeur, y entra avec les troupes Mogoles, &, plus digne du nom de furie que de femme, elle fit égorger tous les habitans sans en épargner un seul; elle ordonna encore qu'on fendît le ventre aux femmes grosses, afin qu'il ne restât pas un enfant de cette malheureuse ville. Il fallut même, pour assouvir la rage de ce monstre altéré de sang, que les bêtes eussent le même sort que les hommes & les femmes, & elle fit périr tous les êtres vivans : enfin la ville fut réduite en un monceau de ruines. Depuis ce désastre, Bamiyan a toujours porté le nom de *Maubalig*, qui signifie *la ville malheureuse* en langue Mogole. Bamiyan étoit située sur une montagne dans la province de Zablestan, à dix journées de Balkh, & à huit de Gazna. On a fait bâtir sur ses ruines un château entouré de fortes murailles. Le pied de la montagne est arrosé d'une riviere qui va se rendre dans l'Amu, après être descendue d'une autre montagne (*a*).

Le Sultan défait les Mongols.

On a dit que pendant que Jenghiz Khan assiégeoit Bamiyan, le Sultan Jalalo'ddin avoit défait deux de ses Généraux. Voici les circonstances de ces deux actions. Deux ou trois jours après que Jalalo'ddin fut arrivé à Gazna, il apprit qu'il y avoit dans ces quartiers-là des Mogols qui l'observoient, & qui assiégeoient Khan-

_____

(*a*) Abu'lghazi Khan, p. 287, 288.

Livre IV. Chapitre IV.

dahar. Il arriva que dans le même temps, Amin Malek, Seigneur de Herat, se trouva assez près de lui avec dix mille cavaliers Turcs, pour observer de son côté les Mogols ; le Sultan le fit inviter à se joindre à lui pour secourir cette place. Amin Malek vint donc le joindre ; & ayant résolu d'attaquer les ennemis dans la nuit, ils marcherent & surprirent les Mongols, qui avoient déjà pris la ville. Ceux-ci se trouvant attaqués d'un côté par les auxiliaires, & de l'autre par le Gouverneur de la citadelle, se laisserent tuer, pour ainsi dire, sans résistance ; en sorte qu'il y en eut peu qui échappassent à l'épée des Karasmiens.

Regne de Jeng'iz Khan.

Le Sultan, après avoir rétabli Kandahar, revint à Gazna, où il fut peu après renforcé par trente mille hommes amenés par trois Seigneurs Turcs de la Cour de son pere, qui subsistoient en ce pays dans des lieux fortifiés. Ces Seigneurs vinrent lui offrir leurs services, plutôt par la crainte du danger qui les menaçoit, que par affection pour lui. Dès que Jenghiz Khan apprit le massacre de ses troupes qui étoient devant Kandahar, il envoya le Général Kûtûkû ou Kûtûktû Noyan, ainsi que l'appelle Abu'lghazi Khan, à la tête de quatre-vingt mille hommes contre Jalalo'ddin. Aussitôt ce Prince se mit à la tête de son armée, pour aller au devant d'eux; il les rencontra au delà d'un bourg nommé *Birwan*, à une journée de Gazna, où ils vouloient se retrancher. Kûtûkû, informé que les troupes du Sultan, enflées du succès qu'elles avoient eu à Kandahar, s'avançoient avec ardeur, jugeoit à propos de temporiser ; mais quand il vit que le Sultan se dis-

Regne de Jenghiz Khan.

posoit à l'attaquer dans ses retranchemens, il fit sortir son armée pour aller au devant de lui. L'avant-garde des Mongols fut d'abord défaite par celle de Jalalo'ddin, qu'Amin Malek commandoit; mais ayant été renforcée par des troupes fraîches, elle mit à son tour les Karozmiens en déroute. Le Sultan s'avança aussi-tôt à la tête de son corps de bataille, & attaqua le centre des Mongols où étoit Kûtûkû. Le choc fut terrible, & pendant quelques heures la victoire balança; enfin elle se déclara pour Jalalo'ddin, & les Mongols se sauverent en désordre dans les montagnes. Il y en eut un grand nombre de tués ou faits prisonniers. On dit que le Sultan ayant fait venir ces derniers en sa présence, leur reprocha leurs cruautés, & leur fit enfoncer des clous dans les oreilles, pour venger ses sujets des maux que les Mogols & les Tartares leur faisoient souffrir depuis si long-temps. Il y avoit, à quelques journées de là, un parti de Tartares qui assiégeoit une forteresse appelée *Wala*; dès qu'il apprit cette défaite, il leva le siége & s'enfuit (a). Tel est le récit de Fadlallah & de Nissavi, qui a écrit la Vie de Jalalo'ddin; mais Abu'lghazi Khan a suivi d'autres Auteurs, & son récit est différent.

Le Khan Malek vient le joindre.

Le Sultan Khan Malek (le même qu'Amin Malek), Gouverneur de Herat, qui s'étoit soumis à Zena & Suday, ayant été attaqué par Togozar Kantarel, envoya offrir ses services à Jalalo'ddin, dès qu'il apprit qu'il étoit arrivé à Gazna (b).

(a) Nissavi, Fadlallah, ap. De la Croix, p. 394-396.

(b) On lit: *Gasmien* dans la Traduction d'Abu'lghazi Khan. Quelques-uns écrivent *Gazneben* ou *Gaznin*, par où il

LIVRE IV. CHAPITRE IV.

Jenghiz Khan avoit, à peu près dans le même temps, détaché un de ses principaux Officiers, nommé *Ugar*, surnommé *Kalshan*, c'est-à-dire, un homme amusant, avec quatre autres Généraux appelés *Shangi*, *Kûtûktû Noyan* ou *Nevian*, *Tabajik* & *Malkaw*, à la tête de trente mille hommes, pour couper aux villes de Gazna, Saghil & Kabûl la communication avec le reste des Etats du Sultan de Karazm. Ces Généraux trouverent à propos de partager leurs troupes en différens corps, pour veiller mieux sur les mouvemens des ennemis. Kûtûktû Noyan, qui, avec le corps qu'il commandoit, s'étoit avancé du côté de Herat, campa, chemin faisant, près du Sultan Khan Malek; mais, pendant la nuit, ce Seigneur se retira & gagna Gazna.

Regne de Jenghiz Khan.

Tabajik & Malkaw, de leur côté, étoient arrivés avec si peu de bruit auprès de la ville de Saghil, qu'ils furent sur le point de la surprendre, parce qu'on n'y étoit pas sur ses gardes. Les Généraux Mongols ayant manqué un si beau coup, assiégerent la place dans les formes; mais pendant qu'ils faisoient tous leurs efforts pour la réduire, le Sultan Jalalo'ddin, secouru par les troupes venues de Herat, fondit si inopinément sur eux, qu'il les obligea de prendre la fuite & d'aller joindre Kûtûktû Noyan, après avoir perdu plus de mille hommes. Ensuite il se mit aux trousses de Kûtûklû, qu'il obligea enfin d'en venir à une bataille. Il donna le commandement de son aile gauche au Sultan Malek, & celui de la droite à Sefio'ddin;

Défait Kûtûktû Noyan.

---

semble qu'ils entendent le territoire où Gazna est située, plutôt que la ville même.

un des vieux Généraux de son pere ; il se plaça au centre, & chargea les Mongols avec tant de vigueur, qu'après un combat fort opiniâtre, qui dura depuis le matin jusque bien avant sur le soir, ils furent enfin obligés de tourner le dos, & de laisser un grand nombre de morts sur le champ de bataille.

Stratagême de ce Général.

Kûtûktû Noyan se servit, en cette occasion, d'un stratagême qui fut près de lui donner la victoire ; il ordonna de faire remplir de paille tous les bonnets & tous les manteaux de feutre qu'on pourroit trouver au camp, & de les ranger un peu en arriere sur les chevaux & chameaux de bagage, comme une sorte de seconde ligne. Cet ordre fut exécuté si adroitement, que les Karasmiens, croyant que c'étoit un renfort qui venoit aux Mogols, prirent l'épouvante & alloient s'enfuir lâchement, si le Sultan, qui se douta de la ruse, ne les eût détrompés ; ranimant leur courage, ils chargerent de nouveau avec tant d'impétuosité les Mongols, qu'il ne s'en sauva qu'un fort petit nombre avec les trois Généraux (a).

Division entre les Généraux de Jalalo'ddin.

Aussi tôt que Bamiyan fut prise, Jenghiz Khan, impatient de se venger de ces deux échecs, fit marcher son armée avec tant de précipitation, qu'à peine donna-t-il le temps à ses soldats de se rafraîchir. Gazna, qu'on appeloit *Daro'lmulk* ou *la Ville royale*, étoit une place forte & bien pourvue pour soutenir un long siége ; le Grand Khan s'avança de ce côté, comptant y trouver Jalalo'ddin : mais ce Prince en étoit sorti quinze jours aupa-

─────────

(a) Abu'lghazi Khan, p. 290-294.

ravant (a), & auroit été en état de tenir tête à son ennemi, sans un incident fâcheux qui arriva dans son armée après la bataille de Birwan. Quand il fut question de partager le butin, les trois Seigneurs Turcs prétendoient que les meilleures dépouilles leur appartenoient, pour prix du secours qu'ils avoient donné. Les troupes d'Amin Malek, fort unies à celles du Sultan, vouloient que, suivant la coutume de la guerre, on partageât également. La querelle commença au sujet d'un beau cheval Arabe, qu'un des trois Capitaines Turcs demandoit, & que les autres refusoient de lui céder.

D'autres disent que la querelle s'émut entre le Sultan Khan Malek & Sefio'ddin Malek, & qu'elle alla si loin, que le premier donna un coup de fouet dans le visage à l'autre; que Sefio'ddin ne manqua pas de se plaindre de cette insulte au Sultan; & que ne voyant point de jour à en obtenir une réparation qui pût le satisfaire, il quitta le Prince dans la nuit, avec tous ceux de la Tribu de Kankli, qui étoient sous ses ordres, & se retira dans les montagnes de Kerman; que le Sultan Malek, de son côté, s'en retourna peu de temps après à Herat. Quoi qu'il en soit, la désertion des troupes auxiliaires fut très-préjudiciable aux affaires de Jalalo'ddin; & la principale raison qui l'obligea à s'éloigner de Gazna, fut de donner le temps à ses troupes désunies de le rejoindre. Il mit tout en usage pour faire entendre raison aux

---

(a) Suivant Abu'lghazi Khan, les habitans de Gazna ayant perdu courage, laisserent entrer Jenghiz Khan sans aucune résistance dans leur ville.

Tome VII. G

Regne de Jenghiz Khan.

Le Sultan vaincu fu les bords de l'Indus.

trois Chefs Turcs; il leur écrivit plusieurs fois, & leur fit représenter qu'ils périroient s'ils demeuroient séparés, tandis que, s'ils se réunissoient, ils pouvoient tout espérer.

Ils se laisserent enfin persuader à la vue du danger, mais trop tard; car Jenghiz Khan, informé de leurs divisions, détacha soixante mille chevaux pour se saisir des passages, & pour les empêcher de joindre le Sultan, qui, privé de ce puissant secours, se retira vers le fleuve Sind ou Indus (a). Il s'arrêta sur ses bords à l'endroit où il est le plus rapide, & se posta dans un lieu étroit, tant pour ôter à ses soldats l'envie de fuir, que pour enlever aux Mongols l'avantage de pouvoir faire agir toute leur armée. Depuis son départ de Gazna, il étoit tourmenté d'une colique qui lui donnoit peu de relâche; & néanmoins dans le plus fort de ses douleurs, il se vit obligé de monter à cheval. Il apprit que l'avant-garde des ennemis avoit déjà gagné un lieu appelé *Herder*: sur cette nouvelle, il partit la nuit avec l'élite de ses soldats, surprit les Mongols dans leur camp, & les tailla presque tous en pieces sans perdre un seul homme; de là il revint sur les bords de l'Indus avec un butin considérable.

Jenghiz Khan, voyant qu'il avoit affaire à un ennemi vigilant, redoubla de circonspection. Lorsqu'il se vit près du Sultan, il rangea son armée en bataille (b), donna l'aile droite à Jaga-

---

(a) Abu'lghazi Khan l'appelle *Sir-indi*, comme qui diroit *le fleuve Indus*.

(b) Abu'lghazi Khan dit qu'il vint se poster pendant la

taï, la gauche à Octaï, & se mit lui-même dans le centre au milieu de six milles hommes de sa garde. Jalalo'ddin, de son côté, se prépara au combat; il fit d'abord éloigner les bateaux de l'Indus, & n'en réserva qu'un seul pour faire passer la Sultane sa mere, la Reine & ses enfans ; mais malheureusement le bateau s'ouvrit quand il fallut les embarquer, & elles furent obligées de demeurer dans le camp. Le Sultan se mit à la tête de son corps de bataille ; son aile gauche, postée à l'abri d'une montagne, qui empêchoit que l'aile droite des Mongols ne combattît toute entiere, étoit commandée par son premier Visir, & son aile droite par Amin Malek. Ce Seigneur commença le combat, & fit plier l'aile gauche ennemie, malgré toutes les troupes qui la soutenoient : & comme l'aile droite des Mongols ne pouvoit s'étendre, le Sultan se servit de son aile gauche comme d'un corps de réserve ; il en détachoit de temps en temps des escadrons, pour soutenir les troupes qui en avoient besoin. Il en prit aussi une partie, lorsqu'à la tête de son corps de bataille il alla charger celui de Jenghiz Khan; il le fit avec tant de courage & de vigueur, qu'il mit en désordre le centre des Mongols, & s'y ouvrit un large chemin pour pénétrer jusqu'à l'endroit où le Grand Khan avoit d'abord pris son poste ; mais ce Prince n'y étoit plus ; ayant eu un cheval tué sous lui, il s'étoit retiré pour faire combattre toutes les troupes.

Peu s'en fallut que ce désavantage ne fît perdre

Regne de Jenghiz Khan.

---

nuit entre le camp du Sultan & la riviere, afin de lui en couper le passage.

la bataille aux Mongols; car la nouvelle s'étant répandue dans tous les quartiers de l'armée, que le Sultan avoit enfoncé le centre, toutes les troupes furent si découragées, que si le Khan n'eût couru par-tout pour se faire voir, elles se seroient infailliblement débandées. Ce qui lui fit gagner la bataille, c'est qu'ayant remarqué que le Sultan avoit dégarni son aile gauche, il ordonna à Bela Névian de passer la montagne, s'il étoit possible, & d'aller l'attaquer; Bela conduit par un guide, marcha entre des rochers & des précipices affreux, tomba sur cette aile affoiblie, qu'il eut bientôt défaite.

Un autre Historien attribue la victoire à un corps de cavalerie, composé de gens d'élite, surnommés *Pehlevans*, qui, soutenu de dix mille hommes frais, fondit sur l'aile droite de Jalalo'ddin; ils la défirent au milieu de la victoire, & la renversèrent sur le corps de bataille, contre lequel Jenghiz Khan avoit recommencé la charge. Les troupes du Sultan, qui n'alloient en tout qu'à trente mille hommes, fatiguées d'avoir combattu pendant dix heures (*a*) entieres contre plus de trois cent mille hommes, prirent l'épouvante & tournerent le dos : le fils aîné de Jalalo'ddin fut fait prisonnier dans la déroute. Une partie des troupes se retira dans les rochers qui sont sur les bords de l'Indus, où la cavalerie ennemie ne put les suivre; plusieurs autres, trop pressés par les Mongols, se jeterent dans le fleuve, que quelques-uns traverserent heureusement. Les autres

_____

(*a*) Le même Historien dit que la bataille dura depuis le lever du soleil jusqu'à midi.

se rangerent autour de leur Prince, & sachant qu'il n'y avoit point de quartier à espérer pour eux, ils continuerent le combat.

Cependant Jenghiz Khan, qui vouloit avoir Jalalo'ddin vivant, défendit qu'on le tuât (*a*); & pour l'empêcher de se sauver, il rangea son armée en forme d'arc, dont le fleuve Indus représentoit la corde (*b*). Le Sultan, voyant qu'il lui restoit à peine sept cents (*c*) hommes, & que s'il s'obstinoit plus long-temps à résister, il tomberoit entre les mains de son ennemi, commença à penser à son salut. Il n'avoit d'autre parti à prendre que celui de traverser l'Indus, qui étoit fort dangereux; il résolut de le risquer plutôt que de se laisser prendre. Mais avant d'exécuter cette résolution, il alla embrasser sa mere, sa femme, ses enfans & ses amis, & leur dire adieu. Jalalo'ddin, les larmes aux yeux, s'arracha enfin à ces objets si chers, & après avoir ôté sa cuirasse & quitté toutes ses armes, à la réserve de son épée, de son arc & de son carquois, il monta sur un cheval frais, & le poussa vers le fleuve, dont

Regne de Jenghiz Khan.

Il passe ce fleuve.

(*a*) Abu'lghazi Khan rapporte qu'avant d'engager l'action, Jenghiz Khan ordonna à Kogur Kalshan & à Kotus Kalshan d'observer, autant qu'il seroit possible, Jalalo'ddin, & de tâcher de le prendre vivant.

(*b*) Suivant ce récit de De la Croix, le chemin au fleuve étoit libre; mais Abu'lghazi Khan, qui, comme on l'a vu, fait camper le Khan entre le Sultan & le fleuve, rapporte que ce Prince, voyant qu'il ne lui restoit que très-peu de monde, fit un dernier effort pour se faire jour à travers les Mongols, & qu'il gagna heureusement le bord du fleuve.

(*c*) L'Anglois porte *sept mille*; mais De la Croix, que l'Auteur suit, dit *sept cents*.

G iij

l'impétuosité étonna l'animal, qui n'entra dedans que forcé; mais une fois entré, il servit si bien son Maître, qu'il le passa & le mit en sûreté sur l'autre bord. Le Sultan, par reconnoissance, le fit garder avec soin dans la suite, & laissa même passer quatre ou cinq années sans le monter dans aucune occasion périlleuse.

Regne de Jenghiz Khan.

Pendant qu'il traversoit l'Indus, Jenghiz Khan accourut sur la rive, & admira son courage: mais le Sultan fit plus; il s'arrêta au milieu du fleuve pour insulter son ennemi, & vida son carquois contre lui. Plusieurs braves Capitaines Mongols voulurent se jeter dans l'eau pour suivre Jalalo'ddin à la nage; le Grand Khan les en empêcha, en leur disant que ce Prince tromperoit tous leurs efforts. Ensuite, mettant son doigt sur sa bouche, & se tournant vers ses enfans, il s'écria: » Ce » seroit d'un tel pere que tout fils devroit sou-» haiter d'être né (a). Qui peut affronter le péril » dont ce Prince vient d'échapper, peut s'exposer » à mille autres; & l'homme sage qui l'aura pour » ennemi, sera toujours sur ses gardes «.

Jenghiz Khan l'admire.

Mehemed Nissavi, Auteur de l'Histoire de Jalalo'ddin, rapporte que le Sultan, pénétré des cris de sa famille, qui le prioit de les délivrer de la servitude des Mongols, commanda qu'on les noyât, & que son ordre fut exécuté sur le champ. Mais d'autres Historiens, qui ont fait un assez long détail de ce qui se passa dans cette journée, assurent que Jenghiz Khan, après le passage de ce Prince, fit venir en sa présence ses femmes &

Il fait noyer sa famille.

_____

(a) Ou, comme dit Abu'lghazi Khan, » qu'on pouvoit » nommer heureux à juste titre le pere qui avoit un tel fils «.

tous ses enfans, que l'on tua, par son ordre, les mâles, du nombre desquels fut le fils aîné du Sultan, âgé de huit ans. Ensuite il fit retirer de la riviere, par des plongeurs, tout l'or & l'argent que Jalalo'ddin y avoit fait jeter.

Regne de Jenghiz Khan.

Aussi-tôt que ce Prince fut arrivé heureusement dans les Indes, il monta sur un arbre pour y passer la nuit, & se mettre en sûreté contre les bêtes féroces. Le lendemain, comme il marchoit avec inquiétude le long du fleuve, & qu'il regardoit s'il ne paroissoit aucun de ses gens, il apperçut une troupe de soldats avec quelques Officiers, parmi lesquels il y avoit trois de ses confidens. Après la premiere déroute de l'armée, ils avoient trouvé un bateau, & avoient navigué toute la nuit avec beaucoup de périls, à cause des écueils & de la violence du courant. Peu après, il vit venir à lui trois cents chevaux, qui lui dirent qu'il y en avoit encore deux mille, qui s'étoient sauvés à la nage, à quatre lieues de là. Le Sultan les alla promptement chercher, & promit de pourvoir à leurs besoins. Dans le même temps, un Officier de sa Maison, nommé *Jamalarrazed*, qui ne s'étoit pas trouvé à la bataille, ayant su que son Maître & plusieurs de ses gens s'étoient sauvés, se hasarda à charger un grand bateau d'armes, de vivres, d'argent & d'étoffes pour les soldats, & traversa le fleuve pour aller joindre le Sultan. Jalalo'ddin, pour reconnoître un aussi grand service, le fit Grand-Maître de sa Maison, & le surnomma *Eâtiaro'ddin*, c'est-à-dire *l'élite ou la gloire de la Foi*. Depuis ce temps-là, tout lui succéda heureusement: il donna plusieurs batailles dans l'Indostan, & y fut victorieux; il fit des conquêtes & des

Ses exploits aux Indes.

Regne de Jenghiz Khan.

alliances; mais à la fin ſes proſpérités exciterent la jalouſie des Princes Indiens, qui ſe liguerent contre lui, & l'obligerent à repaſſer l'Indus. D'autres Hiſtoriens diſent que ſon retour en Perſe fut volontaire, & eut pour but de recouvrer une partie de ſes Etats, dans l'abſence de Jenghiz Khan. Revenons à ce Conquérant (*a*).

(*a*) Fadlallah, Niſſavi, Marakeshy, ap. De la Croix, p. 402-412.

CHAPITRE V.

Conquêtes dans l'Iran, depuis la bataille de l'Indus, jusqu'au retour de Jenghiz Khan en Tartarie.

LA bataille de l'Indus couta à Jenghiz Khan vingt mille hommes, & depuis qu'il avoit mis le siége devant Talkhan, il n'en avoit pas perdu moins de deux cent mille. Il ne laissa pas de donner avis de ses heureux succès aux Gouverneurs des provinces, & particuliérement à Hubbé & à Suida, qui avoient alors achevé de conquérir l'Irak Persienne ; il leur ordonna en même temps d'entrer dans l'Azerbéjan, l'ancienne Médie Atropatienne, au printemps de l'an 619 de l'Hégire. Quand ils reçurent cet ordre, ils étoient en quartier d'hiver à Senovarende, ville de cette province, qu'ils avoient emportée d'assaut ; ils écrivirent d'abord pour faire venir un renfort de troupes du Khorasan. Ces troupes ne furent pas plus tôt en marche, qu'elles rencontrerent & défirent trois ou quatre mille chevaux Karazmiens, sous les ordres de Takin, qui se sauva à Jorjan dans le Tabarestan, où Aynanjé Khan, dont nous avons parlé, s'étoit retiré. L'Officier qui commandoit les Mongols les poursuivit, & les trouva tous deux rangés en bataille entre Jorjan & Astarabad ; il les attaqua, & après un rude combat, les mit en

Regne de Jenghiz Khan.

Conquête de l'Irak Persienne.

Héjir. 619.
De J.C. 1222.

déroute. Aynanjé Khan s'enfuit auprès de Kayaso'ddin, frere du Sultan Jalalo'ddin, qui étoit maître du Khuzeſtan, & il mourut peu de temps après. Cette action ſe paſſa au commencement de l'année 1222.

<small>*Ardebil & Tauris ſe rendent.*</small>

Les deux Généraux, avec le renfort qu'ils attendoient, marcherent du côté d'Ardebil ou Ardevil, ville forte & marchande, à deux lieues de la montagne de Savelane ; qui, après quelque réſiſtance, ſe rendit à diſcrétion. Les Mongols tuerent la plûpart des habitans, pillerent la ville & la brûlerent. Elle a été rebâtie depuis, & elle eſt à préſent une des plus belles du royaume de Perſe. D'Ardebil, les Généraux Mogols ſe rendirent à Tabriz ou Tauris, capitale de l'Azerbéjan. Le Gouverneur qui avoit du courage, rejeta toutes les propoſitions qu'ils lui firent : il les fatigua par une infinité de ſorties, & les attira ſouvent dans des embuſcades. Mais à la fin, obligé de combattre en raſe campagne, il fut battu ; il ſe ſauva pourtant dans la ville, où il auroit pu tenir long-temps encore, ſi les habitans ne l'euſſent obligé de propoſer auparavant la paix aux Généraux Mongols. Ceux-ci y conſentirent aiſément, dans la crainte qu'ils avoient que les Géorgiens, qui paſſoient pour les plus vaillans peuples de l'Aſie, ne ſe déclaraſſent pour les habitans de Tauris. Ayant appris enſuite qu'il y avoit quelques troubles à Iſpahan, ils retournerent dans l'Irak ; mais celui qui en étoit l'auteur, fut tué par ceux de ſon parti même, & ſa mort ſervit d'abſolution à la ville, qui ne fut pas punie de ces troubles.

<small>*Les Géorgiens font la guerre aux Mogols.*</small>

Les Géorgiens, craignant d'être attaqués à leur tour par les Mogols, réſolurent de les prévenir. Au cœur de l'hiver, ils entrerent dans l'Azerbéjan, pour aller chercher les troupes que les deux Généraux y avoient laissées : ils y en trouverent plus qu'ils ne croyoient ; ils eurent du désavantage en deux rencontres, & s'en retournerent à Téflis. Alors ils envoyerent des Députés à tous leurs voisins, pour demander du secours ; mais personne ne voulut leur en donner. Par vengeance, ils inquiéterent, par de puissans partis, tous ceux qui favorisoient les Mongols. Cependant Hubbé & Suida envoyerent des troupes contre eux ; & lorsque la saison le permit, ils marcherent avec toutes leurs forces dans la Géorgie : mais ils en trouverent tous les passages bouchés ; & comme peu de gens suffisoient pour les garder & les défendre contre un grand nombre, ils différerent de les attaquer. A leur retour vers l'Azerbéjan, sur l'avis que la ville de Maragha avoit favorisé les Géorgiens, ils la prirent & la pillerent. Cette ville a été bâtie par le Calife Merwan ; elle est considérable par son commerce & par sa belle situation, à environ cinquante milles au sud de Tauris. Hûlakû, petit-fils de Jenghiz Khan, y fit élever un magnifique Observatoire, dont le fameux Nasro'ddin Al Tusi, dont on a parlé, avoit la direction.

Après la prise de Maragha, les Mongols allerent se reposer à Ardebil. Là, ayant appris qu'il y avoit une révolte à Hamadan, Hubbé marcha pour appaiser les troubles. Jamalo'ddin, qui en étoit Gouverneur, se voyant abandonné de tous les autres révoltés, envoya de riches présens au Général, en l'assurant de son obéissance. Hubbé demanda qu'il se rendît à discrétion : le Gou-

Regne de Jenghiz Khan.

verneur alloit le satisfaire ; mais un Capitaine, nommé *Fakihi*, se mit à la tête des troupes qui étoient dans la ville, & fut assez hardi pour faire une sortie sur les Mongols. Ils le repoussèrent vivement, le poursuivirent, & un grand nombre d'entre eux entra pêle-mêle avec ses soldats, se saisit des portes, & se rendit maître de la place. Au retour de cette expédition, les deux Généraux Mongols s'avancerent pour soumettre Salmas & Kûi ou Koy à l'extrémité occidentale de l'Azerbéjan. Ils ne les eurent pas plus tôt réduites & pillées, qu'ils tournerent leurs armes contre Nakshiwan, ville de la province d'Al Ran ou Arran, située entre l'Azerbéjan & l'Arménie. Elle fut traitée comme les autres ; cependant avec moins de rigueur que Pilkan ou Bilakan, où se fait le grand commerce de la province d'Arran. Comme c'étoit une place bien fortifiée, elle arrêta long-temps les ennemis, qui, pour s'en venger, y commirent de grandes cruautés. Ganjeh, autre ville de cette province, dont elle est aujourd'hui la capitale, fut plus heureuse ; elle ouvrit d'abord ses portes, & l'on ne maltraita point ses habitans.

Les Mongols apprirent à Ganjeh qu'une armée de Géorgiens s'avançoit pour les attaquer. Les Généraux convinrent que Hubbé se mettroit en embuscade avec cinq mille hommes, & que Suida marcheroit avec le gros de l'armée comme pour donner bataille ; mais qu'aussi-tôt qu'il seroit en présence, il abandonneroit le bagage, & se retireroit avec précipitation pour attirer les ennemis. Le stratagême réussit. Quand Hubbé sortit de l'embuscade, Suida fit volte-face : les

Livre IV. Chapitre V.

Géorgiens, chargés en tête & en queue, perdirent trente mille hommes. Ceux qui se sauverent en Géorgie répandirent dans le pays la nouvelle que les Mongols venoient assiéger Téflis, ce qui jeta la terreur parmi les habitans. Cependant les gens de guerre, connoissant la difficulté des passages, accoururent pour les garder; & en effet les Mongols trouverent tant de détroits & de défilés, qu'ils se rebuterent & retournerent sur leurs pas (*a*).

Règne de Jenghiz Khan.

Jenghiz Khan étoit toujours dans le Khorasan. Après la bataille de l'Indus, l'hiver devint si fâcheux, que ce Prince fut obligé de le passer sur les frontieres des Indes, & de laisser reposer son armée, qui étoit extrêmement fatiguée. Lorsqu'elle fut un peu rétablie, il ordonna une chasse; mais dès qu'il vit approcher le printemps, il envoya des troupes pour faire de nouvelles conquêtes. Il fit partir pour le pays de Herat, qui s'étoit révolté, quatre-vingt mille hommes sous la conduite d'Ilenku Névian; vingt mille marcherent sous le commandement de Bela ou Bala, vers le pays de Multan dans les Indes, pour agir contre le Sultan, s'il paroissoit de ce côté-là. Il chargea Octaï d'aller avec les troupes qu'il commandoit, conquérir Gazna; & il donna à Jagataï soixante mille hommes, pour empêcher Jalalo'ddin de pénétrer dans les provinces de Send & de Kerman. Mais le Sultan étoit revenu dans le Kerman, dès qu'il eut appris que Jenghiz Khan étoit retourné dans le Mogolistan.

Détachement des Mongols.

(*a*) Fadlallah, ap. De la Croix, p. 414-424.

Le Grand Khan se disposa à s'y rendre, sur l'avis que Shidasku, Khan de Tangut, avoit surpris la ville de Kampion, malgré la résistance du Gouverneur, & que les Karakitayens paroissoient prêts à se révolter.

A ces nouvelles, Jenghiz Khan envoya ses ordres à son frere Utakin, & marcha avec le reste de ses troupes vers Kandahar, dont il se rendit maître. Cette ville est fort ancienne, & capitale d'une province du même nom : elle fait un grand commerce avec le pays de Send, les Indes & la Perse; & les Géographes la placent, les uns dans l'un de ces pays, & les autres dans l'autre. Ce qu'il y a de certain, c'est qu'elle leur sert de frontiere. Le Khan y attendit long-temps des nouvelles de ses armées.

Quelque temps après la réduction de cette forteresse, Multan, ville des Indes, fut aussi conquise par Bela Névian, qui avoit ordre encore de soumettre Lahor; mais informé qu'il y avoit une armée plus forte que la sienne, il n'y alla point. C'étoit un Prince Patan, nommé *Kobadia*, qui l'avoit envoyée, pensant qu'il devoit plutôt se précautionner contre les Mogols, que contre Jalalo'ddin : car, quoique ce Sultan eût les armes à la main sur les frontieres de son pays, il n'avoit que peu de troupes avec lui : aussi n'avoit-il fait qu'une simple irruption sur les terres d'un Prince nommé *Rana*, qui l'avoit insulté, & qu'il tua.

Ilenku, qu'Abulghazi Khan appelle *Ilziktey* ou *Iljiktey Noyan*, exécuta les ordres qu'il avoit pour Herat avec cruauté. On a déjà dit que les peuples de ce pays, après avoir fait la paix avec

Tuli Khan, s'étoient révoltés, aussi-tôt qu'ils avoient vu paroître Jalalo'ddin. Ils tuerent leur Gouverneur Abubecre, firent main-basse sur tous ceux du parti des Mongols, & établirent pour Gouverneur Mubarezzo'ddin.

Regne de Jenghiz Khan.

Cette action se passa dans le temps que les trente mille mécontens se joignirent au Sultan, ce qui fit croire à ceux de Herat que ses affaires se rétabliroient. Kûtûktû avoit d'abord eu ordre de les châtier ; mais sa défaite à Birwan l'en avoit empêché, & le Khan avoit été obligé de différer sa vengeance. Ilenku avoit ordre de ruiner tout le pays, & il employa six mois à s'en acquitter (*a*).

Les Mogols se vanterent d'avoir fait périr dans cette expédition plus de seize cent mille personnes, en y comprenant les trente mille mécontens qu'Ilenku devoit combattre, & qu'il défit entiérement après beaucoup de difficultés.

Octaï, qui étoit chargé de punir Gazna, ne fut pas plus tôt arrivé dans le pays, qu'il exerça toutes sortes de cruautés. Ce n'est pas que ce Prince fût naturellement sanguinaire ; mais il savoit que son pere l'étoit, & qu'il haïssoit ces peuples, auxquels il imputoit la perte de ses armées. Après qu'Octaï se fut emparé de toutes les places du pays, qui étoient de peu de défense,

Gazna assiégée & prise.

(*a*) Abu'lghazi Khan dit qu'il partagea son armée en quatre corps, chacun de vingt mille hommes, & qu'il ne cessa de faire donner l'assaut à Herat par quatre endroits différens, qu'il ne l'eût emportée après six jours d'attaque; qu'il passa tous les habitans au fil de l'épée, à la réserve de quinze, & fit ensuite raser les murailles. Abu'lghazi Khan, p. 327.

Regne de Jenghiz Khan.

il se rendit devant Gazna, la capitale, qu'on appeloit Daro'l Mulk, *la Ville Royale*, parce qu'elle avoit été le siège de l'Empire des Gaznevides. Cette ville étoit munie pour soutenir un long siége ; elle avoit une forte garnison, & un Gouverneur courageux & expérimenté.

Les habitans, qui n'attendoient aucune grace du Grand Khan, qui avoit juré leur ruine, résolurent de se défendre en désespérés. Ils firent de fréquentes sorties sur les assiégeans, renversèrent plusieurs fois leurs travaux, & brisèrent plus de cent de leurs beliers. Mais une nuit, après un combat opiniâtre, où Octaï avoit combattu en personne pour encourager ses soldats qui commençoient à se rebuter, un côté des murailles de la ville tomba, & remplit le fossé de ses débris, de sorte qu'un grand nombre de Mongols entra dans la ville le sabre à la main. Le Gouverneur, voyant tout perdu, se mit à la tête de ses plus braves, & donna dans le gros des ennemis, où il fut tué avec tous les siens. Cependant Gazna ne fut point ruinée de fond en comble, & ses habitans ne périrent pas tous ; le pillage ne dura que quatre ou cinq heures. Octaï le fit cesser, & taxa les habitans qui se trouverent en vie à une certaine somme, qu'ils donnerent pour se racheter avec la ville. Ce Prince demeura à Gazna jusqu'à ce que toute la province fut réduite sous l'obéissance de son pere, qu'il alla rejoindre en Tartarie.

Jagataï entre dans le Kerman, pays malsain.

De son côté, Jagataï entra dans le Kerman, l'ancienne Caramanie de Perse, & prit toutes les places du pays. Le Grand Khan, bien instruit du mauvais air de cette province, lui avoit recommandé

commandé d'avoir grand soin des soldats. Après s'être saisi de Tiz, une des meilleures villes, & de quelques autres places, qu'il ruina, il passa dans le Kelanjer, pays situé sur les frontieres de l'Indostan, dans le dessein d'y passer l'hiver. Les soldats, à l'aide de leurs esclaves, y bâtirent des maisons, se mirent à cultiver les jardins & à nourrir des troupeaux, comme s'ils avoient compté y fixer leur séjour. Mais comme ce climat étoit fort différent du leur, dès que l'air brûlant de ces contrées se fit sentir, ils tomberent presque tous malades ; un grand nombre mourut, & la plupart des autres demeurerent si foibles & si languissans, qu'ils n'étoient pas en état de servir. Ces maladies garantirent, pour ce temps-là, de l'invasion des Mongols, le Fars ou Pars, qui est la Perse proprement dite, & cette partie du Khuzestan qui appartenoit à Kayaso'ddin, frere de Jalalo'ddin, & où il y avoit des villes fortes. Jagataï rétablit ses troupes en les faisant changer plusieurs fois de lieu ; & trouvant que les esclaves qu'ils avoient leur étoient à charge, il les fit presque tous égorger. Ensuite il donna le gouvernement des pays conquis à un de ses Lieutenans, & prit, suivant les ordres de son pere, le chemin de Balkh, où étoit le rendez-vous général (*a*).

Regne de Jenghiz Khan.

Après la prise de Kandahar, Jenghiz Khan décampa, & continua de marcher vers le Gihon ou Amu. Il passa le reste de l'été dans un lieu charmant, au midi de ce fleuve, où il s'informa

Le Khan retourne à Bokhara.

(*a*) Fadlallah, Nissavi, ap. De la Croix, p. 424-434. Abu'lghazi Khan, p. 328-330.

Regne de Jenghiz Khan.

des antiquités de Balkh, & en particulier de Zeridesht Bekram, ou Zoroastre, le célebre Auteur de la Religion des adorateurs du feu. Il y reçut aussi des lettres du Khan de Tangut, qui lui faisoit des soumissions, & lui offroit d'être son Tributaire, s'il vouloit lui pardonner le passé. On accepta ses offres, pour l'empêcher de former de nouvelles entreprises. Il fut aussi résolu qu'on passeroit l'Amu, pour intimider tous ceux qui auroient quelque envie de remuer. Le Khan manda donc à ses Généraux de partir incessamment des lieux où ils étoient pour le suivre, & en attendant, se rendit à Bokhara. Ce fut là qu'il eut une conversation avec les Savans, sur la Religion Mahométane. Ils lui dirent qu'elle consistoit en cinq articles principaux: 1°. à croire un seul Dieu, créateur de toutes choses, & qui n'a point d'égal; 2°. à donner aux pauvres le quarantieme denier de son revenu, ou de ce que l'on peut gagner; 3°. à prier cinq fois par jour; 4°. à jeûner pendant un mois de l'année; 5°. à faire le pélerinage du temple de la Mecque pour y adorer Dieu. Jenghiz Khan leur dit qu'il croyoit aussi le premier article, qu'il approuvoit les trois suivans, mais qu'il ne goûtoit pas le dernier, parce que tout l'Univers est la maison de Dieu, & qu'il trouvoit ridicule qu'on prétendît qu'un lieu peut être plus propre que l'autre pour l'adorer. Les Docteurs Mahométans furent un peu scandalisés de ses sentimens sur ce dernier article.

Hégir. 620. J. C. 1223.

Hubbé & Suida passent par Derbend.

Jenghiz Khan passa l'hiver à Bokhara, & se rendit ensuite à Samarcande, où il resta la plus grande partie de l'année. Résolu de tenir une Diete générale l'année suivante à Tonkat, il envoya ordre aux Princes, aux Gouverneurs & aux Généraux de s'y rendre.

Regne de Jenghiz Khan.

Hubbé & Suida eurent ordre de revenir par Derbend, c'est-à-dire, par les portes Caspiennes. Ils entrerent donc dans le Shirwan, & s'emparerent de Shamakie, la capitale, qu'ils traiterent d'abord avec rigueur, pour la punir de sa résistance. Mais après ce premier exemple de sévérité, ils prirent le parti de ménager le pays & les peuples, dans la vûe d'obtenir du Roi la liberté du passage par Derbend. Ce Prince qui craignoit qu'ils n'eussent dessein de se saisir de ce poste important, & de le chasser de ses Etats, les refusa sous divers prétextes. Les Généraux Mongols, après avoir employé inutilement les prieres, menacerent & obtinrent ce qu'ils demandoient, & même des Officiers pour les conduire.

En passant à Derbend, ils admirerent de quelle maniere la Nature & l'Art avoient travaillé pour la défense de ce passage, & ils avouerent qu'on ne pouvoit le forcer. Entre la mer & la montagne est un espace d'un quart de lieue de largeur, fermé par deux murailles bâties de gravier & de coquilles pétris ensemble, ce qui fait une composition plus dure que la pierre : ces murailles, qui ont six pieds d'épaisseur, sont fondées sur le roc, & regnent de la montagne jusqu'à la mer, de sorte que les Voyageurs sont obligés de passer par les portes de fer (a) qui sont à ces murs. L'espace que couvrent

---

(a) Appelées de là *Demir Kapi* par les Turcs, & *Bâbal Abwab*, c'est-à-dire, *la Porte des Portes*, par les Arabes. Darbend ou Derbend signifie en Persan *la fermeture des portes*.

Regne de Jenghiz Khan.

les murs fait le tiers de la ville, qui s'appelle *Shah-ryün-Nān*, c'est-à-dire *la ville des Grecs*, parce qu'elle fut bâtie par ordre d'Alexandre le Grand; une autre partie de la ville est au pied de la montagne, & la troisieme sur le penchant vers le sommet; la seconde est la plus peuplée, & les trois ensemble ont près de trois quarts de lieue de longueur, mais peu de largeur. Il y a une espece de port fermé par une chaîne attachée à deux forts, qui sont de l'un & de l'autre côté. Le tout est encore défendu par un château qui est au haut de la montagne : il y a peu de commerce (*a*).

Défont les Daghestans.

Les Orientaux disent que depuis Alexandre, qui conduisit son armée par Derbend, on n'en connoît point d'autre qui y ait passé que celle de Jenghiz Khan. Les Alans, qu'on appelle aujourd'hui *Tartares de Daghestan*, furent très surpris de voir tout à coup paroître les Mongols; & craignant qu'ils n'en voulussent à leur liberté, ils rompirent les chemins, & ruinerent par-tout ce qui pouvoit aider à leur subsistance. Les deux Généraux, irrités de ce procédé, prirent & ruinerent Tarkü, la principale de leurs villes. Ils surprirent ensuite Terki, capitale des Circassiens, qui s'étoient joints aux Alans, aussi bien que les Tartares Kalmuks (*b*), voisins du Wolga & de la mer Caspienne. Cependant les Généraux Mongols, prévoyant que si ces trois nations mettoient sur pied

---

(*a*) De la Croix, p. 443-446. Abu'lghazi Khan, p. 308.
(*b*) Nommés sans doute ainsi, parce qu'ils étoient Païens, au lieu que les deux autres nations étoient Mahométanes ou Chrétiennes.

toutes leurs forces, ils ne pourroient leur résister, envoyerent des Exprès aux Tribus Kalmuques, pour leur représenter qu'ils étoient Tartares comme eux, qu'ils ne demandoient qu'à retourner dans leur pays, & qu'ils les prioient d'être les arbitres de cette guerre. Les Kalmuks, gagnés par ces raisons, & plus encore par les présens qui les accompagnoient, rappelerent leurs troupes; les Alans & les Circassiens, se voyant privés de leur secours, perdirent aussi-tôt courage, & céderent aux efforts de leurs ennemis.

Regne de Jenghiz Khan.

La bonne intelligence avec les Kalmuks permit aux Mongols de passer le Wolga, & d'entrer dans le Kipchak ou Kapchak; mais comme ils furent obligés d'y passer l'hiver, parce qu'ils y arriverent un peu tard, leur long séjour fit naître des querelles entre eux & leurs hôtes. Ils se fortifierent dans leur camp, & firent demander du secours à Tushi Khan, qui n'étoit pas fort loin de là. Ce Prince fit marcher la meilleure partie de ses troupes, qui joignirent les autres, malgré les efforts des ennemis, & toutes ensemble formerent une armée considérable, qui contraignit sans peine ces peuples à se soumettre à Jenghiz Khan. Cependant Tushi Khan, obligé de se rendre à la Cour, laissa Habbé & Suida pour commander dans le Kipchak en son absence, & leur donna ordre d'attaquer les Nogaïs, dont il étoit mécontent, & qui étoient les seules peuples du Kipchak qui ne fussent pas domptés, ce Prince ayant soumis tout ce pays & poussé ses conquêtes jusqu'aux frontieres de Russie.

Ils entrent dans le Kipchak.

L'hiver, qui avoit glacé les rivieres, facilita le passage aux Mongols; ils pénétrerent jusqu'à As-

Prise d'Astracan.

tracan, que les Mahométans appellent *Haji Tarkan*, située dans une Isle du Wolga, environ à cinquante lieues de la mer Caspienne. Ils soumirent cette ville, & la guerre, qui dura six mois, ne finit qu'après que les Nogaïs eurent reconnu Tushi pour leur Souverain, & Jenghiz Khan pour leur Grand Khan. Les deux Généraux demeurerent dans le pays jusqu'à l'automne de l'année 1224, que Tushi revint de la Diete, & alors ils le quitterent avec les troupes qu'ils y avoient amenées.

Regne de Jenghiz Khan.

Libéralité du grand Khan.

Si Jenghiz Khan traitoit avec rigueur ceux qui l'avoient offensé, il étoit bon & généreux envers ceux qui lui avoient rendu quelque service, ou qui lui montroient de la bonne volonté. Quand il sortit de Samarcande, il exempta, pour plusieurs années, des tributs ordinaires les peuples de cette province, dont il étoit content; & pour donner aux Seigneurs du pays des marques de son affection, il les affranchit pour toute leur vie des droits que les Nobles d'un royaume doivent à leur Prince. Ce généreux procédé causa une grande joie parmi les habitans de Samarcande : il est vrai qu'elle fut un peu tempérée par la vue de la Reine Turkhan Khatûn, qui, suivie de ses Dames & de tous les grands Officiers de Mohammed, qui avoient été pris, fut menée en triomphe devant l'armée du Grand Khan, traversant des pays où cette Princesse étoit encore aimée. On porta aussi en pompe le trône & la couronne du Sultan (*a*).

Il se rend à Tonkat.

Jenghiz Khan ayant passé le Sihon ou Sir, arriva à Tonkat au commencement de l'année de

(*a*) De la Croix, p. 447-452.

l'Hégire 601 ; il avoit choisi cette ville pour tenir la Diete, tant à cause de son agréable situation, que parce qu'elle pouvoit aisément fournir les provisions dont on auroit besoin pour une si nombreuse assemblée. Les Princes & les Généraux étoient tous de retour de leurs différentes expéditions ; Jenghiz Khan reçut ses enfans avec de grandes caresses ; ils se mirent à genoux devant lui, lui baiserent la main, & lui offrirent des présens considérables ; mais ceux de Tushi ou Juji surpassoient de beaucoup ceux de ses freres : outre plusieurs raretés, il donna cent mille chevaux blancs, gris-pommelés, bais-bruns, noirs & tigres, vingt mille de chaque sorte. De son côté, le Khan leur ouvrit ses trésors, & les combla de biens ; ensuite il donna des festins pendant un mois ; mais le plus somptueux fut au retour d'une chasse générale, où l'on avoit tué plusieurs milliers de bêtes de toutes les especes : les Fauconniers fournirent aussi abondamment de toutes sortes d'oiseaux. On y but non seulement du balperini, qui est une sorte d'hydromel, du griut ou biere, du kammes ou kimis, mais encore des vins exquis des pays Méridionaux, & des sorbets, dont les Mogols avoient appris la composition chez les Persans.

Regne de Jenghiz Khan.

Hegir. 601.
J. C. 1224.

Après cette grande fête, le Grand Khan fit disposer tout pour tenir la Diete dans la plaine de Tonkat. Quoique cette plaine ait sept lieues d'étendue, à peine pouvoit-elle contenir les tentes & les équipages de tous ceux qui devoient être de l'assemblée, où se trouverent les Gouverneurs des provinces les plus éloignées, du Kitay, du Mogolistan, du Karakitay, de Tûran & d'Iran. La plu-

Il tient une Diete avec grande pompe.

Regne de Jenghiz Khan.

part y avôient fait transporter leurs maisons portatives. Lorsqu'on eut marqué dans la plaine le quartier du Khan, qui avoit près de deux lieues de circuit, & que les rues, les places, les bazars ou marchés eurent été marqués, on dressa les tentes de sa maison. Celle qu'on avoit dressée pour les séances de la Diete, pouvoit contenir au moins deux mille personnes, & pour la distinguer des autres, on la couvrit de blanc. Elle avoit deux grandes portes; l'une se nommoit la *Porte Impériale*, & étoit réservée à l'Empereur seul; l'autre s'appeloit la *Porte commune*, à laquelle il y avoit des gardes pour la forme. On éleva un trône magnifique pour Jenghiz Khan, & l'on ne manqua pas de placer dans un lieu éminent le feutre noir sur lequel ce Prince s'étoit assis lorsqu'on l'avoit proclamé Grand Khan; & ce symbole de la premiere pauvreté des Mongols a été en vénération parmi eux, tant que leur Empire a duré.

Quoique le luxe des Princes & des grands Seigneurs Mogols ne fût pas encore alors parvenu au point où il fut porté après la mort de Jenghiz Khan, il y avoit déjà beaucoup de magnificence dans leurs habits, qui étoient semblables à ceux des Turcs, & dans leurs équipages; les selles & les harnois de leurs chevaux brilloient d'or & de pierreries; sur les tentes paroissoient des étendards de diverses couleurs, des plus riches étoffes de soie. Quoique les affaires qu'il y avoit à régler dans un aussi vaste Empire, fussent nombreuses, Jagataï, dépositaire des Loix de Jenghiz Khan, les avoit mises dans un si bel ordre, qu'elles servirent à régler tout sans la moindre difficulté.

Livre IV. Chapitre V.

Comme le Khan aimoit à parler en public, il prit occasion de faire l'éloge de ses Loix, auxquelles il attribua toutes ses victoires & toutes ses conquêtes, dont il fit exactement le détail : ensuite, pour donner une nouvelle preuve de sa grandeur, il ordonna qu'on fît entrer dans l'assemblée tous les Ambassadeurs qui avoient suivi la Cour, avec les Envoyés & les Députés des pays qu'il avoit rangés sous son obéissance. Ils s'avancerent au pied du trône, & il leur donna audience ; ensuite il congédia l'assemblée.

Regne de Jenghiz Khan.

Tushi prit bientôt congé de son pere, pour retourner dans le Kipchak, dont le Khan lui confirma le souverain gouvernement. A son arrivée, Hubbé & Suida lui remirent leurs troupes, & revinrent à la Cour, où ils furent très-bien reçus. Pendant sa marche, Jenghiz Khan leur donna une heure par jour pour l'entretenir des curiosités qu'ils avoient vues dans le pays qu'ils avoient traversé dans leur derniere expédition, & il laissa son armée suivre à petites journées (*a*).

Tushi s'en retourne.

Après avoir achevé l'Histoire de l'expédition de Jenghiz Khan, dans l'occident de l'Asie, d'après les Historiens de ce pays-là, nous allons rapporter ce qu'on trouve sur ce sujet dans les Historiens Chinois.

Jenghiz Khan fut si irrité contre les peuples de Si-yu, qui avoient massacré ses Députés, qu'après avoir entièrement soumis les pays qui sont aux environs de Kasghar, il fit assiéger Wo-ta-la ou Otrar. Dans le troisieme mois de l'an 1220, il

Invasion de la Bucharie.

(*a*) De la Croix, p. 453-464. Abu'lghazi Khan, p. 338.

Regne de Janghiz Khan.

prit Pu-wa; dans le cinquieme Sun-fe-kan (*a*), dont le Roi, nommé *Cha-la-ting* (*b*) ou *Jalalo'd-din*, quitta la ville à l'approche du Khan. Pi-tû, fils d'Yelu Lieuko, Roi de Leaotong, quoique dangereusement blessé, voyant Chu-chi ou Juji, Prince intrépide, combattre presque seul contre une troupe d'ennemis, courut à son secours, & quoiqu'enveloppés de toutes parts, ils se firent jour & rejoignirent l'armée (*c*). Le Prince Yelu Kohay, parent de Pi-tû (car il y avoit beaucoup de Kitans dans l'armée Mongole), fut fait Gouverneur de la place. Les Wey-hû (*d*) avoient bordé

(*a*) Il n'est pas possible de déterminer avec quelque certitude de quelles villes il s'agit ici, embarras qui subsiste pour la plupart des autres dont il est fait mention dans la suite. Gaubil croit que Sun-fe-kan est Khojende, d'autant plus qu'un catologue ou sommaire de l'histoire de Deao l'appelle *Ho-chang* ou *Ko-chang*. Mais en ce cas là, les circonstances rapportées dans le texte ne s'accordent pas avec celles qu'on a rapportées ci-dessus sur le témoignage des Historiens de l'occident de l'Asie.

(*b*) On l'appelle aussi *So-tan* ou *Su-on-tan*, c'est-à-dire, le Sultan du royaume de *Ko-fei-cha*; de sorte qu'on confond le Sultan Mohammed avec son fils. Ko-fei-cha approche de *Kipchak* ou *Kafchak*, sur-tout quand on y ajoute *ou* ou *Ke*; il semble pourtant que c'est le terme Chinois qui signifie *royaume*, & Kapchak est ordinairement nommé *Ki-cha* ou *Kin-cha*.

(*c*) Cela semble se rapporter à ce qui se passa à la bataille de Kûrakû, entre Juji & le Sultan Mohammed.

(*d*) Ces Wey-hû ou Weyhe paroissent être les Turcs Mahométans, appelés ainsi pour les distinguer des Turcs Païens, que les Chinois nomment *Tu-que*; ils s'étendoient le long des frontieres de la Petite-Bukharie, & y étoient même établis en divers endroits.

le rivage de la riviere Gan-mû (*a*) de leurs meilleures troupes, défendues par dix retranchemens, & ils couvrirent la riviere de quantité de barques armées. Mais le Général Ko-pao-yu y mit le feu, en y faisant lancer des fleches enflammées ; le feu & la fumée ayant mis les Wey-hû en désordre, les Mongols attaquerent les retranchemens de tous côtés, & les forcerent (*b*).

Regne de Jenghiz Khan.

En 1221, qui est l'année Mongole du Serpent (*c*), Jenghiz Khan prit les villes de Po-ha-eul ou Bokhara, & Sye-mi-tse-kan. Cachi s'empara d'Yan-ki-kan & de Pa-eul-ching. Pendant l'été, le Khan passa les grandes chaleurs à la Porte de fer (*d*), forteresse à l'ouest de Sa-ma-eul-khan ou Samarcande. Ce fut là qu'il reçut deux célebres ambassades, l'une de l'Empereur des Song, & l'autre de l'Empereur des Kin, qui régnoient dans le Manji & dans le Kitay. Les Ambassadeurs firent des propositions de paix qui ne furent pas accep-

---

(*a*) A en juger par la prononciation, c'est, semble-t-il, l'Amu ou Gihon ; mais la scene de l'action donne lieu de penser qu'il s'agit plutôt du Sihon ou Sir, sur lequel K'hojende étoit située.

(*b*) Il n'est point fait mention de ceci dans notre relation de ce siége, tirée des Historiens Occidentaux, ni de la belle défense de Timur Malek dans ceux de la Chine ; ce qui est rapporté ici est peut-être destiné à servir de relation de ce siége.

(*c*) Ce doit être une méprise ; car l'année 1220 étoit celle du Serpent.

(*d*) Il y a dans ce pays-là un lieu nommé *Koluga*, ou *la Porte de fer* ; mais les Historiens Occidentaux ne disent point que le Khan y ait passé l'été. D'ailleurs Koluga est au sud ou sud-est de Samarcande.

tées; Jenghiz Khan avoit réfolu la ruine de ces Puiſſances. En automne, Pan-lo-ki ou Balkh fut priſe (a). Le Grand Khan, qui avoit chargé le Général Porchi de former au métier de la guerre le Prince Jagataï fon fecond fils, nomma ce Prince pour gouverner une grande partie des pays conquis dans l'Occident. Juji, Jagataï & Octaï prirent, en 1221, Yu-long & Kye-she (b); Toley, que Jenghiz Khan avoit formé lui même, foumit Ma-lû, Sha-ki-ho, Ma-lu, Si-la-tfe (c) & d'autres places. Ce fut cette année que le Khan déclara Ho-lin ou Karakorom capitale de fes Etats en Tartarie, c'eſt-à-dire, le lieu où les Princes & les Chefs des Hordes tiendroient déformais leurs aſſemblées générales.

Regne de Jenghiz Khan.

L'an 1222, l'Empereur ayant réfolu de faire le fiége de Ta-li-han ou Talkhan, il donna un grand corps de troupes à Toley ou Tuli, qu'Iddikût, Roi des Igûrs, fouhaita d'accompagner avec dix mille hommes de fes troupes. Toley, qui avoit de l'inclination pour les Igûrs, fut charmé d'avoir leur Prince dans fon armée, tant parce qu'il avoit fous lui d'excellens Officiers, que parce qu'Iddikût étoit lui-même un grand Capitaine, qui avoit donné des preuves de fa valeur & de fa capacité conjointement

Et dans l'Iran.

―――――――――――――――

(a) Pan-lo-ki & Termi ou Termed furent priſes par Jenghiz Khan lui-même.

(b) Ces trois Princes firent en 1221 l'expédition dans le Karazm : mais il n'y a aucune affinité entre ces noms & celui de Karazm, ou ceux des villes qu'ils y conquirent.

(c) Ma-lu eſt certainement Maru dans le Khorafan, où il y a deux villes de ce nom, comme on l'a remarqué plus haut.

avec Chepe, contre les Wey-hû. Ces deux Princes prirent d'abord Thûs ou Tûs & Nye-cha-u-eul ou Nifabûr; ils firent enfuite un grand butin dans le royaume de Mu-lay (a), paſſerent la riviere de Shû-shû-lan, & prenant leur route par Ye-li (b), ils arriverent à Talkhan, qui fut prife & ruinée par le fecours de leurs troupes. Jenghiz Khan ayant appris que Jalalo'ddin, Roi d'Occident, s'étoit joint à Mye-li, fe mit lui-même à la tête de fes troupes, & défit ces deux Princes, dont le dernier fut fait prifonnier. Mais ici les Hiſtoriens Chinois ne font pas d'accord entre eux; les uns difent que Jalalo'ddin fe retira d'abord à Ha-la-he (c) ou Herat, & de là à Han-yen, & qu'ayant été battu dans ces deux endroits, il fe retira fur mer (d); d'autres prétendent avec plus de raifon, que Mye-li étoit le Roi des Mahométans, & qu'ayant été vivement pourfuivi par les

Regne de Jenghiz Khan.

───────────

(a) Corruption de Molahedah, qui font les Ifmaéliens ou Affaffins, dont le Prince portoit le nom de Sheikh Al Jebal, le Seigneur de la Montagne; ils occupoient une partie du Jebal ou Kuheſtan, c'eſt-à-dire le pays montagneux de l'Irak Perfienne, & ils furent exterminés quelques années après par Hûlakû, petit-fils de Jenghiz Khan. Quoique les Hiſtoriens Occidentaux parlent de Rudin, & d'autres places qui appartenoient à ces Affaffins, ils ne difent rien de ces peuples mêmes.

(b) Ye-li femble être Eri, Heri ou Herat; car les Auteurs écrivent ce nom de ces différentes manieres.

(c) Ou A-la-he; la Géographie Chinoife dit que c'eſt la ville de Herat; mais il y a plus d'apparence que c'eſt Herat qu'il faut entendre par Yeli, que Tuli prit en retournant à Talkhan; & Herat n'eſt point fur le chemin qui conduit à la mer Cafpienne.

(d) Il s'agit de la mer Cafpienne.

Regne de Jenghiz Khan.

Mongols, il se sauva dans les Isles de la mer, & y mourut. Tous conviennent qu'il laissa son argent & ses pierreries, qui tomberent entre leurs mains (a).

Le Kincha envahi.

Le Roi de Kin-cha (b) avoit non seulement mal parlé de l'Empereur, mais ce Prince avoit aussi donné plusieurs fois retraite dans ses Etats aux ennemis des Mongols. Le Général Suputay demanda, en 1223, la permission d'aller faire des courses dans son pays. Chepe & Kosmeli, par ordre de Jenghiz Khan, se joignirent à lui ; ils marcherent d'abord le long de Tenkiz Nor (c), & passerent par des montagnes qui paroissoient inaccessibles. Ils ruinerent les villes de Ku-eul, Te-she, Wan-sha, Helin & autres, traverserent l'O-li-ki ou Wolga, défirent en divers combats les peuples de Kur-she, d'Asû (d), & les Wo-lo-tse ou Russes, dont le Chef s'appeloit *Mi-chi-se-la*. Ce Seigneur fut pris, & dans la suite décapité. On ravagea le pays de Kin-cha; on battit Hohan Ho-to-se, Prince des Kanglis (e), près de la ville de Po-tse-pa-li. Au retour de cette expédi-

_____

(a) Gaubil, Hist. de Gentchiscan, p. 35-39.

(b) Nommé ci-dessus *Ki-cha* ; c'est le Kipchak, qui tomba en partage à Juji.

(c) Les Mongols appellent ainsi la mer Caspienne. Nor signifie *mer* ou *grand lac*. Les Chinois prononcent *Tyenki-tsa.*

(d) Ce pays qui fournit depuis de bons Officiers aux Mongols, n'étoit pas loin de la mer Caspienne.

(e) Les Historiens Occidentaux disent qu'il fut tué dans une autre occasion.

tion, Chepe, que D'Herbelot nomme *Jebe Noyan*, mourut en grande réputation (*a*).

Regne de Jenghiz Khan.

L'Histoire Chinoise remarque à l'occasion de l'irruption des Mongols dans le pays de Kin-cha, que depuis qu'ils étoient sortis de leurs déserts sablonneux, ils n'avoient fait que piller, tuer, brûler & détruire des royaumes ; elle les accuse de toutes sortes de crimes, dont le plus grand, dit-elle, est de détruire sans ressource des Familles Royales, extirpant les racines & les branches : les esprits & les hommes, ajoute-t-elle, en sont indignés, & crient vengeance (*b*). D'autres Historiens Chinois rapportent que dans le cours des quatorze premieres années de l'Empire des Mongols, Jenghiz Khan fit périr dix-huit millions quatre cent soixante-dix mille personnes (*c*).

Massacres faits par les Mongols.

Jenghiz Khan passa les grandes chaleurs à Pa-lu-van, où les Princes ses fils & ses Généraux se rendirent : on y convint d'une forme de gouvernement pour les pays conquis en Occident ; & c'est la premiere fois que l'Empereur, outre les Officiers de guerre, nomma des Talu-wha ou Tagûrsi, c'est-à-dire des Mandarins, qui avoient le Sceau & décidoient des affaires civiles.

En 1224, le Khan marcha à l'Orient, vers un grand royaume nommé *Hintû*, *Intû* ou *Sintû* (*d*). Quand on fut arrivé à un passage étroit, qui s'appeloit la *Porte de fer*, fortifié par la Nature &

Conquêtes dans les Indes.

(*a*) Gaubil, p. 40, 41.
(*b*) *Idem*, p. 51.
(*c*) Couplet. Tab. Sinic. Chronol. p. 74.
(*d*) C'est-à-dire, *Hind* ou *Sind*, deux noms que les Orientaux donnent à une partie de l'Indoftan.

l'Art, plusieurs Mongols dirent qu'ils avoient vu un monstre qui ressembloit à un cerf, avoit la queue d'un cheval & une corne sur la tête, dont le poil étoit vert, & qui leur avoit dit : *Il faut que votre maître s'en retourne.* Jenghiz Khan, surpris de cette relation, interrogea son premier Ministre Yelu-chu-tsay (*a*), qui lui dit que l'animal s'appeloit *Kyo-touan*, qu'il savoit quatre Langues, & qu'apparemment il haïssoit le carnage. Il prit occasion de là d'exhorter le Khan à s'en retourner & à ne plus faire périr tant de malheureux.

Ensuite Jenghiz Khan fit piller beaucoup de villes des Indes; & voyant bien que les Grands de son armée s'ennuyoient d'une guerre dans des pays si éloignés du leur (*b*), il déclara qu'il vouloit prendre la route de Tartarie. Plusieurs Officiers d'Occident vinrent s'établir, avec leurs familles, dans le Kitay. Jagataï demeura pour gouverner les pays conquis, & eut ordre de suivre en tout les conseils de Porchi, Généralissime de toutes les troupes. Chu-chi ou Juji fut envoyé dans le Kiucha, où il mourut peu de temps après, laissant pour héritier Pa-tû son fils, jeune Prince de grande espérance (*c*).

───────────────────────────────

(*a*) Ceci prouve que les Historiens Chinois n'avoient qu'une connoissance imparfaite de l'expédition du Khan du côté de l'Indus contre Jalalo'ddin; & ils ne disent rien à cette occasion de ce Prince.

(*b*) Plusieurs Livres Chinois disent qu'une armée de Mongols alla en Arabie, & prit Météna ou Médine.

(*c*) Gaubil, p. 42.

Voilà

Livre IV. Chapitre V.

Voilà ce que l'Histoire de la Chine nous apprend de l'expédition de Jenghiz Khan dans l'Occident; & ce qu'elle dit est fort difficile à concilier avec les relations des Historiens de l'occident de l'Asie, puisqu'il n'y a aucun accord pour l'ordre des conquêtes, ni pour les dates, ni pour les noms des lieux, sans parler de plusieurs autres défauts.

Regne de Jenghiz Khan.

CHAPITRE VI.

Conquête du Royaume de Hya, & progrès dans celui de Kitay, jusqu'à la mort de Jenghiz Khan.

<small>Regne de Jenghiz Khan.

Affaires de Leaotong.</small>

Peu de temps après que la Diete de Tonkat fut séparée, Jenghiz Khan partit avec toute sa Cour (*a*), faisant toujours suivre la Reine captive, élevée sur un char, & chargée de chaînes, pour offrir aux yeux des Nations un orgueilleux monument de ses victoires dans l'Occident (*b*). Avant le retour de ce Conquérant dans l'Orient, voyons ce qui se passa pendant son absence dans ses États. L'Empereur en avoit laissé le gouvernement à son frere Wa-che, que les Ecrivains Occidentaux appellent *Utakin* : il gouverna avec beaucoup de prudence & de sagesse. En 1220, la Princesse Tyao-li vint à sa Cour l'informer de la mort de Lieuko son époux, Roi de Leaotong. Wa-che reçut la Princesse avec beaucoup de magnificence, & la renvoya avec des troupes pour gouverner le Leaotong,

---

(*a*) Suivant l'Histoire Chinoise, il étoit accompagné d'Octaï & de Tuli, deux de ses fils, du Roi Iddikut, des Princes Pi-tû, Wa-chen, Po-yao-ho, fils du Prince Ala-u-tse, des Généraux Suputay, Chahan, Kosmeli, Ko-pao-yu & autres.

(*b*) De la Croix, p. 464.

jufqu'au retour de Jenghiz Khan: elle s'en acquitta avec un applaudiffement général.

Regne de Jenghiz Khan.

Mûhûli, Lieutenant-Général du Khan à la Chine, fe fit une grande réputation dans la guerre qu'il foutint contre l'Empereur des Kins & le Roi de Hya. En 1218, Chang-jao, Général au fervice des Kins, affembla un grand corps de troupes pour venger la mort d'un autre Général fon ami, affaffiné par un Officier de fes ennemis. Arrivé à Tfekin-quam, fortereffe fameufe dans les montagnes de Pe-che-li, il fut attaqué par Mingan, Général de Mûhûli : il fe défendit avec beaucoup de valeur ; mais fon cheval s'étant abattu, il fut pris, & on l'amena au vainqueur : il refufa de fe mettre à genoux devant lui, en difant qu'il étoit auffi Général d'armée, & qu'il mourroit plutôt que de defcendre à cette baffeffe. Mingan admira la grandeur d'ame de fon prifonnier, & le traita honorablement ; il en fit autant aux autres Officiers qui étoient prifonniers ; mais, dans le même temps, il ordonna qu'on fît mourir le pere & la mere de Chang-jao. Quand celui-ci l'apprit, il balança long-temps fur le parti qu'il avoit à prendre, & fe détermina enfin, pour leur fauver la vie, à demander de l'emploi dans les troupes Mogoles. Peu d'Officiers l'égalerent, & rendirent plus de fervices au Khan.

Et de Kitay.

Trois mois après, Mûhûli, accompagné de fon fils Pûlû ou Polû, reprit les places du Chan-fi, que les Kins avoient reprifes & fortifiées. Tay-yven-fu, Capitaine de la province, foutint trois affauts ; & les Officiers voyant qu'ils ne pouvoient ni défendre la ville, ni fortir & fe faire paffage à travers les Mongols, fe donnerent la mort. Les

Villes reprifes.

Regne de Jeng iz Khan.

Officiers des autres places imiterent leur exemple, & aimerent mieux mourir que de tomber entre les mains des troupes de Mûhûli. L'Empereur des Song ou de la Chine Méridionale, qui s'appeloit *Ning-tson*, & qui étoit le treizieme, ayant déjà déclaré la guerre aux Tartares Nyuche ou Kins, refusa de faire la paix, & fit publier un Edit pour exhorter ses sujets à les chasser de la Chine. L'Empereur des Kins envoya son fils, qui devoit lui succéder contre les Song; & cette guerre fut continuée avec des succès différens de part & d'autre.

Exploits de Chang-jao.

Au commencement de l'an 1219, Chuyu Kaoki, Ministre des Kins, fit bâtir une petite ville dans l'enceinte de Kay-fong-fu, ville de la province de Honan, & il la fit très-bien fortifier. Au mois d'Avril, Mûhûli nomma Chang-jao pour commander un corps de troupes, & ce Capitaine s'empara de plusieurs villes du district de Pao-ting-fu: il alla ensuite attaquer Kya-gu, qui étoit le meurtrier de son ami; mais comme Kyagu s'étoit retranché sur une montagne, il ne put le forcer; il lui coupa l'eau, & le contraignit à se rendre. Chang-jao lui arracha le cœur, & le sacrifia aux manes de son ami: ensuite il se retira avec ses gens à Man-ching, petite ville sans défense, au nord-ouest de Pao-ting-fu. U-tsyen, Général des Kins, vint d'abord l'y investir. Chang-jao, après avoir fait monter sur les murailles tous les gens inutiles, sortit avec ses plus braves soldats, & se fit jour à travers les ennemis, dont il fit un grand carnage. Echappé de ce danger, il rencontra un corps de réserve qui l'enveloppa; il reçut d'abord un coup de fleche, qui lui emporta deux dents; il ne devint que plus furieux; & quoi qu'il eût perdu tout son monde, il renversa tout ce qui s'opposoit à lui; & avec peu de soldats qui lui restoient, il pilla quatre petites villes qui se trouvoient sur sa route. Depuis, il reçut de nouveaux renforts, & se rendit fameux par ses conquêtes dans les districts de Ching-ting-fu & de Pao-ting-fu, dans le Pe-che-li.

Regne de Jenghiz Khan.

Cette même année, les Mongols porterent leurs armes dans la Corée (a), & rendirent ce royaume tributaire; & vers la fin de l'année, l'Empereur des Kins fit mourir son Ministre Kao-ki, accusé d'avoir causé, par ses mauvais conseils, les malheurs dont l'Empire étoit affligé. Au mois d'Août de 1220, Mûhûli se rendit à Man-ching, près de Pao-ting-fu; il envoya un parti au passage de Tao-ma-quam, forteresse dans les montagnes. Ce parti ayant battu un détachement des Kins, le Gouverneur de Ching-ting-fu se rendit, & livra cette importante place à Mûhûli, qui fit publier dans toute son armée un ordre de donner la liberté aux prisonniers, & fit défendre, sous de grandes peines, le massacre & le pillage (b).

La Corée renduë tributaire.

Après la mort de Kaoki, les Kins prirent des mesures pour défendre leur Etat. Su-ting, qui lui avoit succédé dans le Ministere, avoit beaucoup d'expérience & d'habileté dans l'art de la guerre. Ce nouveau Ministre avoit trouvé moyen de mettre sur pied une armée de deux cent mille hommes dans le Chan-tong, & rendoit inutiles les efforts que l'Empereur des Song & le Roi de Hya fai-

Conquêtes dans la province de Chan-tong.

(a) Les Tartares appellent la Corée *Solgbo*, & les Chinois *Kaoli* & *Chao-tsyen*.
(b) Gaubil, p. 42-45.

soient dans le Chen-si ; ils furent contraints de lever le siége de Kong-chang-fu. L'armée que les Kins avoient dans le Chang-tong étoit campée à Wang-ling-kan ; le Général détacha vingt mille fantassins pour attaquer Mûhûli, campé près de Tsi-nan-fu, capitale de la province, qu'il avoit prise. Mûhûli averti vint au devant du détachement, qu'il défit. Il attaqua ensuite l'armée des ennemis, rangée en bataille sur le bord de la riviere, fit mettre pied à terre à sa cavalerie, & après un choc des plus rudes, il mit les Kins en déroute ; un nombre infini se noya.

Mûhûli, après cette victoire, fit plusieurs conquêtes, & alla assiéger Tong-chang-fu ; mais prévoyant trop de résistance, il leva le siége, & se contenta de laisser des troupes pour bloquer la place. Au mois de Mai de l'an 1221, la garnison, manquant de vivres, voulut se retirer ; mais l'Officier qui commandoit le blocus, défit entiérement ces troupes, en tua sept mille, & se rendit maître de la ville. De Tong-chang-fu, Mûhûli marcha du côté de Tay-tong-fu dans le Chan-si ; il passa le Wang-ho, à quarante lieues à l'ouest de cette ville, entra dans le pays d'Ortûs, & répandit la terreur dans le royaume de Hya. Le Roi de Hya se trouva fort heureux d'en passer par où le Général Mongol voulut. Mûhûli ne commit cette année aucune hostilité contre les Hya, mais il attaqua les Kins ; il bloqua Yen-gan, ville du Chen-si, qu'il trouva trop bien munie & trop forte pour la prendre en peu de temps : il tua plus de sept mille des Kins, s'empara de Kya-chew, qu'il fit fortifier, & de quelques autres places. Son dessein étoit de se saisir des postes qui pouvoient lui fa-

Regne de Jenghiz Khan.

Dans celles de Chan-si & de Chen-si.

ciliter la prife de Tong-quan, pour aller affiéger Kay-fong-fu.

En 1222, Mûhûli fit beaucoup de conquêtes dans le diſtrict de Ping-yang-fu, & l'année ſuivante il attaqua Fong-tſyang-fu dans le Chen-ſi. Le Général Mogol repaſſa enſuite le Wang-ho, & après avoir chaſſé les Kins de pluſieurs poſtes du Chan-ſi, il reprit Pu-chew, ville qui eſt à une lieue & demie à l'eſt du Wang-ho, que les Kins avoient priſe l'année d'auparavant. Etant parti alors pour une autre expédition, il tomba malade à When-hi-hyen, & ſe ſentant près de ſa fin, il fit venir ſon frere Tay-ſûn, & lui recommanda de ſe rendre maître de Pyen-king, ville à dix-ſept lieues au ſud-ſud-oueſt de Ping-yang-fu, témoignant beaucoup de regret de n'avoir pu faire lui-même cette importante conquête : il expira âgé de cinquante-quatre ans, dont il en avoit paſſé quarante à faire la guerre avec ſuccès.

Mûhûli étoit regardé par tous les Mongols comme le premier Capitaine de leur Empire ; Jenghiz Khan avoit en lui une confiance ſans bornes. La grande dignité dont il fut revêtu, ne diminua en rien ſon ardeur dans les travaux militaires, & il étoit auſſi dur à la fatigue que le moindre ſoldat. Jenghiz Khan, avant que d'être reconnu Empereur, voulant ſe retirer de nuit dans ſon camp, après une défaite, ne put le trouver, par la quantité de neige qui tomboit : accablé de fatigue, il ſe jeta ſur de la paille pour dormir. Porchi & Mûhûli prirent alors une couverture, & la tinrent eux-mêmes toute la nuit ſuſpendue en l'air pour le garantir. Cette généreuſe action leur fit beaucoup d'honneur, & les Princes Mongols eu-

Regne de Jenghiz Khan.

Mort de Mûhûli.

Son caractere.

rent toujours de grands égards pour les familles de ces deux hommes illustres.

Au mois de Septembre de l'an 1224, Su, Empereur des Kins, mourut; son fils Che-eu lui succéda: ce Prince fit la paix avec les Hya un mois après.

Au commencement de l'année 1225, Jenghiz Khan, passant par la Tartarie (*a*), arriva aux environs de la riviere de Tûla, après un voyage de près de sept ans en Occident, & on peut aisément juger de l'impression que son retour fit sur les esprits des Puissances voisines, alliées ou ennemies. Tyaoli, Reine de Leaotong, alla au devant de ce Monarque avec les Princes ses neveux. Cette Princesse, qui avoit beaucoup d'esprit, se mit à genoux pour faire hommage à Jenghiz Khan, & le félicita sur ses grandes conquêtes. L'Empereur lui fit à son tour des complimens de condoléance sur la mort du Roi son époux, la loua sur la maniere dont elle avoit gouverné son royaume, & lui promit sa protection pour toute sa famille. Tyaoli, après avoir remercié Jenghiz Khan, le pria de nommer Pi-tû Roi de Leaotong. Le Khan ne put s'empêcher d'admirer l'équité & la prudence de la Princesse. Pi-tû étoit fils de Lieuko, mais d'une autre femme; sa mere étoit morte, & Tyaoli avoit plusieurs enfans. Shenko, l'aîné

(*a*) Les Historiens de l'occident de l'Asie disent qu'après être parti de Tonkat, il passa par le Turquestan & par le royaume des Naymans, qu'il entra ensuite dans le Karakitay, & que quelques mois après il se rendit à Karakorom, siége de son Empire: mais ils ne nous apprennent aucunes des particularités de son voyage, non plus que les Historiens Chinois.

Livre IV. Chapitre VI.

de tous, avoit toutes les qualités requises pour gouverner, & l'Empereur vouloit qu'il régnât avec son frere ; mais Tyaoli persistant à solliciter en faveur de Pi-tû, l'Empereur le nomma, & eut la bonté de raconter lui-même à cette Princesse les grandes actions de valeur que Pi-tû avoit faites dans l'Occident. Il retint Shenko à sa Cour, & chargea un grand Seigneur de conduire la Reine & le nouveau Roi dans le Leaotong.

Regne de Jenghiz Khan.

Li-te, Roi de Hya, avoit donné retraite à deux grands ennemis des Mongols ; le Khan s'en plaignit hautement ; & ce Prince, loin de faire aucune satisfaction, prit ces deux personnes à son service. Jenghiz Khan indigné marcha en personne, & au mois de Février de l'an 1226, il prit Yetsina (*a*). Les Mongols s'emparerent de toutes les forteresses, qui étoient en grand nombre entre cette ville, Ning-hya, Kya-yu-quan (*b*) & Kan-cheu (*c*). Ils prirent aussi Su-cheu (*d*), Kan-cheu & Si-lyang-fu. Le Roi de Hya conçut tant de

Il envahit le Hya 1226.

───────────────

(*a*) Yetsina ou Azina, Eychina, Echina ou Ejina étoit une ville considérable du royaume de Hya, & la même que Marc Polo appelle *Ezina*. La Géographie Chinoise la place au nord de Kan-cheu, & au nord-est Sucheu, à cent vingt lieues de la premiere ; mais cette distance est sûrement trop grande, dit Gaubil. Yetsina est aujourd'hui détruite. Elle étoit sur une riviere du même nom, appelée aussi *Echina*, qui passe par Su-cheu, & une de ses branches par Kan-cheu.

(*b*) Fort, au bout occidental de la grande muraille de la Chine.

(*c*) Kan-cheu est, suivant Gaubil, la Kampion de Marc Polo. Il semble plutôt que c'est Ning-hya, puisque les Historiens Orientaux que De la Croix a suivis, entendent par-là la capitale du Tangut.

(*d*) Ou So-chev ; c'est la Suchure ou Sukkir de Marc Polo, selon Gaubil.

chagrin de voir ses Etats en proie aux Mongols, qu'il en mourut au mois de Juillet. Jenghiz Khan se rendit maître, dans le mois de Novembre, de Ling-cheu, au midi de Ning-hya, & alla camper trente ou quarante lieues au nord.

Regne de Jenghiz Khan.

Octaï, son troisieme fils, accompagné du Général Chahan, entra dans le Honan, & assiégea Kay-fong-fu, capitale de cette province, & le lieu de la résidence de l'Empereur des Kins; mais il fut obligé de lever le siége. Cependant s'étant avancé, en 1227, dans le Chen-si, il prit la plupart des forteresses qui étoient dans les districts de Sin-gan-fu, la capitale, & marcha vers les places & les forts que les Kins avoient dans les quartiers de Tong-tsyang-fu & de Han-chong-fu. Octaï étant allé en Tartarie, avoit laissé le commandement à Chahan: les Kins, qui ne douterent pas qu'il ne voulût rentrer dans le Honan, firent de nouvelles propositions de paix, que Jenghiz Khan rejeta. Ils firent alors un dernier effort, & résolurent de se bien défendre dans le Honan: dans ce dessein, ils fortifierent tous les passages du Wang-ho, & les principales villes; ils munirent le Tong-quan d'un grand nombre de troupes, & mirent sur pied une armée de deux cent mille combattans, gens choisis & commandés par les meilleurs Officiers qu'ils eussent.

Progrès dans le Honan.

Jenghiz Khan, ayant laissé au printemps une armée pour faire le siége de Ning-hya, appelée alors *Hya-cheu*, capitale du royaume de Hya, envoya un grand corps de troupes, qui s'emparerent du pays de Koko Nor (a), de Qua-cheu,

Et dans le Hya.

(a) La véritable prononciation est *Hûhû Nor* ou lac *Hûhû*. Ce pays est occupé à présent par les Eluths ou Calmuques.

& de Sa-cheu (*a*). Ce Prince, à la tête d'un autre corps, alla prendre Ho-cheu (*b*) & Sining (*c*), & après avoir taillé en pieces une armée de trente mille hommes, il alla assiéger Lin-tao-fu, ville qui appartenoit aux Kins; elle fut prise avec plusieurs autres, & le Khan, fier de tant de succès, alla passer les chaleurs de l'été sur la montagne de Lûpan (*d*), dans le Chen-si.

Regne de Jenghiz Khan.

Li-hyen, Roi de Hya, successeur de Li-te, se trouvant réduit à la derniere extrémité dans Ning-hya, se rendit à discrétion dans le mois de Juin, & se mit en chemin pour aller à Lûpan (*e*) s'humilier devant l'Empereur Mogol : mais il ne fut pas plus tôt sorti de la ville, qu'il fut massacré. La place fut mise au pillage, on égorgea presque tous les habitans, & les campagnes furent couvertes de corps morts. Ceux qui échapperent au glaive, se sauverent dans les montagnes, les bois & les cavernes (*f*).

Ruine de ce Royaume.

(*a*) Près de Qua-cheu & à son couchant; c'est le Sachion de Marc Polo, environ à cent vingt milles au nord-ouest de Khya-yu-quan, & à 40 degrés 20 minutes de latitude, & 20 degrés 40 minutes de longitude, ouest.

(*b*) Ville du Chen-si, à quatorze ou quinze lieues au nord-ouest de Lin-tao-fu.

(*c*) Nommée d'abord *Si-ning-wey*, à présent *Si-ning-cheu* ; c'est une ville du Chensi, près du Koko Nor, au midi de Kan-cheu.

(*d*) Lû-pan est à 35 degrés de latitude, & à 10 degrés 45 minutes de longitude, ouest de Peking.

(*e*) Une Histoire dit que le Khan étoit à Tsing-chu-i, qui est de la dépendance de Kong-chang-fu, quand Ning-hya fut prise.

(*f*) Gaubil, p. 49-51.

Regne de Jenghiz Khan.

Telle est la relation que l'Histoire de la Chine donne de la destruction du royaume de Hya, nommé *Tangut* par les Historiens Occidentaux, qui, faute de bons Mémoires, rapportent cette grande révolution avec des circonstances fort différentes, comme on le verra dans l'Histoire des Hya, à laquelle nous renvoyons le Lecteur. Mais ces Historiens rapportent quelques autres faits, qui doivent trouver place ici.

Les Turcs Jurjeh se soumettent.

Après la défaite de l'armée de Shidasku, Roi de Tangut, Jenghiz Khan marcha contre les Turcs de Jurjeh, qui avoient secouru Shidasku; mais comme ils se soumirent à payer un tribut annuel, à recevoir garnison dans leurs places, & à fournir des troupes au vainqueur, le Khan n'alla pas plus loin. Il reçut alors des lettres de Bagdad, qui marquoient la mort du Calife. Sur cette nouvelle, il ordonna qu'on fît encore des levées, & en attendant, il s'assura non seulement des pays qui dépendoient de Tangut, comme Ergimul, Sinqui, & Egrikaya, mais des pays voisins, & principalement de la ville de Sikion, éloignée de Peking de quatre-vingts journées. Il lui importoit fort d'avoir cette place, qui l'auroit pu inquiéter lorsqu'il seroit entré dans la Chine Méridionale.

Mort de Tushi.

Après ces heureux succès, il passa l'hiver dans les fertiles contrées de Tangut, changeant de temps en temps de camp, en tirant sur-tout vers les frontieres du Turkestan. Pendant que sa Cour étoit dans la joie, on reçut de Kipchak la nouvelle de la mort de Tushi ou Juji, son fils aîné. Cette perte le toucha si vivement, qu'il tomba insensiblement dans une mélancolie noire, qui lui inspira du dégoût pour tous les divertissemens. Il devint même si indifférent, qu'il parut peu sensible à la nouvelle d'une grande victoire remportée par ses Lieutenans sur Jalalo'ddin. Ce Sultan n'eut pas plus tôt appris que l'Empereur s'étoit éloigné de Perse, qu'il revint des Indes dans le Makran avec quelques troupes. De là, il alla à Shiraz, & ensuite à Ispahan, où ses amis l'introduisirent secrétement, & où il grossit sa petite armée. Il se rendit ensuite à Bagdad, où n'ayant pas été bien reçu, il battit les troupes que le Calife envoya contre lui. Il reprit Tauris, & puis marcha contre les Géorgiens avec trente mille hommes. A son retour de l'Azerbejan, il s'avança contre les Mongols, qui, ayant passé l'Amu au commencement de l'année 623 de l'Hégire, 1226 de J. C.; marchoient à lui avec des forces supérieures. Les deux armées en étant venues aux mains, Jalalo'ddin fut défait; & c'est cette victoire dont Jenghiz Khan reçut la nouvelle.

Regne de Jenghiz Khan.

Les Mongols se rendirent maîtres de Tauris, après la défaite du Sultan, qui rallia ses troupes, harcela ses ennemis, & eut quelque avantage. Il mit ensuite le siége devant Akhlat, ville au nord du lac de Van, dont elle est proche, & qu'on apppelle aussi *Eklat* & *Kalat* : c'étoit la capitale de l'Arménie. Ce fut là que le Calife de Bagdad lui envoya un Ambassadeur avec des présens. De là il passa en Anatolie, pour obliger les Turcs Seljucides, qui y régnoient, de lui rendre les respects qu'on avoit rendus au Sultan son pere ; mais il fut battu par Alao'ddin Kaykobad, Sultan d'Iconie, & par d'autres Souverains du

De Jalalo'ddin.

Regne de Jenghiz Khan.

pays, qui s'étoient ligués ensemble. Ils ne le poursuivirent pas, parce qu'ils vouloient qu'il servît de jouet aux Mongols, & ils eurent lieu d'être contens. Les Mongols le surprirent, & pillerent entiérement son camp. Après cette disgrace, il s'enfuit à Mahan sur les confins de l'Azerbejan, où il demeura tout un hiver sans qu'on le reconnût. Ayant été découvert, il se retira dans le Kurdistan, où il fut tué, quatre ans après la mort de Jenghiz Khan, par un Curde, dans la maison d'un de ses amis, où il s'étoit refugié.

Et de Sidaskû.

Dès qu'on fut au printemps de l'année 1226, & que les troupes de l'Empereur furent arrivées au rendez-vous qu'il avoit marqué, pour entrer dans le Manji ou la Chine Méridionale, il arriva un Officier de Sidaskû, que ce Prince envoyoit au Khan, pour lui dire que s'il vouloit oublier le passé, il viendroit en personne le trouver. Sidaskû fit cette démarche, dans la crainte où il étoit que les Mongols n'attaquassent son fort d'Arbaka, où il s'étoit retiré après sa défaite. Son envoyé fut bien reçu à la Cour de Jenghiz Khan, qui, dans l'audience qu'il lui donna, lui dit : » Vous pouvez assurer votre » Maître que je ne veux plus me souvenir de » ce qui s'est passé entre lui & moi, & que je » lui accorde ma protection (*a*) «.

Cependant le dernier ordre qu'il donna avant sa mort, fut de faire mourir Sidaskû, dès qu'il

---

(*b*) Abu'lghazi Khan dit que le Khan reçut l'Envoyé avec beaucoup de civilités, & le congédia avec toutes sortes de bonnes paroles, mais sans vouloir s'engager à rien de positif pour son Maître.

LIVRE IV CHAPITRE VI. 143

seroit arrivé au camp : il y arriva huit jours après, & on exécuta les ordres de l'Empereur, en le faisant mourir, lui, ses enfans, & les Seigneurs qui l'accompagnoient (*a*). Revenons aux Historiens Chinois.

Regne de Jenghiz Khan.

Jenghiz Khan ayant détruit le royaume de Hya, qui avoit duré deux cents ans sous ses Souverains particuliers, vouloit aussi achever la conquête de l'Empire des Kins ; mais il tomba malade sur la montagne de Lû-pan, au commencement du mois de Juillet 1227 ; & sentant que sa fin approchoit, il fit appeler, le 18 d'Août (*b*), ses Généraux, & déclara Toley, son quatrieme fils, Régent du royaume, jusqu'à l'arrivée de son frere Octaï, qu'il nomma son successeur & son héritier. Ensuite il leur recommanda l'union, & leur dit sur la guerre des Kins, que comme l'élite de leurs troupes gardoient le Tong-quan, & qu'ils étoient maîtres des montagnes qui sont au sud, il seroit difficile de les attaquer & de les vaincre sans le secours des Song ou Chinois ; & comme ceux-ci étoient ennemis mortels des Kins, il conseilla à ses Officiers de leur demander passage sur leurs terres, pour attaquer les autres ; il ajouta qu'en entrant par Tang & par Teng (*c*), ils devoient aller tout droit attaquer

Maladie du Khan & sa mort.

(*a*) De la Croix, p. 481-485, 489.

(*b*) Une Histoire le fait mourir sept jours plus tard dans un lieu nommé *Sali-chuen*. Le mot Chinois *Chuen* fait voir que Sali étoit un endroit où il y avoit beaucoup de fontaines, de lacs & de ruisseaux.

(*c*) Tang-cheu & Teng-hyen sont des villes du Honan, dépendantes de Nang-yang-fu, & qui confinent à la pro-

Regne de Jenghiz Khan.

Ta-lyang-fu (a), parce que les King seroient obligés de rappeler leurs troupes du Tong-quan, & que comme elles seroient fatiguées d'une longue marche, ils pourroient les attaquer avec avantage. Il mourut âgé de soixante-six ans (b), après un regne de vingt-deux. Toley le fit enterrer dans la caverne de Ky-en (c), sur une montagne au nord du grand Kobi ou Désert de sable, en Tartarie (d).

Les Historiens de l'occident de l'Asie rapportent sa mort & sa sépulture différemment. Suivant eux, les Médecins attribuerent son mal au mauvais air du pays marécageux, où il avoit demeuré trop long-temps, & au chagrin que lui avoit causé la mort de son fils Tushi.

Ses dernieres paroles.

Comme la maladie l'avoit surpris auprès d'une forêt, sur la route de la Chine, les troupes eurent ordre d'y camper. Jenghiz Khan, jugeant

---

vince de Hu-quang : c'étoit par cette frontiere & par celle de Chen-si qu'il leur conseilloit d'entrer dans le Honan. Gaubil.

(a) A présent Kay-fong-fu, capitale du Honan.

(b) Tous les Historiens Chinois s'accordent sur l'âge & sur la durée du regne de Jenghiz Khan. Abu'lghazi Khan lui donne soixante-cinq ans de vie, & vingt-cinq de regne en qualité de Khan. De la Croix est d'accord avec lui sur le temps qu'il a régné ; mais il le fait vivre soixante-treize ans.

(c) L'Histoire Chinoise des Mongols dit que ce lieu fut la sépulture ordinaire des successeurs de Jenghiz Khan ; plusieurs Seigneurs de la famille de ce Conquérant ont dit à Peking qu'il est enterré sur la montagne de Han, qui est à quarante-sept degrés cinquante minutes de latitude, & à neuf degrés trois minutes de longitude, ouest de Peking.

(d) Gaubil, p. 51-54.

par les douleurs qu'il sentoit, que sa vie étoit en danger, malgré tous les soins de ses Médecins & de ses Astrologues, résolut de disposer de ses Etats, & de nommer un successeur. Il ordonna qu'on fît venir ses fils & leurs enfans avec les autres Princes du sang. Quand ils furent tous assemblés, il se leva sur son séant, & prenant cet air de majesté, qui avoit toujours inspiré tant de crainte & de respect, il leur dit qu'il sentoit qu'il approchoit de sa fin : » Je » vous laisse, ajouta-t-il, le plus puissant Empire » du Monde ; si vous voulez le conserver, soyez » toujours unis. Si la discorde se glisse parmi » vous, soyez persuadez que vous vous perdrez » tous «. Il demanda ensuite à ceux qui l'écoutoient, s'ils n'étoient pas d'avis qu'il fît choix d'un Prince capable de gouverner après lui tant d'Etats ? Alors ses fils & ses petits-fils se mirent à genoux, & dirent : » Vous êtes notre pere & » notre Empereur, & nous sommes vos esclaves. C'est à nous à baisser la tête lorsque vous » nous honorez de vos ordres, & à les exécuter «.

Regne de Jenghiz Khan.

Les Princes s'étant relevés, il nomma le Prince Octaï pour son successeur, & le déclara Khan des Khans, par la qualité de *Khaan* qu'il lui donna, & que ses successeurs ont conservée (*a*). Ils fléchirent le genou une seconde fois, & s'écrierent : » Ce » qu'ordonne le Grand Jenghiz Khan est juste, » nous lui obéirons tous : & s'il lui plaisoit de

Il nomme Octaï son successeur.

(*a*) Quelques Historiens disent qu'on ne changea rien au titre de *Khan*, & cela se peut bien ; car Gaubil assure que *Kohan* ou *Kahan* est le terme Mongol qui répond à celui de *Han* ou *Khan*. Voy. Souciet. Observ. Mathém. &c. p. 188.

Regne de Jenghiz Khan.

» nous commander de baiser la verge même dont
» nous aurions mérité d'être châtiés, nous le
» ferions sans difficulté «. L'Empereur donna
à Jagataï le Mawara'lnahr ou Grande-Bukharie,
& plusieurs autres pays, dont il voulut qu'on
dressât un acte particulier par écrit, pour prévenir les dissentions qui pourroient naître entre
ce Prince & ses autres héritiers. Ces pays prirent
dès ce temps-là le nom d'*Ulûs Chagatay*, c'est-
à-dire *le pays de Jagataï*. Il chargea aussi Karashar Nevian d'accompagner ce Prince dans ses
nouveaux Etats, & de poursuivre Jalalo'ddin,
s'il osoit y mettre le pied. Le dernier ordre qu'il
donna regardoit Shidaskû (*a*).

Ses funérailles.

Il ne fut pas difficile de cacher la mort de
Jenghiz Khan ; c'est la coutume chez les Mongols, quand quelque Grand est malade, de mettre sur sa maison un signal, pour avertir qu'on
ne le visite pas ; & on pose des sentinelles bien
loin au delà de leur demeure, pour empêcher
qui que ce soit d'en approcher, s'il n'est appelé (*b*). Après qu'on eut fait mourir Shidaskû,
on déclara la mort de Jenghiz Khan ; elle plongea
toute la Cour dans la plus grande affliction (*c*).

―――――――――――――――――――――

(*a*) De la Croix, p. 486-489.
(*b*) Abu'lghazi Khan dit que les fils de Jenghiz Khan,
conformément à ses ordres, tinrent sa mort cachée ; &
qu'ayant assemblé une grande armée, ils allerent assiéger
la ville de Tangut : elle tomba entre leurs mains, après
une résistance fort opiniâtre, & ils firent mourir Shidaskû
avec nombre de ses soldats, & emmenerent le reste en esclavage.
(*c*) Ses fils le pleurerent pendant trois mois, selon Abu'lghazi Khan : & De la Croix dit que la nouvelle de sa mort

On porta son corps, avec la derniere magnificence, au lieu que ce Prince avoit choisi pour sa sépulture. Ce fut sous un arbre d'une beauté singuliere, où, revenant de la chasse quelques jours avant sa maladie, il s'étoit agréablement reposé. Dans la suite, on éleva dans cet endroit un superbe tombeau; & les peuples qui vinrent le visiter, planterent d'autres arbres autour de celui qui le couvroit, avec tant d'ordre & tant d'art, qu'ils rendirent ce monument superbe & remarquable (*a*). Les Historiens ne disent point qu'on ait ôté la vie à personne en portant le corps de Jenghiz Khan en terre, & cette coutume barbare n'étoit fondée sur aucune Loi. Il est certain toutefois qu'on a exercé cette cruauté aux funérailles des Empereurs qui lui ont succédé. Les cavaliers qui accompagnoient la pompe funebre, faisoient mourir ceux qu'ils rencontroient sur leur passage, persuadés qu'ils étoient prédestinés à mourir à cette heure-là (*b*). Ils égorgeoient même les plus beaux chevaux.

Regne de Jenghiz Khan.

Jenghiz Khan avoit toutes les vertus nécessaires dans les grands Conquérans, un génie propre à former de belles entreprises, & une prudence

Son caractere & son génie.

---

s'étant répandue par tout l'Empire, la Cour fut remplie de Khans & de Grands Seigneurs tributaires ou alliés, qui vinrent en personne consoler les Princes affligés, & que cette affluence de Souverains dura au moins six mois.

(*a*) Suivant Abu'lghazi Khan, cet endroit fut nommé *Burkhan Kaldin*; & il ajoute que tous les Princes de la postérité de Jenghiz Khan qui sont venus à mourir dans ces provinces y ont été enterrés.

(*b*) C'étoit plutôt un prétexte, car il ne paroît point que les Mongols crussent à la prédestination.

K ij

Regne de Jenghiz Khan.

consommée pour les conduire, une éloquence naturelle pour persuader, une patience à l'épreuve de toutes les fatigues & de tous les obstacles, une tempérance admirable, un grand sens, une pénétration vive qui lui faisoit prendre sur le champ presque toujours le meilleur parti; mais il faut avouer, dit notre Auteur, qu'il étoit sanguinaire, & qu'il traitoit ses ennemis avec trop de rigueur (a). Le grand génie de ce Prince éclate sur-tout dans la discipline qu'il avoit établie parmi ses troupes, & dont nous avons déjà rendu compte. Quand il s'agissoit d'entrer en campagne, chacun de ses sujets savoit combien il devoit fournir à l'équipage de l'armée: il punissoit aussi rigoureusement le vin & le crime, qu'il récompensoit généreusement la vertu & les belles actions. Il ne se contentoit pas de choisir des hommes robustes pour la guerre, il falloit aussi qu'il leur remarquât du génie, & il choisissoit ses Officiers parmi les plus braves d'entre eux. Il destinoit ordinairement les meilleurs piétons d'entre les captifs à la garde des chevaux, & les plus grossiers à celle des brebis. Tant de bons réglemens lui donnerent beaucoup de facilité pour soumettre les pays & les royaumes voisins, où les affaires n'étoient pas si bien réglées. Il étoit aussi dans la coutume d'assembler une fois par an tous ses Officiers, tant Civils que Militaires, & d'examiner s'ils avoient la capacité requise pour se bien acquitter de leurs emplois, ne manquant jamais de donner de grandes louanges à ceux qui avoient le mieux rempli les devoirs de leurs charges (b).

(a) Dela Croix, p. 493, 494.
(b) Abu'lghazi Khan, p. 348-350.

Livre IV. Chapitre VI.

Quant à la Religion, Jenghiz Khan étoit Déiste, comme on l'a déjà remarqué. Lorsqu'il entra pour la premiere fois dans la Chine, il donna ordre d'empêcher les Bonzes de se mêler en aucune façon de ce qui concernoit l'armée ou la Cour; il avoit une grande envie de les détruire, dit l'Histoire Chinoise de ce Prince : on ne sauroit dire exactement en quoi consistoit sa Religion (*a*).

Regne de Jenghiz Khan. Sa Religion.

Jenghiz Khan eut beaucoup de femmes (*b*), & parmi celles-ci il y en avoit un grand nombre qui avoient le titre d'*Impératrices*. Toutes ces femmes étoient distinguées par les palais qu'elles occupoient : ces palais nommés *Ordû* ou *Ortû*, étoient au nombre de quatre. La premiere & la plus considérable de ces Impératrices étoit Hyu-chen, fille de Te-in Seigneur des Hongkilats ou Kongorats, dont Octaï & Toley étoient fils, & qui, par cette raison, passoient avant les autres. Le Khan exclut de la couronne les Princes de sa famille, dont la mere seroit de race Chinoise (*c*).

Ses femmes.

Voilà tout ce que l'Histoire de la Chine nous apprend des femmes de Jenghiz Khan. Les Historiens Occidentaux parlent de cinq qu'il estimoit plus que les autres; Guzi Suren (*d*),

---

(*a*) Cela semble indiquer que l'Auteur de cette Histoire étoit de la Secte de Fo, car la Religion de Jenghiz Khan paroît n'avoir pas différé de celle des Confucius en ce qui regarde la Divinité.

(*b*) Fadlallah dit qu'il en avoit près de cinq cents, sans parler des concubines. De la Croix.

(*c*) Gaubil, p. 52.

(*d*) Abu'lghazi Khan l'appelle *Karizu* ou *Kariju*, & la

K iij

Regne de Jenghiz Khan.

fille du Khan des Naymans, qui fut sa premiere femme; Purta Kujin, fille du Khan de Kongorat, la même que Hyu-chen, qu'Abu'lghazi Khan appelle *Borta Kujin*, & qu'il en fait la cinquieme; Obuljine ou Ovisulujine, fille de Vang Khan, Roi des Kéraïtes; Kubku Khatûn, fille de l'Empereur de Kitay, qu'Abu'lghazi Khan nomme *Kizu* ou *Kijû*, lui donnant la seconde place; Kulan Khatûn (*a*), fille de Darason, Khan Mogol de la Tribu des Merkites: cette derniere étoit d'une grande beauté (*b*).

Ses enfans.

Jenghiz Khan eut un grand nombre d'enfans; mais l'Histoire Chinoise ne parle que de six Princes & de trois Princesses; Chuchi, Juji ou Tushi, l'aîné, étoit grand Capitaine, actif, violent, & aimoit la guerre; Chagutay ou Jagatay & Zagatay, généralement aimé pour sa sagesse & son affabilité; Ogotay, Ugoday ou Octaï, distingué par sa prudence & par sa grandeur d'ame; Toley ou Tuli, chéri de son pere, & généralement estimé des Mongols. On ne trouve rien de remarquable sur les deux autres Princes (*c*), Uluche & Kolye-kyen. Les trois Princesses fu-

met la troisieme en rang: il dit aussi qu'elle étoit veuve de Tayyan, Khan des Naymans.

(*a*) Outre les trois nommées par Abu'lghazi Khan: il ajoute que Milu & Singan font la quatrieme & la cinquieme. Ces deux dernieres, dit-il, étoient issues d'une famille Tartare, & sœurs, dont il épousa la derniere après la mort de la premiere.

(*b*) Mirkhond, Marakeshy, ap. De la Croix, p. 173, 174.

(*c*) Suivant Abu'lghazi Khan, outre les quatre fils nés de Purta Kujin, l'Empereur Mogol en avoit encore cinq de ses autres femmes; mais il ne les nomme point.

rent mariées à Idikût Khan des Igûrs, à Poyaho & Po-tû, comme on l'a dit ailleurs; & les Princes issus de ces trois gendres du Grand Khan épouserent ordinairement les filles des Empereurs Mongols (*a*).

Les Historiens de l'occident de l'Asie disent que les quatre premiers fils de Jenghiz Khan étoient nés de Purta Kujin ou Hyu-chen, au lieu que l'Histoire Chinoise ne la fait mere que de deux. Il n'y eut que ces quatre qui commanderent souverainement dans ses guerres & dans ses Etats. Les autres, dont il est à peine fait mention, quoique Princes du sang comme leurs freres, n'eurent que quelques petites Souverainetés. Tushi ou Jugi Khan fut Grand-Veneur de l'Empire (*b*); c'étoit la charge la plus considérable, à cause de la chasse, à laquelle les Mongols étoient indispensablement obligés. Il choisit Jagatay ou Zagatay pour être Chef de la Justice, & lui donna le titre de *Directeur des Loix*, qu'il fit rédiger par écrit. Octaï fut jugé digne, par sa prudence & sa sagesse, de la charge de Chef des Conseils (*c*), & son pere ne forma presque plus d'entreprise sans le consulter. Les affaires de la guerre furent confiées à Tuli ou Taulaï; les Généraux dépendoient de lui, & recevoient par sa bouche les ordres du Grand Khan (*d*).

(*a*) Gaubil, p. 52, 53.
(*b*) Abu'lghazi Khan dit qu'il gouvernoit l'économie de la Cour de son pere.
(*c*) Suivant le même Historien, Octaï avoit le maniement des finances, & recevoit les comptes des Intendans des Provinces.
(*d*) Mirkhond, ap. De la Croix, p. 174-176. Abu'lghazi Khan, p. 236.

Regne de Jenghiz Khan.

Loix de Jenghiz Khan.

Avant que de finir l'Histoire du regne de ce Conquérant, nous devons acquitter la promesse que nous avons faite de rapporter les Yassa ou les Loix qu'il fit & publia dans une Diete tenue à Karakorom en 1205. Les voici en substance.

» 1. Il fut ordonné de croire qu'il n'y a qu'un
» Dieu, Créateur du Ciel & de la Terre, qui
» seul donne la vie & la mort, les biens & la
» pauvreté, qui accorde & refuse tout ce qui lui
» plaît, & qui a sur toutes choses un pouvoir
» absolu «.

Il semble que Temujin ou Jenghiz Khan n'ait publié cette Loi (*a*) que pour montrer de quelle Religion il étoit; car, loin d'ordonner quelque punition contre ceux qui n'étoient pas de sa Secte, il défendit d'inquiéter personne pour la Religion; il voulut que chacun eût la liberté de professer celle qui lui plairoit davantage, pourvu qu'on crût qu'il n'y avoit qu'un seul Dieu : quelques-uns de ses enfans & des Princes de son sang étoient Chrétiens, Juifs ou Mahométans.

» 2. Que les Chefs des Sectes, les Religieux,
» les Dévots, les Crieurs de mosquées, & ceux
» qui lavoient les morts, seroient exempts des
» charges publiques, aussi bien que les Médecins «.

(*a*) Quoique cette Loi ait été long-temps observée dans sa pureté par les Tartares, & qu'elle le soit encore par beaucoup d'entre eux, néanmoins la superstition a peu à peu introduit l'Idolâtrie, en distinguant un Dieu céleste d'un Dieu terrestre : ce qui n'étoit pas, selon eux, contraire à l'intention du Législateur. Le Dieu terrestre trouve sa place dans leurs maisons sous la forme d'une statue couverte de feutre, & sous le nom de *Nerigay*, accompagnée d'autres statues, qu'ils disent être celles de sa femme & de ses enfans. De la Croix.

« 3. Il défendit, sous peine de la vie, que per-
» sonne, quel qu'il fût, entreprît de se faire
» proclamer Grand Khan, sans avoir été au-
» paravant élu par les Khans, les Emirs & autres
» Seigneurs Mongols assemblés légitimement
» dans une Diete générale.

« 4. Que les Chefs des Tribus ne prendroient
» point les titres d'honneur, qu'ils affectoient
» d'avoir à l'imitation des Mahométans; qu'on
» n'en donneroit point d'autre à son successeur
» que celui de Khaan avec deux *a*. Il pria
» même qu'à l'avenir on le traitât simplement
» de Khan «.

Ce qui se pratiqua depuis quand on lui parloit;
mais quand on lui écrivoit, on ajoutoit toujours
quelque épithete à sa qualité de Khan.

« 5. Il ordonna qu'on ne feroit jamais de paix
» avec aucun Roi, Prince ou Peuple, qu'ils ne
» fussent entiérement soumis.

« 6. La distribution des troupes par dixaines,
» par centaines, par mille & par dix mille fut
» aussi réglée, comme très-commode pour lever
» promptement une armée, & pour en faire des
» détachemens.

« 7. Que lorsqu'il faudroit se mettre en campa-
» gne, les soldats viendroient prendre leurs
» armes des mains de l'Officier qui en seroit le
» gardien, qu'ils les tiendroient en état, & les
» feroient voir à leurs Chefs lorsqu'ils seroient
» prêts à donner bataille.

« 8. Il fut défendu, sous peine de la vie, de piller
» l'ennemi avant que le Général en accordât la
» permission; mais on ordonna qu'alors le
» moindre soldat jouiroit du même avantage que

« l'Officier, & demeureroit maître du butin
« dont il se trouveroit saisi, pourvu qu'il payât
« au Receveur du Khan les droits portés par le
« Réglement.

« 9. Que depuis le mois qui répondoit à Mars,
« jusqu'à celui qui répondoit à Octobre, per-
« sonne ne prendroit les cerfs, les daims, les
« chevreuils, les lievres, les ânes sauvages, non
« plus que certains oiseaux, afin que la Cour &
« les soldats pussent trouver suffisamment de
« gibier durant l'hiver dans les chasses qu'on fe-
« roit obligé de faire ». Comme Temujin savoit
qu'un exercice continuel est nécessaire aux gens
de guerre pour les tenir en haleine, il ordonna
que tous les hivers on feroit la chasse, qui lui
parut propre à exercer les troupes.

« 10. On défendit d'égorger les animaux qu'on
« voudroit tuer. Il falloit leur lier les jambes,
« leur fendre le ventre, & leur arracher le
« cœur.

« 11. On ordonna qu'on mangeroit le sang
« & les entrailles des animaux ». Il étoit auparavant défendu aux Mongols d'en manger ;
mais revenant un jour d'une expédition, les soldats, qui manquoient de vivres, rencontrerent
une grande quantité d'entrailles de bêtes d'une
chasse générale que d'autres peuples avoient faite.
La faim les contraignit d'en manger, & le Khan
même en mangea. Depuis ce temps-là, ayant
consideré que ces alimens pourroient encore de-
venir utiles à ses troupes en d'autres occasions,
il en autorisa l'usage par une Loi.

« 12. Les immunités & les priviléges des
« Tarkans furent réglés, comme on l'a dit
« ailleurs.

Livre IV. Chapitre VI.

Regne de Jenghiz Khan.

» 13. Pour bannir l'oisiveté de ses Etats, il
» imposa à tous ses Sujets la nécessité de servir
» le Public dans un genre quelconque. Ceux qui
» n'alloient point à la guerre, étoient obligés, en
» certains temps, de travailler à des ouvrages
» publics, & ils employoient un jour de la se-
» maine au service particulier du Prince.

» 14. La Loi contre les vols portoit que ceux
» qui déroberoient un bœuf, ou quelque objet
» de pareille valeur, seroient punis de mort, &
» qu'avec un coutelas on couperoit leurs corps
» par le milieu; que ceux qui commettroient
» des vols moins considérables, recevroient sept,
» dix-sept, vingt-sept, trente-sept, & ainsi de
» suite jusqu'à sept cents coups de bâton, suivant
» la valeur de ce qu'ils auroient dérobé «. Mais
on pourroit éviter cette punition en payant neuf
fois la valeur du vol. L'exactitude avec laquelle
on observoit cette Loi, mettoit tous les Sujets du
Grand Khan en sûreté contre les voleurs (*a*).

» 15. Il fut défendu aux Mongols de prendre
» pour domestiques aucune personne de leur na-
» tion, afin qu'ils pussent tous s'adonner à la guerre,
» & pour les obliger à conserver avec soin les
» esclaves étrangers qu'ils auroient pour leur
» service.

» 16. Il étoit défendu, sous peine de mort,
» à tout Mogol & Tartare de donner à boire ou
» à manger à un esclave qui ne lui appartien-
» droit point, non plus que de le loger ou
» de le revêtir sans la permission de son maître.

(*a*) De la Croix, p. 92-105.

» On obligeoit, sous la même peine, tous ceux qui
» rencontreroient des fugitifs, de les ramener
» à leurs Patrons.

» 17. Par la Loi qui concernoit les mariages,
» il fut ordonné que l'homme acheteroit sa
» femme, & qu'il ne se marieroit avec aucune
» fille dont il seroit parent au premier ou au
» second degré; on ne défendoit pas les autres
» affinités, de sorte qu'un homme pouvoit
» épouser les deux sœurs. On permit la poly-
» gamie & l'usage des filles esclaves «. Cela fut
cause que dans la suite chacun prit autant de
femmes & d'esclaves qu'il en pouvoit nourrir.

» 18. Une autre Loi condamnoit les adulteres
» à la mort, & il étoit permis de les tuer quand
» on les surprenoit «. Marc Polo rapporte que
les habitans de la province de Kaindu murmu-
rerent contre cette ordonnance, parce qu'ils
avoient coutume, pour bien faire les honneurs
chez eux & pour mieux recevoir leurs amis, de
leur offrir leurs femmes & leurs filles. Ils présenterent plusieurs requêtes au Khan, pour n'être
point privés de ce privilege. Ce Prince, cédant
à leur importunité, les abandonna à leur honte,
& leur accorda ce qu'ils demandoient; mais il
déclara en même temps qu'il tenoit ces peuples
pour infames.

» 19. Pour entretenir l'amitié entre ses sujets,
» il régla les alliances, & les étendit fort loin;
» il permit à deux familles de s'allier quoiqu'elles
» n'eussent point d'enfans vivans. Il suffisoit que
» l'une eût eu un fils & l'autre une fille, quoi-
» que tous deux morts; il ne falloit qu'écrire un

» contrat de mariage, & faire les cérémonies
» ordinaires; les morts étoient réputés mariés,
» & les familles véritablement alliées «. Cet
usage dure encore aujourd'hui chez les Tartares;
mais la superstition y a fait ces additions: ils jettent
au feu le contrat de mariage, après y avoir fait
quelques figures qui représentent les prétendus
mariés, & quelques figures de bêtes. Ils sont
persuadés que tout cela est porté par la fumée à
leurs enfans, qui se marient dans l'autre monde (a).

» 20. Il fut défendu, sous de séveres peines,
» de se baigner & de faire aucune sorte d'a-
» blution, & même de laver ses habits dans les
» eaux courantes, pendant qu'il feroit du ton-
» nerre «. Les peuples de l'ancien Mogolistan &
des autres pays voisins redoutoient si fort le tonnerre, parce qu'il faisoit de grands ravages,
qu'aussi-tôt qu'ils l'entendoient gronder, ils se
jetoient tout éperdus dans les lacs & les rivieres,
où ils se noyoient. Temujin, voyant que cette
terreur extraordinaire lui faisoit perdre les meilleurs soldats, fit cette Loi, par laquelle il leur fit
accroire que les exhalaisons qu'ils excitoient en re-
muant l'eau, formoient principalement le tonnerre,
& qu'il causeroit moins de dommage s'ils s'éloi-
gnoient de l'eau. Les Tartares observent encore
cette Loi, à l'exception de ceux qui sont Mahométans, qui la regardent comme une superstition
qui fait violence à un des points capitaux de la
Religion Musulmane; celle-ci ordonne de se
laver par-tout où l'on trouve de l'eau; ils sont

(a) De la Croix, p. 108.

même persuadés que sans ces ablutions il n'y a point de salut à espérer pour eux.

» 21. Les espions, les faux témoins, les so-
» domites & les sorciers (a) furent condamnés
» à la mort.

» 22. Il publia des Ordonnances très-rigou-
» reuses contre les Gouverneurs qui manque-
» roient à leur devoir, principalement dans les
» pays éloignés. En quelque lieu qu'ils fussent,
» on devoit les faire mourir, si leur conduite étoit
» blâmable. Si leur faute étoit légere, il falloit
» qu'ils vinssent en personne se présenter devant
» le Grand Khan & se justifier «. Ce Prince étoit sur cet article un Juge très-sévere.

On publia plusieurs autres Loix, qui ne sont pas spécifiées dans les Auteurs que nous avons sous les yeux (b); mais celles qu'on vient de rapporter, & qui sont sans doute les principales, demeurerent en vigueur pendant le regne de Jenghiz Khan & celui de ses successeurs.

Timur Bek ou Tamerlan lui-même, qui naquit cent onze ans après ce Prince, les fit obser-

---

(a) Cependant, si nous en croyons les Missionnaires & d'autres Auteurs, il y avoit, du temps de Jenghiz Khan & de ses successeurs immédiats, des sorciers, comme il y en a encore aujourd'hui.

(b) De la Croix dit, *dans les Auteurs que j'ai traduits* ; mais il ne peut guere entendre par-là que les Auteurs Orientaux, puisque dans l'exposé qu'il a donné des Yassa, il a fait usage aussi des Ecrivains de l'Europe, sans bien distinguer ce qui est tiré des uns & des autres. Il se trouve dans le Levant un Recueil intitulé *Yassa Jenghiz Khani* ; mais De la Croix ne l'avoit point vu.

Regne de Jenghiz Khan.

ver dans tout son Empire, & les Tartares de la Crimée, aussi bien que d'autres, les suivent encore très-religieusement. Marakeshy assure que le Grand Khan les inventa lui-même, & les trouva dans son bon sens & son esprit ; d'autres prétendent qu'elles ne sont qu'une copie de celles que les Orientaux attribuoient autrefois à Turk, fils de Japhet fils de Noé (a).

(a) De la Croix, p. 109, 110.

LIVRE V.

Histoire des successeurs de Jenghiz Khan, dans le Mogolistan ou pays des Mogols.

CHAPITRE I.

Le Regne d'Octay Khan, second Empereur des Mogols.

Regne d'Octay Khan II.
Octay est reconnu.

Après la mort de Jenghiz Khan, Toley ou Tuli, qui étoit Régent en l'absence d'Octay, envoya des Officiers aux Princes de sa Maison & aux Généraux de l'armée, pour leur annoncer ce grand événement. Cependant la guerre contre les Kins continua avec plus de chaleur que jamais. Ho-cheu (*a*), dans le Chensi, se défendoit depuis long-temps par la bravoure du Gouverneur Chin-in ; mais se voyant sur le point d'être forcé, il avertit sa femme de pourvoir à sa sûreté. Cette Dame répondit avec fermeté, que puisqu'elle avoit partagé avec lui les honneurs & les biens de la vie, elle vouloit aussi partager

---

(*a*) Cette ville se nommoit *Si-Hocheu* ou *Hocheu* l'occidentale, pour la distinguer d'autres villes de ce nom. Elle s'appelle à présent *Min-cheu* ; c'est une forteresse considérable à vingt lieues au sud de Lin-tao-fu. Gaubil.

LIVRE V. CHAPITRE I.

le tombeau, & sur le champ elle prit du poison. Ses deux fils & ses deux belles-filles imiterent son exemple, & Chin-in, après les avoir fait enterrer, se tua lui-même, & la ville fut prise. Les Kins, commandés par un Prince du Sang, battirent les Mongols au commencement de l'année 1228, & leur tuerent huit mille hommes.

Regne d'Oc-tay Khan II.

Le Régent, après avoir fait enterrer l'Empereur son pere, alla au devant de son frere Octay. Les Grands & les Généraux, ne sachant pas si Toley vouloit se faire Empereur, n'osoient pas donner ce titre à Octay. On vouloit encore attendre l'arrivée de Jagatay (*a*). Quand il fut venu, il n'y eut aucune difficulté, & auprès de la riviere de Kerlon, les Princes de la Maison Impériale convinrent unanimement de s'en tenir à la volonté de Jenghiz Khan; & par l'avis d'Yelu-chu-tsay, on indiqua pour le 22 d'Août 1229 une assemblée générale des Princes & des Grands à Karakorom (*b*). Au jour marqué, Jagatay & Toley, suivis des Princes de leurs Maisons, des Chefs des Tribus, des Généraux d'armée, se rendirent devant la tente d'Octay, se prosternerent & souhaiterent à haute voix un long & heureux regne au Prince Octay : cérémonie que les Mongols n'avoient encore jamais pratiquée en pareille occasion. Le nouvel Empereur déclara Yelu-chiu-

---

(*a*) Il y a une Histoire qui dit qu'Octay voulut céder l'Empire à Jagatay, mais que celui-ci le refusa. Gaubil.

(*b*) Les Chinois l'appellent *Ho-lin.* Gaubil dit ici qu'on trouvera à la fin de son Histoire une Dissertation sur la situation de Ho-lin, & qui montrera que c'est la même ville que Karakorom, capitale de l'Empire de Jenghiz Khan : mais cette piece n'a point paru.

Tome VII.   L

Regne d'Oc-tay Khan II.

Il accepte l'Empire avec répugnance.

tſay ſon premier Miniſtre, & donna toute ſa confiance à Toley ſon frere. Ces deux Princes s'aimoient tendrement (*a*).

Les Hiſtoriens de l'Occident d'Aſie rapportent qu'en l'année de l'Hégire 627, deux ans après la mort de Jenghiz Khan, ſes fils Jagatay Khan & Taulay Khan, de même que les enfans de Juji ſon fils aîné, s'étant aſſemblés en préſence de tous les grands Officiers de l'Empire des Mogols, Belgatay Noyan & Iljiktey Noyan, deux des premiers Seigneurs de la Cour, firent publiquement la lecture des dernieres diſpoſitions de l'Empereur défunt, & ſuivant la teneur du teſtament, ils requirent Ugaday ou Octay Khan d'accepter l'Empire ; il s'en excuſa ſur ce qu'ayant encore un oncle paternel & deux freres en vie, il ſouhaitoit de tout ſon cœur que quelqu'un d'eux s'en voulût charger (*b*). Après que cette aſſemblée eut duré quarante jours ſans qu'on pût venir à bout de la fermeté d'Ugaday Khan, ſes freres, qui vouloient ſatisfaire aux diſpoſitions de leur pere à quelque prix que ce fût, le prirent par les bras & le placerent, en quelque façon malgré lui, ſur le trône de l'Empire. Le nouveau Khan, obligé de ſe rendre aux empreſſemens de ſes freres & de tous les Grands de l'Etat, donna un grand feſtin à toute l'aſſemblée, & diſtribua, dans cette occaſion, de magnifiques préſens. Enſuite de

---

(*a*) Gaubil. Hiſt. de Gentchiſc. p. 54, 55.

(*b*) Suivant De la Croix, p. 493, Octay proteſta qu'il n'agiroit point en Souverain que la Diete ordonnée par les Loix n'eût été tenue, & qu'on n'y eût examiné s'il étoit capable de régner.

quoi il s'appliqua à réparer les désordres qui s'étoient introduits pendant les deux années de l'interregne (*a*).

Regne d'Octay Khan II.

Quand Sheu-fu, Empereur des Kins qui régnoit dans le Kitay, apprit qu'Octay étoit monté sur le trône des Mongols, il envoya en Tartarie des Ambassadeurs, qui, sous prétexte de lui faire des complimens sur son avénement à la couronne, lui proposerent des conditions de paix; mais Octay, résolu de continuer la guerre, n'y voulut pas entendre, & ordonna au Grand-Général Chela-when (*b*) d'aller investir King-yan-fu, dans la province de Chen-si. Comme cette place étoit bien fortifiée & pourvue de munitions, que d'ailleurs on étoit au cœur de l'hiver, ce Général ne jugea pas à propos d'y perdre son temps.

Continuation de la guerre.

L'Histoire Chinoise assure que lorsqu'Octay monta sur le trône, les Mongols n'avoient ni loix ni coutumes fixes (*c*); les Officiers nommés pour gouverner les pays, faisoient mourir suivant leur

───────────

(*a*) De la Croix assure que les affaires ne souffrirent point pendant l'interregne; que Jagatay, qui étoit le dépositaire & l'interprete des Loix, les fit observer avec exactitude. Abu'lghazi Khan, p. 351, 352.

(*b*) Il étoit de la Tribu de Chalar ou Jalayr, & un des quatre intrépides dont on a parlé.

(*c*) Si Jenghiz Khan avoit publié ses Loix aussi solennellement que le disent les Historiens de l'occident de l'Asie, comment les Chinois peuvent-ils les avoir ignorées, sur-tout les Mongols eux-mêmes y ayant eu part? Ou seroit-ce que les Historiens supposent qu'ils n'avoient point de Loix, parce qu'ils n'en avoient pas de Chinoises? Ou enfin voudroient-ils dire que les Mongols n'eussent pas un Code particulier de Loix civiles distinct des Yassa de Jenghiz Khan?

L ij

caprice, & enveloppoient dans le massacre des familles entieres. Yelu-chu-tsay dressa des Loix que l'Empereur fit observer rigoureusement.

Regne d'Oc-tay Khan II.

Taxes.

Ce Prince voulut s'instruire des pays qui lui étoient soumis en Tattarie, dans la Chine & dans l'Occident; & c'est cette année qu'on commença à déterminer la quantité de soie, d'argent & de grains que les familles Chinoises fourniroient annuellement; le nombre de chevaux, de bœufs, de moutons, & de peaux que donneroient les Mongols; & l'on fit dans les provinces d'Occident le dénombrement des mâles au dessus de quinze ans, pour régler ce que chacun devoit donner; & dès-lors l'Empereur résolut d'y envoyer un Chinois fort entendu dans les affaires, pour examiner l'état des pays conquis dans cette partie. Ce Prince se fit d'abord aimer de ses sujets Chinois, en donnant à Sche-tyen-che & à Lyeuw-he-ma le commandement des troupes de leur nation dans le Pe-che-li & dans le Chantong. Ces deux Seigneurs furent déclarés Généraux d'armée, de même qu'Yen-she, autre Officier Chinois. Ils s'étoient distingués sous Mûhûli, & leurs troupes ne céderent en rien à celles des Mongols.

Premiers Ministres.

Parmi les Officiers de la Tribu de Quelye ou des Karaïtes, dont le Prince étoit frere de Toley ou Vang Khan (a), il y avoit un Seigneur nommé *Chin-hay*, recommandable par sa valeur, sa

___

(a) Il avoit succédé à son pere en qualité de Prince des Kéraïtes, ayant suivi le parti de Jenghiz Khan, quand il vit que son frere Toley entreprenoit de détruire la famille de ce Conquérant; il donna sa fille en mariage à Toley ou Tuli, son quatrieme fils. Ce Prince s'appeloit *Akiapu*.

droiture & sa sagesse. Il but avec Jenghiz Khan de l'eau de Pan-chuni, le suivit dans tous les combats contre les Princes Tartares ligués, & dans ses expéditions à la Chine & dans l'occident de l'Asie, où il s'acquit une grande réputation. Octay choisit cet illustre Seigneur pour être un de ses Généraux, & pour lui servir de Ministre avec Yelu-chu-tsay.

Regne d'Octay Khan II.

Le pays de Kin-cha ou le Kipchak, & autres au nord-nord-est & au nord-ouest de la mer Caspienne, étoient gouvernés alors par Patû ou Batû, fils aîné de Chu-chi ou Juji. Jagatay commandoit dans une grande partie des pays conquis en Occident : d'autres Princes de la Famille Impériale gouvernoient de vastes contrées en Tartarie & ailleurs. Tous ces Princes dépendoient d'Octay, & dans ces différens pays il avoit des Généraux, des Gouverneurs, des Commissaires & autres Officiers, qu'il rappeloit, cassoit & changeoit comme il le jugeoit à propos (*a*). Ce partage est fort conforme à celui dont parlent les Historiens Occidentaux. Ils disent que Jenghiz Khan distribua de son vivant ses Etats à ses enfans, & qu'après sa mort les choses demeurerent sur le pied où elles étoient : le Kipchak ou Kapchak resta à Batû ; Jagatay eut pour sa part la Grande-Bukharie, le Karazm & le Turquestan ; Tuli eut le Korasan, la Perse & les Indes ; tout le reste fut l'apanage d'Octay : savoir, le Mogolistan, le Katay ou Kitay, & les autres pays vers la mer de l'orient de la Tartarie (*b*).

Partage de l'Empire.

(*a*) Gaubil, p. 56, 57.
(*b*) De la Croix, p. 495.

Regne d'Oc-tay Khan II.

La même année, les Rois de Mulay (*a*) & d'Intû vinrent en personne à Karakorom faire leur cour à Octay, & le Seigneur du pays & la ville d'Yſepalano (*b*) vinrent aussi se soumettre au Khan.

Loix propoſées.

Jenghiz Khan, après son retour d'Occident (*c*), se trouva sans provision de riz & de soieries. Beaucoup de Grands voulurent persuader à ce Prince que les pays conquis dans le Kitay n'étoient d'aucune utilité, à moins que d'en tuer tous les habitans; mais que si on se défaisoit de ces gens inutiles, on pourroit faire de leur pays de beaux pâturages, qui pourroient être d'un grand secours. Yelu-chu-tſay eut alors une belle occaſion de faire voir aux Mogols ce qu'il sçavoit. Il expliqua à Jenghiz Khan la maniere dont il falloit s'y prendre pour rendre la conquête de la Chine utile. » On n'a, dit ce Ministre, qu'une petite partie de
» la Chine; cependant, si on établit un bon ordre,
» les terres labourées, le sel, le fer, le profit des
» rivieres & autres marchandises, peuvent produire
» par an à l'Empereur cinquante van de lyang (*d*)

_____

(*a*) Mulay est le royaume où Tolcy fit de grands ravages, dans le temps que Jenghiz Khan son pere faiſoit le siége de Talkhan. Gaubil. C'est, ce ſemble, le pays des Molahedah ou Aſſaſſins, dans le Mazanderan & dans le Kuheſtan.

(*b*) C'est probablement Esfarayn ou Isfarayn dans le Khoraſan; car les Chinois donnent à Iſpahan le nom d'Iſefahan. Gaubil.

(*c*) Par pays occidentaux, les Chinois ont entendu tous ceux qui ſont à l'occident de Hami ou Khamil, & de Turfan.

(*d*) Van est dix mille, & le lyang vaut environ six ſ chelings & huit ſols d'Angleterre, environ huit livres de France.

» ou de taëls, quarante van de tan de riz, & huit
» cent mille pieces de foies; tout cela peut fe faire
» fans incommoder les peuples «. Jenghiz Khan fut
frappé de ce difcours d'Yelu-chu-tfay, & ce
Prince comprit dès-lors qu'un Conquérant devoit
penfer à autre chofe qu'à fe rendre fameux par les
maffacres de fes ennemis ; qu'il falloit des Capitaines pour combattre, mais qu'on avoit befoin
de Magiftrats pour gouverner, de Payfans pour
labourer, de Marchands pour trafiquer, de Mandarins pour avoir foin des revenus de l'Empire,
& même de Gens de Lettres pour éclairer les
peuples & conquérir les efprits. Octay, qui avoit
encore mieux goûté que fon pere le difcours de
ce fage Miniftre, étant devenu Empereur, donna
à ce Seigneur le foin de régler les droits. Yelu divifa le Pe-che-li, le Chantong, le Chan-fi, & le
Leaotong en dix départemens, avec une douane
dans la ville principale, à laquelle d'autres moin-
dres villes reffortiffoient ; & on mit des Mandarins
pour gouverner le peuple.

Octay prenoit plaifir à s'inftruire des regles d'un
bon gouvernement ; il fouhaita même de connoître l'Hiftoire ancienne de la Chine, & voulut
favoir ce qui regardoit Confucius & Cheu-Kong.
Le Miniftre fatisfit en tout fon Prince. Ses réglemens pour les douanes furent publiés, & l'on
commença à les exécuter l'an 1230. Quatre cents
livres de fel fe vendoient dix taëls. On prenoit
un dixieme pour l'Empereur fur le vin, la foie,
le riz & le bled, & un trentieme fur les menues
denrées. Après ces établiffemens, l'Empereur alla
avec fon frere Toley faire une grande chaffe fur

*Regne d'Oc-
tay Khan II.*

Et établiſſ

Regne d'Oc-tay Khan II.

La capitale du Chen-si est assiégée & prise.

la riviere Orkhon, & dans l'été ils allerent sur la riviere Tamir (*a*).

L'Empereur avoit déjà ordonné d'attaquer Kin-tao, aujourd'hui *Si-ghan-fu*, capitale du Chen-si, & cette grande ville fut prise. Au mois de Juillet 1230, Octay & son frere Toley marche-rent à la tête d'une formidable armée au sud, résolus de détruire la Dynastie des Kins. Ils en-tterent dans le Chen-si, & s'emparerent de plus de soixante postes importans ; mais ils échouerent devant Tong-quan. L'armée se sépara en deux corps : Octay passa le Wang-ho, pour aller dans le Chen-si (*b*). Toley, suivi du Prince Mong-ko ou Mangû son fils aîné, du Prince Keu-when-pu-wha, troisieme fils de Pye-li-kitay (*c*) quatrieme frere de Jenghiz Khan, & d'autres Princes, alla investir Kon-tsyang-fu dans le Chen-si : Lieu-he-ma, dont on a parlé, & Ko-te-hay, fils du Gé-néral Ko-pao-yu, se trouverent dans le corps

---

(*a*) Gaubil, p. 58, 59.

(*b*) Abu'lghazi Khan dit, p. 357, que dans l'expédition qu'Octay fit dans le Kitay la premiere année de son regne, ce Prince prit une grande ville située sur la riviere de Kara Muran, qui est sans doute le Wangho ; qu'il l'emporta d'assaut au bout de quarante jours de siége ; que tous les habitans furent massacrés ou faits esclaves, à l'exception de douze mille qui se sauverent dans leurs bateaux. Mais il n'y a nul fond à faire sur ce que les Historiens de l'occident de l'Asie rapportent sur ce Prince & ses successeurs. Gaubil, p. 63, Note (1), dit que le Wang-ho est le Karamoran de Marc Polo.

(*c*) Ce n'est pas un nom propre, mais un titre qui signifie un *Regulo* ou *Prince du Kitay*. Pyeli ou Peyli est un Regulo du troisieme ordre.

que commandoit Toley. Ce Prince attaqua vivement la place, & l'armée qui étoit à Tong-quan entreprit de la secourir ; mais Toley rendit ces tentatives inutiles, & ayant défait les Kins dans une bataille qui dura tout un jour (*a*), la ville fut prise dans le mois d'Avril de l'an 1231.

Regne d'Octay Khan II.

Un Officier des Kins, qui s'étoit rendu aux Mogols, vint trouver Toley, & lui fit voir qu'on perdoit beaucoup de temps & de monde, en attaquant les ennemis par Tong-quan & le Wang-ho ; qu'il falloit passer par le pays de Hang-chong-fu dans le Chen-si, & qu'alors, en moins d'un mois, on entreroit dans le Honan par les villes de Tang & de Teng. Toley goûta cet avis, & consulta Octay, qui l'approuva d'autant plus volontiers, qu'il étoit conforme aux vûes de Jenghiz Khan. Il assembla ses Généraux, & leur ordonna de se tenir prêts pour le mois de Janvier de l'année suivante, déclarant qu'il vouloit alors faire la conquête de Pien-king, à présent Kay-fong-fu, capitale du Honan & de l'Empire des Kins. En même temps, il chargea Toley de se saisir de Pao-ki, ville à quelques lieues au sud-ouest de

Nouvelles mesures.

(*a*) On peut rapporter à cette époque ce qu'on lit dans Abu'lghazi Khan, qu'après cette expédition Octay s'avança plus avant dans le Kitay, & fit prendre les devants à son frere Tulay avec un corps de dix mille hommes ; que ce Prince ayant été enveloppé par une armée d'ennemis forte de cent mille hommes, auroit été infailliblement taillé en pieces, s'il ne se fût avisé de commander à un de ses Magiciens de faire le Dsada ou Jada, c'est-à-dire, de faire venir un temps rude d'hiver au plus fort de l'été : ce qui affoiblit tellement l'armée d'Altoun Khan, qu'elle fut toute taillée en pieces, à l'exception de cinq mille hommes qui se sauverent.

Regne d'Octay Khan II.

Fong-tſiang-fu, de marcher enſuite vers Han-chong, & de demander paſſage aux Généraux des Song.

Le Miniſtre accuſé par envie.

Les ennemis d'Yelu-chû-tſay entreprirent de le perdre dans l'eſprit d'Octay. Les principaux de ſes ennemis étoient Wa-chin, Chef de la Tribu de Hongkirat, oncle maternel de l'Empereur, & Che-mo-hyen, Grand-Mandarin. Ils repréſenterent à Octay, qu'il étoit dangereux de confier toute l'autorité à un Etranger tel qu'Yelu, & le chargerent de mille crimes. Yelu-chû-tſay avoit perſuadé à l'Empereur de nommer des Mandarins pour la police, les finances & l'armée, indépendans les uns des autres, & qu'ils rendroient compte à l'Empereur ou aux Miniſtres mis de ſa main : il avoit auſſi propoſé de donner aux grands Seigneurs de l'argent, des ſoies & d'autres récompenſes, au lieu des villes & des provinces que le Khan avoit promis de leur donner. Yelu fit ſentir à Octay combien cela étoit dangereux pour l'autorité royale, & ruineux pour les peuples.

Le Khan, bien perſuadé que le plan de ſon Miniſtre étoit bon, rejeta les accuſations de Wa-chin & de Che-mo-hyen, & leur fit entendre que la jalouſie & l'envie les faiſoient parler. Wa-chin fut conſterné de la réponſe de l'Empereur : cependant la grandeur de ſa naiſſance, jointe à beaucoup de crédit & à une grande réputation, auroient ébranlé un Miniſtre moins intrépide qu'Yelu, qui ſollicita vivement Octay de nommer des Mandarins pour les fonctions dont on a parlé. Il propoſa Ching-hay & Nyen-ho pour les mettre à la tête des affaires ; mais ces deux Seigneurs, qui avoient effectivement beaucoup de mérite & étoient de très-bons Capitaines, craignant Wa-chin, sollicitèrent Yelu de se désister des changemens dont les Grands murmuroient si hautement. Ce Ministre les pria de le laisser agir, en disant qu'il porteroit la peine de toutes ses fautes, & qu'elle ne retomberoit pas sur eux.

Regne d'Octay Khan II.

Quelque temps après, on porta de graves accusations contre Che-mo-hyen, & Octay chargea Yelu de le juger. Le Ministre dit à l'Empereur, que Chemo-hyen n'avoit d'autre crime que celui d'être trop fier, & qu'on devoit attendre la fin de la guerre pour examiner plus amplement sa conduite. L'Empereur admira cette générosité, & dit à ses Courtisans, qu'Yelu étoit un modele qu'ils devoient imiter. Il fit ensuite apporter les regîtres des revenus de l'Empire, & fit voir que la recette de l'or, de l'argent, de la soie & de tout le reste, étoit conforme à ce que ce Ministre avoit proposé l'année précédente. Les Seigneurs Mongols en furent frappés, & ceux qui avoient si fort persécuté Yelu changerent en sa faveur. Octay lui remit le grand Sceau, & le chargea de toutes les affaires (*a*).

Sa générosité.

Cependant Toley, conformément aux ordres de l'Empereur, assembla toutes ses troupes à Paoki, & envoya Sûpûhan au Gouverneur de Myen-cheu dans le Chen-si, pour lui demander passage; mais ce Gouverneur fit mourir cet Officier, & causa par-là la ruine d'une infinité de sujets de l'Empereur des Song, son Maître. Toley, irrité de ce meurtre, dit hautement qu'il feroit repentir l'auteur d'un pareil attentat. Ce Prince

Villes prises.

───────────────────────────

(*a*) Gaubil, p. 59-62.

Regne d'Oc-tay Khan II.

décampa au mois d'Août, força les passages, fit passer au fil de l'épée les habitans de Wa-yang & de Fong-cheu, deux villes du district de Hang-chong-fu; & après avoir fait couper des roches escarpées pour combler des précipices, & s'être tracé des chemins par des lieux presque inaccessibles, il vint investir Hang-chong-fu. A son approche, les habitans se retirerent dans les montagnes, & plus de cent mille périrent dans un lieu nommé *Shao*.

Après s'être assuré de Hang-chong-fu, Toley divisa ses troupes, qui consistoient en trente mille chevaux. Le premier détachement alla à l'ouest à Myen-cheu, & de là, s'ouvrant un passage par les montagnes, il se rendit à la riviere de Kya-ling, qui se jette dans le Kyang, la passa sur des radeaux faits du bois des maisons que l'on avoit détruites, s'empara de plusieurs postes importans qui étoient le long de cette riviere, vint jusqu'à Si-chu-i, ruina plus de cent quarante villes, bourgs ou forteresses, & alla ensuite rejoindre l'armée. L'autre détachement alla camper entre Hang-chong-fu & Yong-cheu, où il s'empara d'un poste important qui étoit situé dans les montagnes qu'on appelle *Jao-tong*, à six ou sept lieues au nord-est de la premiere. De son côté, l'Empereur Octay vint dans le mois d'Octobre assiéger Pû-cheu, ville du Chen-si dans le district de Pyng-yang-fu, la prit malgré la vigoureuse défense de la garnison, & se prépara à passer le Wang-ho.

Toley entre dans le Honan.

Toley, après avoir surmonté des difficultés incroyables, parvint enfin, en Décembre, aux frontieres du Honan, & parut se disposer à aller attaquer la capitale des Kins. L'entrée de ce Prince dans le Honan, par un endroit auquel on ne s'attendoit pas, jeta la consternation dans tous les esprits; tout plioit devant lui. A cette nouvelle, l'Empereur des Kins tint un Conseil; plusieurs Grands furent d'avis de pourvoir de bons soldats la Cour & les autres villes principales, de munir la capitale de grains & de fourrages, d'abandonner la campagne, & de faire entrer les Paysans dans les villes. Ces Seigneurs prétendoient que la marche extraordinaire de Toley avoit ruiné son armée, & qu'elle périroit de faim ou seroit contrainte de se retirer. A ce discours, l'Empereur jeta un grand soupir, & protesta qu'il aimoit mieux périr que de voir ainsi les peuples abandonnés, après ce qu'ils avoient souffert depuis vingt ans pour son service. Il ordonna à ses Généraux Hota, Ilapua & autres, d'aller à la tête de l'armée au devant des ennemis : ils s'avancerent, dans le même mois, vers Teng-cheu, dans le district de Nang-yang-fu (a).

Regne d'Octay Khan II.

Toley passa le Han le 31 Janvier 1232, & résolut d'attaquer l'armée des Kins, dans le temps que celle-ci délibéroit si elle passeroit le Han pour combattre les Mogols. Les Généraux des Kins monterent sur la montagne d'Yya, proche de Teng-cheu, qui est à neuf lieues au sud-ouest de Nang-yang-fu; ils examinerent le terrein, placerent leur cavalerie au nord de cette montagne, & mirent au sud leur infanterie. Les Mongols s'avancerent aussi-tôt en ordre de bataille, & s'arrêterent un moment en présence des ennemis. Hota jugeant qu'il étoit trop difficile de les atta-

Il est repoussé.

_____
(a) Gaubil, p. 62, 63.

quer, vouloit différer la bataille ; mais les Mongols s'ébranlerent, & un corps de leur cavalerie fondit sur les Kins, qui tinrent ferme ; ensuite ceux-ci revinrent jusqu'à trois fois à la charge, & voulurent même profiter de ce que les Mongols s'entr'ouvroient un peu, pour attaquer en même temps les deux ailes de leur armée. Les Mongols céderent le terrein, en se retirant en bon ordre. Hota fut d'avis qu'on les poursuivît, parce que Toley n'avoit pas plus de trente mille hommes, & que ses soldats paroissoient n'avoir pas mangé de trois jours ; mais Ilapua crut qu'on pouvoit différer, sous prétexte que le chemin du Han étoit coupé aux Mongols, & que le Wang-ho n'étoit pas gelé.

Les Mongols avoient disparu, & l'on apprit par les batteurs d'estrade, qu'ils s'étoient retirés derriere un bois, qu'on n'entendoit pas le moindre bruit parmi eux ; qu'ils mangeoient le jour, & étoient à cheval toute la nuit. Les Généraux Kins s'étoient déjà mis en marche pour Tong-cheu, quand ils reçurent ces nouvelles ; & un moment après, on vit les Mongols sortir de la forêt & se ranger en bataille. Les deux Généraux des Kins, surpris, se mirent aussi en devoir de ranger leurs troupes. Ce n'étoit qu'une feinte de Toley, qui, pendant ce temps-là, détacha un gros de cavalerie qui enleva tout le bagage de l'ennemi. Cet accident obligea Hota & Ilapua de se retirer à Tong-cheu, où ils n'arriverent que la nuit. Ils cacherent leur perte, & firent annoncer à l'Empereur qu'ils avoient gagné la bataille. Cette nouvelle remplit la Cour à Kay-fong-fu de joie ; & le peuple qui y étoit entré pour la défendre, se dispersa dans les campagnes. Mais peu de jours après, l'avant-garde de l'armée d'Octay parut, & enleva une grande quantité de monde sortie de la capitale.

Regne d'Octay Khan II.

Au mois de Janvier 1232, le Khan passa le Wang-ho à Pepu, près de Hotsin-hyen dans le Chen-si; & comme les frontieres du Chen-si étoient mal gardées, il entra dans le Honan, & vint camper à Ching-cheu, à onze ou douze lieues à l'ouest-sud-ouest de Kay-fong-fu, qui portoit en ce temps-là le nom de *Pien-king*. De là il envoya le Général Suputay ou Suida pour investir cette capitale, qui avoit alors de circuit cent vingt lys, dont deux cent cinquante font un degré; cependant il n'y avoit que quarante mille hommes pour la défendre; de sorte qu'on en fit venir encore quarante mille de vieilles troupes, avec cent vieux Officiers, des villes voisines, outre vingt mille Paysans. En même temps, l'Empereur fit publier dans la ville un discours qui arracha des larmes à tout le monde, pour animer les habitans à se défendre jusqu'à la mort. Octay apprit, avec une joie extrême, l'entrée de Toley dans le Honan, & lui donna ordre d'envoyer du secours à Suputay (*a*).

Sur la nouvelle du siége de la capitale, Hota & Ilapua partirent à la tête de cent cinquante mille hommes, cavalerie & infanterie, pour secourir la ville. Toley détacha seulement trois mille chevaux (*b*) pour inquiéter leur marche. Hota les fit

Défaite des Généraux Kins.

___

(*a*) Gaubil, p. 63, 64.

(*b*) Il y a dans l'Anglois trente mille; mais c'est évidemment une faute. Gaubil ne parle que de trois mille, de même que M. de Guignes, Hist. Générale des Huns, t. III. p. 81.

Regne d'Oc-tay Khan II.

attaquer, & les Mongols se retirerent ; mais ils reparurent vers le soir, dans le temps que les Kins se disposoient à camper ; & dans le même temps, Toley fit embarrasser les chemins par des abattis de grands arbres. Les Kins arriverent à deux lieues & demie de Kun-cheu, qu'on appelle aujourd'hui *Yu-cheu*, & n'y purent entrer, à cause de la grande quantité de neige qui étoit tombée ; ils furent donc obligés de s'arrêter pour se rafraîchir, & pour se reposer des grandes fatigues qu'ils essuyoient depuis trois jours. Là Hota reçut des ordres d'aller incessamment au secours de la capitale, & il fit sonner la marche. Une partie de son armée s'ouvrit un chemin à travers les arbres, & le reste, qui en faisoit le gros, se rendit à la montagne de Sang-fong, près d'Yu-cheu. Toley, qui avoit rassemblé tous ses détachemens, fit attaquer ce dernier corps de tous côtés : les Kins, quoiqu'affoiblis par la faim, se défendirent d'abord avec courage ; mais ils ne purent résister aux attaques réitérées des Mogols, & furent mis en déroute. Plusieurs Officiers mirent pied à terre, & fondirent, le sabre à la main, sur les Mogols, & furent tués. Hota descendit aussi de cheval pour combattre ; mais ne voyant point son compagnon Ilapua, il se remit en selle, &, suivi de cent cavaliers, prit la route de Kun-cheu, que Toley avoit laissée ouverte à dessein. Dans le temps de l'action, ce Prince reçut un renfort qu'Octay lui envoyoit, & ayant été joint par l'Empereur lui-même, ils allerent assiéger Kun-cheu, qui fut bientôt prise, parce que Hota fut tué des premiers (*a*).

―――――――――――――――
(*a*) *Ibid.* p. 65, 66.

Son Collegue Ilapua fut fait prisonnier à la bataille de San-fong : comme c'étoit un bon Officier, aimé de tout le monde, Toley fit tous ses efforts pour l'engager à entrer à son service ; il s'en excusa modestement, en disant : « Je suis un des » premiers Généraux des Kins, & je souhaitte de » mourir sur les terres de mon Maître ». On lui accorda à regret ce qu'il demandoit, & il fut tué. Hoshang, Prince de la Famille Impériale des Kins, grand Capitaine, que le courage, la grandeur d'ame, & nombre de belles actions avoient rendu fameux, pour éviter de périr avec la foule, s'étoit caché après la défaite de San-fong. S'étant ensuite fait connoître, il demanda d'être conduit à Toley, à qui il avoit à parler. Les cavaliers le traiterent civilement, & le menerent à Toley : ce Prince lui demanda son nom & sa qualité : « Je » suis, dit-il, de la Famille Impériale, & je me » nomme *Hoshang* ; je commande le corps de troupes » qu'on appelle *Fideles*, & j'ai battu trois fois vos » armées (*a*). Je n'ai pas voulu mourir avec une » troupe obscure de soldats ; je veux que ma fidélité » soit connue de tout le monde, & la Postérité me » rendra justice ». Toley essaya inutilement de gagner ce brave Officier par la douceur & par de grandes promesses, & à la fin le remit entre les mains de ses soldats, qui lui sabrerent les jambes, parce qu'il ne vouloit pas se mettre à genoux devant le Prince ; ils lui fendirent ensuite la bouche jusqu'aux oreilles, pour l'empêcher de continuer son discours, & Hoshang fut content de mourir fidele

Regne d'Octay Khan II.
Quelques-uns sont mis à mort.

―――――――――――――

(*a*) Il avoit défait Chelao-wen, Suputay ou Suida & d'autres Généraux.

à son Prince. Plusieurs Mogols, charmés de cette fidélité, verserent du lait de cavalle (*a*) à terre en l'honneur de ce Prince, & le prierent, s'il ressuscitoit, de revenir parmi les Mongols.

Au mois de Février, les troupes des Kins, qui gardoient le Tong-quan & les postes voisins, eurent ordre de venir au secours de Kay-fong-fu, & d'apporter des provisions. Les provisions furent embarquées sur le Wang-ho, & bientôt enlevées par les Mongols. Les troupes qui sortirent de Tong-quan & des autres postes, alloient à cent dix mille hommes de pied, & à quinze mille chevaux ; elles étoient suivies d'une foule prodigieuse de peuple, qui fuyoit pour sauver sa vie. Rien de plus malheureux que cet effort que firent les Kins. Plusieurs Officiers subalternes se donnerent aux Mongols avec les troupes qu'ils avoient à leurs ordres. Toshan & Nahojun, qui commandoient l'armée, ne pouvant tenir la campagne, gagnerent les montagnes où ils souffrirent toutes sortes de miseres. Pendant le jour, le soleil fondoit les neiges, & les boues rendoient les chemins impraticables : la nuit, la gelée venoit, & on ne pouvoit faire un pas sans glisser & sans risquer de s'estropier (*a*).

Les plus vigoureux continuerent leur route, & laisserent les chemins remplis d'infirmes, de femmes, d'enfans, de vieillards, & autres malheureux, réduits à la derniere extrémité. Les Mongols, avertis de ce désordre, envoyerent des

_____

(*a*) Espece de libation ou de sacrifice en usage parmi les Mongols.

(*b*) Gaubil, p. 66-68.

troupes, qui firent main-basse sur tout ce qui se trouva hors d'état de suivre le gros de l'armée. Ceux qui purent arriver à la montagne de T*ye*ling, dans le district de Ho-nan-fu, voulurent d'abord faire face aux Mongols qui les poursuivoient ; mais ces troupes, demi mortes, pouvoient à peine tenir leurs armes ; elles se débanderent. Toshan & Nahojun, suivis de quelques Cavaliers, voulurent se sauver ; mais ils furent tous coupés & tués. Les Mongols profiterent de ces désastres, pour prendre le Tong-quan & d'autres postes ; mais la valeur du Gouverneur de Quey-te-fu les obligea d'en lever le siége.

Regne d'Octay Khan II.

Au mois de Mars, les Mongols planterent leur pao, ou machine à jeter des pierres, devant la ville de Loyang ou Ho-nan-fu, où il n'y avoit que trois ou quatre mille soldats, qui s'étoient sauvés de la déroute de Sang fong. Le Général qui les commandoit ne pouvant pas faire de sorties, à cause d'une maladie dont il fut attaqué, se précipita du haut des murailles dans les fossés, & se tua. Le Gouverneur de la place étoit allé au secours de la capitale, & avoit laissé à sa place un Officier, nommé *Kyang-shi*, qui rendit son nom immortel par sa belle défense. Il demanda aux Marchands une quantité de soies, & en fit faire des bannieres, qu'il fit arborer sur les murailles ; il y plaça aussi ses plus mauvaises troupes, se mit ensuite à la tête de quatre cents braves soldats qui étoient tous nus, & les mena à toutes les attaques. Son cri de guerre étoit : *Lâches, retirez-vous*. Il inventa de nouvelles machines à lancer des pierres ; elles pouvoient être servies par un plus petit nombre de personnes ;

Siége de Loyang.

M ij

Regne d'Oc-
tay Khan II.

elles portoient les pierres jusqu'à cent pas, & si juste, qu'elles donnoient où il vouloit. Lorsque les fleches lui manquerent, il prit celles que les ennemis lui tiroient, les fit fendre en quatre, & après les avoir armées avec des deniers de cuivre, il les faisoit mettre dans un tube de bois, d'où il les faisoit partir sur les Mongols, comme des balles partent d'un mousquet. A tous les assauts, on trouvoit ses braves nus, suivis de mauvais soldats, & ils faisoient autant de bruit que dix mille hommes en auroient pu faire. Kyang-shin fatigua tant les Mongols pendant trois mois, qu'ils furent obligés de lever le siége, quoiqu'ils fussent au nombre de trente mille hommes.

Propositions de paix.

Octay, qui songeoit alors à retourner en Tartarie, fit sommer l'Empereur des Kins de se déclarer son Tributaire, & de lui remettre vingt-sept familles qu'il lui indiquoit, avec la femme, les enfans & les esclaves du feu Général Ilapua. L'Empereur Cheu-su, charmé de l'occasion, nomma des Mandarins pour traiter de la paix. Mais Suputay, feignant d'ignorer cette négociation, pressa le siége plus vigoureusement que jamais, & fit combler promptement une partie des fossés, pendant que le Gouverneur, qui craignoit de nuire aux conférences, défendoit à ses gens de tirer sur les Mongols. Cela causa un grand désordre dans la ville : l'Empereur sortit brusquement du palais avec sept Cavaliers ; il pleuvoit à verse, & le Prince étoit déjà tout couvert de la boue des passans, quand le premier Ministre, avec une troupe de Mandarins, arriva. Ils vouloient couvrir le Monarque & le garantir de la pluie ; mais il dit qu'il vouloit s'exposer comme le moindre soldat. En le voyant, le peuple fondoit en larmes & se prosternoit à ses pieds, comme si tout étoit perdu. Cinquante Cavaliers vinrent avertir ce Prince que les fossés étoient à moitié comblés, sans qu'il fût permis de se défendre. Il répondit que ne vivant que pour son peuple, il vouloit se déclarer Sujet & Tributaire des Mongols : il ajouta qu'il alloit envoyer le Prince son fils en otage. » Si, après cela, dit-il, les » Tache (a) ne se retirent pas, il sera temps de » se défendre «. Le même jour, l'otage partit (b).

Regne d'Octay Khan IX.

Suputay redoubla ses attaques, & les Kins recommencerent à se défendre vigoureusement ; ils lancerent des boulets de pierre ; & quoique les Mongols n'en eussent pas de cette forme, ils faisoient rompre des meules de moulins en plusieurs quartiers, qu'ils faisoient jeter jour & nuit avec leurs machines. Ils renverserent plusieurs tours, & briserent de grosses poutres des maisons voisines. Les assiégés couvroient les maisons de fumier de cheval, de paille, & ensuite de feutre & d'autres matieres qui amortissoient les coups de pierres. Les Mongols se servirent alors de pao à feu (c), & ce feu se communiquoit

Mécontentement de Suputay à ce sujet.

(a) On peut dire aussi Tatan. C'est un nom des Mongols.
(b) Gaubil, p. 68-70.

(c) Il y avoit deux sortes de Pao ; le She-pao qui étoit une machine à lancer des pierres, & le Ho-pao qui jetoit du feu. Gaubil n'a pas osé traduire *canon*, parce qu'il ne sait pas bien si c'étoit un canon comme les nôtres ; de même il n'ose assurer que les boulets dont il est parlé se tiroient comme ceux d'aujourd'hui, quoiqu'il soit certain, selon lui, que les Chinois ont l'usage de la poudre depuis plus de 1600 ans. Ils se servent quelquefois de tubes ou canons de

Regne d'Octay Khan II

avec tant de rapidité, qu'on avoit beaucoup de peine à l'éteindre. Les murailles de la ville avoient été bâties par l'Empereur Chi-tsong, de la Dynaftie des Cheu (*a*), qui les avoit fait enduire d'une terre qu'il fit apporter du pays de Hu-lao (*b*), que le temps avoit rendue auffi dure que le fer; de forte que les boulets ne l'entamoient point. Les Mogols éleverent auffi une muraille de cent cinquante lis de circuit, qui environnoit celles de la ville; elle étoit munie de foffés profonds, de tours, de creneaux, &, de trente en trente pas, de corps de garde.

Il continue le fiége.

De leur côté, dès le commencement du fiége, les affiégés avoient fait devant les portes de la ville d'autres portes qui alloient en lignes obliques, & par lefquelles on ne pouvoit paffer que trois de front. Mais l'expérience fit voir qu'elles nuifoient aux forties, & quand on en faifoit, les Mongols s'en appercevoient d'abord. Les Kins tenterent une fortie par un conduit qu'ils ouvrirent par-deffous les foffés, dans le deffein de faire fauter les batteries de Suputay; mais ils ne réuffirent pas, & le Général Mongol ne put être furpris. Ils avoient alors dans la ville, des pao à feu qui jetoient des pieces de fer en forme de bombes (*c*);

---

bois pour tirer des pierres, comme on faifoit d'abord en Europe.

(*a*) Il commença à régner l'an de J. C. 954, & régna fix ans.

(*b*) Gaubil ne fait où eft ce pays.

(*c*) Quoique nous hafardions le mot de *bombes*, Gaubil n'a pas ofé y donner ce nom. Il obferve que quoique les Chinois euffent l'ufage de la poudre depuis fi long-temps, on ne voit pas qu'ils s'en ferviffent beaucoup

Livre V.ᵉ Chapitre I. 183

elles étoient remplies de poudre, & lorsqu'on y mettoit le feu, elles éclatoient avec un bruit semblable à celui du tonnerre, qui s'entendoit de cent lis; l'endroit où elles tomboient étoit entiérement brûlé, & le feu s'étendoit dans tous les environs à plus de deux mille pieds; ce feu perçoit les cuirasses de fer. Quand les Mongols se furent logés au pied de la muraille pour saper, ils se mettoient à couvert dans des souterrains, en sorte qu'on ne pouvoit leur nuire de dessus les murailles. Les assiégés, pour les déloger, attachoient de ces bombes à des chaînes de fer, & les faisoient descendre dans les fossés & dans les souterrains, où elles prenoient feu par le moyen d'une meche, & faisoient périr les ennemis; ils avoient encore des hallebardes à poudre, qu'ils lançoient; & ces deux sortes de feux étoient ce que les Mongols redoutoient le plus.

Regne d'Octay Khan II.

En seize jours & seize nuits d'attaques continuelles, il périt de part & d'autre un million d'hommes. Suputay voyant qu'il ne pouvoit forcer la place, chercha à se retirer avec honneur; il fit dire au Gouverneur qu'il étoit inutile de se battre plus long-temps, puisqu'on tenoit des conférences pour la paix. Les assiégés, ravis de ce message, lui envoyerent beaucoup de rafraîchissemens & de présens, & il alla camper entre la riviere de Lo & le Wang-ho. Mais à peine Kai-fong-fu fut-elle délivrée du siége, qu'elle fut affligée de la

Il est forcé de se retirer.

---

dans les siéges. Il se pourroit, dit-il, qu'ils aient perdu quelquefois l'art de servir l'artillerie, ou peut-être les boulets & l'espece de bombes dont il s'agit ici n'étoient que l'invention de quelques particuliers, qui ne passoit pas à d'autres.

peste, qui, en cinquante jours, emporta une prodigieuse multitude de peuple. Après que la contagion eut cessé, l'Empereur fit de grandes largesses aux Officiers qui avoient défendu la ville, régla sa Cour, & retrancha les dépenses inutiles. La paix, si heureusement rétablie, auroit sans doute duré, si deux fâcheux événemens n'avoient renouvelé la guerre.

Il reçoit ordre de reprendre le siège.

Un Seigneur Mogol, nommé *Que Gan-yong*, avoit pris, au mois de Juillet, Su-cheu & quelques autres villes dans le Kyang-nan, & prétendoit en être Gouverneur; Achûlû, un des Généraux Mongols, en fut mécontent, & envoya des troupes pour se mettre en possession de ces villes. Gan-yong s'y opposa, & tua même l'Officier d'Achûlû; ensuite il se déclara pour les Kins, & se joignit à plusieurs de leurs Officiers qui commandoient dans le Chantong, pour faire la guerre aux Mongols. L'Empereur Kin, trompé par de fausses espérances, prit Gan-yong à son service, & lui donna le titre de *Prince*. Octay ayant envoyé un Officier avec une suite de trente personnes, sans doute pour traiter de la paix, les Commandans des Kins les tuerent tous, sans que Cheu-su en fît aucune justice (*a*). Suputay fit savoir à l'Empereur son Maître ce qui venoit de se passer, & ne doutant point qu'il ne reçût des

---

(*b*) Ce ne furent pas des accidens, mais la faute de l'Empereur des Kins, qui renouvela la guerre. Ce qui fait voir que sa prétendue humiliation & son affection affectée pour ses sujets n'étoient qu'une hypocrisie toute pure. Aussi-tôt que le péril qui le menaçoit eut cessé, il oublia le passé, & irrita son redoutable ennemi par de nouvelles injustices.

ordres de recommencer la guerre, il fit les préparatifs nécessaires. Effectivement, Octay le chargea, aussi bien que d'autres Généraux, de rentrer en campagne. Ce Prince apprit presque en même temps que les Coréens avoient massacré ses Officiers ; il envoya une armée pour les punir (a).

Regne d'Octay Khan II.

L'Empereur des Kins avoit ordonné à ses Généraux de rassembler en un seul corps toutes ses troupes, qui étoient dispersées, & de venir au secours de la capitale ; mais les Mongols les ayant battues avant qu'elles eussent pu se joindre, Cheu-fu se vit dans la nécessité de lever des paysans & des gens de la lie du peuple ; il taxa aussi les habitans de la ville au tiers de chaque dixaine de mesure de riz, & avec ordre de déclarer la quantité qu'ils en avoient. Cet ordre fut exécuté avec tant de rigueur, qu'une pauvre veuve qui avoit perdu son mari à la guerre, fut condamnée à être fustigée pour avoir mêlé de la graine d'armoise dans six mesures de riz qu'elle avoit déclarées. Le peuple fut effrayé de cette sévérité, & on jeta dans des égouts ou dans des cloaques, de peur d'être puni, une grande quantité de riz, qu'on n'avoit point déclarée. La misere devint extrême dans la ville, & l'Empereur fut obligé de faire distribuer de la bouillie aux plus pauvres. Un Docteur avança qu'on auroit pu éviter la famine, si l'on n'avoit pas exigé avec tant de rigueur la déclaration du riz ; il fut accusé, & eut bien de la peine à se tirer d'affaire.

Extrémité où se trouve la capitale.

Au mois de Septembre de cette année (b),

Mort & caractere de Toley.

(a) Gaubil, p. 71-73.
(b) C'est la date qui se trouve dans l'Histoire des Mon-

mourut le Prince Toley. Il étoit le quatrieme fils de Jenghiz Khan, &, tout jeune encore, il se fit admirer dans la guerre contre les Kins. Dans les campagnes d'Occident, il commanda en chef de grands corps d'armées, & se rendit illustre par mille actions dignes des premiers Héros. A son retour, il se signala dans la guerre qui causa la ruine du royaume de Hya. Après la mort de son pere, il gouverna l'Empire pendant deux ans avec beaucoup de gloire; & quoiqu'il eût pu aisément en garder une bonne partie pour lui, il s'en tint, à la rigueur, aux dispositions de Jenghiz Khan. Sa marche extraordinaire de Fong-tsyan-fu dans le Chen-si, par Han-chong-fu, pour entrer dans le Honan, & la maniere dont il défit les armées des Kins avec peu de troupes, lui firent beaucoup de réputation parmi les Chinois, les Tartares & les Capitaines Occidentaux qui étoient dans son armée. Son mérite étoit encore relevé par beaucoup de modestie, par le respect qu'il eut toujours pour son pere & sa mere, & par son attachement inviolable à la gloire & aux intérêts d'Octay son frere.

Ces deux Princes partirent du Honan au mois d'Avril, pour aller visiter Chin-ting fu & Yen-king (a), & passerent en Tartarie par Ku-po-keu

gols, insérée dans le Nyen-y-she, & dans l'Eloge de Toley, inféré dans le Nyen-i-tse: mais le Tong-kyen Kang-mu met sa mort dans le mois d'Octobre. Gaubil. D'Herbelot, d'après les Auteurs Persans, dit, p. 760, que Toley mourut pendant la vie de son pere. De la Croix assure qu'il mourut en 1229, trois ans après son pere.

(a) Cette ville avoit été le siége des Empereurs des Kins, jusqu'à sa prise par Jenghiz Khan. Elle étoit au sud-ouest de Peking d'aujourd'hui, à une lieue de distance.

Livre V. Chapitre I.

au mois de Mai : le Khan tomba dangereusement malade ; Toley se mit à genoux, mit son nom dans un billet cacheté, pria le Ciel de conserver son frere, & s'offrit de mourir pour lui. Octay s'étant rétabli, Toley le suivit vers la source de la riviere de Tula & vers celle du fleuve Onon ou Sanghalian ; & c'est-là que ce Prince mourut, âgé de quarante ans, généralement regretté de sa famille, des Chefs des Hordes, & de tous les Officiers.

Regne d'Octay Khan II.

Toley avoit épousé Solu-hu-tyey-ni (a), fille d'Akiapu, Chef de Horde, & frere de Toley, Prince des Keraïtes. C'étoit une Princesse d'un grand mérite, & elle eut onze fils de son époux ; 1°. Menko, 2°. Churko, 3°. Hûtûtû, 4°. Hûpilay ou Kublay, 5°. le cinquieme n'est pas nommé, 6°. Hyu-lye-hû ou Hûlakû, 7°. Alipuko ou Aribuga, 8°. Pocho, 9°. Moko, 10°. Swituko, 11°. Sue-pye-tay. Le premier & le quatrieme furent Empereurs. Le sixieme se rendit fameux dans les guerres de Perse & de Syrie, & le septieme (b), par les troubles qu'il excita en Tartarie.

Sa femme & ses enfans.

(a) C'est la Princesse que les Historiens Persans, que M. d'Herbelot a suivis, p. 760, appellent *Sarkutna*. Ces Historiens l'ont fait tomber dans plusieurs fautes, comme celle du temps de la mort de Toley ; & page 381, il dit que Toley fut déclaré par son pere Roi du Khorasan, de la Perse & des Indes.

(b) Suivant le Tong-Kyen Kang-mu, Toley n'eut que six fils : 1. Mengko, 2. Chûcul-ko, 3. Hutûrû, 4. Hu-pi-lay. 5 Hyu-lye, 6. Olipuko ; tant il y a de diversité parmi les Historiens Chinois mêmes. De la Croix, p. 513, dit sur l'autorité des Auteurs Persans, que Toley laissa huit fils, & qu'il n'est parlé que de quatre.

*Regne d'Oc-
tay Khan II.
Traité avec
les Song.
1233.*

Au mois de Décembre, les Mongols firent un traité avec l'Empereur des Song, qui régnoit dans la Chine Méridionale : il s'engagea à joindre ses troupes aux leurs, à condition qu'ils lui céderoient le Honan, quand la Dynastie des Kins seroit détruite. Dans ce traité, l'Empereur des Song consulta moins ses véritables intérêts, que l'envie de se venger des maux que les Kins avoient faits à ses ancêtres.

Ce traité fut cependant un coup mortel pour Sheu, qui se trouva, au mois de Janvier 1233, dans un grand embarras. Plusieurs corps de troupes, qui venoient de divers endroits à la Cour, furent battus par les Mongols ; les vivres qu'on apportoit à Pyenking furent enlevés, de sorte que cette capitale se trouva dépourvue. Suputay paroissant résolu de venir assiéger de nouveau la ville, l'Empereur tint Conseil ; un Mandarin proposa d'aller combattre ce Général Mogol, & fit voir que, dans les circonstances présentes, il falloit qu'une bataille décidât du sort de l'Empire. Cet avis fut rejeté, aussi bien que plusieurs autres d'aller dans telle ou telle ville, dont la principale étoit Quey-te-fu, dans le Pe-che-li, mal pourvue, mais très-forte par sa situation (a).

*L'Empereur
Kin sort de la
ville, & son
armée est rui-
née.*

Après le Conseil, l'Empereur Sheu nomma les Officiers qui devoient commander les quatre côtés de la ville, & leur fit un discours pour les animer à la défense de leur patrie ; & leur déclara qu'il vouloit se mettre en personne à la tête de l'armée. Cette résolution fut désapprouvée de presque tous les Officiers, qui se faisoient

(a) Gaubil, p. 73, 76.

une peine de sortir d'une place mal pourvue, menacée d'un siége, & où ils laissoient leurs familles. Mais Sheu, sans avoir égard à leurs représentations, sortit de la ville, passa le Wang-ho, & alla camper auprès de Chang-ywen ou Chang-wan. A peine avoit-il passé le fleuve, qu'il s'éleva un ouragan qui empêcha une partie des troupes de le suivre, & elles furent battues ensuite. Cela n'empêcha point ce Prince d'envoyer la meilleure partie de son armée pour faire le siége de Weychu, à présent Wey-whey, au sud-ouest de Kay-fong-fu. Le Général Shetyen-che l'ayant su, rassembla les troupes du Pecheli, du Chantong, & d'autres endroits, & fit avertir le Gouverneur de Weychu, qu'il seroit bientôt secouru : il tint parole, & avec sa bravoure ordinaire il vint attaquer Pesa, Général des Kins. Le combat fut sanglant ; mais enfin Pesa fut obligé de plier, & son armée taillée en pieces.

Regne d'Oc-tay Khan II

Cette triste nouvelle fut apportée à l'Empereur, dans le temps qu'il apprit que Suputay étoit en marche pour assiéger la capitale. Ce Prince, suivi de peu d'Officiers, repassa promptement le Wang-ho, & se retira à Quey-te-fu. De là, il envoya ordre aux Impératrices & aux Reines de venir le trouver. Ces Princesses partirent ; mais l'arrivée de Suputay les obligea de rentrer dans la ville. Les troupes qui étoient avec l'Empereur se dissiperent ; le retour des Mongols, la retraite de l'Empereur, & la nouvelle de l'entiere défaite de l'armée, jeterent la consternation dans tous les esprits.

Siége de la capitale.

La muraille du côté occidental étoit défendue

par un Général nommé *Tsû-li*. Cet Officier, mal intentionné, alla trouver les Ministres, & leur demanda quelle résolution il convenoit de prendre, dans un temps où l'Empereur abandonnoit sa capitale & en vouloit retirer sa famille. Un des Ministres répondit, » qu'il falloit se battre, & mourir généreusement pour son Prince «. Cela seroit bon, répondit Tsû-li, si cela remédioit au mal; & là-dessus il se retira.

Peu de temps après, Tsû-li, suivi de quelques Officiers de son parti, fit couper la tête aux Ministres & à dix grands Seigneurs, sous prétexte du salut du peuple : il alla ensuite au palais, & obligea l'Impératrice mere de nommer Régent un Prince qu'il lui indiqua. Il se fit déclarer premier Ministre & Général des armées, & donna les autres charges à ses deux freres, & aux Officiers de son parti. En 1233, il résolut de rendre la ville aux Mongols, & s'y prit d'une façon fort extraordinaire. Ayant pris tout l'équipage d'un Roi, il sortit à la tête d'un grand nombre d'Officiers vêtus magnifiquement, & alla au devant de Suputay, qui se préparoit à former le siége. Tsû-li rendit à ce Général les mêmes devoirs qu'un fils rend à son pere, & lui prêta serment de fidélité. Suputay reçut à la tête de ses troupes ce traître avec beaucoup d'honneur. A son retour dans la ville, il fit raser toutes les fortifications, sauter les tours, & toutes les défenses. Il fit garder les Princes du sang, & se fit un sérail des filles & des femmes des Grands, qui avoient suivi l'Empereur à Quey-te-fu ; s'étant saisi de tous les trésors de la ville, & du palais, il poussa la vanité jusqu'à vouloir élever un monument de pierre, sur lequel il avoit dessein de faire graver toutes ses belles qualités, & principalement la maniere dont il avoit sauvé la vie à tout le peuple; mais les obstacles qu'il rencontra ne lui permirent pas de pousser plus loin ce projet (*a*).

Pendant que Tsu-li bouleversoit tout dans la capitale, Pu-cha-quen en faisoit à peu près autant à Quey-te-fu. L'Empereur avoit été obligé de sacrifier Wan-yen (*b*) ou Pesa aux soldats, qui demandoient sa mort. Pu-cha-quen fut piqué de voir que l'Empereur consultoit Mayong, qui étoit son ennemi, plus volontiers que lui. En vain Sheu voulut les concilier; & ce Prince, choqué de l'arrogance de Pu-cha-quen, qui étoit un soldat de fortune, le faisoit observer de près. L'Officier à qui il avoit donné cette commission le trahit, & en avertit Pu-cha-quen, qui, furieux, fit tuer Mayong avec trois cents Officiers & trois mille soldats : il osa même envoyer prendre, auprès de l'Empereur, un Mandarin, qu'il destinoit aussi à la mort. Le Prince, irrité de cette nouvelle insolence, dit qu'il vouloit garder cet Officier, & que c'étoit presque le seul qui lui restât pour le servir. Pu-cha-quen se présenta ensuite le sabre au côté, en lui disant que ceux qu'il avoit fait mourir n'étoient que des rebelles. Sheu, cédant à la force, fit semblant de le croire, & fut obligé de les déclarer coupables. Il n'eut pas le courage de se défaire de cet insolent; mais

Regne d'Octay Khan II.

Un autre traître insulte l'Empereur.

―――――――――――――
(*a*) Gaubil, p. 76 & suiv.
(*b*) Le titre de *Wang-yien* marque qu'il étoit Prince du Sang.

acquiesça à tout ce qu'il voulut, & laissa l'autorité entre ses mains.

Cependant Tsû-li continuoit à faire le même rôle à Pienking; il exerça mille cruautés pour tirer de l'argent des particuliers; la misere étoit extrême, & en huit jours il mourut un million de personnes. Au mois d'Avril, il se saisit de tous les Princes & de toutes les Princesses du Sang, d'un grand nombre d'Officiers, de Médecins, d'Ouvriers en soie & autres Artisans; il fit tirer du palais tous les ornemens royaux, les bijoux, les pierreries, & mit ensuite sur 37 chariots l'Impératrice mere, l'Impératrice régnante, les Reines, & toutes les autres femmes du palais, & alla les présenter à Suputay, qui fit mourir tous ceux de la famille Impériale, & envoya à Holin ou Karakorom les Impératrices, les Reines, & leurs Suivantes. Il demanda en même temps à Octay la permission de faire mourir tous les habitans de Pyenking, pour venger la mort de tant de milliers de Mongols qu'ils avoient perdus devant cette ville en 1232 : mais Yelu-chut-say s'y opposa, en disant qu'on n'avoit pas combattu si longtemps pour n'avoir qu'un désert. L'Empereur ordonna à Suputay de faire mourir les Princes du Sang, & de donner la vie au reste (*a*). Cet ordre-là sauva quatorze cent mille familles, en comptant les habitans & ceux qui s'étoient rufugiés dans la ville (*b*).

(*a*) Il ordonna aussi qu'on ne feroit plus de ces massacres généraux.

(*b*) Ces nombres paroissent excessifs, &, quelque peuplée qu'on nous représente la Chine, il est difficile de concevoir

Livre V. Chapitre I.

Tsû-li ayant su que Suputay se disposoit à rentrer dans la ville, fit préparer tout pour le recevoir; il le reçut à la porte, & le conduisit au palais. En revenant chez lui, il fut bien surpris de trouver sa maison remplie de soldats Mongols, qui la pillerent & lui enleverent tous ses trésors. Il eut beau se plaindre & répandre des larmes, personne ne l'écouta, & Suputay lui-même ne fut pas fâché de voir punir un traître à sa patrie. Revenons à Quey-te-fu.

Regne d'Octay Khan I. Il est dépouillé de tout.

Au mois de Mai, l'Empereur des Kins proposa à Pu-cha-quen de surprendre le camp des Mongols, où commandoit Te-mû-tay, en feignant de vouloir traiter avec eux du sort de l'Impératrice-Mere, qu'ils tenoient prisonniere. Pu-cha-quen, qui ne manquoit ni d'adresse ni de valeur, prit si bien ses mesures pendant que les Mongols étoient occupés du traité qu'on leur proposoit, qu'une nuit, avec quatre cents soldats choisis, il tua les gardes avancées, pénétra dans leur camp, tua ou précipita dans la riviere trois mille cinq cents hommes, mit le feu au camp, & se retira sans avoir perdu un seul homme. Te-mû-tay

Belle action de Pu-cha-quen. Il est tué.

---

qu'une seule ville ait contenu huit ou neuf millions d'ames. En comptant les quatorze cent mille familles, l'une portant l'autre, à raison de cinq personnes, calcul bien modéré, cet article seul fait sept millions. Un million avoit péri de misere, sans parler de tous ceux qui avoient été tués dans les combats, qui devoient, selon ce qu'on dit, monter aussi à un million, en voilà neuf. Tous ces nombres sentent l'hyperbole. Comparez avec le récit de nos Historiens les extraits tirés des manuscrits de MM. Galland & Vildelou, dans le nouveau Dictionnaire Hist. & Crit. de M. de Chaufepied, tom. III. art. *Octai Khan*. Rem. (c).

surpris, eut de la peine à se sauver (a). Pu-cha-quen, enhardi par ce succès, fit enfermer l'Empereur dans une salle avec quelques Domestiques. Sheu dit alors en pleurant à ceux qui étoient avec lui : « Que les Dynasties ne duroient pas tou-
» jours, & que les Rois n'étoient pas exempts
» du tribut qu'il faut payer à la Mort. Il ajouta,
» qu'il avoit un grand regret de n'avoir pas su bien
» choisir ses Officiers, & de se voir renfermé
» par un esclave qu'il avoit comblé d'honneurs «.
Trois fideles sujets de l'Empereur firent consentir ce Prince à se défaire de ce traître à quelque prix que ce fût. Ils conseillerent à Sheu de le mander pour le consulter, s'il convenoit de transporter la Cour à Tsay-cheu, à présent *Ju-ning-fu*, dans le Hónan : quand il entra dans la chambre, un des Officiers lui donna un coup de sabre dans le côté ; l'Empereur lui-même lui en donna un autre ; & comme Pu-cha-quen vouloit encore prendre la fuite, celui qui lui avoit donné le premier coup, le poursuivit & le tua. Cet événement se passa dans le mois de Juin. Les troupes, à la nouvelle de sa mort, prirent les armes ; l'Empereur en personne sortit pour les appaiser, & leur rendit compte de ce qui venoit de se passer.

Prise de Loyang & fidélité du Gouverneur.

Le Général Tachar prit sur les Kins la ville de Loyang ou Ho-nan-fu, où commandoit le brave Kyang-shin. Voyant, après des efforts incroyables, qu'il ne pouvoit pas tenir, il prit une troupe de soldats d'élite, & tenta de se faire jour au travers de l'armée des Mongols ; mais il fut pris avec ses soldats. Tachar, qui avoit conçu une

---

(a) Gaubil, p. 78 & suiv.

haute idée de ce Capitaine, lui proposa de se tourner du côté du nord, & de se prosterner pour saluer l'Empereur Octay, en lui promettant les premieres charges militaires; il le refusa constamment. Les soldats le prirent par force, & lui firent tourner le visage vers la Tartarie; mais aussi-tôt il se retourna vers le sud pour saluer l'Empereur des Kins, son Maître. Tachar, le voyant inflexible, le fit mourir. L'Histoire de la Chine comble d'éloges Kyang-shin, & un autre Officier nommé *Tse-lye*, qui commandoit avec lui. Les Mongols prirent le fils du dernier à Pyen-king, & le menerent devant Loyang, pour obliger son pere à se rendre; mais Tse-lye ne répondit que par une grêle de fleches. Ayant appris la trahison de Tsû-li, il en fut si vivement touché, qu'il perdit sur le champ la parole, & mourut peu de jours après.

Regne d'Octay Khan II.

Après la mort de Pu-cha-quen, l'Empereur Sheu laissa des troupes & un Gouverneur à Quey-te-fu, & partit pour Ju-ning-fu avec quatre cents personnes (*a*). Quand il arriva à Pocheu, ville à trois ou quatre lieues de Quey-te-fu, qui est à présent détruite, les peuples, en pleurant, se mirent à genoux pour le recevoir. L'Empereur, d'un air modeste, leur dit : ,, Qu'ils ne de-
,, voient faire aucun cas de lui; mais qu'ils de-
,, voient se souvenir des obligations qu'ils avoient
,, à ses ancêtres ''. Le peuple versant des larmes, cria à haute voix : *Van-sui*, c'est-à-dire,

L'Empereur se retire à Juning-fu.

─────────────

(*a*) L'Anglois porte quatre mille; mais nous avons cru être en droit de le corriger sur l'autorité du P. Gaubil & de M. de Guignes, Hist. Gén. des Huns. tom. III. p. 91.

dix mille ans. C'est un des noms que les Chinois donnent à leurs Empereurs, & par ce cri le peuple témoignoit le désir qu'il avoit de voir régner encore long-temps ce Prince. L'Empereur demeura un jour à Pocheu ; il marcha cinq ou six lieues vers le sud, & entra dans un vieux Temple abandonné, où on l'entendit s'écrier en soupirant : *Tout mon peuple est perdu.* Quand les habitans de Ju-ning-fu virent ce Prince triste, défait, & si mal accompagné, ils se mirent à pleurer ; & les principaux étant venus se mettre à genoux devant lui, il les fit relever, & ne put s'empêcher de verser des larmes.

Règne d'Oc-my Khen II.

Son insensibilité.

L'Empereur nomma le Prince Whan-yen Hû-sye-hû Capitaine-Général & premier Ministre. C'étoit un homme d'un rare mérite, & d'une fidélité reconnue. Il étoit nuit & jour à cheval, & vendoit tout son bien pour acheter des armes, des vivres & des chevaux. Il forma un corps de dix mille hommes, qu'il exerçoit continuellement. La présence de l'Empereur, & l'éloignement des Mongols, attiroient beaucoup de monde à Tsay-cheu, pendant que le Monarque, comme s'il n'eût plus eu rien à craindre, pensoit à se faire bâtir un palais, & à se marier. Mais Hû-sye-hû le tira de la sécurité où il commençoit à languir ; il lui fit voir le peu de vivres, de munitions & d'argent qui étoient dans la ville, & lui fit comprendre qu'il ne falloit penser qu'à se fortifier & à se défendre.

La Cour assiégée.

Vingt mille Chinois détachés de l'armée des Song, sous les ordres de Men-kong, avoient déjà joint le Général Tachar. Ces deux Généraux prirent dans le mois d'Août plusieurs villes du Honan, & dans le mois suivant vinrent investir Ju-ning-fu. Tachar s'apperçut par les deux premieres attaques qu'il fit faire aux portes de la ville, qu'il trouveroit une longue résistance; il ordonna de faire des retranchemens & de construire des murailles; le Général Men-kong le seconda. Ces travaux effrayerent les soldats de la garnison, qui vouloient se rendre; mais Hû sye-hû & l'Empereur lui-même ranimerent si bien leur courage, qu'ils prirent tous la résolution de périr pour la défense de leur Prince.

Regne d'Oc-tay Khan II.

Au mois de Novembre, n'y ayant pas assez de soldats pour défendre la place, Hû-sye-hû choisit les femmes les plus robustes, qu'il habilla en hommes, fit porter sur les murailles le bois, les pierres & tout ce qui étoit nécessaire, & fit faire une sortie qui ne réussit pas. Men-kong coupa le retour des troupes, & il apprit des prisonniers qu'il fit, que les vivres manquoient dans la ville. Ce Général Chinois en donna avis à Tachar, & l'avertit de se précautionner contre le désespoir des assiégés, qui, réduits à l'extrémité, pourroient faire une sortie générale, & s'ouvrir un passage par quelque endroit. Dans le mois de Décembre, Tachar fit attaquer par le Général Chang-jao, à la tête de cinq mille hommes, un angle où ce Général reçut plusieurs coups mortels, & si Men-kong ne fût venu à son secours, il auroit péri avec tout son monde; le Général Chinois l'arracha du milieu des ennemis.

Réduite à l'extrémité.

La meilleure fortification de Ju-ning-fu étoit une tour nommée *Chay-tan*, & une redoute éloignée de la riviere de soixante pieds. Celle-ci fut emportée d'assaut; mais les troupes n'osoient

Tour enchantée.

pas approcher de la tour, parce que le bruit s'étoit répandu qu'un dragon en gardoit le bas, & que le haut étoit rempli d'arcs à rouet. Men-kong donna un jour du vin à ses soldats, & leur dit que les dards qui partoient de la tour ne faisoient du mal qu'à ceux qui étoient éloignés ; mais que ceux qui s'approchoient n'avoient rien à craindre. Cette tour étoit au milieu de l'eau ; les Généraux firent faire des grandes saignées ; & après que les eaux furent écoulées dans la riviere de Jû, toutes les troupes passerent à pied sec, attaquerent les murailles qui regardoient le midi, & taillerent en pieces cinq cents soldats choisis, qui étoient sortis la nuit pour brûler les machines & le camp des assiégeans. Après que Tachar & Men-kong eurent forcé les murailles du côté du midi, ils firent donner un assaut général à celles qui regardoient le couchant, qu'ils emporterent aussi. Mais ils furent bien étonnés de trouver une seconde muraille garnie de chevaux de frise & fortifiée d'un fossé. L'illustre Hû-sye-hû s'y défendit pendant trois jours & trois nuits avec l'élite de ses troupes, sans pouvoir être forcé.

Courage de l'Empereur.

L'Empereur voyant bien que l'on ne pourroit pas résister long-temps, tint ce discours aux Grands qui l'accompagnoient : „ J'ai été Héritier présomptif de la Couronne dix ans, & depuis dix ans
„ que je suis sur le trône, je n'ai point commis
„ de grandes fautes (*a*) ; je ne crains point la

(*a*) Les Princes s'imaginent aisément qu'ils n'ont pas fait de fautes. Mais ce Prince pouvoit-il en faire de plus grandes que celles qui rallumerent la guerre pour sa ruine & celle de ses sujets ?

» mort. Je vois que la plupart des dynasties ont
» fini sous des Princes brutaux ou ivrognes, ou
» avares, ou débauchés. Vous savez que je ne
» suis pas tel, & cependant la dynastie des Kins
» finit en moi; c'est ce que je vois avec douleur.
» Les Princes sous qui ont fini les dynasties, ont
» été ordinairement exposés aux insultes, aux ou-
» trages, à la prison, & traités avec indignité;
» je vous déclare aujourd'hui que cela ne m'arri-
» vera pas «. Après ce discours, il distribua tous
ses meubles précieux, prit un habit ordinaire, &
invita ses meilleures troupes à le suivre. Il sortit
par la porte orientale, & fit des efforts extraordinaires pour mourir les armes à la main, ou pour
se faire jour à travers les ennemis. Les assiégeans
s'étoient attendus à quelque action pareille de désespoir, & ils repousserent l'Empereur dans la
ville. A son retour, il fit tuer la plupart des chevaux qui restoient pour nourrir les troupes, que la
famine avoit souvent forcées de manger les prisonniers ou les soldats blessés (*a*).

Le premier jour de Janvier 1234, Tachar &
Men-kong firent de grandes réjouissances dans
leur camp, pour célébrer le premier jour de l'an
Chinois, tandis que les assiégés n'avoient devant
les yeux que les plus tristes objets. Les soldats faits
prisonniers sur la breche, rapporterent que depuis
trois mois on souffroit la famine dans la ville;
qu'après avoir fait bouillir le cuir des selles, des
bottes, des tambours, on avoit tué les vieillards,
les infirmes, beaucoup de prisonniers & de blessés,
pour les manger; que les soldats en état de servir,

Regne d'Oc-tay Khan II.

Extrême famine.

(*a*) Gaubil, p. 83, 85.

Regne d'Oc-tay Khan II.

qui restoient, piloient les os des hommes & des animaux morts, pour les mêler avec des herbes seches, dont ils faisoient une affreuse bouillie. Ces prisonniers ajoutoient que la plupart des soldats vouloient se rendre. Men-kong, instruit de ces circonstances, obligea ses soldats de se mettre une balle dans la bouche, pour les contraindre au silence, &, profitant d'un brouillard épais, fit attaquer la partie occidentale avec toute son armée. Il se servit d'échelles de cordes, & fit cinq breches; mais après une attaque qui dura depuis le matin jusqu'au soir, dans laquelle il perdit beaucoup de monde, il fut encore obligé de se retirer. De leur côté, les assiégés avoient perdu leurs meilleurs Officiers & leurs meilleurs soldats, & il ne restoit que quelques Officiers à la tête des Mandarins des Lettres (a), & quelques soldats à demi-morts de faim, & soutenus par l'exemple de Hû-sye-hû.

Prise de la ville.

Dans la nuit suivante, l'Empereur assembla les Grands, & leur déclara qu'il remettoit son trône renversé à Chang-lin (b) ou Shing-lyen, Prince de son sang, qui, sur les instances de l'Empereur, accepta la dignité impériale. L'Empereur le loua, & lui dit : « Si vous pouvez échapper, vous continuerez notre race, & releverez ce trône abattu ». Le lendemain, pendant que les Manda-

---

(a) Les Kins, de même que les autres Nations qui ont conquis la Chine en tout ou en partie, avoient adopté les Loix & les Coutumes des Chinois, qui avoient des Mandarins civils & militaires, ou des Commandans, ainsi que les appellent les Portugais.

(b) C'étoit le frere du Général Pesa, que She-tyen-che avoit défait près de Wey-whey-bu. Gaubil. Sans doute le même qu'on fit mourir ensuite pour satisfaire les soldats.

rins étoient occupés de l'installation de Chang-lin, les troupes des Song & des Mogols monterent sur les murailles du côté du midi, & forcerent deux cents hommes qui les défendoient, à se rendre. Les Mandarins, qui étoient auprès du nouvel Empereur, vinrent au secours, & trouverent les étendards des ennemis déjà plantés sur les remparts. Dans le même temps, la porte méridionale fut abandonnée; Men-kong & Tachar, suivis de leurs troupes, pénétrerent parlà dans la ville. Le Prince Hû-sye-hû, à la tête de mille soldats, les arrêta dans une rue, & combattit avec une intrépidité qui le fit admirer des ennemis. L'Empereur Sheu voyant tout perdu sans ressource, se retira promptement dans une maison avec le Sceau de l'Empire, la fit environner de fagots de paille, & ordonna qu'on y mît le feu, après qu'il se seroit tué lui-même. Ses ordres furent exécutés aussi-tôt après sa mort (*a*).

Regne d'Octay Khan II.

Hû-sye-hû, qui combattoit encore comme un lion dans les rues, ayant appris la mort de son Maître, courut à la riviere Jû, & s'y noya; les Officiers qui étoient avec lui, & cinq cents soldats suivirent son exemple. En attendant, le nouvel Empereur Chang-lin, avec quelques Mandarins,

Mort de l'Empereur.

(*a*) La maison où l'Empereur se tua s'appeloit *Yeu-lan-hu-yen*, & on montre encore aujourd'hui où étoit cette maison près de Jû-ning-fu, nommée dans l'Histoire des Mongols *Tsaicheu*, ville du Honan. Abu'lghazi Khan dit qu'on ne peut assurer avec certitude (il parle des Historiens Occidentaux) ce que devint Altoun Khan, qui est le nom générique qu'il donne aux Empereurs des Kins; que cependant on croit qu'il se précipita dans un grand feu, qu'il fit allumer exprès.

Regne d'Oc-tay Khân II.

fit les cérémonies ordinaires à la Chine pour la mort de son prédécesseur, & donna ses ordres pour enterrer ses cendres sur le bord de la riviere. Les deux Généraux ennemis se saisirent du palais, & partagerent le butin (*a*). Le même jour, Chang-lin fut tué dans le tumulte. Ainsi finit la dynastie des Kins, dont les commencemens avoient été si glorieux (*b*).

La conduite des Song mécontente les Mogols.

Après la prise de Ju-ning-fu, les Song & les Mongols convinrent des limites des deux Empires. Le Honan devoit être remis aux premiers après la fin de la guerre; mais les Song, sans attendre l'expiration du terme, & sans en avertir l'Empereur Octay, introduisirent leurs troupes dans le Kay-fong-fu, dans Loyang, & dans les autres villes considérables, au mois de Juin & de Juillet, & ils n'eurent pas la précaution de pourvoir ces places de vivres. Les Mongols se plaignirent de cette précipitation, & Suputay, qui étoit campé au nord du Vang-ho, repassa ce fleuve, bien résolu de se venger des Song. Une grande partie de la garnison de Loyang, étant sortie pour chercher des vivres, fut taillée en pieces par un détachement des Mongols, & le Gouverneur fut obligé de se rendre faute de provisions. Suputay paroissant résolu de marcher vers Kay-fong-fu, le Général des Song, qui manquoit de tout, abandonna la place : les Song montrerent bien peu de prudence dans ces occasions. L'Empereur Song (*c*). soit pour contenter les Mongols, soit parce que

---

(*a*) Voy. l. XV. c. III. dans l'Hist. des Kins.
(*b*) Gaubil, p. 85 & suiv.
(*c*) Nommé *Lit-song*. Une des premieres Reines de ce Prince étoit pour lors en grande faveur, & obtint de

ses Officiers n'avoient pas bien fait leur devoir, ordonna de les punir, en les faisant descendre à des degrés inférieurs du Mandarinat.

Regne d'Oc-tay Khan II.

Au mois de Décembre, Octay Khan rappela Suputay en Tartarie, pour conférer avec lui sur l'exécution de plusieurs grandes expéditions militaires. Il envoya dans le même temps un Officier à Hangcheu, dans la province de Che-kyang, pour se plaindre des Song à la Cour. Ceux-ci envoyerent de leur côté un Seigneur, pour obtenir la continuation de la paix. On ne marque pas la réponse que fit Octay, mais on verra que ce Prince étoit très-mécontent des Song.

Au printemps de l'année 1235, la septieme du regne d'Octaï, ce Prince fit environner le campement, c'est-à-dire la ville de Holin ou Karakorom de murailles, & fit bâtir un palais (a) nommé Wun-gan, de cinq lis de tour. Dans le premier

Différentes expéditions.

―――――――

hautes dignités pour son frere Kya-tse-tao, qui devint bientôt premier Ministre, &, par sa mauvaise conduite & son peu de capacité, ruina l'Empire des Song, dans la Chine Méridionale.

(a) Abu'lghazi Khan dit que cette année il fit bâtir un magnifique palais dans le pays de Karakum ou Karakorom, & qu'il fit venir les plus habiles Peintres du Kitay pour y ajouter des ornemens; qu'il enjoignit à tous les Princes & aux autres grands Officiers de l'Empire de bâtir de belles maisons autour de ce palais, & qu'il y fit construire une belle fontaine ornée d'un tigre d'argent de grandeur naturelle, qui jetoit l'eau par la gueule, & à quelque distance, un parc de deux journées de tour, qu'il remplit de toutes sortes de bêtes fauves & d'autre gibier, pour y prendre le plaisir de la chasse, & qu'il le fit enfermer d'une palissade de douze pieds de hauteur. L'Historien ajoute qu'Octay fit encore rebâtir la ville de Herat, capitale du Korasan, qui avoit été entierement détruite par les ordres de son pere.

Regne d'Oc-tay Khan II.

mois de la même année, il envoya une armée dans la Corée. Ce Prince ayant mis sur pied une armée de plus de quinze cent mille hommes de bonnes troupes, résolut d'immortaliser son nom par de grandes conquêtes. Il donna trois cent mille hommes à Suputay, pour aller ravager les pays qui sont à l'ouest, au nord & au nord-ouest de la mer Caspienne. Patu ou Batu, fils aîné du feu Prince Chuchi ou Juji, Mengko, fils aîné de Toley, Quey-yeu, fils aîné de l'Empereur, & plusieurs autres Princes (*a*), étoient dans cette armée, de même que plusieurs Chefs de Hordes, Lianghu-tay, fils de Suputay, & Mangusar de la Tribu de Chalar ou Jalayr, & de la famille de Che-lao-when (*b*).

Les Song attaqués.

Kotovan, second fils de l'Empereur, avec le Général Chahay (*c*), eurent ordre d'attaquer les Song dans le Se-chuen. Kûchû, son troisieme fils, avec les Généraux Temûtay, & Chan-jao, le Prince Pitû, fils de Lieuko, Roi du Leatong, d'autres Princes Mongols & Kitans, & le Général Chahan, furent commandés pour aller sur les frontieres du Kiang-nan. L'Empereur des Song envoya ses plus habiles Généraux sur les frontieres,

---

(*a*) Abu'lghazi Khan met du nombre Bâdur fils de Jagatay, & dit qu'ils furent envoyés contre les Russes, les Jerkas ou Circasses, les Bulgares, les pays de Tura & du Bekhs-hirs. Il les fait revenir après une absence de sept ans, mais sous le regne d'Octay.

(*b*) C'étoit un des quatre intrépides. Mangusar s'étoit fort distingué dans l'armée de Toley, dans les années 1231 & 1232. Gaubil.

(*c*) De la Horde Suntusse. Il avoit bu avec Jenghiz Khan de l'eau du Panchuni.

& quoiqu'il fût très-puissant, il ne laissa pas de craindre tout de tant d'armées formidables qui venoient attaquer ses Etats. Ces armées étoient composées d'excellentes troupes Chinoises & Tartares, commandées par de vieux Capitaines aguerris & presque toujours vainqueurs. Wang-shi-hyen, Officier de réputation parmi les Kins, commandoit à Kong-chang-fu dans le Chen-si, place forte, bien pourvue de troupes & de munitions : quand il sut que Kotowan devoit passer près de sa ville, il alla au devant de ce Prince, & lui offrit ses troupes. Le Prince le prit sous sa protection, lui laissa le gouvernement de Kong-chang-fu, & lui conféra une grande charge militaire (a).

Regne d'Octay Khan II.

En 1236, l'armée du Prince Kûchû ravagea la province de Hu-quang. Au mois de Janvier, les Mongols prirent la ville de Kyang-lin, aujourd'hui King-cheu ; & dans le mois de Mars ils s'emparerent de Syang-yang, où ils firent un grand butin en argent & en munitions de guerre. Les Officiers des Song ne s'accordant point ensemble, un d'eux mit par malice le feu aux magasins des fauxbourgs, ce qui donna occasion aux Mongols de se rendre maîtres de la ville. Au mois d'Août, les habitans de Tegan, autre ville de Hu-quang, furent presque tous passés au fil de l'épée ; & dans le mois d'Octobre, les Mongols perdirent le Prince Kûchû, leur Général, qui étoit fort chéri de l'Empereur son pere. Yelu-chu-tsay avoit déjà porté Octay à réparer la salle de Confucius, ou, pour mieux dire, le palais où l'on honore cet ancien Sage de la Chine. Ce Prince avoit aussi fait

Pertes dans le Hu-quang. 1236.

───────────────

(a) Gaubil, p. 88 & suiv.

construire une grande sphere & un palais pour enseigner les Sciences Chinoises. Son Ministre l'engagea encore à donner la liberté à plusieurs Lettrés & Docteurs Chinois, faits esclaves dans le Hu-quang. Au mois de Février de cette année, les Mongols commencerent à introduire leur monnoie de papier ou de soie. Cette monnoie avoit été en usage sous Chang-tsong, sixieme Empereur des Kins.

Le Prince Kotowan, après avoir passé à la vue de Kong-chang fu, se disposa à attaquer la ville de Myen, du district de Hang-chong-fu dans le Chen-si. Il entra dans cette derniere place, après avoir forcé les passages, avec une armée de cinq cent mille hommes, Chinois, Mongols, Tartares ou Etrangers Occidentaux. Tsao-yeu-ven, Gouverneur de Myen, un des meilleurs Capitaines des Song, après avoir été chassé du fort & du passage de Syen-jin près de la ville de Fong, dans le district de Han-chong-fu, passa de nuit la riviere avec dix mille hommes d'élite, & mit ses troupes en embuscade dans un lieu nommé *Leuki*, avec ordre de battre du tambour, d'allumer des feux dans le camp, & de crier en dehors : *Tue ! Tue !* Tsao-wan, frere d'Yeu-ven, eut la hardiesse d'attaquer le Général Tahay qui commençoit à paroître avec dix mille cavaliers & fantassins ; les troupes qui étoient en embuscade allumerent des feux. Yeu-ven ayant partagé ses troupes en trois corps, alla avec trois mille hommes s'emparer d'une gorge de montagnes, appelée *Kitovan*, & plaça dans les lieux les plus difficiles huit cents cavaliers résolus de périr plutôt que de lâcher le pied, quoiqu'ils fussent environnés d'ennemis.

Regne d'Octay Khan II.

Monnoie de papier.

Invasion du Chen-si.

Le vent & la pluie empêchoient de marcher, & les Officiers prioient Yeu-ven de s'arrêter; mais il le refusa, & arriva à Long wey-feu, où son frere Tsaowan vint le joindre. Il se donna là entre les Song & les Mongols un grand combat, où il se fit un si terrible carnage, qu'on dit que le sang coula jusqu'à deux lieues. A la pointe du jour, les Mongols ayant rejoint leur Général Tahay, la petite armée des Song se trouva environnée de tous côtés, & il y eut encore de part & d'autre un grand carnage. Tsao-yeu-ven, se voyant perdu sans ressource, résolut de vendre chèrement sa vie: » C'est, dit-il, l'ordre du Ciel, » il faut mourir «. Il tua ensuite son cheval en insultant les Mongols, & fondit sur eux le sabre à la main; il périt avec son frere & presque tous ses soldats. Cette victoire couta cher aux Mongols. La bataille se donna au mois de Juillet près d'Yang-ping, forteresse à l'ouest de la ville de Pao-ching, qui est à deux ou trois lieues au nord-ouest de Hang-chong-fu.

Regne d'Octay Khan II.
Terrible bataille.

Après la défaite de Tsao, le Prince Kotovan entra dans le Se-chuen, campa proche de Ching-tu-fu, qui en étoit la capitale, & soumit la plupart des villes de cette province; les Mongols ne purent cependant forcer Ho-cheu, Quey-cheu, Lû-cheu, & Shun-king-fu. Au mois d'Octobre, un détachement des troupes de Kotovan assiégea Ven-cheu, ville qui appartenoit aux Song, du district de Kong-yang-fu. Lyeu-jû-i, Commandant de la ville, après avoir combattu nuit & jour, se voyant hors d'espérance de secours, assembla ses domestiques, & leur conseilla de s'empoisonner. Un petit enfant de six ans se

Réduction du Se-chuen.

mit à genoux, & pria Lyeu-jû-i de lui permettre d'en faire autant, prit la taſſe, & mourut courageuſement. Lyeu-jû-i & ſes deux enfans ſe tuerent enſuite, & plus de quarante mille ſoldats & habitans aimerent mieux l'imiter que de ſe rendre (*a*).

Cependant Keu-when-pu-wha ravagea une bonne partie des pays qui ſont ſur les frontieres du Kiang-nan, du Hu-quang & du Honan, & marcha vers Wang-cheu, ville conſidérable du Hu-quang. Au mois de Novembre, Meng-kong ſe mit à la tête d'une armée des Song, marcha vers King-cheu, & ruina plus de vingt poſtes où les Mongols avoient laiſſé des troupes. Le Général Chalang avoit aſſiégé Ching-cheu, ville du Kiang-nan, ſur le Kyang, appelée aujourd'hui *I-ching-hyen*; mais il fut obligé de lever le ſiége, parce que l'activité de Kyeu-yo, qui en étoit Gouverneur, fit périr quantité de Mogols par les embuſcades qu'il leur dreſſoit, par ſes machines à lancer des pierres, & par le feu qu'il trouva moyen de mettre dans preſque tous les quartiers.

Au mois de Mai 1237, Meng-kong parut à la vue de Wang-cheu, que Keu-when-pu-wha aſſiégeoit. Ce Prince, dont l'armée étoit fatiguée, ne jugea pas à propos d'en venir à une bataille, leva le ſiége, & donna ordre d'inveſtir Gantong, aujourd'hui Cheu-cheu, dans le diſtrict de Fong-yang-fu dans le Kiang-nan. Mais ce ſiége ne lui réuſſit pas mieux que l'autre. Tu-keu qui y commandoit, brûla, dans de fréquentes ſorties, vingt

---

(*a*) Gaubil. p. 91 & ſuiv.

retranchemens

retranchemens que les Mongols avoient faits sur les fossés, après les avoir comblés, & rendit inutiles leurs bombes ou feux Grégeois. Lu-ven-te, excellent Officier, né à Gantong, profita du désordre où l'attaque des retranchemens mit les Mogols, se fit jour à travers leurs troupes à la tête de quelques braves; il entra dans la ville, &, de concert avec Tu-keu, par son activité & par sa vigilance, il les obligea à lever le siége, après une grande perte d'hommes.

Regne d'Oc-tay Khan II.

Chahan, Inspecteur de toutes les machines qui avoient servi devant Gantong, résolut, en 1238, de faire le siége de Lu-cheu, ville forte du Kiang-nan. Il fit courir le bruit qu'il avoit huit cent mille hommes, & que son dessein, après la prise de Lu-cheu, étoit de faire construire un grand nombre de barques sur le lac Tsao, pour aller ravager tout le pays qui est le long du Kyang. Ce Général fit élever autour de la ville un rempart de terre, avec un double fossé. Tu-keu, qui l'avoit prévenu, s'étant jeté dans Lu-cheu, fit tremper dans de l'huile un nombre prodigieux de fagots d'herbe, & lorsque les Mongols y pensoient le moins, il fit jeter les fagots sur les retranchemens, & en même temps, du haut d'une tour à sept étages, il fit lancer de grosses pierres. Les Mongols, attaqués d'une façon si imprévue, ne pouvoient se garantir des pierres, ni éteindre le feu qui se répandit de tous côtés. Tu-keu fit ensuite une sortie générale, & les Mongols surpris furent obligés de prendre la fuite, pour éviter de voir périr toute leur armée; il les poursuivit pendant plus d'une lieue, & ce fut-là un des plus grands échecs qu'ils eussent

Et d Lu cheu. 1238.

Regne d'Oc-tay Khan II.

encore reçus. Le fils de Tu-keu & Lu-ven-te s'emparerent de tous les défilés, & dans le mois de Septembre les Mongols furent obligés de se retirer vers le nord.

Meng-Kong bat les Mongols. 1239.

Dans le Hu-quang, Meng-kong les battit de tous côtés, & au mois de Mars de l'an 1239, il reprit Syang-yang qu'il fortifia, de même que Fan-ching, située vis-à-vis de Syang-yang ; il représenta à l'Empereur son Maître l'importance de ces deux postes, & il fut résolu d'avoir toujours une grande armée aux environs. Celle de Kotovan, après avoir fait un grand butin dans le Se-chuen, se retira sur les frontieres du Chen-si. Les Song profiterent de cette retraite pour rentrer dans le Ching-tû-fu, capitale du Se-chuen, où ils rassemblerent un grand corps de troupes Le Général Tahay rentra alors dans cette province, & défit en bataille rangée l'armée des Song près de Ching tû-fu, se saisit de cette capitale, & se mit en marche pour entrer dans le Hu-quang, par Quey-cheu. Meng-Kong, sur ces nouvelles, mit de bonnes troupes & des provisions dans tous les postes qui sont sur les frontieres du Se-chuen & du Hu-quang, fit garder tous le passages du Kyang, préparer un grand nombre de barques, & se mit en marche au mois de Décembre. Ce Général rendit inutiles les entreprises des Mongols, & se fit beaucoup d'honneur par la prise de Quey-cheu, poste très-important pour eux, situé sur le bord septentrional du Kyang, sur la frontiere des deux provinces de Hu-quang & de Se-chuen (*a*).

Les Douanes affermées.

Depuis la conquête du Honan, Yelu-chu-tsay

(*a*) Gaubil, p. 93 & suiv.

Livre V. Chapitre I.

avoit fait monter les douanes de la Chine soumises aux Mongols jusqu'à cent dix van de taëls d'argent; Gao-tu-laaman, Whey-hû de nation, c'est-à-dire Mahométan, offrit d'en donner deux cent vingt van. Le Ministre s'opposa à une proposition qui tendoit à ruiner le peuple; mais ses raisons n'ayant pas prévalu, il jeta en colere un profond soupir, & dit hautement que la misere où l'on alloit réduire les Chinois, seroit bientôt suivie des plus grands malheurs.

Regne d'Oc-tay Khan II.

En 1240, Octay ordonna à Quey-yeu, son fils aîné, de revenir en Tartarie avec l'armée qu'il commandoit en Occident, où l'on dit qu'il fit de grandes conquêtes, sans qu'on marque les pays qu'il subjugua. La même année, Meng-kong se rendit fameux par les grands avantages qu'il remporta sur les Mongols; il brûla leurs magasins de vivres à Ju-ning-fu, & les bois qu'ils avoient ramassés à Teng-cheu pour faire des barques, leur enleva tout le butin & les esclaves qu'ils avoient pris dans le Hu-quang, & qu'ils avoient mis dans le Sui-cheu. Il visita ensuite lui-même les frontieres, rassembla un grand nombre de Paysans qu'il forma au métier de la guerre, leur donna des Officiers & des armes, & il eut la gloire de voir tous les pays qui sont entre le Se-chuen & les rivieres de Kyang & de Han, remplis de Laboureurs en état de défendre leur terres, de remplir les magasins, & de former en peu de temps des corps de troupes.

Exploits de Meng-kong. 1240.

Au mois de Février de l'an 1241, Octay Khan se trouva fort mal après une grande chasse qu'il avoit faite auprès d'un lac Kye-kye Chay-hu. L'Impératrice Tolyekona, persuadée que ce

Maladie d'Octay.

O ij

Regne d'Oc-tey Khan II.

Prince alloit mourir, fit venir le Ministre Yelu-chu-tsay, pour délibérer avec lui sur les affaires de l'Empire. Yelu-chu-tsay dit hardiment que l'Empereur avoit de mauvais Conseillers, que l'avarice régnoit à la Cour, qu'on vendoit les charges, & que les prisons étoient remplies d'honnêtes gens, dont tout le crime consistoit à désapprouver les voies illicites qu'on employoit pour avoir de l'argent, tandis que des gens de rien & chargés de mille crimes étoient en place. Déjà l'Impératrice prenoit des mesures pour rendre la liberté à tous ces prisonniers, lorsque l'Empereur revint & se rétablit : on publia alors une amnistie dans l'Empire, & dans le mois d'Octobre on ouvrit aux Chinois la liberté de pouvoir parvenir aux charges subalternes dans les Tribunaux.

Sa mort.

L'Empereur aimoit passionnément le vin ; Yelu-chu-tsay lui avoit fait souvent de sages remontrances sur ce qu'il avoit à craindre de ses excès ; & quoique ce Prince écoutât ces avis comme des marques de son zele, il ne se corrigea point. Au mois de Novembre, les Grands l'inviterent à une chasse, & malgré les représentations de Yelu-che-tsay, le Prince y alla. Etant arrivé le cinquieme jour à la montagne de U-lye-kû-hulam, il passa toute la nuit à boire, à la persuasion de Gaotu-laaman. Cet excès lui couta la vie ; il mourut le lendemain, âgé de cinquante-six ans, après un regne de treize. Il déclara pour son successeur à l'Empire son petit-fils Shelye-men ou Shiramon, ainsi que l'appellent les Historiens Occidentaux, fils de Kuchû son troisieme fils, mort dans le Hu-quang en 1236.

son caractere.

Octay, ou Ogotay suivant les Mongols, avoit

Livre V. Chapitre I.

du courage, beaucoup de prudence & de grandeur d'ame. Yelu-chu-tſay lui avoit inſpiré l'amour des Sciences, & de l'application aux affaires de l'Etat. Il exerçoit une grande autorité, tant ſur les Princes de ſa famille, que ſur ceux qui étoient ſes vaſſaux. Il aimoit le bon ordre, & avoit beaucoup de droiture.

Regne d'Octay Khan II.

Il eut pluſieurs femmes qui portoient le titre d'*Impératrice*; la premiere étoit Polaba, de la Maiſon des Hong-kila ou Kongorats, dont il n'eut point d'enfans; la ſeconde étoit Gang-whey, qui éleva le Prince Meng-ko ou Mangû, fils aîné de Toley & de Sarkutna (*a*); la ſixieme étoit Tolyekona (*b*), Princeſſe qui joignoit aux avantages de la perſonne (*c*), une adreſſe & un eſprit peu ordinaires. De ſes différentes femmes, Octay eut ſept Princes (*d*), & une

Ses femmes.

───────────

(*a*) Abu'lghazi Khan l'appelle *Siurkhomi Beghi Jehan*.

(*b*) Cette Princeſſe étoit de la Tribu de Naymachin; c'eſt la même que D'Herbelot, p. 358, appelle *Turakinah Khatûn*. Khatûn eſt un mot Mongol qui ſignifie *Reine, Impératrice*. D'Herbelot eſt porté à croire qu'elle étoit Chrétienne; mais l'Hiſtoire Chinoiſe ne dit rien de ſa Religion: quoi qu'il en ſoit, ce Savant s'eſt bien trompé ſur le temps de la mort de cette Princeſſe. Elle mourut l'an 1265, ſous le regne de Hûpilay ou Kublay. Gaubil. D'Herbelot la fait mourir vingt ans plus tôt.

(*c*) Suivant Abu'lghazi Khan, Octay avoit quatre femmes légitimes, 1. Burakjin, 2. Turagana, mere de Kayuk, de la Tribu de Markat, ſelon quelques-uns, & que d'autres prétendent avoir été la femme d'un Chef de la Tribu des Virats. Etant tombé entre les mains d'Octay, après la mort de ſon mari, ce Prince l'épouſa & l'aima plus que toutes ſes autres femmes, quoiqu'elle ne fût pas belle. 3. Zuzin ou Jajin. Le nom de la quatrieme n'eſt pas connu.

(*d*) De la Croix aſſure que les Hiſtoriens Orientaux ne

Princesse, mariée au Prince de Honghila (*a*).

Regne d'Octay Khan II. Sa grande libéralité.

Les Historiens de l'occident de l'Asie paroissent n'avoir guere été instruits des actions d'Octay Khan, & de celles de ses successeurs, au moins à en juger par ce que les Ecrivains de l'Europe en ont rapporté. Avec ce que l'on a déjà vu dans les notes, ils nous apprennent qu'en l'année 1235 il envoya Argun Aga dans le Korasan pour y commander, & l'Emir Azzo'ddin Mokaddem Herawi, surnommé *Jamehaf*, pour rebâtir Herat; que celui-ci fit aussi ensemencer les terres, en 1238 (*b*); que le Sultan Seljucide Alao'ddin, qui régnoit à Iconie, dans l'Anatolie, envoya à Octay une célebre ambassade, pour le féliciter sur son avénement à l'Empire des Mongols, & que, pour le remercier, cet Empereur lui offrit une charge dans son palais (*c*). On ajoute que ce Prince étoit d'ailleurs si généreux & si libéral, qu'il dépensa plus de dix millions d'or en présens (*d*). Abu'lghazi

---

font aucune mention des enfans d'Octay Khan, à l'exception de Keyûk l'aîné : mais Abu'lghazi Khan dit que Turagana ou Turakina lui en donna cinq : 1. Kayûk, qui, du vivant de son pere, faisoit sa résidence dans le pays de Parnak, & fut toujours d'une santé fort languissante : 2. Kutan : 3. Kuku, qui promettoit beaucoup, mais qui mourut avant son pere : 4. Karazar ou Karajar : 5. Kashi, à qui l'on donna ce nom, parce qu'il naquit justement dans le temps que Jenghiz Khan conquit le pays de Tangut. Il se livra excessivement à la boisson, & mourut à la fleur de son âge.

(*a*) Gaubil, p. 96 & suiv.
(*b*) De la Croix, p. 511.
(*c*) Voy. l. II. ch. IV. Sect. VIII.
(*d*) D'Herbelot, art. *Octaï Khan*, p. 684.

Khan rapporte divers traits de sa générosité & de sa justice.

Regne d'Oc-tay Khan II.

Un pauvre Maréchal, ayant fait six poinçons de fer, se rendit au marché pour les vendre; & ayant apperçu Ugaday Khan qui passoit, il leva ses poinçons en haut pour qu'il les vît. Le Khan lui envoya demander ce que cela vouloit dire? Le Maréchal répondit que c'étoient six poinçons dont il vouloit lui faire présent. Le Khan les accepta, & lui fit donner un dinar d'or pour chacun.

Un pauvre vieillard, qui n'avoit ni femmes ni enfans, vint trouver Ugaday, & lui fit entendre qu'il souhaiteroit bien faire quelque petit négoce, mais que l'argent nécessaire lui manquoit. Sur quoi le Khan commanda qu'on lui donnât deux cents dinars d'or de son trésor. Quelques-uns des Seigneurs de sa Cour, qui étoient présens, tenterent de l'en dissuader, par la raison que cet homme, n'ayant ni femmes ni enfans, l'argent qu'il lui feroit donner passeroit, après sa mort, en des mains étrangeres; mais Ugaday persista dans sa premiere résolution, disant : » Puis-
» que cet homme a imploré mon secours, il seroit
» injuste que je le renvoyasse les mains vides, lors-
» que je puis l'aider «; & là-dessus il ordonna qu'on lui donnât sur le champ la somme qu'il lui avoit promise, ajoutant : » J'ai fait à présent ce qui dé-
» pendoit de moi ; quant à lui, il mourra quand
» il plaira à Dieu « : mais à peine le vieillard eut-il touché l'argent, qu'il tomba roide mort.

Un autre pauvre homme, nommé *Mussies*, étant venu se plaindre à Ugaday Khan, qu'il n'avoit pas de quoi vivre, il lui fit donner cinq cents

Regne d'Oc-tay Khan II.

dinars d'or. Après qu'il eut mangé cet argent, il vint encore trouver le Khan, qui lui fit donner de nouveau cinq cents dinars. Ceux-ci étant dépensés de même, il revint implorer l'assistance du Khan; mais les Seigneurs qui se trouvoient auprès d'Ugaday, le reprirent de ce qu'il osoit encore importuner le Khan, après en avoir déjà reçu tant d'argent; disant qu'il étoit injuste d'en donner tant à un seul homme, & que de la maniere dont il y alloit, tout ce qu'on pourroit lui donner ne dureroit guere. Le Khan voulut savoir ce qu'il faisoit de son argent, & ayant appris qu'il l'employoit à se bien habiller & à se bien nourrir, il témoigna qu'il ne voyoit pas qu'il y eût là de quoi tant gronder ce bon homme, & lui fit donner en même temps encore cinq cents dinars, en lui recommandant d'en être un peu plus ménager qu'il ne l'avoit été des mille autres.

Exemple de sa justice.

Un homme de la Tribu des Virats, qui haïssoit extrêmement les Mahométans, vint trouver Octay pour lui dire que Jenghiz Khan lui étoit apparu en songe, & lui avoit commandé d'aller ordonner de sa part à son fils, de faire passer au fil de l'épée tous les Mahométans qui se trouvoient dans ses Etats. Le Khan lui demanda si Jenghiz Khan lui avoit parlé en personne, ou par un truchement? Cet homme lui assura qu'il lui avoit parlé en personne : »Tu sais donc parler la »langue Mogole, lui dit le Khan?« Non, répondit »le Virat«. Ugaday lui dit alors : » Mon pere ne par-»loit aucune langue que celle des Mongols. Com-»ment oses-tu donc venir me dire qu'il t'a parlé, »toi qui ne sais pas la langue qu'il parloit, & lui »qui ne sait pas celle que tu parles«? Après l'avoir convaincu de mensonge, il commanda que sur le champ on punît de mort son effronterie.

On cite un autre trait. Ugaday avoit fait publier une défense de tuer à l'avenir les moutons d'une autre maniere que d'un coup de couteau dans la poitrine; il arriva qu'un Mahométan ayant un jour acheté un mouton, lui coupa la tête en cachette. Un Mogol, soupçonnant son dessein, sur ce qu'il lui avoit vu fermer soigneusement sa porte, s'avisa de monter sur le toit de la maison, & ayant été spectateur de l'action du Mahométan, il alla le saisir au collet, & le mena bien garrotté au Khan, qui, après avoir mûrement pesé l'affaire, ordonna de faire mourir le Mogol, & de mettre le Mahométan en liberté, par la raison que ce dernier ayant pris toutes les précautions possibles pour n'être vu de personne, avoit satisfait à l'Ordonnance, tandis que le premier avoit contrevenu aux Loix en montant sur le toit de la maison de son voisin à son insçu (a).

Regne d'Octay Khan II.

(a) Abu'lghazi Khan, p. 370-374.

CHAPITRE II.

La régence de Tolyekona & le regne de Quey-yeu Khan.

SECTION PREMIERE.

La régence de Tolyekona ou Tûrakina Khatûn.

<small>SECT. I.
Régence de Tolyekona.
Les avis de Chut-say rejetés.</small>

APRÈS la mort d'Octay, l'Impératrice Tolyekona (*a*) se fit reconnoître à Karakorom pour Régente de l'Empire, malgré les remontrances de Yelu-chu-tsay, qui prétendoit qu'il falloit proclamer Empereur le Prince Shelyemen, en obéissant aux ordres de son aïeul. L'Impératrice rejeta cette proposition sous divers prétextes; elle sut adroitement profiter de l'absence des meilleurs Généraux qui étoient à la Chine & en Occident; & soutenue de son fils Quey-yeu & de plusieurs Chefs de Hordes, elle gouverna l'Etat avec la même autorité qu'auroit pu faire un Empereur:

(*a*) De la Croix dit que l'Impératrice Tûrakina étoit sœur du Sultan Jalalo'ddin. Mém. de Trév. Mai 1711. L'Histoire Chinoise la fait de la Horde Naymachin; elle mit au monde Quey-yeu en 1206; & avant ce temps-là, il n'y a guere d'apparence qu'une sœur de Jalalo'ddin eût voulu être sixieme femme d'un fils de Genghiz Khan. Gaubil.

elle envoya des Courriers pour notifier la mort de l'Empereur & donner des ordres aux Généraux. Cette Princesse avoit beaucoup d'adresse, elle sut gagner l'esprit des Grands ; elle se servit sur-tout du Seigneur Mahométan dont nous avons parlé, nommé *Gaotu-laaman*, qu'elle estimoit beaucoup, & qui, par son moyen, s'étoit insinué fort avant dans les bonnes graces d'Octay. Ce Seigneur avoit l'administration des finances, & fournissoit à Tolyekona tout l'argent dont elle avoit besoin pour payer les troupes & se faire des créatures, afin de faire tomber la couronne sur la tête de son fils.

SECT. I.
Régence de Tolyekona.

Yelu-chu-tsay, voyant qu'il perdoit son temps à persuader à l'Impératrice d'installer au plus tôt Shelyemen, entreprit d'ôter du Ministere Gaotulaaman, en représentant à Tolyekona que les finances étoient en désordre, & que tout se faisoit à Karakorom par argent. Mais on n'eut aucun égard à ses avis, & Gaotu-laaman devint plus puissant que jamais sur l'esprit de la Princesse, d'ailleurs fort estimée de tous les Mongols. Yelu-chu-tsay conçut tant de chagrin de se voir comme disgracié, après avoir tenu un rang si distingué dans l'Etat, qu'il en mourut deux ans après à Karakorom, au mois de Mars 1243, âgé de cinquante-cinq ans.

Il meurt de chagrin.

Ce grand homme étoit Prince de la famille des Leao, comme l'indique le titre d'*Yelu* joint à son nom. Quand il fut présenté pour la premiere fois à Jenghiz Khan, ce Prince lui demanda ʺ s'il ʺ n'étoit pas bien aise de voir sa Maison vengée ʺ des maux qu'elle avoit soufferts de celle des ʺ Kins ʺ? Chu-tsay lui répondit, ʺ qu'en honʺ neur il étoit obligé d'être sensible au malheur

Son caractere

» des Princes, dont il avoit reçu beaucoup de
» biens & d'honneurs «. Enfuite, devenu premier
Miniftre du Khan, il ne penfa qu'aux moyens
de rendre le regne de ce Prince glorieux. Il s'appliquoit fans ceffe à lui infpirer, de même qu'à
fes enfans & aux Mongols en général, de l'averfion pour le carnage & la rapine, & de l'amour
pour les peuples & pour la police de l'Etat; & on
ne fauroit affez louer les efforts qu'il fit pour
réformer les mœurs & le naturel des Mongols. Il
fut leur premier Maître, & comme leur Légiflateur; il dreffa pour eux un Calendrier, qu'il perfectionna en Perfe, après les conférences qu'il
eut avec les Mathématiciens de ce pays.

Yelu étoit très-habile dans les Sciences Chinoifes & dans l'Hiftoire; il poffédoit, dans un
degré éminent, les qualités d'un grand Miniftre,
une fermeté inébranlable, une préfence d'efprit
extraordinaire, une vafte connoiffance des pays
foumis à fon Maître, du difcernement dans le
choix des fujets, des reffources affurées pour avoir
toujours dans le befoin de grandes fommes d'argent & des provifions, un zele plein de défintéreffement pour le fervice de fon Prince, & il
facrifia conftamment fes intérêts perfonnels à ceux
de l'Etat. Il fit de grandes dépenfes pour attirer
chez les Mongols des Ouvriers, des Officiers &
des Ingénieurs de tous les pays. A la prife de
Ning-hia, les Mongols commirent de grands défordres dans le pillage de la ville & du palais du
Roi; Chu-tfay prit pour lui des Cartes de Géographie, des livres, des peintures, & plufieurs
balots de rhubarbe, dont il fe fervit avantageufement dans la fuite pour guérir les foldats d'une

fievre maligne, & d'autres maladies dont ils furent attaqués, & il les sauva de la mort.

Il avoit un grand zele pour l'avancement des Sciences : il sauva la vie à des milliers de Lettrés Chinois, & fit bâtir des Colléges, où l'on enseignoit aux Mongols l'Histoire, la Géographie, l'Arithmétique & l'Astronomie. Il fit venir du pays des Igûrs, d'Arabie, de Perse, & d'autres lieux occidentaux, quantité d'habiles gens, & fit traduire beaucoup de livres. On ne finiroit point, si l'on vouloit faire le détail de tout ce que ce sage Ministre fit de grand pour la gloire de son Maître & pour le bonheur des peuples. Rien de mieux conçu que ses Réglemens pour les douanes, le commerce, les greniers publics & la subordination des Officiers tant civils que militaires. La férocité naturelle des Mongols, leur ignorance, & la maniere dont ils avoient été élevés, apporterent de grands obstacles à l'exécution des desseins d'Yelu. Il parvint cependant à faire abolir la coutume de choisir en certains temps les plus belles filles pour le palais de l'Empereur. Il étoit lui-même irréprochable, & il inspira à ses fils & à ses petits-fils, qu'il se fit un devoir d'élever, le même amour pour la vertu & pour les Sciences. Un de ses fils fut en particulier très-savant, & composa sur les Mémoires de son pere l'Histoire des Kins & des Leao (a).

Après la mort de ce grand homme, ses ennemis proposerent à Tolyekona de faire examiner ses biens ; mais cette recherche les couvrit de confusion. On trouva peu d'argent, beaucoup de

_____
(a) Gaubil, Hist. de Gentchisc. p. 101 & suiv.

Sect. I.
Régence de Tolyekona.
Son zele pour l'avancement des Sciences.

Son désintéressement.

livres écrits de sa main, sur l'Histoire, l'Astronomie, l'Agriculture, le Gouvernement & le Commerce, des médailles, des instrumens de musique, d'anciens livres, des inscriptions antiques, gravées sur des pierres, du marbre, ou sur des métaux. Dans ses voyages, il avoit eu grand soin d'amasser ces curiosités, au lieu des richesses immenses qu'il auroit pu acquérir. Chu-tsay eut beaucoup d'envieux ; mais l'Histoire lui a rendu justice, & les Mongols lui donnent encore les plus grands éloges. On voit des restes de son tombeau à quelques lieues au sud-ouest de la ville de Peking ; & l'Histoire Chinoise des Mongols rapporte assez au long la vie de ce grand Ministre. Revenons aux affaires des Mongols.

En 1241, les Généraux des Song avoient repris Ching-tû-fu, capitale du Se-chuen, & y avoient laissé pour Gouverneur un bon Officier, nommé *Chin-long-chi*. Mais Wang-shi-hyen (*a*) ayant eu ordre du Général Tahay de l'assiéger, il fut trahi par un Officier qui livra la ville, après que Chin-long-chi se fut défendu dix jours avec beaucoup de valeur. Il fut pris & mené sur un chariot devant Han-cheu, ville du même district, pour obliger le Gouverneur à se rendre ; mais il n'eût pas plus tôt appris ce qu'on vouloit de lui, qu'au lieu de servir les desseins de son vainqueur, il cria à haute voix qu'il falloit mourir plutôt que de se rendre : ces mots lui coutèrent la vie. Trois

---

(*a*) C'est celui qui étoit Gouverneur de Kon-chang, & qui se rendit à Kotovan, comme on l'a rapporté. Il mourut peu de temps après Yelu-chu-tsay, fort regretté. Gaubil.

Livre V. Chapitre II.

mille hommes firent une sortie sur les Mongols, mais ils furent enveloppés & passés au fil de l'épée. Dans le même temps, Yue-lima-tse, Seigneur étranger, mais distingué par sa fidélité, fut envoyé, avec une suite de soixante-dix personnes, aux Song, pour faire des propositions de paix. Mais en passant par le Hu-quang, l'Officier qui commandoit à Chang-sha l'arrêta & n'ayant pu l'engager, ni par promesses, ni par menaces, d'entrer au service des Song, il le fit enfermer dans une forteresse, où il mourut peu de temps après, âgé de trente-six ans. L'Empereur Hûpilay ou Kublay Khan récompensa depuis la fidélité de ce Seigneur dans la personne de son fils.

Sect. I.
Régence de Tolyekona.

Au commencement de l'année 1242, Mengkong apprit qu'une nombreuse armée de Mongols, commandée par un grand Seigneur de cette nation, nommé *Yeko Noyen*, & par un Prince Kitan, qui s'appeloit *Yelu-ko*, avoit passé par Si-gan fu, capitale du Chen-si, & étoit entrée dans le Se-chuen, où elle faisoit le siége de Lucheu. Toujours attentif à garder le Hu-quang, ce Général fit examiner la frontière, & ayant trouvé une ville qui n'étoit pas munie selon ses ordres, il fit trancher la tête au Gouverneur. Cet exemple de sévérité rendit vigilans les autres Officiers; & les Song auroient été heureux, si tous leurs Généraux eussent été du caractere de Mengkong (*a*).

Vigilance de Mengkong.

Le Prince Gan-chi-tay, qui commandoit à Tsinan-fu, eut ordre, en 1244, d'aller attaquer les Song du côté de Fong-yang-fu, ville de la province

Quey-yeu est déclaré Khan.

(*b*) *Idem*, p. 88 & suiv.

de Kiang-nan ; & au mois de Juillet 1245, les Généraux Chang-jao & Chahan firent des courses dans cette province jusqu'aux environs d'Yang-cheu.

SECT. I.
Régence de Tolyekona.

Dans le même mois, l'Impératrice Tûrakinah, ou, pour mieux dire Tolyekona, convoqua une assemblée générale des Grands & des Princes, & par ses intrigues son fils Quey-yeu fut déclaré Empereur. Peu de temps après son installation, les Princes Patû & Mengo, avec les Généraux Sûpûtay, Mangkusar, & autres, arriverent à Karakorom, après une absence de plusieurs années. Leur premiere expédition fut au nord de la mer Caspienne, où Mengo défit un Prince nommé *Pacheman*, qui fut pris & tué en fuyant dans une des Isles de la mer Caspienne. Ensuite ils marcherent contre les Olotse (les Russes), prirent la ville de Tuli-tse-ko, & saccagerent celle d'Yeli-tsan : ils trouverent une grande résistance dans ces deux places. Ils dévasterent ensuite le pays de Te-lye-pan, passerent par la montagne Atsali, soumirent le pays de Machar (a), & vainquirent le Roi Kyo-lyen. S'étant avancés jusqu'à la riviere de Konning, il se donna là un grand combat, où les Mongols furent battus. Patû & Mengo vouloient alors se retirer, mais Sûpûtay ranima le courage de ces Princes.

Mort de Sûpûtay.

La nouvelle de la mort d'Octay les détermina à retourner à Karakorom, où ils arriverent vers la fin de l'an 1246. Sûpûtay mourut peu de temps après, âgé de trente-sept ans, regretté de tous les

---

(a) Peut-être veut-on dire *Majar*, nom que les Turcs & les Tartares donnent à la Hongrie.

Princes de la Famille Impériale, & sur-tout des Officiers Mongols qui avoient servi sous lui. L'Histoire marque que l'armée commandée par ce Général & par les Princes Patû & Mengo, entra dans un pays dont les habitans ont les yeux bleus & les cheveux blonds ; que les jours, au solstice d'été, y sont si longs, qu'à peine y a-t-il de la nuit. On sait que cette armée & d'autres armées des Mongols ravagerent la Russie, la Pologne, la Moravie, la Boheme, l'Autriche & la Hongrie ; mais il est difficile de reconnoître les noms de ces différens pays dans ce qu'en dit l'Histoire Chinoise d'une maniere si confuse & si concise (*a*).

Sect. I.
Régence de Tolyekona.

(*a*) Gaubil, p. 103, 104.

SECTION II.

Le regne de Quey-Yeu ou Kayuk Khan.

Sect. II
Regne de
Kayuk Khan
III.
Les Bonzes favorisés.

L'Empereur Quey-yeu, que les Historiens Persans & Tartares appellent *Gayuk* & *Kayuk*, conservoit beaucoup de respect & de tendresse pour Tolyekona sa mere ; & cette Princesse avoit la meilleure part au gouvernement. Ching-hay & Gaotu-laaman, dont on a parlé, étoient ses principaux Conseillers (*a*), & c'est sous le regne de ce Prince que l'Histoire Chinoise commence à parler du grand crédit que les Bonzes d'Occident (*b*) avoient à la Cour des Mongols, au lieu que sous Jenghiz Khan & Octay Khan on ne voit pas que les Bonzes & les Lamas fussent employés

---

(*a*) On ne sait sur quel fondement De la Croix assure que les deux premiers Ministres de Kejuk Khan étoient Chrétiens. Le P. Gaubil ne sait que penser de ce qu'on dit du Christianisme répandu en Tartarie & à la Cour des Mongols. Il paroît que les Chinois ont traité souvent de Bonzes Occidentaux & de Mahométans, les Chrétiens qu'ils ont vus chez eux : cependant on peut comparer ce que cet Auteur en dit, avec ce qui est rapporté dans la Vie de Jenghiz Khan, par De la Croix, dans celle de S. Louis, par de la Chaize, dans D'Herbelot, Marc Polo, & autres ; & pour ce qui regarde la Chine, il est évident qu'il faut s'en tenir à ce qu'en rapporte l'Histoire Chinoise. Gaubil.

(*b*) Ce sont les Lamas du Tibet, appelés *Bonzes d'Occident*, pour les distinguer des Prêtres Chinois de Fo, que les Portugais désignent purement & simplement par le nom de *Bonzes*, & les Chinois par celui de *Ho-sheng*.

dans les affaires. Parmi les Bonzes Occidentaux, il y avoit deux freres, nés dans le pays de Chû-kyen ou de Cashemire ; l'aîné s'appeloit *Wa-tochi*, & le cadet *Namo* tous deux étoient savans dans la doctrine de Fo, & aimés de l'Empereur, qui donna au premier un sceau d'or qu'il portoit à la ceinture, & il le nomma Commissaire dans tout l'Empire pour examiner les besoins des peuples.

SECT. II.
Regne de Kayûk Khan III.

Au mois de Septembre, l'Empire des Song fit la plus grande perte par la mort du Général Meng-kong. Il étoit né à Tsao-yang, ville du district de Syang-yang dans le Hu-quang. Depuis la guerre du Honan, les Généraux Mongols faisoient beaucoup de cas de sa valeur & de sa science dans l'Art militaire. Dans toutes les occasions où il eut en tête les Mongols, il les défit. Une suite de belles actions, un grand éloignement des plaisirs & des richesses, beaucoup de libéralité & d'attention à soulager les pauvres Officiers & les soldats, une parfaite connoissance des lieux où il faisoit la guerre, soutenue d'une intrépidité & d'une activité extraordinaires, lui acquirent une grande réputation parmi les Chinois & les Tartares. Il étoit savant, & se plaisoit à lire l'ancien livre Y-king (*a*).

Mort de Meng-kong.

Le royaume de Corée ayant refusé de payer tribut aux Mongols, Quey-yeu y envoya, en 1247, une armée qui obligea le Roi à payer tribut, & même à recevoir les Commandans nommés par les Mongols. L'Histoire dit peu de chose de son regne, & ne parle presque point de ce qui se passa

La Corée réduite.
1247.

―――――――――――――

(*a*) C'est un des Livres Classiques des Chinois, expliqué par Confucius.

P ij

dans la Chine & en Tartarie. On parle d'une armée que ce Prince envoya vers l'occident, sans dire ni ce qu'elle fit, ni dans quel pays elle alla.

Au mois de Mars 1248 (*a*), l'Empereur Quey-yeu mourut âgé de quarante-trois ans, dans le pays de Hong-syang-i-eul (*b*). Il eut de l'Impératrice Waulihamish, que les Historiens Occidentaux appellent *Ogulganmish* (*c*), trois Princes & deux Princesses. On ne parle point de ce que firent ces trois Princes (*d*). L'aînée des Princesses épousa le Prince de Pe-ta-ta ou Tata blancs, descendu d'Alakûs, dont on a parlé dans l'Histoire de Jen-

---

(*a*) L'année de sa mort est marquée par le caractere qui exprime le *Singe*, & il est certain qu'il mourut en 1248. Gaubil. Le Moine Rubruquis ne put savoir les circonstances de la mort de ce Prince, qu'il appelle *Ken Khan*. Un autre Moine, nommé *André*, lui conta qu'elle avoit été causée par un breuvage empoisonné que Batû lui fit donner. D'autres prétendoient qu'ayant fait sommer Batû de venir lui rendre hommage, celui-ci craignit quelque tour, & envoya devant son frere Stitchin ; Stitchin présentant la coupe à l'Empereur, ils eurent querelle & se tuerent. Rubruquis, Voyages en Tartarie, ch. XXIX. Menteries ou ignorance de Moines.

(*b*) D'autres disent dans Whey-mi-sye-yang-ki-eul : on ne marque pas où est ce pays, mais il ne devoit pas être loin de Karakorom. Gaubil.

(*c*) C'est le nom que lui donne D'Herbelot. Biblioth. Orient. p. 358.

(*d*) Ni de leurs noms. De la Croix dit que les Historiens Orientaux ne font aucune mention des Princes, enfans de Keyûk : mais Abul'lghazi Khan, p. 376, 377, assure qu'il laissa trois fils, Khoja, Ogul & Bagu, nés d'une même mere, nommée *Khamish*, sans doute la Haymish des Chinois, & la Gammish des Historiens Persans. Il ajoute que Bagu eut un fils qui s'appeloit *Oku*, qui eut dix fils. De la Croix & cet Auteur mettent la mort de Kayûk en 1246.

ghiz Khan. La cadette fut mariée au petit-fils de Stûgû, Prince de Turfan.

Après la mort de Quey-yeu, l'Impératrice Wau-lihanish (*a*) gouverna l'Empire, &, soit par ordre de l'Empereur, soit de son propre mouvement, elle résolut de faire proclamer Empereur le Prince She-lye-men, selon la destination de l'Empereur Octay. Sa Régence ne fut pas heureuse. Le Prince Shelyemen, qui vivoit en Empereur, dont il ne lui manquoit que le nom, avoit peu d'égards pour les Grands & pour les Princes, & ne donnoit accès qu'à ceux que les Impératrices Douairieres, Wanli & Tolyekona, jugeoient à propos. On se plaignoit hautement que la Cour faisoit trop de dépense en bijoux & en pierreries, qu'on achetoit à grand prix des Marchands Whey-hu ou Mahométans, & de ce que les peuples étoient continuellement obligés de fournir des chevaux aux Seigneurs, qui jour & nuit couroient la poste : d'ailleurs la sécheresse & la mortalité du bétail réduisirent bien des pays à la misere, & on ne trouvoit pas d'argent pour payer les grandes armées qu'on tenoit sur pied. Enfin l'Impératrice Régente convint avec les Princes & les Seigneurs

SECT. II.
Regne de Kayûk Khan III.

L'Impératrice Wan-li est Régente.

(*a*) L'Histoire blâme Quey-yeu de n'avoir pas gouverné par lui-même, d'avoir donné trop de pouvoir à sa mere & aux Grands, & d'avoir trop favorisé les Bonzes d'Occident. Elle le loue de sa bonté & du courage qu'il fit paroître à la guerre. Il avoit commandé en chef des armées contre la Corée, & subjugué le pays d'Asû, voisin de la mer Caspienne. Gaubil. Abulghazi Khan dit qu'à son avénement au trône, il distribua de si magnifiques présens aux Grands de l'Empire, qu'il effaça tout ce que ses prédécesseurs avoient fait en pareille occasion : mais ce fut pour se maintenir contre Shelyemen.

SECT. II.
Regne de Kayûk Khan III.
Election de Meng-ko 1251.

qu'on tiendroit une assemblée générale à Holin ou Karakorom, au commencement de l'année 1251.

L'assemblée se tint au temps marqué : Batû ou Patû, fils aîné de Chuchi ou Juji, y présida, & on commença par délibérer sur la proclamation d'un Empereur. Pala, un des Princes ou Seigneurs Mongols, dit, au nom de la Régente, que suivant les ordres d'Octay, il falloit élire le Prince Shelyemen. Moko, un des fils de Toley ou Tuli, dit qu'il n'y avoit personne qui osât s'opposer à un ordre positif d'un Empereur mourant. Patu ne dit rien d'abord, & paroissoit disposé à exécuter les ordres d'Octay. Les freres & les oncles de Shelyemen, les fils de Quey-yeu & leurs amis suivirent l'avis de Pala. Le Général Mangusar fut le premier qui proposa Meng-ko pour Empereur ; Hu-lyang-hutay, grand Général, le seconda, fit l'éloge de ce Prince, & dit que les circonstances du temps demandoient qu'il fût élu. L'avis du grand Général fut d'un grand poids. Patû parla le dernier, & dit qu'il falloit élire Meng-ko (*a*). Cela passa à la pluralité des voix, & Meng ko fut proclamé & reconnu Empereur à Karakorom. Les partisans de Shelyemen, animés sans doute sous main par la Princesse Régente, paroissoient résolus de proclamer ce Prince ; mais malgré les cabales de Shelyemen & des Princes & des Généraux de son parti, l'élection de Meng-ko fut confirmée dans

---

(*a*) Abu'lghazi Khan dit, qu'en reconnoissance du service que Batû lui avoit rendu dans cette occasion, il lui déféra en tout, & se reposa sur lui dans toutes les affaires de conséquence, qu'il lui changea même son nom de *Batû* en celui de *Saghin Khan*.

LIVRE V. CHAPITRE II.

une seconde assemblée, qui se tint au mois de Juin, à la source de la riviere de Wanan ou Onon; & l'an 1251 est marqué dans l'Histoire pour le premier de son Empire. C'est l'an du Pourceau dans le Cycle duodénaire des Tartares & des Chinois (*a*).

SECT. II.
Regne de Kayuk Khan. III.

Tel est le récit des Historiens Chinois ; voici ce que les Historiens Occidentaux rapportent sur l'élection de Mengko ou Mangku Khan. Suivant Abu'lghazi Khan, après la mort de Kayuk Khan, les Mongols balancerent long-temps sur le choix d'un Empereur, vu le grand nombre des descendans de Jenghiz Khan : mais comme Siunkhoktney Beghi Jehan ou Sarkutna, la veuve favorite de Taulay, Toley ou Tuli, avoit gagné le cœur des peuples par ses charités, tous les vœux se réunissoient en faveur d'un de ses fils. Batû, fils de Chuchi ou Juji Khan, qui faisoit son séjour dans le pays de Dasht Kipjak (*b*), paroissoit, à la vérité, être celui que la succession à l'Empire regardoit naturellement ; mais n'ayant aucune envie de s'en charger, il invita tous les Princes de la Maison de Jenghiz Khan à se rendre auprès de lui, pour procéder à l'élection d'un Khan. Les uns résolurent d'y aller, d'autres s'y refuserent, alléguant que l'élection devoit se faire dans le lieu de la résidence ordinaire des Khans. Mais la veuve de Taulay persuada à ses cinq fils de se rendre à l'invitation de Batû, d'autant plus qu'é-

_____

(*a*) Gaubil, p. 105-108.
(*b*) C'est-à-dire la plaine de Kipshak : ce qui marque que c'étoit un pays uni, qui consistoit principalement en de vastes campagnes.

SECT. II.
Regne de Kayûk Khan III.

tant incommodé de ses pieds, il étoit juste qu'ils allassent lui faire une visite. Batû les reçut avec tous les honneurs imaginables ; & le jour de l'assemblée étant venu, il proposa Mangû, fils aîné de Taulay, comme le Prince le plus propre à remplir le trône vacant. Cette proposition fut reçue des Princes & des Grands avec une approbation générale ; ils convinrent qu'on attendroit la fin de l'année courante, avant que de procéder à son installation : en conséquence de cette résolution, Mangû fut proclamé Khan dans une autre assemblée, qui se tint au commencement de l'année 648 de l'Hégire, 1250 de Jésus-Christ. Après la cérémonie, le nouvel Empereur traita magnifiquement pendant sept jours tous ceux qui s'y étoient trouvés, & chaque jour on consuma deux chariots chargés de vin, deux chargés d'eau-de-vie, vingt chargés de Kumis, trois cents chevaux, autant de vaches, & mille moutons (*a*).

(*a*) Abu'lghazi Khan, p. 379, 380.

CHAPITRE III.

Le regne de Mengko ou Mangû Khan.

L'Empereur Mengko avoit beaucoup d'esprit & de courage ; les campagnes qu'il fit dans le Chen-si & le Honan avec Toley son pere, & la guerre qu'il fit en Occident, lui donnerent beaucoup d'expérience. Il connoissoit par lui-même les vastes Etats des Mongols, & la plupart des Généraux Chinois, Tartares & Etrangers. Il déclara son frere Hu-pi-lay ou Kublay, Lieutenant-Général de tous les pays qui sont au sud du grand Désert, c'est-à-dire de la Tartarie voisine de la grande muraille, du Leaotong & des provinces conquises dans la Chine. Il nomma des Généraux pour commander dans le pays d'Almalig & de Kashgar, sur le fleuve Amu, & dans les pays voisins des rivieres Irtish, Selinga, Onon, Tula & Kerlon, & fit camper une grande armée près de Karakorom. Il se fit remettre les Sceaux des Mandarins & des Officiers, & publia des loix pour le Gouvernement (*a*).

Mengko quatrieme Khan.

Cependant le Général Mangusar découvrit une conspiration de plusieurs Princes & Seigneurs en faveur de Shelyemen : ce Général fut chargé de les arrêter, & il leur fit trancher la tête. Abu'lghazi Khan rapporte les circonstances de cette

Conspiration en faveur de Shiramûn.

_____
(*a*) Gaubil, p. 109 & suiv.

Regne de Mangû Khan.

conjuration. Peu de temps après l'élévation de Mangû Khan à l'Empire, Shiramûn (le Shelyemen des Chinois), un des petits-fils d'Ugaday Khan, persuada aux autres Princes de la postérité de cet Empereur, qu'il falloit se défaire de Mangû Khan, qui avoit usurpé le trône sur eux, & qu'on pouvoit faire ce coup avec peu de risque, parce qu'il ne se défioit de rien. Cette proposition fut goûtée, & Shiramûn prit les devants à la tête de cinq cents hommes, & quelques chariots chargés d'armes. Mais un des gens de Mangû Khan, qui cherchoit quelques chameaux de son Maître, ayant passé près d'un endroit où les conjurés s'étoient arrêtés vers le soir, soupçonna que ces gens pourroient bien avoir quelque mauvais dessein, & alla sur le champ en avertir le Khan. Mangû envoya d'abord mille des principaux Officiers de ses troupes avec deux mille soldats pour aller reconnoître ce qui en étoit. Shiramûn, qu'ils trouverent, leur dit qu'il venoit avec sa compagnie faire sa cour au Khan ; ils les menerent tous à Mangû. Ce Prince commença par les bien régaler pendant trois jours ; mais le quatrieme, ayant interrogé exactement quelques-uns des gens de Shiramûn sur le but de leur assemblée, & ayant appris par leur propre confession que leur intention étoit de se révolter, il en fit mourir quatre-vingts ; mais il pardonna à Shiramûn, aux enfans de Kayûk Khan, & à tous les autres (*a*). Le Moine Rubruquis, qui fait Shiramûn frere de Kayûk Khan, raconte que le complot ayant été découvert, Mangû Khan fit mourir Shiramûn

---

(*a*) Abu'lghazi Khan, p. 380., 381.

avec son fils aîné & trois cents Seigneurs Tartares qui l'avoient suivi; que les femmes de Shiramûn furent fouettées avec des verges, jusqu'à ce qu'elles eussent révélé toutes les circonstances de la conjuration, & qu'après on les fit aussi mourir; mais que le Khan pardonna au plus jeune fils de Shiramûn, & lui laissa les biens de son pere (a). Ensuite Mengko ôta les emplois & les charges importantes à ceux qu'il savoit portés pour Shelyemen, & fit observer de près ce Prince, & tous les autres de la famille d'Octay & de Queyyeu. Il ordonna à un de ses Généraux, nommé *Holitay*, d'entrer dans le Tibet, & de faire main-basse sur tous ceux qui refusoient de se soumettre aux Mongols. Il nomma aussi des Bonzes de la Secte de Tao & de Fo, pour gouverner les autres Bonzes de leur Secte. Il donna à la Princesse sa mere le titre d'*Impératrice*, & fit bâtir un palais pour honorer la mémoire du Prince Toley son pere. Il lui fit donner le titre de *Whang-ti* (b) ou d'*Empereur*, & le nom de *Jû-i-tsong* (c).

Regne de Mangû Khan IV.

Le Prince Hû-pi-lay ou Kublay avoit toujours conservé beaucoup d'estime & de reconnoissance pour un Seigneur Chinois, nommé *Yao-shu*, de qui il avoit appris la Langue & la Littérature Chinoise. Yao étoit un des plus savans hommes de son temps, d'une intégrité généralement reconnue, d'un esprit & d'une prudence au dessus du commun. Quand Hû-pi-lay prit possession de son gouvernement, il amena ce Seigneur avec

Kublay habile dans les Sciences Chinoises.

(a) Rubruquis, Voyage en Tartarie, ch. XXIX.
(b) *Whang*, Auguste : *Ti*, Seigneur Souverain.
(c) *Jû-i*, plein d'esprit : *Tsong*, respectable.

lui, pour profiter de ses lumieres & de ses conseils. Yao commença par présenter au Prince un Livre sur la maniere de bien gouverner, dans lequel il lui marquoit en détail de quelle façon il devoit se conduire avec les Chinois, les Tartares, les troupes, les Seigneurs & les Princes de sa Maison. Cet Ouvrage ayant fait concevoir à Hû-pi-lay de plus hautes idées de son Maître qu'il n'en avoit encore, il résolut de ne rien faire sans l'avis de ce grand homme. Cette sage conduite lui valut dans la suite l'Empire. Yao-shu lui conseilla de ne se mêler que de la guerre, d'avoir soin des troupes, & d'abandonner tout le reste aux Mandarins nommés par l'Empereur.

Comme il y avoit dans le Honan & dans les pays conquis dans le Hu-quang & dans le Kiargnan, beaucoup de bourgs & même des villes sans habitans, de grandes & belles campagnes désertes, Yao-shu érigea à Kay-fong-fu un Tribunal, chargé de rassembler autant de Laboureurs & de Paysans qu'il pourroit, auxquels il distribua des terres, après les avoir pourvus de tout ce qui leur étoit nécessaire pour les faire valoir, & on régla ce qu'ils donneroient tous les ans à l'Empereur pour fournir les magasins & les greniers publics. Cet arrangement plut extrêmement aux Chinois, charmés d'ailleurs de voir que Hû-pi-lay étoit versé dans leurs Sciences. D'autre part, les Tartares étoient fort contens, les troupes étoient bien payées ; on distinguoit les Officiers de mérite, on consultoit ceux qui avoient de l'expérience. Hû-pi-lay s'exerçoit à tirer de l'arc avec eux, alloit à la chasse, & faisoit tout ce qui étoit de leur goût.

Livre V. Chapitre III.

Au mois de Janvier 1252, la Princesse, mere de l'Empereur, mourut généralement regrettée. Elle étoit fille du Prince des Kéraïtes, frere de Wang Khan. Les Empereurs Mongols eurent toujours de grands égards pour les parens de cette Princesse, & pour ceux de sa Tribu. Vers ce temps-là, Mengko apprit que plusieurs Princes pensoient encore à mettre Shelyemen sur le trône; l'envie de s'y maintenir l'engagea à des actions d'un grand éclat. Il ordonna au Prince Hoangûr fils de Hasar, frere de Jenghiz Khan, qui commandoit l'armée campée près de Karakorom, de faire la revue des troupes; il vint lui-même l'été dans cette ville, & ordonna aux Grands, aux Généraux & aux Princes du sang de s'y trouver. Il exila la troisieme femme de l'Empereur Octay, & confisqua tous ses biens; il dépouilla les autres Impératrices de tout ce qu'elles avoient d'or, d'argent & de pierreries, & les distribua aux Princes, aux Seigneurs & aux Officiers. Les Princes Hasan & Myeli, fils d'Octay Khan, furent bannis, l'un à Bishbaleg, & l'autre dans un pays voisin de l'Irtish. Perko, Toto & Mongoto, petits-fils d'Octay, furent relégués aussi, le premier à Kurchi (*a*), & le second à Imili (*b*);

Regne de Mangû Khan IV.

Sévérité de Mengko.
1252.

(*a*) Gaubil dit qu'il ne sait où est Kurchi. Ce nom a beaucoup de rapport à celui de Kurjé ou Kurj, pays dont parle De la Croix, & qui est au nord de la Chine: mais il paroit par toutes les circonstances, que ce pays, que cet Historien prend pour la Corée, est le Leaotong, dont il ne peut guere être question ici.

(*b*) Gaubil ignore aussi où est Imili; il y a quelque apparence que c'est la ville d'Imil, dont Abu'lfarage & Abu'lghazi Khan font mention; mais ils ne disent point en quel

Regne de Mangû Khân IV.

les freres de Shelyemen & le Prince Haytû, fils de Hache (*a*) fils d'Octay, eurent le même fort; pour le Prince Shelyemen, il fut mis aux fers & renfermé dans une forteresse (*b*).

Sa cruauté.

Mais ce qui fit plus de bruit encore, ce fut la sentence de mort contre l'Impératrice Wauñ-haymish (*c*), ci-devant Régente de l'Empire & veuve de l'Empereur Quey-yeu, & contre la Princesse mere de Shelyemen. La sentence fut exécutée, & on publia que ces deux Princesses étoient des Magiciennes (*d*), & qu'elles avoient employé divers sortiléges pour faire tomber la couronne sur la tête de Shelyemen. L'Histoire a justifié ces Princesses, & flétrit à cet égard Mengko comme un Usurpateur; elle dit nettement qu'on devoit se conformer aux volontés d'Octay, & elle ajoute que la postérité accusera toujours Mengko de tyrannie & d'usurpation. Du reste, ce Prince fit de grandes largesses aux troupes, diminua les impôts, & ordonna à tous les Officiers de tenir leurs corps prêts au premier ordre. La même année, Mengko offrit un sacrifice solennel au Ciel sur une montagne, suivant les cérémonies observées par les Empereurs de la Chine, dont il se fit ins-

---

endroit elle est. Il y a une riviere de ce nom au sud de l'Irtish.

(*a*) Il faut que ce soit Kashi, qu'Abu'lghazi Khan nomme parmi les fils d'Octay.

(*b*) Gaubil, p. 109-112.

(*c*) Les Auteurs Orientaux l'appellent *Ogul Ganmish*, & elle est nommée *Charmis* dans la Vie de Saint Louis.

(*d*) Mengko dit aux Ambassadeurs de Saint Louis, que Charmis étoit sorciere; mais apparemment que ce Prince

truire par des Lettrés Chinois. Il déclara le Lama Namo Chef de la Religion dans l'Empire, avec le titre de *Docteur* & de *Maître de l'Empereur*, & Wa-tochi, frere de Namo, qui étoit auſſi Lama, eut de grands emplois à la Cour.

Regne de Mangu Kha IV.

Au mois de Décembre, le Khan érigea en fiefs pour les Princes de ſa Maiſon les terres de la Chine; Hû-pi-lay eut le Honan & une partie du Chen-ſi. Ce Prince ayant eu ordre d'aller attaquer la ville de Ta-li-fu dans l'Yun-nan, il prit avec lui le Général Hû-lyang-hutay, & voulut qu'Yao-shu, ſon Conſeiller, l'accompagnât. Dans le même temps, des Envoyés du pays d'In-tû (*a*) vinrent lui rendre hommage.

Guerre dans l'Yun-nan.

Au mois de Février de l'an 1253, Mengko aſſembla les Princes & les Grands à la riviere d'Onon, & il fut réſolu d'envoyer des armées pour conquérir de nouveaux pays; une aux Indes & à Kaſchemir, une autre contre la Corée, une troiſieme contre le Calife ou Sultan de Bagdad (*b*). Cette derniere, la plus conſidérable des trois, fut commandée par Hyu-le-hû ou Hû-la-kû frere de l'Empereur. Un des Généraux qui devoient ſervir ſous lui, étoit Kokan (*c*), natif de la ville de Ching, dans le territoire de Wha-cheu, & du diſtrict de Si-gan-fu, capitale du Chen-ſi.

Armées en campagne. 1253.

(*a*) On l'appelle auſſi *Chin-tû*: c'eſt l'Indoſtan, que les Orientaux, de même que les Chinois, diſtinguent en *Hend* & *Send*.

(*b*) Abu'lghazi Khan dit que Mangû-Khan s'étoit apperçu que tous ſes voiſins, tant du côté de l'orient que de l'occident, avoient de mauvaiſes intentions contre ſon Empire.

(*c*) Son pere Kochay, & ſon aïeul Ko-pao-yu avoient été Généraux de Jenghiz Khan.

Regne de Mangû Khan IV.

Conquêtes de Kublay.

Ce Général possédoit les Mathématiques, l'Art Militaire, la Géographie, & étoit en grande réputation parmi les troupes.

Le Prince Hû-pi-lay, qui avoit assemblé, l'année précédente, son armée à Lin-tao-fu, ville du Chen-si, entra dans le Se-chuen, & après avoir passé par des chemins difficiles, entre des montagnes & des précipices, il arriva à la riviere de Kinsha ou Kyang. Une bonne partie de la province d'Yunnan étoit alors occupée par des Princes indépendans de la Chine. Tali en particulier avoit un Roi, qui fut pris avec la ville au mois de Décembre. Hû-pi-lay paroissoit être dans le dessein de faire massacrer tous les habitans ; mais Yoa-shu l'en détourna. Le Prince se fit donner la carte du pays, soumit les Princes voisins, & entra dans le Tibet, où plusieurs autres se soumirent volontairement. Il revint ensuite dans son gouvernement, & laissa le commandement général des troupes à Hu-lyang-hotay.

Réglemens de Meng-ko.

En 1254, Mengko assembla à la source de l'Onon les Princes & les Seigneurs Tartares, leur fit de grands présens en or, en argent & en soieries ; il régla aussi ce que l'Empereur leur donneroit désormais tous les ans, & il fit encore un sacrifice solemnel au Ciel. Il ordonna aux troupes qui étoient à la Chine, de faire de grands magasins de vivres dans celles des villes du Honan, qu'on avoit fait environner de murailles. Jusqu'ici on n'avoit fait que des courses dans le Se-chuen pour piller le pays, & faute de pouvoir subsister, on se retiroit, & souvent avec perte. Mengko ordonna au Général Wang-te-ching d'environner plusieurs villes de fortes murailles, & d'y amasser des

des provisions. L'Empereur gagna l'affection des peuples, par le soin qu'il eut que les troupes ne fissent aucun dégât dans les campagnes & sur les terres des Paysans. Il fit faire sous main de grandes perquisitions, dédommagea ceux qui avoient souffert, & alla jusqu'à faire mourir des Officiers considérables, & à punir sévérement son propre fils, pour avoir un jour à la chasse gâté les terres labourées de quelques Paysans (a); exemple de justice bien digne d'être suivi des bons Rois.

Regne de Mangû Khan IV.

Au mois de Février 1255, Hû-pi-lay fit venir auprès de lui un fameux Lettré Chinois, qui s'appeloit *Hynheng*, natif de Honey dans le Honan, & qui se fit fort aimer des Mongols. Il se donna des peines infinies pour leur persuader de cultiver les Sciences; il y réussit à la fin, & ils s'y appliquerent sous lui avec tant de succès, qu'ils ne céderent en rien aux Chinois.

Les Mongols policés. 1255.

Au mois de Juin de l'an 1256, Mengko donna de grands festins à sa Cour; il reçut les hommages de plusieurs Princes du Yunnan & des pays voisins, aussi bien que des Sultans Occidentaux. Comme Karakorom lui paroissoit un lieu trop incommode pour les assemblées générales & pour tenir sa Cour, il chargea un Bonze Chinois, nommé *Lyeu-ping-chong*, de choisir un lieu en Tartarie, pour être désormais la capitale de ses Etats. Ping-chong étoit un homme de génie, habile dans les Mathématiques, l'Histoire, & dans presque toutes les parties de la Littérature; il choisit un endroit, nommé *Long-kang*, à l'est de la ville de Wan-cheu. On y bâtit une grande

La Cour transférée à Chang-tû.

_____

(a) Gaubil, p. 112-114.

Tome VII.

Regne de Mangû Khan IV.

ville, un palais pour l'Empereur, des palais pour les Grands, des Temples & des Tribunaux : on l'environna de hautes & épaisses murailles. On marqua aux environs des endroits pour la chasse, pour la pêche, & pour tout ce qui pouvoit servir à la commodité de la nouvelle ville ; elle fut appelée *Kaypingfu*, & dans la suite *Changtû* : elle étoit située à 42 degrés 25 minutes de latitude, & à 11 minutes 50 secondes de longitude ouest de Peking. En peu de temps elle fut peuplée d'un nombre infini de Chinois & de Mongols. Karakorom ne laissa pas d'être toujours fort considérable, & d'avoir une jurisdiction d'une plus grande étendue.

Expédition dans le Chen-fi.

En 1257, Mengko envoya ordre aux Généraux qu'il avoit dans le Se-chuen, le Hu-quang & le Kiangnan, de se préparer à attaquer de toutes parts les Song, & résolut d'aller lui-même en personne faire la guerre dans le Se-chuen. Avant de quitter la Tartarie, il alla honorer la mémoire de son aïeul Jenghiz Khan dans le palais destiné à cet usage, & fit, dans le mois de Juillet, un sacrifice solennel au Ciel. Il nomma pour commander à Karakorom son frere Alipuko, que les Historiens Orientaux appellent *Aribuga*, *Arighuka* & *Artikbuga*, & laissa le Général Alantar pour l'aider de ses conseils. Il partit dans le même mois, & se rendit à la montagne de Lupan dans le Chen-si, où Jenghiz Khan étoit mort. A peine y fut-il arrivé, qu'il apprit que son frere Hît-pi-lay étoit venu avec sa famille, sans suite & en criminel, pour se soumettre entièrement aux ordres de l'Empereur ; cette nouvelle toucha Mengko, & commença à dissiper les soupçons qu'il avoit conçus contre son frere.

Livre V. Chapitre III.

Hu-pi-lay étoit fort aimé & estimé des Chinois, qu'il gouvernoit avec douceur; on l'accusa de se rendre indépendant, & on donna un tour odieux à tout ce qui le faisoit aimer des troupes & des Chinois. Mengko commença par le priver de son gouvernement, & par casser quelques Généraux qui lui paroissoient trop attachés. On nomma des Officiers pour commander dans la Chine, & des Mandarins pour faire le procès à ceux qu'on trouveroit criminels. Ces Juges se rendirent à Si-gan-fu, capitale du Chen-si, & se préparerent à exécuter les ordres de l'Empereur. Hû-pi-lay, déconcerté par une disgrace si imprévue, se sentit d'abord porté à prendre les armes, & à se venger de ceux qui la lui avoient attirée. Mais comme il ne faisoit rien sans l'avis d'Yaoshu, ce Seigneur lui conseilla de partir incessamment sans gardes ni troupes, d'aller se jeter aux pieds de l'Empereur, & de lui offrir ses femmes, ses concubines, ses enfans, & tout ce qu'il possédoit de richesses. Hû-pi-lay suivit ce conseil, & s'en trouva bien. Mengko, à la vue de l'humiliation de son frere, se sentit ému; son ancienne tendresse pour lui se réveilla, il l'embrassa plusieurs fois en pleurant, révoqua tous ses ordres, lui donna plein pouvoir, & le chargea de se disposer à aller faire le siége de Vû-chang-fu, capitale du Hu-quang, & de marcher ensuite à Hang-cheu, capitale du Che-kyang & de l'Empire des Song, & il nomma le Général Chang-jao pour commander sous lui (*a*).

Cependant Hû-lyang-kotay, après la conquête

Regne de Mangû Khan IV.

La prudence de Kublay prévient sa disgrace.

Conquêtes de Huiyang.

(*a*) Gaubil, p. 114 & suiv.

du Tibet en 1255, réduisit la plupart des pays qui confinent au Yun-nan; ensuite il entreprit de pénétrer jusque dans le Tongking & dans la Cochinchine, qui en ce temps-là étoient compris sous le nom de *Royaume de Gannan*. Il envoya des Officiers au Roi de ce grand pays, pour le sommer de payer tribut aux Mongols; mais ayant appris que ses Envoyés avoient été mis en prison, il marcha à la capitale du royaume, la ruina, pilla le pays, & dans le temps qu'il pensoit à se retirer vers Tali, il reçut ordre de Mengko de faire toute la diligence possible pour aller joindre Hû pi-lay au siége de Vû-chang-fu.

Les forces de Mengko.

L'armée de Mengko fut divisée en trois corps, qui entrerent dans le Se-chuen par autant d'endroits différens. Les Marchands Arabes, Persans & autres offrirent à l'Empereur des pierreries estimées cinq cent mille taëls, qui font cent soixante-six mille six cent soixante-six livres sterling, treize schelings quatre sols. Mengko les refusa d'abord, & dit que dans les circonstances, la monnoie d'argent & de cuivre lui étoit nécessaire; cependant, par considération pour le Général Tsay-tyencke (*a*), & pour d'autres Seigneurs Occidentaux, il prit quelques pierreries & donna de l'argent; mais il défendit de lui en offrir à l'avenir. Quand l'armée décampa d'auprès de la montagne de Lupan, Policha, grand Seigneur Tartare, fut mis à la tête du premier corps. Muko, frere de l'Empereur, commanda le se-

---

(*a*) Général Arabe de la famille ou allié de Mahomet, qui s'étoit rendu aux troupes de Jenghiz Khan, qui firent une irruption dans l'Arabie. Gaubil.

cond, & le Khan lui-même prit la conduite du troifieme, & marcha vers Han-chong-fu dans le Chen-fi.

Regne de Mangû Khan IV.

Les Song se défendent vigoureusement.

Les Song avoient toujours eu foin de pourvoir le Se-chuen de bonnes troupes & de bons Officiers, & malgré les armées formidables des Mongols, ils fe foutenoient, &, quoique battus & en petit nombre, ils reprenoient toujours les places que les Mongols leur enlevoient, parce que ceux-ci manquoient de vivres & de fourrages. Mengko avoit fait prendre les devants à Nieu-lyen, de la Tribu de Chanchû, dont le pere & l'aïeul s'étoient rendus fameux à l'armée. Nieu-lyen apprit, au commencement de l'année 1258, qu'Atahû, Général des Mongols dans Ching-tu-fu, étoit réduit à de grandes extrémités, affiégé de tous côtés par les Song. Nieu-lyen, après des fatigues extraordinaires, arriva à la vue de Ho-cheu, & réfolut de fecourir Atahû. Il fit une extrême diligence, & ayant rencontré un détachement de l'armée des Song, il fe battit tout un jour, & remporta une victoire complette. Cela n'empêcha pas les Song de prendre Ching-tu-fu, & Atahû mourut. Nieu-lyen, au défefpoir de n'avoir pu empêcher la perte de cette ville, marcha droit à Chingtû, fe pofta entre la ville & l'armée des Song, & fe retrancha. La ville fe rendit faute de vivres, & l'armée des Song fe diffipa.

Nieu-lyen ayant appris que Mengko étoit arrivé à Han-hong-fu, laiffa le gouvernement de Chingtu à Lyeu-hema, alla à Mahû, & envoya des troupes pour faciliter le paffage de la riviere de Kyanlin, fur un pont de bateaux.

Regne de Mangù Khan IV.

Langcheu se rend.

Les Princes Moko & Tachar (*a*) ayant joint le Khan, il prit Lou-gan-fu, & attaqua, à la tête de ses meilleures troupes, Lancheu (*b*). Yang-ta-ywen, qui avoit d'abord tué l'Officier envoyé pour le sommer de se rendre, fut saisi de crainte à la vue de l'armée des Mongols, & sortit pour se soumettre ; mais ayant changé de sentiment, il rentra dans la ville. Mengko, irrité du meurtre de son Officier, jura qu'il détruiroit la ville ; mais Lihu-lanki, bon Officier natif du Chen-si, représenta que sans le secours de Yang-ta-ywen, on risqueroit d'échouer dans la guerre de Se-chuen : sur ces représentations, l'Empereur envoya un Officier pour assurer le Gouverneur de sa bienveillance, ce qui l'engagea à se rendre.

Prise de Quey-ling-fu.

Le Général Hu-lyang-kotay, à son retour du Gannan, entra dans la Chine par le Tong-king, & alla se saisir de Quey-ling-fu, capitale du Quang-si, malgré la difficulté des chemins, & les troupes des Song qui entreprirent de lui disputer le passage. Ce Général & son fils Achù, ou les défirent par-tout, ou leur donnerent le change par de fausses marches ; & les Chinois virent avec surprise qu'il vint à bout de pénétrer jusqu'à Chang-sha, ville du Hu-quang, qu'il investit au commencement de l'année 1259 (*c*).

Hocheu assiégée à contre-temps. 1259.

Le premier jour de la même année, Mengko arriva avec son armée à la montagne de Chong-quey, où il se tint un grand Conseil de guerre,

---

(*a*) C'étoit un Prince du sang, qu'il ne faut pas confondre avec le Général Tachar.

(*b*) C'est la ville de Pao-ning-fu dans le Se-chuen.

(*c*) Gaubil. p. 117 & suiv.

dans lequel l'Empereur demanda l'avis des anciens Généraux. To-whan, de la Tribu de Chalar ou Jalayr, soutint que la guerre dans le Se-chuen seroit malheureuse, que les chaleurs & l'humidité feroient périr les soldats ; d'où il concluoit qu'il falloit retourner vers le nord. Mais Paliche, de la Tribu d'Orla, donna à entendre que la crainte faisoit parler To-whan, & fut d'avis que l'Empereur devoit demeurer dans le Se-chuen. Mengko le loua, & on se détermina au siége de Ho-cheu (a), qui fut investie au mois de Février. La place étoit forte & défendue par Vangkyen, Officier très-habile, qui avoit une bonne garnison & étoit bien pourvu de vivres. Luvente, Gouverneur général de la province qui avoit si vaillamment défendu Ganfong ou Gantong dans le Kiangnan, étoit attentif à tout, & ne perdoit aucune occasion de harceler les Mongols ; ils étoient obligés de marcher toujours en grands corps d'armée, de peur d'être surpris, parce que Luvente avoit posté des troupes dans tous les endroits difficiles.

Mengko envoya un Officier Chinois à Vangkyen pour le sommer de se rendre. Ce Commandant sut que cet Officier avoit été au service des Song ; il lui reprocha sa trahison, ordonna de le conduire à la place d'armes & de l'y faire mourir. Cependant Nieu-lyen, qui s'avançoit pour

---

(a) A trente degrés 8 minutes de latitude, & 10 degrés 8 minutes de longitude, ouest de Peking. Elle est appelée *Kocheu* dans la carte des Jésuites. Il y a une autre Hocheu sur la frontière occidentale du Chen-si, au sud-est de Si-ning.

joindre le Khan, fit faire un pont de radeaux aupès de Fûchen. Un autre Général alla camper près de Quey-cheu, sur les frontieres du Huquang. Mengko ne fut pas long-temps sans s'appercevoir que le siége de Hocheu lui couteroit beaucoup. Dans le mois même de Février, les Mongols furent repoussés à la porte Occidentale. Leurs attaques ne réussirent pas mieux en Mars, & en Avril la pluie & le tonnerre leur nuisirent extrêmement pendant vingt jours. Néanmoins un jour ils escaladerent les murailles, & firent un grand carnage des assiégés. Vangkyen, après s'être défendu plusieurs jours & plusieurs nuits, les repoussa enfin.

Cependant Luvente attaqua avec beaucoup de résolution le pont de radeaux de Fû-cheu, & entra dans la ville de Kon-chin-fu, à huit lieues au sud-sud-ouest de Hocheu (a). Là, il rassembla plus de mille barques pour remonter la riviere de Kya-ling; mais ayant été attaqué par le Général She-tyen-che, celui-ci lui prit cent barques, & le poursuivit jusqu'à Chong-king. Malgré cette défaite, Luvente causoit bien de l'embarras aux Mongols, en leur coupant les vivres, objet dont il faisoit sa principale affaire. Ils souffroient encore beaucoup des maladies qui régnoient dans leur armée, & Vangkyen avoit toujours l'avantage, soit dans les attaques des Mongols, soit dans les sorties qu'il faisoit sur eux.

Le Général Vang-te-ching avoit la conduite du siége, &, malgré sa diligence & sa bravoure, il

_____

(a) Suivant la carte du Se-chuen des Jésuites, ce doit être au sud-sud-est.

Livre V. Chapitre III. 149

se trouva fort peu avancé au mois de Juillet. Les Mongols, qui commençoient à s'ennuyer, firent venir leurs meilleures troupes, & résolurent d'emporter la place à quelque prix que ce fût. D'autre part, Vangkyen & sa garnison jurerent de périr plutôt que de se rendre. Le 10 Août, Mengko visita lui-même les travaux, & ayant fait appeler Vang-te-ching, lui ordonna de tout disposer pour escalader les murailles la nuit suivante. Les ordres de l'Empereur furent exécutés avec beaucoup de secret & de conduite. Les Mongols étoient déjà en grand nombre sur les murailles, quand le Gouverneur, qui en fut averti, accourut pour les défendre. Les assiégeans crioient à haute voix : *Vangkyen, rends-toi, & on te donne la vie* ; mais lui, sans se troubler, assembla son monde, & attaqua ceux qui étoient sur les murailles avec tant de furie, que Vang-te-ching, qui étoit monté le premier, & la plupart de ceux qui l'avoient suivi furent tués sur la place ; le vainqueur poursuivit le reste, & mit en désordre plusieurs quartiers des Mongols. Mengko ordonna un assaut général, & voulut lui-même y monter. Vangkyen ne put être forcé, un violent orage qui survint renversa les échelles, & alors il y eut un grand carnage, où une infinité de Mongols périrent, entre autres le Khan lui-même, qu'on trouva percé de plusieurs coups. Telle fut la fin de Mengko (*a*). Ce Prince étoit âgé de cinquante-deux ans, & en avoit régné neuf.

Regne de Mangû Khan IV.

―――――――

(*a*) Abu'lghazi Khan rapporte que Mangû, après avoir envoyé Koplay du côté de l'orient, & Hûlakû vers l'occident, marcha en personne du côté de Chinu Machin, ou Jinu

Regne de Mangû Khan IV.

Moko & les autres Généraux résolurent unanimement de lever le siége, & de se retirer vers le Chen-si. Il envoya aussi un Seigneur à son frere Hu-pi-lay, pour l'inviter à revenir en Tartarie, & à se faire proclamer Empereur. On décampa ensuite, & le cercueil de l'Empereur fut placé au milieu de l'armée (*a*).

Son portrait.

Mengko étoit de moyenne taille, & avoit le nez plat (*b*). Plusieurs de ses femmes eurent le

---

Majin, même plutôt Chinua Machin, & pendant l'hiver mit le siége devant Chinu ou Jinu, la capitale du pays : qu'au printemps, les maladies s'étant mises parmi les troupes, ses Généraux tâcherent de le porter à lever le siége ; mais qu'il n'y voulut absolument point entendre, & qu'il tomba enfin lui-même malade, & mourut au bout de huit jours, l'an 659 de l'Hégire, de J. C. 1257.

(*a*) Gaubil, p. 119-121.

(*b*) Voici le passage de la Relation de Guillaume Rubruquis, qui fut envoyé en Tartarie en 1253. Au mois de Janvier suivant, il arriva à la Cour de Mangû Khan, & il eut audience. » Ils nous firent asseoir, dit-il, sur une forme
» vis-à-vis des Dames. Ce lieu étoit tout tapissé de toile d'or,
» & au milieu il y avoit un réchaud plein de feu, fait d'é-
» pines & de racines d'alluïne, qui croît là en abondance :
» ce feu étoit allumé avec de la fiente de bœuf. Le grand
» Cham étoit assis sur un petit lit, vêtu d'une riche robe
» fourrée, & fort lustrée comme la peau d'un veau marin. C'étoit un homme de moyenne stature, d'un nez un
» peu plat & rabattu, âgé d'environ quarante-cinq ans (1).
» Sa femme, qui étoit jeune & assez belle, étoit assise au-
» près de lui, avec une de ses filles, nommée *Cyrina*,
» prête à marier, & assez laide, avec plusieurs autres pe-
» tits enfans, qui se reposoient sur un autre lit voisin «.
Rubruquis, Voyage en Tartarie, ch. XXXI. p. 137. Paris, 1634.

---

(1) Il avoit en ce temps-là quarante-huit ans.

Livre V. Chapitre III. 251

titre d'*Impératrice*, à l'exemple de celles de Jenghiz Khan & d'Octay. La premiere étoit de la Tribu de Hongkila ou Kongorat, & de la famille de Te-in. De ses différentes femmes il eut cinq Princes & quelques Princesses. L'Histoire lui reproche son attachement pour les Lamas (a).

Règne de Mangû Khan IV.

(a) *Idem*, p. 121.

CHAPITRE IV.

Le regne de Hû-pi-lay ou Kublay Khan.

SECTION PREMIERE.

Progrès de la guerre à la Chine, jusqu'au temps où Peyen ou Bayan fut déclaré Généralissime.

SECT. I.
Expédition de Kublay.
1259.

PENDANT l'hiver de cette année, Hu-pi lay (*a*) partit de Long-kang, appelé depuis *Chang-tû*, & au mois de Juillet de l'an 1259, il campa au fud de la riviere Jû dans le Honan. C'est là qu'il fit défendre les massacres. Il donna une partie de l'armée à Chang-jao, & s'étant mis à la tête de l'autre, les deux corps s'emparerent des forteresses qui font près de la ville de Maching, du district de Wang-cheu dans le Hu-quang. Au mois de Septembre, il reçut un Courrier de son frere Moko, pour l'engager à revenir au plus tôt avec ses meilleures troupes; mais Hu pi-lay crut qu'il étoit de son honneur de ne pas s'en retourner sans

(*a*) D'Herbelot écrit *Kobla* ou *Koblay*; Marc Polo, *Kublay*; d'autres *Kupilay, Kopilay*. Plusieurs Mongols à Peking prononcent *Hû-pi-ley*. Les Chinois le connoissent sous le nom de *Iuen-shi-tsû*. Gaubil. De la Croix écrit *Kublay*; dans Abu'lghazi Khan, on lit *Koplay*, & tous ajoutent le titre de *Khan* ou *Khaan*.

avoir fait quelque action d'éclat. Il monta sur la montagne Hyang-lû (a), auprès de Hang-yang-fu, ville du Hu-quang, & prit beaucoup de plaisir à considérer, du haut de cette montagne, le cours du fleuve Kyang, qu'il avoit dessein de passer. Quoique les Song eussent une nombreuse flotte sur ce fleuve, & beaucoup de troupes, Tong-wen-ping s'offrit de tenter le passage. S'étant embarqué avec quelques compagnies, il fit battre le tambour, & fit forces de rames pour attaquer l'avant-garde des Song. Ceux-ci étonnés de la résolution des Mongols, jeterent de grands cris, & la peur mit le désordre parmi eux.

Tong-wen-ping fit un signal aux troupes de Hu-pi-lay; ce Prince s'embarqua, & le lendemain son armée parut devant Vû-chang-fu. Ces mouvemens causerent une frayeur générale, & alarmerent extrêmement la Cour des Song à Hang-cheu. L'Empereur ouvrit ses trésors, & fit distribuer des sommes immenses (b) & des pieces de soie à ses troupes; il fit faire de grandes levées dans tout l'Empire; une nombreuse armée eut ordre d'aller à Hang-yang-fu, pour secourir Vû-chang-fu. Le Général de cette armée étoit Kya tse-tao: cet homme, élevé aux plus hautes dignités de l'Empire, n'avoit presque aucun des talens nécessaires

---

(a) On voit de là à découvert les villes de Vû-chang-fû, de Hang-yang-fû & de Hankeu, & le cours du Han & du Kyang. Gaubil.

(b) On compte cent six van de taëls en argent, c'est-à-dire, cinq millions cinq cent mille livres; sept mille sept cents van de tiao, de caches ou de deniers de cuivre. Le tiao fait aujourd'hui mille deniers, un van est dix mille livres.

pour remplir les charges dont il étoit décoré. Il n'étoit ni aimé ni estimé des troupes ; les Officiers ne pouvoient souffrir de se voir commandés par un homme sans expérience, & souvent ils se permettoient ouvertement des railleries sur le courage de leur Général. Kya-tse-tao étoit d'ailleurs aussi vindicatif que vain ; il maltraitoit quelquefois sans raison des Officiers de mérite, & n'avoit aucun égard aux services dans la distribution des emplois, ce qui fut cause que beaucoup d'Officiers songerent dès-lors à prendre parti parmi les Mongols, bien sûrs d'être mieux traités.

Il fait la paix avec les Song.

Le Gouverneur de Vû-chang-fu amusa d'abord Hu-pi-lay par de fausses espérances, & il tua l'Officier que le Prince envoya pour traiter avec lui ; mais il fut tué lui-même quelque temps après dans une sortie. Kya-tse-tao mena la meilleure partie de l'armée à Wang-cheu-fu, & dans cette marche, il fit voir que le courage n'étoit pas sa vertu. Luvente, Gouverneur de Se-chuen, reçut ordre au mois de Novembre de se rendre à Vû-chang-fu, pour commander dans cette importante place. Le siége avançoit, & la garnison avoit déjà perdu beaucoup d'Officiers & de soldats. Kya-tse-tao, appréhendant tout des suites de la prise de cette ville, envoya proposer des conditions de paix à Hû-pi-lay, dont l'une étoit que l'Empire des Song seroit tributaire de celui des Mongols ; Hû-pi-lay n'y voulut pas entendre. En ce temps-là, Kya-tse-tao apprit par un Courrier de Vangkyen ce qui s'étoit passé à Hocheu, & profita de cette occasion pour faire de nouvelles propositions. Hu-pi-lay eut aussi avis certain que le Général Alantar travailloit à mettre sur le trône son frere Alipuko,

LIVRE V. CHAPITRE IV.

SECT. I.
Regne de
Kublay Khan
V.

& que plusieurs Princes & Seigneurs étoient de son parti. On assembla un grand Conseil, & Haoking, savant & sage Ministre, conseilla à Hû-pilay de faire la paix avec les Song, d'aller tenir sa Cour à Yen-king, & de se faire proclamer Empereur. On s'en tint à cet avis, & Kya-tse-tao promit de payer tous les ans vingt van d'argent (*a*), & autant en soie, par forme de tribut, & en reconnoissance de la Souveraineté des Mongols sur les Song. On convint des limites des deux Empires, & en conséquence de ce traité, Hû-pilay décampa & repassa le Kyang. Hû-liang-kotay leva aussi le siége de Chang-shû, & passa la même riviere pour aller au nord ; mais quelques troupes de son armée ayant tardé jusqu'au mois de Février 1260 à passer, Kya-tse-tao les fit tailler en pieces (*b*).

L'Histoire représente ici Kya-tse-tao comme un des plus mauvais Ministres qui fut jamais. Il fit un traité honteux à l'Empire des Song, & le cacha à son Maître l'Empereur Li-tsong (*c*), qui crut que c'étoient la valeur & la conduite de ce Général qui avoient fait retirer Hû-pi-lay ; & les cent soixante-dix soldats de l'armée de Hû-liang kotay, qui furent massacrés, donnerent lieu au bruit qu'on répandit, que l'armée des Mongols avoit

---

(*a*) Un million de livres, ou environ cinquante mille livres sterling.

(*b*) Un peu plus bas on dit que leur nombre alloit à cent soixante-dix hommes.

(*c*) Il étoit le quatorzieme Empereur de la Dynastie des Song, qui régnoient dans la Chine Méridionale. Il y a eu en tout dix-huit Empereurs de cette Dynastie.

été défaite ; de sorte qu'à la Cour de Hang-cheu on prodigua les louanges & les récompenses à Kya-tse-tao ; & on ne savoit pas que ce que venoit de faire cet indigne Ministre, seroit bientôt la cause de la ruine de l'Empire (a).

Hû-pi-lay, après le traité conclu avec le Ministre Song, partit du Hu-quang avec ses meilleures troupes, & au mois de Décembre, campa à la vue d'Yen-king. Son retour causa une joie générale aux peuples du Nord, qui souhaitoient de le voir incessamment Empereur. La plupart des Princes de sa Maison, des Grands Chinois & Mongols, & sur-tout la Princesse de Hongkila ou Kongorat, sa premiere femme, le pressoient de se déclarer. Pendant que ce Prince paroissoit indécis sur le parti qu'il prendroit, un Seigneur Mongol, député par Hûlagû, arriva, & fit, au nom de ce Prince, de grandes instances pour faire proclamer Hû-pi-lay. Enfin, au mois d'Avril de l'an 1260, Moko, frere de Hû-pi-lay, Hatan, fils d'Octay, que Mengko avoit exilé à Bishbaleg, Tachar, petit-fils de Tyemûko, quatrieme frere de Jenghiz Khan, le Député de Hûlagû, ceux de beaucoup d'autres Princes, & un grand nombre de Seigneurs Tartares, s'assemblerent à la nouvelle ville de Kay-ping-fu en Tartarie, & déclarerent Hû-pi-lay Empereur des Mongols : ensuite ils le saluerent comme tel, & les troupes en firent autant. Les Chinois firent par-tout de grandes réjouissances, & le nouveau Monarque ne songea qu'à choisir d'habiles Généraux, de bons Ministres, & sur-tout des gens sages, qui fissent valoir les

---

(a) Gaubil, Hist. de Gentchisc. p. 123-126.

manufactures

manufactures de soie, le commerce & l'agriculture.

SECT. I.
Regne de Kublay Khan V.
Arikbuga aspire à l'Emprie.

Dans le même temps, le bruit se confirma de tous côtés, que le Prince Alipuko ou Arikbuga pensoit à se faire Empereur; qu'il avoit à Karakorom une grande armée, commandée par le Général Alantar; qu'il étoit soutenu des Princes Asûtay, Yu-long-ta-she & Siliki, trois fils de Mengko, & de quelques autres; & que beaucoup d'Officiers qui servoient dans les provinces de Se-chuen & de Chen-si, étoient dans ses intérêts. Hû-pi-lay ordonna à ses Généraux en Tartarie de lui rendre un compte exact de ce qu'ils sauroient des intrigues de son Compétiteur. Dans la Chine, entre autres Seigneurs de confiance, il se servit de Lyen-hi-hyen, natif du pays des Igûrs, de Changting, qui étoit Chinois, & de Chao-lyang-po, du pays de Ny-uche (*a*). Il nomma Hi-hyen le premier Gouverneur général du Chen-si & du Se-chuen, & lui donna une bonne armée. Hi-hyen étoit aussi bon Ministre qu'habile Général, fort savant, & il avoit une mémoire prodigieuse. Ce qui prouve son mérite, c'est que le Prince Hatan demanda à servir sous lui.

Alipuko n'étoit pas oisif de son côté; il envoya le Général Alantar dans les provinces septentrionales de la Tartarie, avec de grosses sommes d'argent & quantité de soieries, pour gagner les Chefs des Tribus. When-tû-hay, Gouverneur de Lûpan, où Jenghiz Khan mourut, avoit soixante mille hommes à sa dévotion; il se joignit au Gouver-

_____

(*a*) Ou *Ny-che*; c'est le pays des Kins & des Manchéous, qui sont descendus des Kins.

neur de Ching-tû-fu, capitale du Se-chuen; d'autres Officiers du parti d'Alipuko se saisirent de Fong-tsyang-fû dans le Chen-sî, & ménagerent des intelligences dans Si-gan-fû, capitale de cette province. Après avoir pris ces précautions, Alipuko se fit reconnoître Empereur des Mongols à Karakorom, aussi-tôt qu'il sut ce qui s'étoit passé à Kay-ping-fu. Lyeu-tay-ping & Alû whay ou Ho-lu-hay commandoient dans Si-gan-fû du temps de Mengko, & y étoient haïs & à charge au peuple: ces deux Officiers se trouvant à Fong-tsyang-fû pour les intérêts d'Alipuko, apprirent que Hi-hyen étoit en marche pour le Chen-sî, ce qui les obligea de partir en poste pour Si-gan-fû, où ils arriverent le premier de Mai; ils commençoient à prendre des mesures pour faire déclarer la ville en faveur de leur parti, lorsque, deux jours après, Hi-hyen arriva, & rassura les peuples, qui craignoient tout du retour de ces deux Officiers (*a*).

Hi-hyen fit publier dans toute la ville l'ordre de reconnoître Hû-pi-lay, & la patente par laquelle il étoit déclaré Commandant & Gouverneur général des provinces de Se-chuen & de Chen-sî. Il ordonna aux Officiers de faire bonne garde aux portes & sur les murailles, & d'examiner exactement tous ceux qui entroient ou sortoient. Il commanda encore secrétement de ne pas laisser sortir Lyeu-tay-ping ni Ho-lû-hay. Peu de temps après, les gardes avertirent qu'ils avoient arrêté à la porte un Etranger qui se disoit venir de Lûpan. Cet Etranger étoit un Officier de confiance, qui veilloit sur toutes les démarches de

---

(*a*) Gaubil, p. 32 & suiv.

When-tû-hay, & Hi-hyen sut de lui le nom & le nombre de ceux qui étoient du parti de When-tû-hay. Le Général fit assembler les Officiers & les Mandarins, & après avoir consulté avec eux, il fit mettre aux arrêts Lieu-tay-ping & Ho-lû-hay. Il envoya Lyeu he-ma dans le Se-chuen, pour faire mourir Mi-lyo-che, Gouverneur de Ching tû-fu, & Kitay-pu-wha, qui commandoit sur la frontiere. Il donna une armée au Général Vang-lyang-ching, pour aller joindre le Prince Hatan, & nomma Pachun Officier Mongol, pour soutenir Lyang-ching avec cinq mille hommes d'élite, tirés du Se-chuen. Ces arrangemens faits, il fit mourir Lyeu-tay-ping & Ho-lu-hay comme rebelles ; il reçut peu de temps après l'ordre de leur sauver la vie.

SECT. I.
Regne de Kublay Khan V.

When-tû-hay, qui apprit toutes ces nouvelles avec surprise, vit bien que Hi-hyen étoit instruit de tout ; & perdant l'espérance de prendre Si-gan-fû, il résolut de passer le Wang-ho ; & après s'être emparé de Kan cheu, ville du Chen-si, non loin de la grande muraille, du côté de So-cheu, il alla joindre Alantar. Le Prince Hatan ne put empêcher ni la prise de cette ville, ni la jonction des deux armées ; il marcha au nord avec sa cavalerie, campa entre les Rebelles & Karakorom, & donna avis de tout à Hi-hyen. Il fut bientôt joint par Wang-lyang-ping & Pachun, & l'on résolut de marcher en trois corps aux ennemis, qu'il attaqua à l'est de Kan-cheu. When-tû-hay & Alantar eurent d'abord de l'avantage ; il s'éleva un grand vent, & le sable & la poussiere incommodoient la cavalerie de Wang-lyang-ping. Ce Général ordonna de mettre pied à terre, fondit, l'épée à la

Son armée est défaite & ses Généraux sont tués.

R ij

main, sur l'aile gauche des ennemis, la mit en désordre, & se posta à son nord. L'aile droite commença aussi à s'ébranler, & Pachun tourna vers le sud. Hatan coupa la retraite du côté de Karakorom, & attaqua avec tant d'opiniâtreté, que les troupes d'Alantat & de When-tû-hay plierent de tous côtés. Ces deux Généraux furent tués dans le combat; on fit un grand carnage de leurs troupes, qui ne pouvoient se retirer ni vers le nord, ni vers la grande muraille. Enfin Hatan & ses Lieutenans remporterent une victoire complette, & le Chen-si & le Se-chuen furent entiérement soumis. Cette bataille se donna, selon les uns, au mois de Mai, selon d'autres, dans celui de Septembre.

C'est cette année que Hu-pi-lay fit venir à la Cour un Lettré Chinois d'une grande réputation, nommé *Teu-me*, ami intime d'Yao-shu & de Hyuheng. C'est un de ceux que l'Empereur consulta le plus sur la maniere de gouverner les peuples. Ce Prince se piqua de connoître par lui-même ceux de ses sujets qui pouvoient le mieux contribuer à rendre son regne illustre par les armes, les Sciences, les ouvrages publics, l'abondance & le commerce; il se fit une loi de se servir des gens de mérite, de quelque nation & de quelque religion qu'ils fussent. Depuis la fondation de l'Empire, il y avoit eu fort peu de Mandarins Lettrés pour gouverner les peuples & régler les affaires des particuliers; on ne faisoit guere cas que des Officiers de l'armée. Celui qui tenoit le Sceau, s'appeloit *Talua* (a)

(a) *Talua* est une mauvaise prononciation Chinoise de *Targûchi* ou *Targuji*, ainsi que prononcent les Mongols & les Manchéoux.

ou *Targuji* : c'étoit alors la dignité la plus considérable, & celui qui en étoit revêtu paſſoit devant les Miniſtres d'Etat, qui n'avoient point l'autorité qu'ils eurent depuis. Le Khan chargea Lieu-ping-chong & Hyu-heng de régler le nombre, le rang, l'autorité & les appointemens des Mandarins. Il régla les divers Tribunaux des Miniſtres d'Etat, des Cenſeurs de l'Empire, des Cérémonies, des Mandarins, de la Juſtice, des ouvrages publics, de la guerre, & des autres affaires. On régla de même les Officiers de l'armée, ceux du palais de l'Empereur, & on publia ces divers Réglemens. L'Empereur régla le Tribunal des Mathématiques, s'occupa des manufactures & du commerce. Il fit examiner les beſoins des peuples, & voulut ſavoir ce que chaque pays avoit de bon & de mauvais, ce qu'il produiſoit, & ce qu'on pouvoit faire pour le rendre riche & commode. L'attention de Hû-pi-lay ſur des articles auſſi importans, lui fit beaucoup d'honneur dans l'eſprit des Chinois, qui voyoient avec un extrême plaiſir des gens de leur nation occuper des poſtes très-importans à la Cour, à l'armée & dans les provinces (*a*).

SECT. I.
Regne de Kublay-Khan.
V.

Hû-pi-lay aimoit les Gens de Lettres, & on en voyoit à ſa Cour de toutes ſortes de nations. Les Hiſtoriens vantent beaucoup Chamaluting, Seigneur Perſan, qui étoit habile Mathématicien. Il fit une Aſtronomie à l'uſage de la Cour, & il offrit à l'Empereur de grands & beaux inſtrumens pour cette Science & pour la Géométrie. Gayſue (*b*) avoit ſoin de ce qui regardoit la Mé-

Les Sciences encouragées.

(*a*) Gaubil, p. 132 & ſuiv.
(*b*) L'Hiſtoire loue ſa charité pour les pauvres, & ſon

decine, & étoit un des principaux Mandarins pour les Mathématiques. On employa quantité de personnes d'Igûr, de Perse, de la Grande-Bukharie & d'autres pays, pour traduire des Livres. A l'imitation des Empereurs Chinois, Hû-pi-lay fit un choix des plus habiles Docteurs, pour en former une Académie : on les appelle *Hanlin*, & c'est un Tribunal qui est en grande considération. L'Empereur en fit venir un grand nombre, & nomma des Hanlins pour faire un corps séparé, afin d'écrire l'Histoire de l'Empire. Il mit à leur tête Wangu, homme d'une probité, d'une prudence & d'une capacité reconnues. Il fournit de bons Mémoires sur l'Histoire des Leao & des Kins. Il a beaucoup travaillé sur les Livres classiques des Chinois, & il a fait un grand recueil des Edits Impériaux. Quand on prit Jû-ning-fu, il étoit sur la liste des proscrits ; Chang-jao l'épargna.

Hû pi-lay envoya vers ce temps-là Hao-king à la Cour des Song, pour y notifier son avénement à l'Empire, & demander l'exécution du traité conclu avec Kya-tse-tao, pendant le siége de Vû-chang-fu. Mais comme ce traité avoit été fait à l'insçu de l'Empereur Chinois, son Ministre craignant que l'Envoyé ne découvrît sa fourberie, le fit mettre en prison près de Nanking, & ne pensa qu'aux moyens d'empêcher que ni Hû-pi-lay ni son Maître n'eussent des nouvelles de ce Seigneur. Il est vrai que l'Empereur des Song eut avis qu'il

_____

exactitude à s'acquitter de ses devoirs envers son Fo. Il étoit du royaume de Fûlin, grand pays, dit-on, à l'occident de la mer Occidentale. Il paroît qu'il étoit Chrétien, & peut-être Franc ou Européen. Gaubil.

SECT. I.
Règne de Kublay Khan F.

Fourberie du Ministre Song.

y avoit fur la frontiere un Député des Tartares; mais Kya tfe-tao tourna l'efprit de ce Prince fur d'autres objets.

L'Empereur, dans fa jeuneffe, avoit de l'inclination pour un jeune Seigneur du Tibet, nommé *Pafepa*, plein d'efprit & de politeffe. Il étoit d'une ancienne famille renommée pour fa vertu, & depuis dix fiecles les ancêtres de Pafepa étoient les principaux Miniftres des Rois du Tibet & d'autres Princes de l'Occident. Ce Seigneur fe fit Lama, & fe rendit confidérable parmi ceux de fa Secte. En 1260, Hû pi-lay le fit venir, & au mois de Décembre, le déclara Chef de tous les Lamas, & lui donna le titre de *Maître* & de *Docteur de l'Empire & de l'Empereur*. On divifa la Chine & le Leaotong en dix départemens, auxquels on donna des Mandarins : on forma un Tribunal de dix Seigneurs, chargés des affaires qui concernoient ces départemens, & l'Empereur ordonna que dans tous les Tribunaux le Préfident feroit un Mongol.

Hû-pi-lay voulut auffi que la cinquante-feptieme année du Cycle fexagénaire Chinois, & l'année du Renard (*a*) du Cycle duodénaire des Mongols, c'eft-à-dire l'an 1260, fût la premiere de fon regne. Il donna auffi, à l'exemple des Chinois, un titre aux années de fon regne. L'année 1260 fut la premiere du titre de *Chong-tong* (*b*).

SECT. I.
Regne de
Kublay Khan
V.

Un Lama
devient Favori.

1260.

―――――――――――――――――――――――
(*a*) Il n'y a point d'année de ce nom dans le Cycle Mogol, qui fe trouve dans Ulug Beg, felon lequel l'année 1260 eft celle du Dakûk ou de la Poule, la dixieme du Cycle.

(*b*) Gaubil, p. 136 & fuiv. L'Empereur d'aujourd'hui (1726) porte le titre de *Yong-ching*; le Prince fon pere

R iv

SECT. I.
Regne de Kublay Khan V.

Affaires de Sechuen.
1261.

Au commencement de l'année suivante, l'Empereur mit en liberté tous les Lettrés qui avoient été faits esclaves dans les guerres précédentes. Dans le même temps, Kya-tse-tao, Ministre de l'Empereur Song, ayant maltraité Lieu-cheng, qui commandoit dans le quartier de Lû-cheu, dans le Se-chuen, cet Officier se donna aux Mongols avec cette ville & ses dépendances. Lyeu-yuen-ching, Commandant des Mongols à Ching-tû-fu, alla lui rendre visite à cette occasion. Yuling, Gouverneur de Se-chuen pour les Song, étoit ennemi de Lyeu-cheng, & c'étoit lui qui l'avoit accusé auprès de Kya tse-tao : instruit de ce qui se passoit, il vint avec des troupes investir Lû-cheu. A son approche, plusieurs Mongols furent d'avis d'abandonner Lyeu-cheng à la furie d'Yuking ; mais Yuen-ching répondit qu'il falloit mourir avec Lyeu-cheng pour la défense d'une place si importante. Il arriva du secours à propos. Lyeu-ching fit une sortie, obligea son ennemi à lever le siége, & Yuking fut cassé.

Défaite d'Alipuko.

Au mois d'Octobre, l'Empereur Hu-pi-lay se mit en marche pour la Tartarie, suivi des Princes Hetan & Tachar, à la tête d'un grand corps de troupes Chinoises, pour attaquer l'armée de son frere Alipuko. Les deux armées se rencontrerent à Simutû Nor (a), où il se donna une sanglante bataille ; les troupes d'Alipuko furent entiérement défaites ; mais ce Prince, qui étoit enveloppé de

---

avoit celui de *Kang-hi*. Les Empereurs changent ces titres quand ils le jugent à propos. Gaubil.

(a) *Simutû Navel* signifie grand lac. *Naor* ou *Nor* est un mot Mongol. Notre Auteur ne sait où est ce lac.

tous côtés, se fit jour à travers ses ennemis, & se retira vers le nord (*a*). Hu-pi-lay prit Karakorom, où il trouva de grandes richesses; il retourna ensuite à Kay-ping-fu, & de là à Yen-king. Vers la fin de l'année, Lyeu-cheng vint à la Cour, & Luvente, nouveau Gouverneur du Se-chuen, ayant repris Lu-cheu au commencement de 1262, Hu-pi-lay donna à Lyeu-cheng le gouvernement de Quey-cheu dans la même province sur les frontieres du Hu-quang, & ce Seigneur rendit de grands services aux Mongols.

Sect. I.
Regne de
KublayKhan
V.

Litan, fils d'un grand Mandarin qui s'étoit rendu à Jenghiz Khan, commandoit les troupes Mogoles dans les districts de Tsi-nan-fu, d'Itû, aujourd'hui Tsing-cheu-fu, & autres lieux du Chang-tong, & dans les quartiers du Kiangnan soumis aux Mongols. Il songeoit, depuis l'avénement de Hu-pi-lay à l'Empire, à se rendre aux Song ; de sorte qu'au mois de Janvier il fit revenir

Révolte de
Litan.

(*a*) Suivant Abu'lghazi Khan, Artokbuga, à qui Mangu Khan avoit confié la régence de l'Empire, se fit proclamer Khan après sa mort, & fit mourir l'Envoyé que Koplay Khan lui avoit dépêché pour l'engager à se désister de ses prétentions. Cependant Burga ayant été élu Khan du Kip-jak, après la mort de son frere Barû Saghin Khan, Artokbuga lui alla faire la guerre ; mais ayant été battu, il se retira du côté de Karakum ou Karakorom. Koplay, qui l'apprit, marcha à lui ; mais il prit la fuite, & quelque temps après il trouva moyen de faire sa paix avec Koplay Khan. Abu'lghazi Khan, p. 384. De la Croix rapporte qu'après la derniere bataille, Artokbuga ayant été vaincu, vint se jeter aux pieds de son frere, qui ne lui fit alors que des reproches, mais qui le fit dans la suite enfermer entre quatre murailles revêtues d'épines de l'arbre Adragant, où il le fit garder exactement jusqu'à sa mort, qui arriva une année après. Hist. de Genghizc. p. 514.

son fils de Kay-ping-fu, fit fortifier Itû & Tſinan, & leva le maſque, en ſe déclarant ouvertement pour les Song, à qui il livra pluſieurs places importantes. On découvrit que Wang-ven-tong, un des Miniſtres de Hu-pi-lay, étoit d'intelligence avec Litan, & l'Empereur le punit de mort. Litan, qui étoit bon Capitaine, ſe mit en campagne & fit quelques conquêtes. L'Empereur ordonna au Prince Apiche & au Général She-tyen-che d'aller au plus tôt aſſiéger Tſi-nan-fu, dans le mois de Mai. Chang-hong-fan, fils de Chang-jao, qui étoit poſté à l'oueſt de la ville, fit élever un mur de terre, & ayant mis en embuſcade des cuiraſſiers, laiſſa la porte Orientale ouverte, & fit creuſer un foſſé profond.

Litan vint d'abord attaquer le retranchement, & tandis qu'une partie de ſes gens paſſa le foſſé & entra par la porte ouverte, l'autre eſcalada la muraille ; les troupes qui étoient en embuſcade taillerent tout le détachement en pieces, & Litan eut bien de la peine à ſe ſauver. Les Song avoient envoyé une armée à ſon ſecours ; mais à l'entrée du Chan-tong, la peur fit retirer le Général qui la commandoit ; il ſe contenta d'envoyer cinquante mille taëls ou deux cent cinquante mille livres de France à Itû. Les Généraux Mongols firent environner de tous côtés la ville d'un grand mur de terre, de ſorte que Litan ne put faire aucune ſortie. Après avoir conſumé toutes les proviſions, il fit ſaler de la chair humaine ; cette affreuſe reſſource étoit la ſeule qui reſtoit. A la fin, ſe voyant ſans eſpérance, il tua ſa femme & ſes concubines, & ſe précipita dans un lac. She-tyen-che l'y trouva encore en vie, & le tua de ſa propre main, enſuite

Livre V. Chapitre IV.

il le fit mettre en pieces, ce qui est le comble de l'ignominie pour un Chinois; après cela, l'armée marcha à Itû, qui se rendit d'elle-même (*a*).

Sect. I. Regne de Kublay Khan V.

Les Grands Chinois qui étoient à la Cour, & sur-tout le Général Kokan, étoient indignés de la conduite que la Cour des Song tenoit à l'égard des Mongols, & sollicitoient sans cesse Hu-pi-lay de leur déclarer la guerre. L'Empereur se plaignit de la mauvaise foi des Song dans un manifeste, & ignorant ou dissimulant la détention de Hao-king, il disoit qu'avant de se résoudre à la guerre, il vouloit attendre le succès de la négociation de cet Envoyé. En attendant, il nomma pour commander l'armée qu'on vouloit envoyer au sud, Achû fils de Hu-lyang-ko-tay, qui passoit pour un grand Capitaine, & qui avoit suivi son pere au Tibet, aux Indes, dans le Gan-nan, & à la Chine.

Mauvaise foi des Song.

Un des vices de Hu-pi-lay étoit d'aimer l'argent, & on avoit de la peine à lui persuader que les Mandarins, qui lui en fournissoient, n'étoient pas de bons Ministres, ou du moins il n'aimoit pas à entendre dire du mal d'eux. Ahama, Seigneur Mahométan, & Arabe d'origine, étoit un de ces sujets pervers, qui ne cherchent qu'à procurer de l'argent à leur Maître, en s'enrichissant eux-mêmes, sans se mettre en peine des moyens injustes dont ils se servent, des maux qu'ils causent à l'Etat, & du tort qu'ils font à la réputation de leur Prince. Ahama, qui avoit la Surintendance des Douanes de l'Empire, fit beaucoup de systêmes pour tromper l'Empereur & les Grands Mongols; il ne vouloit

Artifices d'Ahama.

(*a*) Gaubil, p. 138-140.

rendre compte qu'à l'Empereur, & prétendoit être indépendant des Ministres. Teu-me, Yao-shu, Hyu-heng, Lyeu-ping-chong, & autres Chinois, connurent d'abord le caractere d'Ahama, & ne manquerent pas d'en instruire l'Empereur. Chang-uen-kyen fit voir en particulier qu'il étoit contre la raison & la coutume de soustraire les Douanes à la jurisdiction des Ministres. Hu-pi-lay suivit à cet égard l'avis des Chinois, & Ahama usa de mille artifices pour se venger d'eux; il fit remettre de grosses sommes à l'Empereur, en lui faisant entendre que c'étoit le fruit de sa bonne administration, tandis que c'étoit de l'argent volé aux peuples par ses Commis, gens sans honneur, & qui étoient des voleurs publics. Il ne cessoit de solliciter les Seigneurs Mongols de se plaindre que les Chinois avoient trop de pouvoir. Mais Yao-shu & Hyu-heng avoient encore plus d'esprit & d'adresse qu'Ahama, découvroient toutes ses fourberies, & avoient grand soin de les faire connoître au Prince Cheng-king, fils de Hu-pi-lay, qu'il destinoit à l'Empire, dont il ne fut cependant déclaré héritier qu'en 1273.

Ignorance des Mongols.

Ahama fut bien mortifié de voir l'illustre Yao-shu déclaré premier Ministre au mois de Janvier 1263. Ce Seigneur, un des plus savans hommes qu'aient eus les Chinois, conseilla à Hu-pi-lay de fonder dans tous les pays de ses vastes Etats des Colléges & des Académies pour élever la jeunesse aux Sciences, aux Arts & aux bonnes mœurs. L'Empereur lui-même sentoit l'ignorance qui régnoit assez généralement parmi les Seigneurs Mongols, & il avoit honte de voir la différence

Livre V. Chapitre IV.

qu'il y avoit entre eux & les Chinois, & les gens d'Occident qui étoient en grand nombre à sa Cour. Les Mongols ne savoient manier que le sabre & l'arc, & toute leur science aboutissoit à quelque connoissance des chevaux. Hu-pi-lay commença par faire bien élever les Princes ses enfans. Chao-pi, natif de Tay-tong-fu, avoit déjà traduit en langue Mongole une partie des Livres Classiques, & Hyu-cheng fit en la même langue un Abrégé de l'Histoire & de la Chronologie Chinoise (*a*). L'Empereur donnoit ces Livres à apprendre aux Mongols, & il ne dédaignoit pas de les interroger lui-même sur celui de Hyu-heng.

L'observation des cérémonies en l'honneur de leurs ancêtres, est dans la Chine une affaire d'Etat, & c'est un devoir dont les Empereurs eux-mêmes ne sont pas dispensés. Hu-pi-lay fit bâtir à l'honneur de ses ancêtres un magnifique palais (*b*), & au mois de Mars de l'année 1263, il y alla en personne leur rendre ses devoirs (*c*); il fut le premier Prince Mongol qui fit cette cérémonie à la Chinoise. Il ordonna aux Bonzes & aux Lamas de réciter sept jours & sept nuits les prieres de

Sect. I.
Regne de Kublay Khan V.

Palais des Ancêtres.

───────────────

(*a*) Il mettoit entre la premiere année du Roi Yao & la premiere de Hu-pi-lay, précisément le même nombre d'années que le P. Couplet. Gaubil.

(*b*) Le Palais public où les Empereurs Chinois honorent leurs ancêtres, s'appelle *Taymiao*.

(*c*) Leurs noms étoient: 1. Lye-tsu ou Yesukay, 2. Tay-tsu ou Jenghiz Khan, 3. Tay-tsong ou Octay, 4. Chu-chi ou Juji, 5. Chabatay ou Jagatay, 6. Jui-tsong ou To-ley, 7. Tin-tsong ou Quey-yeu, c'est-à-dire, Kayuk Khan, 8. Hyen-tsong ou Mengko Khan. Gaubil.

SECT. I.
Règne de Kublay Khan V.

Adresse de Lieu-ching.

leur Fo (*a*), ce qui depuis s'observa tous les ans (*b*).

Lyeu-ching, Gouverneur de Quey cheu dans le Se-chuen, pensoit aux moyens de s'assurer de Syang-yang & de Fan-ching. Luvente venoit d'être fait Gouverneur de la province de Hu-quang, & son frere Lu-ven whang étoit Gouverneur de Syang-yang : c'étoient de bons Officiers & fort vigilans; mais Luvente étoit avare, & Lyeu-ching profita de ce défaut pour lui tendre un piége auquel il ne s'attendoit pas. Les sujets des Song & des Mongols commerçoient ensemble à Syang-yang & à Fan-ching. Lyeu-ching proposa à Luvente d'établir des Douanes près de ces deux villes : Luvente agréa cette proposition; & comme il en tiroit un grand profit, on fit des magasins pour des marchandises. Les Mongols entourerent les leurs de murailles, & sous prétexte de les garantir des voleurs, introduisirent peu à peu des soldats pour les garder; & Luvente s'apperçut

---

(*a*) *Fo* est le nom de l'objet du culte des Bonzes Chinois, appelés *Hochang*. Je ne sais d'où le nom de *Fo* est venu; dans le Tibet, les Lamas donnent à *Fo* celui de *La*. Gaubil.

(*b*) Je ne saurois rendre raison, dit le P. Gaubil, 1. pourquoi Hu-pi-lay ne parle d'aucun de ses ancêtres avant Yesukay; 2. pourquoi il ne parle pas des freres Jenghiz Khan; 3. Pourquoi ayant parlé de Chu-chi & de Chahatay, il ne parle pas du cinquieme & du sixieme fils de Jenghiz Khan. Avant Hu-pi-lay, les Mongols, entre autres cérémonies faites à leurs ancêtres, versoient & offroient du lait de cavalle, pendant que leurs Sammians ou Prêtres récitoient des prieres. Il ne paroît pas qu'aucun des prédécesseurs de Hu-pi-lay ait fait bâtir de Taymiao; & je ne sais si avant Quey yeu les Mongols avoient dans leur pays des monasteres de Lamas. Gaubil.

trop tard qu'il avoit été la dupe de son amour pour l'argent. Les Mongols faisoient des courses de tous côtés, & étoient assez bien fortifiés pour ne pas craindre aucune insulte; ils étoient très-attentifs à tout ce qui entroit & sortoit de Syang yang.

Sect. I. Regne de Kublay Khan V.

L'an 1264, Lyeu-ping-chong & Ahama furent déclarés Ministres. Le dernier eut l'Intendance des Finances & des Douanes, & ne relevoit que de l'Empereur. Au mois de Mars, le Prince Ali-puko (a), frere de l'Empereur, les Princes & les Seigneurs de son parti vinrent se remettre à la clémence de Hu-pi-lay; il pardonna aux Princes, & fit mourir ceux des Seigneurs qui les avoient portés à prendre les armes. Il donna à la ville de Kay-ping-fu le titre de *Chang-tu* (b) ou *Haute Cour*, s'y rendit au mois de Mars, & ne revint à Yen-king qu'en Août. Il fit tous les ans ce voyage, & les Empereurs Mongols ses successeurs imiterent son exemple. Au mois de Janvier de cette année, le Roi de la Corée envoya un de ses Officiers pour complimenter Hu-pi-lay, ce qui, depuis ce temps, s'est toujours observé. Cette année, Kya-tse-tao, Ministre de l'Empereur des Song, abolit la monnoie de papier, alors en usage dans la Chine Méridionale, & y en substitua une autre aussi de papier, qui fit monter les denrées à un prix exorbitant: cette opération rendit ce Ministre odieux.

Arikbuga se soumet.

En 1265, Gantong, descendant de Muhuli à la quatrieme génération, & qui n'avoit que vingt-un ans, étoit l'admiration des Tartares & des

Gantong devient premier Ministre.

___

(a) C'est le même qu'Arikbuga, dont parle D'Herbelot, p. 267.
(b) C'est ce que M. Polo appelle *Ciandu*.

SECT. I.
Regne de Kublay Khan V.

Chinois pour sa prudence & sa capacité. Les Généraux les plus expérimentés le proposoient pour Généralissime des troupes. Les Grands de la Chine conseilloient à l'Empereur de le mettre à la tête des affaires de l'Etat, & les plus habiles Docteurs trouvoient dans sa conversation de quoi apprendre & s'instruire. Sa haute naissance, sa bonne mine, sa probité & sa retenue le faisoient aimer & respecter de tous les Seigneurs de la Cour. Il fut choisi cette année pour être Ministre. Son premier soin fut d'engager Hyu-heng à revenir à la Cour, & d'apprendre de lui l'art de gouverner. Hyu-heng n'avoit cessé d'avertir l'Empereur qu'Ahama étoit un méchant homme ; & le chagrin qu'il conçut de le voir à la tête des Finances avec la qualité de Ministre, le porta à s'éloigner de la Cour, pour se livrer à l'étude. Gantong eut pour compagnon & pour associé dans le Ministere un Seigneur du pays de Parin (*a*), nommé *Peyen*, qui étoit du même caractere que lui: Peyen avoit passé sa jeunesse en Perse & en Syrie, & en étoit nouvellement arrivé à la suite des Seigneurs envoyés par Holagu à Hu-pi-lay. Ce Prince, charmé des manieres polies & de la bonne mine de Peyen, voulut l'entretenir en particulier, & dès la premiere conversation il s'apperçut que ce Seigneur étoit un grand homme d'Etat & de guerre. Il le nomma Ministre, disant qu'il ne convenoit pas qu'un tel homme fût au service d'un autre que du Chef des Princes Mongols (*b*).

(*a*) C'est un pays de Tartarie au nord du Pcheli ; mais Gaubil dit qu'il ne sait si le Parin d'aujourd'hui est le Parin du temps de Hu-pi-lay.

(*b*) Gaubil, p. 142 & suiv.

En

Livre V. Chapitre IV.

En 1266, le Taymiao fut achevé ; il y avoit autant de salles qu'il y avoit de Princes qu'on y honoroit. Dans chacune on voyoit une tablette où étoient le nom & le titre du Prince, & à côté de cette tablette en étoit une autre avec le nom & le titre de la Princesse qui étoit premiere femme du Prince. On mit au nombre de ces Princesses Waolihamish, femme de Quey-yeu, que Mengko ou Mangu Khan avoit fait mourir. Cette même année, l'Empereur, qui savoit que Te-whey étoit très-habile dans l'Histoire des Leao & des Kins, lui demanda s'il étoit vrai que les Bonzes eussent été la cause de la ruine de Leao, & les Lettrés de celle des Kins ? Te-whey répondit qu'il n'étoit pas au fait sur les Leao, mais que les Kins n'avoient pas assez employé les Lettrés Chinois.

Sect. I.
Regne de Kublay Khan V.

Au mois d'Avril de l'an 1267, l'Empereur Hu-pi-lay fit achever, au nord-est de Yenking, la ville qu'il appela *Tatu* ou *Taytu*, c'est-à-dire *la Grande Cour* ; on la nommoit aussi *Chong-tu* ou *la Cour du milieu*. Ces deux villes étoient fort près l'une de l'autre, & devoient faire une ville considérable. Tatu est le gros de la ville Tartare, appelée aujourd'hui *Peking*, la capitale de la Chine (a).

La ville de Tatu.

Lyeu-ching persuada à Hu-pi-lay de faire le siége de Syang-yang & de Fanching, avant que de faire la guerre sur le grand Kyang ; ce Général & Achu furent chargés de l'entreprise. Achu jugea

Siége de Syang-yang.

(a) C'est évidemment la Kanbala ou Kambalu de Marc Polo. On voit encore des restes de l'ancienne Yenking au sud-ouest de Peking, à la distance de quelques stades. Gaubil. *Kanbalu* ou *Khan-palu* signifie *le palais du Khan. Khan Balig*, ainsi que les Auteurs Orientaux l'appellent, signifie *la ville du Khan.*

Tome VII.   S

qu'il falloit fortifier un poste à l'embouchure de la riviere Pe, & cet ouvrage fut achevé au mois de Décembre. Luwen-whang en donna avis à son frere Luvente, & lui fit remarquer qu'il étoit à craindre que les Mongols n'eussent dessein d'affamer la ville ; il ajouta qu'il falloit au plus tôt s'assurer des postes qui étoient aux environs, & en déloger les Mongols. Luvente parut se moquer des frayeurs de son frere ; il dit qu'il avoit des provisions pour plusieurs années, & beaucoup de troupes aguerries. Il fit courir le bruit qu'il viendroit en personne au printemps de l'année suivante. En 1268, Lyeu-ching & Achu assemblerent les matelots Chinois, pour faire bâtir cinquante grosses barques de guerre, & exercer les Mongols aux combats sur les rivieres. Ils les y occuperent jour & nuit, & Achu y devint bientôt habile. Au mois de Septembre, ils formerent le siége de Syang-yang avec une armée de soixante-dix mille hommes.

Défaite de Hoytu.

Cette même année, Haytu (a), qui avoit été exilé avec plusieurs autres par Mengko, parce qu'il favorisoit She-lye-men, parut en Tartarie à la tête d'une armée. Ce Prince avoit résolu de se venger de Mengko, dès qu'il en trouveroit l'occasion ; après sa mort, il se fit un Etat assez considérable dans le pays d'Almalig, entre Turfan & Kashgar dans la Petite-Bukharie. Il se fit aimer des peuples, & gagna les Chefs de Horde qui campoient au nord-nord-est de Turfan, & au nord & à l'ouest du mont Altay. Il anima aussi plusieurs Princes de sa

_____

(a) C'est peut-être l'Alga d'Abu'lghazi Khan, ou le Naligu d'autres, petit-fils de Jagatay Khan.

famille, & résolut enfin de se déclarer contre Hu-pi-lay: mais sa premiere expédition ne lui réussit pas, il fut battu & obligé de se retirer à Almalig.

Regne de Kublay Khan V.

She-tyen-che ayant été déclaré Généralissime de l'armée destinée contre les Song, & qui montoit à trois cent mille hommes des meilleures troupes, un grand nombre de Seigneurs Igûrs, Persans & Arabes, avec beaucoup de Princes & de Chefs de Horde, souhaiterent de servir sous ce Seigneur Chinois, qui étoit généralement aimé & estimé. Ce Général examina les avenues de Syang-yang, & jugeant que le siége seroit long, il ordonna, au mois de Janvier 1269, d'élever de grandes murailles pour couper la communication avec d'autres places : il fit aussi faire de grands retranchemens dans un lieu nommé *Lumen*, pour serrer de près Fanching. En même temps, Say-tyen-che, Seigneur Arabe, eut ordre de camper avec un corps nombreux, où il y avoit beaucoup d'Etrangers Occidentaux, à Ching-tu-fu, capitale du Sechuen, & de faire des courses de côté & d'autre (a).

Puissante armée.

Tata-tong-ko ayant introduit parmi les Mongols les caracteres Igûrs, ils commencerent à avoir quelque teinture de l'Histoire, & des gens d'Igûr & d'autres pays composerent quelques Livres en langue Mongole. Yelu-chu-tsay fit ensuite venir des Lettrés Chinois, pour enseigner les caracteres de la Chine. Les Persans, les Arabes & les Lamas du Tibet avoit aussi les leurs, de même que les Nyuche ou Kins, & les Kitans ou Leao. Depuis Jenghiz Khan, les Empereurs Mongols employoient

Pasepa invente les caracteres Mongols.

_____

(a) Gaubil, p. 146-148.

dans les actes publics les caracteres Igûrs & Chinois. Hu-pi-lay crut que la grandeur & la gloire de sa nation demandoient qu'elle eût des signes qui lui fussent propres. Il chargea de cette commission Pasepa, Chef des Lamas, qui connoissoit non seulement les caracteres Chinois & ceux des Lamas, mais encore ceux du Tibet, appelés *caracteres du Tangut*, ceux d'Igûr, des Indes, & de plusieurs pays de l'occident de l'Asie. Pasepa examina avec soin la nature de ces différens signes, & ce qu'ils avoient de commode & d'incommode; il rejeta les Chinois, qui représentent l'idée des choses, & ne pensa qu'à ceux qui sont propres à exprimer les sons; il en fit mille, avec des regles pour leur prononciation, leur figure & la maniere de les écrire. Hu-pi-lay fut si content du travail de Pasepa, qu'en 1269 il déclara ce Lama Regulo, & dans la Patente qu'il lui donna, il lui prodiguoit les éloges. Au mois de Février, l'Empereur ordonna par un Edit public, qu'on se servît, dans tous les Tribunaux, de cet alphabet, qui fut appelé *les nouveaux caracteres Mongols*. D'abord les Mongols, qui étoient accoutumés à ceux des Igûrs, & les Chinois, prévenus en faveur des leurs, eurent quelque peine à apprendre ceux de Pasepa.

Au mois de Mars, Hya-quey, Général des Song, entra dans la riviere de Han, avec une grande flotte chargée d'un nombre infini de soldats. Ayant vu la contenance des Mongols, il ne jugea pas à propos d'en venir aux mains, & se retira avec perte. Mais le Han s'étant débordé en automne, Hya-quey profita de l'inondation, & entra dans Syang-yang avec toute sorte de munitions & de provisions, malgré Achu, qui le défit cependant à son retour. Depuis que Luvente s'étoit laissé duper par Lyeu-ching, il étoit inconsolable d'avoir fait une faute si grossiere ; & le siége de Syang-yang lui causa tant de chagrin, qu'il mourut au mois de Décembre. La perte de ce Général fut un coup mortel pour les affaires des Song, & les Mongols, contre leur coutume, ne prenoient tant de précautions devant Syang-yang, que parce qu'ils redoutoient l'habileté, la vigilance & la valeur de Luvente, & qu'ils se souvenoient du mal qu'il leur avoit fait dans le Se-chuen.

SECT. I.
Regne de Kublay Khan V.

En 1270, Ahama commença à craindre la probité & l'esprit de plusieurs grands Seigneurs qui étoient à la Cour. Il avoit trouvé moyen de rendre suspecte la fidélité de Lyen-hihyen, & de l'éloigner du Ministere ; mais ce Ministre s'étant justifié, rentra dans sa charge, & se ligua plus que jamais avec les Grands pour perdre Ahama. Celui-ci accusa Hi-hyen de négligence, pour avoir laissé un Officier en prison, après que l'Empereur avoit ordonné de l'élargir. Sur les plaintes qu'Ahama porta contre lui, Hi-hyen fut cassé, & renvoyé chez lui, où il vivoit en Philosophe. Hu-pi-lay demanda un jour aux Seigneurs de sa Cour : Que peut faire Hi-hyen dans sa maison ? Ahama prit la parole, & dit, qu'il passoit son temps en comédies & en festins. L'Empereur, choqué de ce discours, répliqua que Hihyen étoit trop pauvre pour penser à des festins & à des comédies.

Crédit d'Ahama, qui fait disgracier Hi-hyen.

Hi-hyen, quoiqu'étranger, étoit en grande considération parmi les Lettrés Chinois, parce qu'il faisoit profession de suivre la doctrine de Confucius. Il étoit ennemi des Mahométans, des Tao-tse & des Bonzes, mais sur-tout des Lamas. Un

SECT. I.
Regne de Kublay Khan V.

Tao-tſe, qui étoit bien venu à la Cour, voulut perſuader à l'Empereur de boire d'une liqueur, qui, ſelon les principes de ſa Secte, devoit lui prolonger la vie, & le rendre heureux après ſa mort. Hi-hyen, conſulté par l'Empereur, fit adroitement la ſatire de la Secte de Tao-tſe, & un diſcours ſur la longue vie & ſur les grandes vertus d'Yao & de Chun. Hû-pi-lay congédia le Tao-tſe; mais il voulut perſuader à Hi-hyen de ſuivre les regles de Paſepa. Hi-hyen répondit qu'il ſuivoit celles de Confucius, & ſans s'étonner, il rapporta les maximes des Diſciples de ce Philoſophe, ſur la ſincérité des Grands quand ils parlent aux Princes, & ſur le ſoin qu'un fils doit avoir de garder les préceptes de ſes peres. Rien n'étoit plus à propos que cette réponſe. Ahama paſſoit pour un fourbe, & il avoit la confiance de Hû-pi-lay (a). Jenghiz Khan avoit ordonné de ne pas ſe ſervir des Bonzes, & la Cour étoit pleine de Lamas. Hû-pi-lay étoit un de ces grands Princes qui ne trouvent pas mauvais qu'on les avertiſſe de leurs défauts, & il fit toujours grand cas des Courtiſans du caractere de Hi-hyen, & loua la fineſſe & la droiture de ſes réponſes.

Il eſt haï de tout le monde. 1271.

Ahama étoit odieux à tout le monde; mais comme il en impoſoit à l'Empereur par des projets qui lui faiſoient eſpérer beaucoup d'argent, il étoit en faveur, & en 1270, l'Empereur donna à ſon fils le département de la guerre. De tous les Princes, il n'y avoit que Ching-kin, fils aîné du Hû-pi-lay, qui oſât parler contre Ahama; mais Hyuheng dit hautement qu'il étoit dangereux de

---

(a) Gaubil, p. 148-150.

donner au pere & au fils de si grands postes. Ahama travailla à faire nommer Hyuheng Ministre, dans le dessein de le perdre : celui-ci pénétra son dessein, & refusa cette place. L'année d'après, Hyuheng remit à l'Empereur un écrit, où il accusoit Ahama de tromper son Prince, de détruire le gouvernement, & de ruiner le peuple. L'Empereur ne répondit rien à cette accusation, & Hyuheng tomba malade de chagrin. Hû-pi-lay le consola, en lui promettant de fonder des colléges ou académies où l'on enseigneroit les Sciences & la Morale.

SECT. I.
Regne de Kublay Khan V.

Au mois de Novembre de cette année, Lyeu-ping-ching persuada à l'Empereur de donner à sa Dynastie le nom d'*Yven*, qui signifie *commencement*. Ce Bonze débita à cette occasion une infinité de choses obscures & énigmatiques sur deux figures de Fuhi ou Fohi, premier Empereur de la Chine. La premiere est exprimée par le caractere *Tyen*, Ciel ; & la seconde par le caractere *Quen*, Terre. Le Bonze conclut de son long discours, que, selon le sens de ces deux *Qua*, qui est le nom des figures attribuées à Fohi, les Mongols devoient prendre le titre d'*Yven*. Personne ne comprenoit rien à ce que disoit le Bonze, & encore moins aux raisons qu'il tiroit du sens de Tyen & de Quen ; mais la réputation qu'il avoit de connoître à fond l'antiquité, suppléa à tout, il fut loué de tout le monde ; on félicita l'Empereur, & il avertit ses sujets par une Déclaration publique, que la Dynastie des Mongols porteroit désormais le titre d'*Yven*.

Titre d'Yven.

Au mois de Mai, Hu-pi-lay affranchit pour quelque temps ses sujets de Se-chuen du tribut,

On serre Syang-yang.

SECT. I.
Regne de Kublay Khan V.

& ordonna en même temps à She-tyen-che de piller les pays de cette province, qui relevoient encore des Song. She-tyen exécuta sa commission à toute rigueur, & ruina presque entiérement le district de Kya-ting-fu. Les troupes qui étoient devant Syang-yang & Fanching, voulant prendre ces deux villes par famine, le Général Chang-hong-fang fit de nouveaux retranchemens sur la montagne de Van. Au mois de Juin, une flotte des Song parut devant Lûmen; elle portoit cent mille hommes avec des provisions pour les assiégés. Achu, qui commandoit à Lûmen, dissipa cette flotte, prit quantité de barques, toutes sortes d'armes, & fit un grand butin.

Le Gouverneur se trouve pressé 1272.

Luven-wangh, Gouverneur de Syang-yang souffroit beaucoup, & ne voyoit aucun jour à faire des sorties avec succès. Au commencement de l'an 1272, il fit faire plusieurs fagots d'herbe, dans un desquels étoit un homme qui savoit plonger, & demeurer long-temps dans l'eau sans boire ni manger. Il avoit dans ses cheveux une lettre écrite sur de la cire, pour avertir le Gouverneur de Ganlo, ville du Hu-quang, de l'extrémité où il se trouvoit. Les fagots furent lancés à l'eau; mais ils furent pris avec le porteur de la lettre. Le Gouverneur de Ganlo étoit Li-ting-chi, homme d'une expérience consommée, d'une fidélité & d'un zele héroïque pour les intérêts de son Prince. Il avoit ordre de garder toutes les embouchures des ruisseaux & des rivieres qui se déchargent dans le Han. Sur un de ces ruisseaux, nommé *Tsing-ni*, il fit construire cent barques plates & légeres, dont il en fit joindre trois ensemble pour en former une grande, & il fit faire des ponts à toutes les autres. Trois mille soldats, natifs de Syang-yang, de Ganlo & du Chanſi, s'offrirent à monter ces barques, & à aller, au péril de leur vie, au ſecours de Syang-yang. Chang-quey & Chan-shun, qui paſſoient pour intrépides, demanderent à commander ces trois mille hommes. Li-ting-chi donna de grands titres à ces deux Officiers, diſtribua des récompenſes aux ſoldats, & munit la grande barque de toute ſorte d'armes & de proviſions.

SECT. I.
Regne de Kublay Khan V.

On étoit dans le mois de Mars, & la riviere étoit groſſe : vers les dix ou onze heures du ſoir, nos deux Héros entrerent dans le Han à Koteu-hyang, & là ils rangerent leur petite flotte. Chang-quey ſe mit à la tête, & Chang-shun menoit l'arriere-garde ; & quoiqu'ils euſſent le vent & le courant contraires, ils paſſerent devant les retranchemens des Yven, & parvinrent à l'eſt de Mohongtan. Les Yven avoient tendu des chaînes partout, & à la vue des barques des Song, ils rangerent les leurs en ordre, barrant la riviere, de ſorte qu'il paroiſſoit impoſſible d'avancer. Tous ces obſtacles n'empêcherent pas Chang-shun de ſe faire jour, & il ſe battit l'eſpace de ſept ou huit lieues ſi vigoureuſement, que les Yven furent obligés de reculer & de tendre encore des chaînes. Chang-quey étoit déjà entré de grand matin à Syang-yang, où ſon arrivée cauſa une joie générale : mais Chang-shun ne put paſſer, malgré tous ſes efforts, & il fut tué en combattant en Héros. On trouva ſon corps percé de quatre coups de lances & de ſix fleches, & on l'enterra avec de grands honneurs (a).

(a) Gaubil, p. 151 & ſuiv.

Sect. I.
Regne de Kublay Khan V.

Lu-ven-whang auroit bien voulu retenir Chang-quey; mais cet Officier, comptant sur sa bravoure, voulut retourner à Ganlo. Il trouva deux hommes résolus de mourir, & si habiles plongeurs, qu'ils pouvoient demeurer plusieurs jours dans l'eau. Ces deux hommes allerent à Ganlo, & en revinrent sous l'eau; ils rapporterent que Li-ting-chi avoit assemblé à Long-uey-cheu cinq mille hommes d'élite pour venir au secours de Lu-ven-whang. A cette agréable nouvelle, Chang-quey monta sur sa barque, & résolut de joindre, à quelque prix que ce fût, le secours de Ganlo. Ce Capitaine avoit fait battre un de ses soldats, & s'étant apperçu, à la revue qu'il fit de ses troupes, que cet homme manquoit, il ne douta point qu'il ne se fût retiré parmi les Yven. Cet accident lui fit hâter son départ, &, à la faveur du courant, il coupa avec ses haches les chaînes qui barroient le passage. Il attaqua les retranchemens des Yven, les ruina par le moyen des lances & des fleches embrasées, & arriva de nuit à Sinching, après avoir mis les barques des ennemis en désordre.

Achu & Lyeu-ching monterent alors sur leur flotte, & ranimant tout par leur présence, il y eut un combat des plus sanglans. Les deux rives étoient bordées de logemens de soldats, & la riviere couverte de barques. Chaque logement & chaque barque avoit ses fanaux allumés, & dans toute autre occasion c'eût été un beau spectacle. Malgré la valeur & le nombre des troupes des Yven, Chang-quey avoit déjà gagné à peu près Keu-lin-tan & Long-uey-cheu. Voyant des étendards déployés, il fit de grandes réjouisfances, parce qu'il crut que c'étoient ceux des cinq mille hommes envoyés par Li-ting-chi. Sa joie ne fut pas longue, il se trouva enveloppé de tous côtés par les Yven. Les troupes de Ganlo étoient effectivement parties; mais le vent & le courant les avoient obligées de rebrousser chemin, & les Yven s'étoient postés à Long-uey-cheu. Chang-quey, après s'être battu comme un lion, & avoir reçu plusieurs blessures, fut pris & mené à Achu, devant lequel il ne voulut jamais fléchir le genou, & fit serment de n'avoir jamais d'autre Maître que l'Empereur des Song. Achu le fit tuer, & quatre prisonniers des Song furent chargés de porter son corps à Syang-yang. Cet objet jeta la consternation dans la ville; Lu-ven-whang le fit enterrer auprès de Chang-shun, &, outre un beau tombeau, on fit construire une maison pour honorer leur mémoire.

Sect. I. Regne de Kublay Khan V.

Parmi les Officiers-Généraux qui commandoient au siége de Syang-yang, il y avoit un Seigneur Igûr, nommé *Ali Yaya*; il avoit une grande connoissance des pays Occidentaux, & de la maniere dont on y faisoit la guerre. En 1271, il proposa à l'Empereur de faire venir d'Occident plusieurs de ces Ingénieurs qui savoient lancer des pierres de cent cinquante livres, lesquelles faisoient des trous de sept ou huit pieds dans les plus épaisses murailles. Il l'assura que ce seroit le moyen de se rendre bientôt maître de Syang-yang & de Fanching. L'Empereur goûta la proposition, & ordonna de faire venir deux de ces Ingénieurs. Après qu'ils eurent fait l'épreuve de leur art à Tatu, en présence de Hu-pi-lay, on les envoya à l'armée sur la fin de l'an 1272.

Fanching attaquée & prise.

SECT. I.
Regne de Kublay Khan
V.
1273.

La riviere de Han coule entre Syang-yang & Fanching. Dans cette derniere place commandoient Fan-shun & Nyeu-fu, qui s'y défendoient courageusement au commencement de l'année 1273. Alawating & Isemayn, les deux Ingénieurs qu'on avoit fait venir, dresserent leurs machines, qui firent d'abord breche aux murailles. Les Yven, commandés par Ali Yaya, monterent à l'assaut; il y eut un grand carnage de part & d'autre, & les fauxbourgs furent emportés. Animé par ce succès, Che-tyen-che chargea Achu d'attaquer le pont qui joignoit Fanching à Syang-yang, & par lequel ces deux villes se secouroient mutuellement. Achu mena ses troupes avec des haches & des scies pour couper les poutres & les appuis, tandis qu'Ali Yaya faisoit lancer des pierres contre ceux qui défendoient le pont. D'autres Officiers furent commandés pour couper les attaches & les pieux, & pour ôter les croix qui tenoient les chaînes suspendues, après quoi on brûla le pont de bateaux. Ensuite on posta un grand détachement le long du Han, pour empêcher qu'il ne passât aucun secours de Syang-yang par eau. Ces mesures prises, la plus grande partie de l'armée attaqua Fanching de tous côtés; on se rendit maître des murailles & des portes. Fan-shun, voyant la ville prise, se tua, en disant qu'il avoit vécu & qu'il mouroit sujet des Song. Nyeu-fu, à la tête de cent soldats, résolut de se battre de rue en rue, & tua beaucoup de monde aux Yven. La soif de part & d'autre fut si grande, qu'on buvoit du sang humain. Nyeu-fu, plein de rage & de désespoir, mettoit le feu aux maisons, pour faire tomber les grosses poutres sur ceux qui le poursuivoient, & pour embarrasser les rues. Enfin, percé de plusieurs coups, il donna de la tête contre une colonne, & se jeta au milieu des flammes où il expira. Les Officiers & les soldats qui étoient avec lui, suivirent son exemple. C'est ainsi que les Mongols se rendirent maîtres de Fanching au mois de Janvier. La plupart des Officiers-Généraux se distinguerent dans cette occasion ; mais ils perdirent beaucoup d'Officiers & de soldats (*a*).

SECT. I.
Regne de Kublay Khan V.

Kya-tse-tao, Ministre des Song, vouloit aller commander l'armée qu'on destinoit au secours de Syang-yang ; mais cela lui fut refusé. On proposa le Général Koato, on n'en voulut pas non plus. On prit le parti d'envoyer une armée, qui se posta entre le Hu-quang & Kiangnan. Cependant le bruit se répandit que Koato devoit venir au secours de Syang-yang : Lu-ven-whang, craignant l'arrivée d'un homme qui étoit son ennemi mortel, dépêcha plusieurs Courriers pour avertir qu'il n'avoit pas besoin de secours. Quoiqu'il fût réduit à l'extrémité, la haine & l'animosité lui dicterent ce mensonge.

Syang yang pressée & prise.

Après la prise de Fanching, tout ce qui avoit servi au siége de cette place fut transporté devant Syang-yang. Les deux Ingénieurs se posterent au sud-est de la ville, contre un retranchement de bois, élevé sur les remparts ; ils l'eurent bientôt ruiné par les grosses pierres qu'ils lançoient. Le bruit & le fracas jeterent la terreur parmi tous les habitans, qui n'avoient jamais vu ni entendu

---

(*a*) Gaubil, p. 154 & suiv.

rien de pareil (*a*). Du haut des murailles, on avoit vu une partie de ce qui s'étoit passé à Fanching, & la garnison avoit perdu courage. Lyeuching avoit reçu dans une attaque un coup de fleche, partie de la main de Lu-ven-whang : voulant s'en venger, il demanda à Ali Yaya la permission d'aller attaquer ce dernier; mais au lieu de lui accorder ce qu'il souhaitoit, Ali Yaya alla lui-même aux pieds des murailles proposer à Lu-ven-whang de se rendre à des conditions honorables. Ce Commandant les accepta, & demanda d'être à l'avant-garde quand on iroit attaquer Ganlo, ce qui lui fut accordé. Achu prit possession de la ville au mois de Février. She-tyen-che envoya Ali Yaya à la Cour, où il fut reçu avec distinction. Hu-pi-lay fit publiquement son éloge & celui des autres Généraux, & ratifia tout ce qu'il avoit promis à Luven-whang. Ce Général, qui avoit suivi Ali

_____

(*a*) Après ce qu'on a dit des Pao au siége de Kay-fongfû & ailleurs, il est surprenant que les Yven & les Song aient regardé comme une nouvelle invention, & jusquelà inconnue à la Chine, cette maniere de jeter des pierres. Ces Pao s'appeloient *Pao des Mahométans*. Marc Polo, ch. XLVIII, parlant du siége de cette ville, qu'il nomme *Sian-fu*, dit que lui, son pere & son oncle offrirent de faire des machines à l'Européenne, qui lanceroient des pierres de trois cents livres. Ils employerent des Nestoriens, qui firent trois Mangani, ainsi qu'il les appelle ; & la premiere pierre étant tombée sur une maison, qu'elle abîma entiérement, les habitans capitulerent d'abord. Cela s'accorde avec l'Histoire Chinoise; mais elle dit expressément que les Ingénieurs étoient Whey-hu ou Mahométans : le P. Gaubil croit qu'on peut aisément avoir pris des Chrétiens pour des Mahométans.

Yaya à Tatu, eut l'honneur de saluer l'Empereur, qui les renvoya tous les deux (a) à l'armée avec de nouveaux ordres.

SECT. I.
Regne de Kublay Khan
V.
Vanité du Ministre Song.

Comme la famille des Lu étoit une des plus considérables de l'Empire des Song, la défection de Lu-ven-whang fit beaucoup de bruit: son frere, ses neveux, & ses autres parens, qui occupoient de grands postes, envoyerent tous des Placets à l'Empereur pour se déclarer coupables, & dignes d'être démis de leurs emplois, comme ayant le malheur de toucher de si près à un mauvais sujet, qui avoit passé chez les ennemis. Kya tse-tao ne fit aucune mention de leur supplique, & avec sa vanité ordinaire, il affectoit de publier que tout le mal venoit de ce qu'on l'avoit empêché de se mettre à la tête de l'armée & d'aller combattre les ennemis.

Hu-pi-lay étoit instruit des intrigues de plusieurs Princes de sa famille en Tartarie, & il paroissoit porté à faire la paix avec les Song. Mais Ali Yaya, Lyeu ching, & d'autres, lui représenterent la facilité de continuer la guerre avec succès depuis la prise de Syang-yang & de Fanching; de sorte qu'il résolut de la continuer. She-tyen-che, qui étoit accablé d'infirmités, obtint la permission de quitter sa charge de Généralissime, & proposa Gantong pour la remplir. Yao-shu l'appuya; mais l'Empereur nomma *Peyen*, auquel il ordonna d'aller incessamment se mettre à la tête de l'armée. Il se plaignit de ce que les

Peyen est déclaré Général.

1174

(a) C'est en 1273, la même année que le Prince Chingkin, fils aîné de Hu-pi-lay, fut déclaré héritier présomptif de l'Empire.

Song avoient mis son Envoyé en prison, & n'avoient pas observé les articles du traité conclu avec Kya-tse-tao. Dans le même temps, les Généraux Polouhan & Lyeu-ching furent commandés pour aller à Yang-cheu dans le Kyangnan.

SECTION II.

Victoires de Peyen, & destruction de la Dynastie des Song.

Sect. II.
Regne de Kublay Khan V.

Peyen se campe auprès de Ganlo.

Peyen fut salué Généralissime auprès de Sang-yang par les Officiers, qui furent charmés de la maniere dont il prit possession de sa nouvelle dignité. Lu-ven-whang fut nommé pour commander les troupes de débarquement; l'armée marcha vers Ganlo, & au mois d'Octobre elle vint camper à l'ouest de cette place, que le Han sépare de Sinin. On avoit tendu des chaînes de fer, & attaché ensemble de grandes barques qui fermoient la riviere; on avoit aussi enfoncé de grosses poutres liées les unes aux autres. D'ailleurs les murailles de Ganlo étoient de bonne pierre, & la ville étoit pourvue de toutes sortes de munitions de guerre & de bouche, & d'une grosse garnison, & Chang-chi-kyay étoit retranché dans le voisinage avec une bonne armée. Les Généraux étoient d'avis d'attaquer la place & l'armée des Song; mais Peyen, après avoir tenu un grand Conseil, & interrogé les prisonniers qu'Achu avoit faits, s'avisa d'une manœuvre à laquelle on ne s'attendoit pas. Il fit couper une grande quantité

tité de bois & de bambous, & ordonna au Général Liting d'attaquer le poste de Whan-kya-wan. Ce poste emporté, Peyen se servit de son bois & de ses bambous pour faire transporter les barques dans le lac de Teng, d'où elles entrerent dans le Han au dessous de Ganlo (*a*). Un des principaux Officiers de la garnison de cette ville s'étant retiré à la tête de deux mille hommes à Tsuentse-hu, fut battu après s'être défendu vaillamment, & tué par Peyen lui-même. Ensuite ce Général s'avança vers Chayang, & à la faveur d'un grand vent qui s'éleva le soir, il brûla les maisons par le moyen de ses Kin-shi-pao (*b*), & la ville fut prise. Après on assiégea Sinching, vis-à-vis de Ganlo. Pienku sortit à cheval, &, courant à toute bride, tira des fleches de côté & d'autre, blessa & démonta Lu-ven-wang, & l'obligea de se retirer. Ce Capitaine revint à la charge avec de nouvelles troupes; mais Pienku le fit encore reculer avec ses armes à feu (*c*). Lu-ven-wang commanda alors tout son monde, & ses gens, en montant les uns sur les épaules des autres, donnerent l'assaut, & se rendirent maîtres de la place le 2 de Décembre. Pienku, après s'être vigoureusement défendu, se perça lui-même de son épée, & se précipita demi-mort dans le feu. Trois mille hommes, qu'il commandoit, combattirent en désespérés, & moururent tous

SECT. II.
Regne de Kublay Khan V.

___

(*a*) Gaubil, p. 156 & suiv.

(*b*) *Kin*, métal; *Chi*, suc, métal fondu; *pao*, je ne sais ce que c'est. Gaubil.

(*c*) On ne dit pas quelles étoient ces armes à feu. Gaubil.

Tome VII. T

Sect. II.
Regne de Kublay Khan V.

les armes à la main. Peyen eut la curiosité de voir les corps morts qui se trouverent percés de plusieurs coups, & ce Général & tous les autres admirerent un si grand courage.

Cette année fut marquée par de grands troubles dans les villes de Watovan (a), d'Irghen & de Kashgar ; mais Hû-pi-lay y rétablit l'ordre & le calme.

Prise de Chavukeu.

En 1274, Peyen assembla les Généraux à Tsaytien, à quelques lieues à l'ouest de Hankeu, où le Han se jette dans le grand Kyang, & on délibéra sur le temps & la maniere de passer ce fleuve. Hyaquey, Général des Song, avoit fortifié les postes qui sont le long du Kyang, & jeté huit mille hommes dans Yang-lo-pu. Il se saisit aussi de Cha-fu-keu, & couvrit le Kyang de barques armées. Peyen, sous prétexte de se fortifier, mit des troupes en divers postes, & ayant pris connoissance du pays, il donna ses ordres de maniere que toutes les troupes pourroient se rassembler en peu de temps pour attaquer Cha-fu-keu (b); il chargea de cette entreprise le Général Hargan, de la Tribu de Chalar. Pour cacher son dessein, il vint assiéger Hanyang, ce qui fit croire à Hyaquey qu'il en vouloit à Hankeu. Dans cette pensée, il marcha au secours de Hanyang ; Peyen en ayant eu avis, donna ses ordres à Hargan, qui

---

(a) Gaubil dit qu'il ne sait quelle est cette ville, mais il croit que Vakulkan ou Goelkan est la ville d'Irghen, & Hashchaeul celle de Kashgar dans la Petite-Bukharie.

(b) La Géographie Chinoise place la ville de Yanglopu à douze lieues à l'ouest de Whang-cheu-fu, & Cha-fu-keu à douze lieues au nord-ouest. Mais, dit le Pere Gaubil, je ne sais si cela est bien juste. Gaubil.

attaqua promptement Cha-fu-keu, & s'empara de cette importante place. Alors Peyen fit venir les barques du Han dans la riviere de Lun, & il eut plus de cent barques de guerre, & beaucoup d'autres à Cha-fu-keu; & Hyaquey eut le chagrin de voir camper au nord du Kyang la cavalerie de Peyen.

SECT II.
Regne de Kublay Khan V.

Ce dernier proposa à Achu de passer le Kyang avec de bonnes troupes, & le chargea de lui donner avis du succès dès qu'il l'auroit passé. Achu descendit le soir la riviere, deux ou trois lieues, jusqu'à Chin-chan-ki; & le lendemain, à la pointe du jour, il fut à la vue de Chacheu, isle du Kyang, à l'ouest de Vachang-fu. Là il fit prendre les devants à Chike, fils du Général She-tyenche; mais il fut battu & repoussé par Chengpenfey, Officier de Vachanfu. Achu étant venu attaquer à son tour Penfey, l'obligea de se retirer avec perte, & Achu s'avança vers le rivage, & y descendit; le choc fut rude, Penfey fut entiérement défait, & contraint de se retirer à Vachangfu. Le Général Mongol se fortifia sur le rivage, & envoya un Exprès à Peyen, qui le reçut le jour du Dragon rouge, dans le douzieme mois (*a*). Sur le champ, Peyen ordonna à la plus grande partie de l'armée de joindre Ali Yaya, & de suivre ses ordres pour l'attaque d'Yanglopu : Wangta s'y défendit courageusement avec huit mille hommes, & perdit la vie en combattant. La place

Il passe le Kyang.

1275.

(*a*) C'est le 26 Janvier 1275. Dans le septieme mois de l'année précédente, Tutsong, Empereur des Song, mourut; son fils Koutsong, âgé de quatre ans, lui succéda; & l'Impératrice, sa grand-mere, fut Régente. Gaubil.

T ij

SECT. II.
Regne de Kublay Khan V.

prise, Peyen passa d'abord le Kyang avec toute son armée, au lieu de poursuivre Hyaquey, comme plusieurs Officiers le proposoient. Ce Général, instruit de l'action hardie d'Achu, prit trois cents barques, & après avoir mis le feu au rivage, s'enfuit lâchement vers l'orient. Dans le même temps, la ville de Hanyang se rendit aux Yven.

Reddition de Vuchangfu.

Peyen joignit Achu, & le siége de Vuchangfu fut résolu, afin d'avoir une retraite sur le Kyang, en cas de malheur. Un Général des Song venoit de Kyanglinfu, aujourd'hui Kingcheu, dans le Hu-quang, au secours de Vuchang; mais quand il apprit la prise de Yanglopu & de Hanyang, il s'en retourna. Tous ces désastres découragerent la garnison de Vuchang, & Lu-ven-whang engagea bientôt les principaux à lui livrer la ville, malgré les fortes représentations de deux Officiers. Les Mongols vouloient les tuer; Peyen loua leur fidélité, & défendit de faire mourir personne. Ce Général ménageoit adroitement les peuples pour se les concilier, & sut entretenir le mécontentement de plusieurs Officiers des Song. Lu-ven-whang gagna plusieurs Seigneurs de sa famille, qui commandoient le long du Kyang; de sorte que les villes de Kicheu, de Whangcheufu, & quelques autres furent prises sans coup férir (a).

Et d'autres villes.

En ce temps-là, Kya-tse-tao, Ministre de l'Empereur des Song, sous prétexte de récompenser les services de Lu-shi-quey, Gouverneur de Kyangcheu, aujourd'hui Kieu-kyank, ville du Kyangchi sur le Kyang, le fit nommer Président

---

(a) Gaubil, p. 159 & suiv.

d'un Tribunal à Hangcheufu, capitale de l'Empire, & envoya un Officier commander à Kyangcheu. Chiquey crut qu'on se défioit de lui, & pour se venger de Kya-tse-tao, il livra la ville à Peyen. Dans un grand repas qu'il donna à ce Général, il lui offrit deux filles du sang impérial des Song : Peyen refusa ce présent, & témoigna son mécontentement à Chiquey ; ce grand homme ne donna jamais dans le vice si commun parmi les Grands de sa nation. Gangkuk, dans le Kiangnan, sur le Kyang, Nankang, dans le Kyangsi, à huit lieues au sud de Kyeukyang, & plusieurs autres villes se rendirent ; tout plioit à l'approche du Général Yven.

SECT. II.
Regne de Kublay Khan V.

Lieu-ching échoua dans l'entreprise de passer le Kyang du côté de Yangcheu, & il attaqua inutilement une petite place. Quand il apprit la prise de Vuchang, & les succès de Lu-ven-whang son ennemi, il en conçut un chagrin si violent, qu'il en mourut, regretté des Yven. Kya-tse-tao redoutoit sa hardiesse & sa valeur, & le sachant si près, il n'osoit sortir de Hangcheufu. Quand il sut sa mort, il fit équiper une grande flotte, & se mit à la tête de cent trente mille hommes, entra dans le Kyang par Siganchikeu, & alla se poster à Uhu. Au mois de Février, il fut joint par la flotte de Hyaquey. Il envoya alors un prisonnier Mongol à Peyen, avec un grand présent de fruits, & n'eut pas honte de lui proposer la paix suivant le traité conclu avec Hû-pi-lay. Dans le temps de ce traité, Achu étoit avec son pere Hulyangkotay au siége de Chansha, & ayant été témoin des fourberies de Kya-tse-tao, il en instruisit Peyen. Celui-ci envoya Nankyatay, Sei-

Paix proposée.

gneur Nayman très-distingué, à ce Ministre, chargé de lui reprocher sa mauvaise foi, & de lui déclarer : » Que pour l'honneur de son Maî- » tre il auroit dû parler de paix plus tôt, mais qu'il » n'étoit plus temps «.

Cependant Peyen faisoit le siége de Chicheu dans le Kiangnan, à quelques lieues plus à l'est & au nord que Ganking. Chaomafa, Gouverneur de la place, voyant qu'il étoit impossible de la défendre, dit à sa femme qu'il ne pouvoit se résoudre ni à trahir l'Empereur son Maître, ni à voir la ville occupée par des étrangers ; après ce discours il se tua, & sa femme en fit autant. Peyen entra dans la ville, & fit mettre le peuple à genoux, suivant la coutume de la Chine ; le peuple obéit, & pleurant, il accabla d'éloges Chaomafa & Peyen ; celui-ci donna ses ordres pour aller d'abord attaquer la flotte & l'armée des Song. Kya-tsé-tao étoit à Luyang ; Su-hu-ching, avec soixante-dix mille homme d'élite, étoit à Tingkyacheu, au dessous de Chicheu, & Hyaquey, avec deux mille cinq cents barques, au milieu du Kyang. Hyaquey étoit persuadé qu'on ne lui pardonneroit jamais la faute qu'il avoit faite de fuir lorsque Peyen voulut passer le Kyang, & il ne pouvoit souffrir qu'on lui eût préféré Sûhuchinu ; c'est ce qui lui fit prendre la résolution de ne pas combattre.

Peyen fit mettre sur des radeaux de grands amas d'herbes & de paille, & fit courir le bruit qu'il vouloit brûler les barques des ennemis ; il ordonna à celles de sa flotte de se tenir prêtes à combattre, tandis que l'infanterie & la cavalerie marcheroient le long des deux rives du Kyang.

Les Song étoient nuit & jour sur leurs gardes, quoique leurs soldats fussent généralement peu portés à se battre. A la fin, Peyen, avec un de ses Pao, fit lancer une grosse pierre sur le corps commandé par Hucheng ; ce coup mit les troupes en mouvement, & Achu, qui campoit vis-à-vis de Hucheng, suivant le courant, vint attaquer son avant-garde. Kyangtsay, Lieutenant de ce Général, fit semblant de vouloir résister ; mais les troupes voyant Hucheng monter sur la barque de sa concubine, crierent que le Général prenoit la fuite. Ces cris causerent de la confusion ; Hyaquey fit entendre à Kya-tse-tao qu'il étoit impossible de tenir ; de sorte que la peur le saisit aussi. Achu profita de ce désordre, & fondit sur les troupes des Song ; ce fut parmi eux une déroute générale. Peyen avec son infanterie & sa cavalerie soutenoit Achu, qui fit un grand carnage des ennemis ; un grand nombre se noyerent, & les Yven firent un butin inestimable.

Kya-tse-tao se retira à la hâte, & Hyaquey le joignit bientôt. Huchin arriva, & dit en pleurant, qu'il n'y avoit pas un seul homme qui eût voulu s'exposer à la mort. Hyaquey, en se moquant de lui, répliqua que lui & Kya-tse-tao avoient combattu jusqu'à la mort. Après avoir un peu respiré, Kya-tse-tao demanda quel parti il y avoit à prendre dans l'état présent des choses. Hyaquey lui dit qu'il feroit bien d'aller à Yangcheu ramasser autant de troupes & de barques qu'il pourroit, & de se mettre en mer ; ensuite il se retira dans le dessein de passer du côté des Yven, dès qu'il en trouveroit l'occasion. Beaucoup de fuyards se rendirent à Yancheu, & dé-

Sect. II.
Regne de Kublay Khan V.

Etat désespéré des affaires.

clamoient hautement contre Kya-tfe-tao : en effet, Peyen fut autant redevable de fes grands fuccès à la mauvaife conduite des Généraux des Song, qu'à fa valeur & à fa prudence. La confternation fut prefque générale dans le Chekyang & dans le Kiangnan ; les Gouverneurs de Chingkyang, de Ningque, & de Hocheu dans la derniere de ces provinces, & même de Nang-chang-fu, capitale du Kyangſi, abandonnerent leurs villes, & les Yven s'emparerent de Taocheu, dans la même province. Plufieurs Mandarins de cette ville fe donnerent la mort plutôt que de fe rendre (a).

Le principal Officier de Kyenkang, aujourd'hui Nanking, dans le Kiangnan, prit tout l'or & toutes les foieries qu'il put trouver, avec beaucoup d'argent, & abandonna la ville. Un grand nombre de Mandarins étoient las du gouvernement de Kya-tfe-tao, & aimoient mieux voir périr l'Etat que d'obéir à ce Miniftre ; & dans Hangcheu même on vit un des Miniftres fe retirer. Un Seigneur, nommé *Wangfilin*, apprenant la fuite honteufe de Kya-tfe-tao, donna un grand feftin aux Seigneurs de fes amis & de fes parens ; & ne pouvant furvivre à fon chagrin, il fe tua trois jours après. Cependant l'Impératrice, qui portoit le titre de Grand-mere de l'Empereur & Régente de l'Empire, ôta le maniment des affaires à Kya-tfe-tao, & publia un Edit pour exhorter les Mandarins à faire leur devoir. Elle fit auffi afficher dans tout l'Empire, des Ecrits où elle invitoit les Grands, les Officiers & les gens riches à fecourir

_____
(a) Gaubil, p. 162 & fuiv.

l'Etat dans des conjonctures si tristes. Changchihyay, toujours fidele à son Prince, reprit Jaocheu dans le Kiamsy : Ventyensyang vendit ses biens pour lever des troupes, & rassembla dix mille hommes ; d'autres firent de grands efforts ; mais Peyen (*a*) déconcertoit les mesures les plus sages des fideles sujets des Song, par son activité & sa politique.

Sect. II.
Regne de Kublay Khan V.

Au mois de Mars, ce Général prit Nanking (*b*), fit des largesses aux pauvres, envoya des Médecins dans les bourgs & les villages où il régnoit des maladies contagieuses, défendit, sous peine de la vie, le moindre pillage, faisoit amitié à tout le monde, sur-tout aux Officiers, qu'il distinguoit toujours, & se faisoit admirer par sa franchise, son désintéressement & son éloignement pour les plaisirs.

Humanité de Peyen.

Hu-pi-lay renouvela ses plaintes contre les Ministres des Song sur la détention de Haoking, & la Cour fit élargir ce Seigneur. S'étant mis en chemin pour Tatu, il tomba malade ; l'Empereur lui envoya des Médecins, qui ne l'empêcherent pas de mourir avant son arrivée dans cette

Plaintes des Yven.

(*a*) Peyen est le Général que M. Polo & d'autres appellent *Bayan* : le mot de *Chinsan*, qu'il y joint, est une corruption de *Taytsyang*, qui veut dire *Ministre d'Etat*. Gaubil. M. Polo dit que *Chinsan* signifie *cent yeux*, & pour le son, ce mot n'a aucun rapport à celui de *Taytsyang*.

(*b*) Dans le même mois, Chang-cheu-fu & Su-chao-fu dans le Kiangnan furent aussi prises, & Polohan s'empara de Tsingho, de Haycheu, & d'autres places importantes de la même province. Gaubil, p. 166. Ce fut aussi dans ce mois que Mangkola, fils de Hu-pi-lay, suivit le Prince Gaoluche dans le Tibet, pour punir ceux qui s'y étoient révoltés. Gaubil. p. 171, note (1).

ville. Hu-pi-lay fit un grand éloge des qualités de ce Ministre, qui avoit fait de grands ouvrages sur l'Iking & le Chuntsyen. On ne tarda pas à avoir un nouveau sujet de plainte. Lyenhikyen, frere de Lyenhihyen, Président du Tribunal des Cérémonies à Tatu, fut transféré à Nanking, & Peyen lui envoya une garde de cinq cents soldats. Il alla à un fort (*a*) proche de Hangcheufu, capitale du Chekyang & de l'Empire des Song; les soldats le prirent, le blesserent, & l'envoyerent à Hancheu, où il mourut de ses blessures. Un Officier du Tribunal des Ouvrages publics, qui étoit à sa suite, fut aussi tué. Cette affaire fit grand bruit; les Ministres des Song dépêcherent sur le champ un Envoyé à Peyen, pour l'assurer que l'Impératrice Régente ni l'Empereur ne savoient rien de cet attentat, & qu'ils feroient incessamment les perquisitions nécessaires pour découvrir & punir les auteurs du crime: ils prioient en même temps Peyen de faire la paix à des conditions qu'ils proposoient.

Exploits d'Ali Haya. Après la prise de Vuchangfu, Peyen avoit laissé le gouvernement de cette place & du pays à Ali Haya (*b*), avec quarante mille hommes, & les deux Ingénieurs d'occident. Ce Général ne se rendit guère moins fameux que Peyen; il sut se faire aimer des Chinois, dont il entendoit très-bien les caracteres & les Sciences, & des troupes qui

---

(*a*) Il paroît par la suite que ce fort s'appeloit *Tu-songquan*, & que Lyenhikien y venoit pour traiter d'affaires avec les Song.

(*b*) C'est le même que celui qui est nommé plus haut *Ali Yaya*.

avoient pour lui beaucoup d'estime. Ali Haya se mit en campagne & attaqua l'armée navale de Kaoshikiay dans le Tongtinghu, fameux lac du Huquang; le combat fut sanglant, & il tua de sa propre main Kaoshikiay. Après cette victoire, il se présenta devant Yocheu, près de ce lac, & il s'en rendit maître: il obligea encore King-cheu, Ganlo & d'autres places de se rendre. Il battit aussi dans plusieurs rencontres, Kaota, Officier de réputation, qui prit parti depuis dans les troupes des Yuen. La nouvelle de ces conquêtes fit un extrême plaisir à Hû-pi-lay; il aimoit Ali Haya; il écrivit de sa propre main l'éloge de ce Général, & entre autres traits flatteurs, l'Empereur disoit, » que quand il avoit su qu'il étoit si loin de » Peyen, & avec si peu de troupes, il avoit craint » qu'il n'eût pas occasion de faire des conquêtes » dignes de son courage «.

She-tyen-che mourut au commencement de l'année à Chingtinfu dans le Pecheli, à son retour de Huquang. Ce Général avoit toujours commandé de grandes armées avec distinction, depuis le temps de Jenghiz Khan. Avant que de mourir, il pria Hû-pi-lay de défendre le carnage après qu'on auroit passé le Kyang. Les Chinois lui ont donné de grands éloges. Cette même année (1275), l'Empereur donna le gouvernement du pays d'Almalig à son fils Nanmuhan, & Gantong avoit sous ce Prince le commandement des troupes. Hû-pi-lay crut devoir opposer un Prince du sang & un bon Général au Prince Haytu, qui faisoit des courses dans toute la Tartarie (*a*).

SECT. II.
Regne de Kublay Khan V.

Affaires de Tartarie.

───────────

(*a*) Gaubil, p. 165 & suiv.

SECT. II.
Regne de Kublay Khan V.
Siége de Yan-cheu.

Cependant Achu & Changhongfan, qui commandoit dans le voisinage de Yangcheufu, après plusieurs petits combats où ils avoient toujours été vainqueurs, vinrent attaquer la porte australe de cette ville. Litingchi y commandoit, & malgré les grandes conquêtes des Yuen, il s'y soutint long-temps. Au mois de Mai, un détachement des Song reprit la ville de Changcheufu. Changshikyay ayant rassemblé un grand nombre de barques, se posta près de la montagne de Tsiao. Il rangea dix barques sur une ligne, & ayant jeté l'ancre, il les rendit comme immobiles, & défendit d'y toucher, sous peine de la vie. Achu, qui les vit de loin, résolut de les brûler; dans ce dessein, il embarqua dix mille arbalétriers, & se mit au milieu d'eux; ils tirerent des flèches enflammées, qui mirent le feu aux mâts & aux voiles de la flotte ennemie. Dans le même temps, il attaqua si vivement les troupes de Shikyay, qu'elles ne purent résister malgré le courage de ce Général, & beaucoup se précipiterent dans le fleuve. Changhongfan & Tongwenping prirent leur temps pour attaquer avec des troupes d'élite le corps que Shikyay commandoit en personne : celui-ci, qui n'avoit que de nouvelles levées, fut obligé de se retirer près de la montagne de Chen. Achu prit plus de sept cents barques, & beaucoup d'Officiers des Song se disperserent. Pour Shikyay, toujours ferme & supérieur à toutes les disgraces, il demanda de nouveaux secours; mais il n'eut point de réponse de la Cour, & fut obligé de courir de place en place pour faire des levées, animer les peuples, & les exhorter à être fideles à leur Prince.

LIVRE V. CHAPITRE IV. 301

En attendant l'Empereur, Hû-pi-lay se voyoit menacé d'une guerre sanglante en Tartarie. Les Officiers de Haytu côtoient toutes les Hordes, & il animoit les Princes de sa Maison contre l'Empereur; cependant l'Histoire ne marque pas au juste quelles étoient ses plaintes & ses prétentions. Quelles qu'elles fussent, il parut cette année avec le Prince Tua à la tête de cent mille hommes dans le pays d'Igûr, & il assiégea Ituhu ou Idikut dans sa capitale (*a*), voulant obliger ce Prince à s'allier avec lui, & à renoncer au parti de Hû-pi-lay. Mais Ituhu répondit » qu'il ne connoissoit » qu'un Maître, dont il étoit tributaire, & qu'on » le mettroit en pieces plutôt que de l'obliger à » manquer à son devoir «. Il se défendit avec beaucoup de courage jusqu'à l'arrivée du secours qu'on lui envoya, & contraignit les Princes à lever le siége. Il vint ensuite à la Cour, où l'Empereur le combla d'honneurs & de richesses. Idikut étoit petit-fils & héritier d'Idikut qui se soumit à Jenghiz Khan : celui dont il s'agit ici avoit épousé une fille de l'Empereur Quey-yeu ou Kayuk.

La guerre dont la Tartarie étoit menacée, détermina Hû-pi-lay à rappeler Peyen pour commander dans le Nord; mais ce Général supplia instamment l'Empereur de lui permettre de continuer encore la guerre dans le Sud; ce Prince y consentit, & lui ordonna de marcher incessamment vers Lingan; c'est le nom que portoit Hangcheufu, capitale de l'Empire des Song. Au mois d'Octobre, un Offi-

Sect. II.

Regne de Kublay Khan V.

Entreprise de Haytu.

Peyen marche vers la Capitale des Song.

(*a*) Nous conjecturons que c'étoit Hocheu, à quelques lieues à l'est de Turfan, comme nous l'avons remarqué ailleurs.

cier Chinois, nommé *Lifu*, se jeta dans Changshafu, ville du Huquang, résolu de périr pour la défense de la place. Il avoit trois mille hommes de garnison, avec beaucoup d'armes & de provisions. Ali Haya assiégeoit la ville; les rues étoient pleines de corps morts, & on souffroit beaucoup ; cependant les habitans voulurent seconder les efforts de leur courageux Gouverneur. Achu attaquoit depuis long-temps Yangcheufu ; mais le brave Litingchi & les citoyens s'y défendoient avec une valeur admirée des Mongols.

Peyen s'étant rendu à Manteu avec son armée, passa le Kyang, & chargea Argan & Gaoluche d'aller attaquer le fort de Tusongquan, proche de Hangcheufu. Tongwenping & Syangwey marcherent vers Whating le long de la mer, & Fanwenhu étoit dans ce détachement. Peyen & Atahay, précédés de Lu-ven-wangh, allerent faire le siége de Changcheufu, où Ventyentsyang tenta vainement de jeter du secours. Algan parut à la vue de Lingan, après la prise de Quangte; la Cour alarmée fit prendre les armes à tous ceux qui étoient au dessus de l'âge de quinze ans.

Cependant Songtuhay, fils du Général Taehar, Liheng, de la famille des Rois de Hya, & Lushiquey, qui avoit rendu Kyeukyang, détachés par Peyen, faisoient de grandes conquêtes dans le Kiangsi. Quand ils furent près de Vuchangfu, un Officier, nommé *Miyeu*, natif de Micheu, vint au devant d'eux, & cria qu'il venoit pour combattre ; en même temps il fondit sur le corps commandé par Songtuhay, qui le fit envelopper de tous côtés. Miyeu reçut quatre coups de fleches & trois coups de lance, ce qui n'empêcha point que, prenant un fabre de chaque main, il ne renverfât tout ce qui fe rencontroit en fon chemin; mais arrivé à un petit pont, une planche rompit fous fes pieds, & il fut pris. Songtuhay admira fon courage, lui offrit de grands préfens, & lui fit propofer par fon fils de prendre parti parmi les Mongols; mais ce fut en vain; il fe fit déshabiller, & demanda qu'on le tuât. Son fils fe mit à genoux, &, les larmes aux yeux, lui dit : » Mon » pere, que ferai-je après votre mort «? Miyeu l'embraffa, &, d'un ton ferme, lui répondit : » Mon fils, paroiffez feulement dans les rues; il » n'eft perfonne qui ne vous fecoure, quand on » faura que vous êtes le fils de Miyeu «. Songtuhay le fit tuer (a).

SECT. II.

Regne de Kublay Khan V.

Peyen, qui trouvoit beaucoup de réfiftance à Changcheufu, fit voir dans cette occafion jufqu'où alloient fa bravoure & fon activité. Il fit abattre les maifons qui étoient autour de la ville, & éleva une enceinte de terre pour monter fur les murailles; nuit & jour il paroiffoit armé, pour foutenir les travailleurs & repouffer les affiégés. Il fit mettre fur fon rempart de terre de grands monceaux de corps morts, enfuite il ordonna à toute l'armée de fe tenir prête. Les foldats & les Officiers, fe mettant les uns fur les autres, monterent du rempart fur le haut des murailles, & Peyen lui-même fut un des premiers qui entra dans la ville. Yaoin, un de ceux qui y commandoient, fut tué d'abord : Chengchao & Wanggantfye (b)

Prife de Chang-cheu-fu.

─────────────

(a) Gaubil, p. 167 & fuiv.
(b) Il étoit fils de l'illuftre Wangkien, qui commandoit à Hocheu, dans le Sechuen, quand Mengko y fut tué. Gaubil.

se défendoient encore dans la grande place. On proposa à Chengchao de se sauver par la porte du nord-est, qui étoit encore libre ; mais il répondit : » Tout autre lieu éloigné d'ici d'un pouce ne me » convient pas pour mourir «. Il fut tué vers midi, & Peyen fit passer les habitans au fil de l'épée (a) ; il fit lier Wanggantsye, & lui ordonna de se mettre à genoux ; mais il aima mieux mourir. Lyeushiyong, à la tête de quelques cavaliers, força un retranchement, & se sauva du côté de Sucheufu. Le fils de Lyenhikyen avoit de forts soupçons que Chanju, Officier des Song, étoit l'auteur de l'assassinat de son oncle Lieuhikyen. Chanju étoit un des Commandans de Tusongquan, quand Hikyen y vint traiter d'affaires, de sorte qu'après la prise de ce fort, le fils de Lyenhikyen le guetta, le suivit pendant qu'il cherchoit à se sauver, & le tua.

Les Song demandent la paix.

Chinichong ou Thinithong, principal Ministre des Song, envoya dans le mois de Décembre Lyeuyo à Vusihyen, ville du Kyangnan près de Changcheufu, pour assurer Peyen que l'assassinat de Lieuhikien s'étoit commis à l'insçu de la Cour,

---

(a) Il faut que les habitans de Changcheu eussent fait quelque chose d'odieux, pour porter Peyen à cette action, car il n'étoit pas cruel. Gaubil. Marc Polo rapporte que les Alanos s'étant rendus maîtres du mur extérieur de Tinguigui, s'enivrerent du vin qu'ils trouverent, & que les habitans les surprirent accablés de sommeil, & les massacrerent : que ce fut cet attentat qui porta Bayan à les faire passer tous au fil de l'épée, quand il prit cette ville. A en juger par la situation, Tinguigui doit être Changcheufu. Les Mongols avoient déjà pris Changcheufu, & peut-être que les habitans avoient contribué à la faire retomber entre les mains des Song.

&

& pour lui demander la paix. Lyeuyo déclara que tout le mal venoit de Kya-tſe-tao, qui avoit violé la foi & trahi l'Empire (a); il ajouta en pleurant, que l'Empereur ſon Maître étoit encore dans le deuil, & dans un âge à ne pouvoir pas gouverner. Peyen reprocha à Lyeuyo toutes les trahiſons des Miniſtres de ce Prince, l'aſſaſſinat des Envoyés de Hu-pi-lay, & la mauvaiſe foi dans les traités : » Quant à la jeuneſſe du Prince, vous devez ré-
» fléchir, dit Peyen à Lyeuyo, qu'autrefois votre
» Dynaſtie ôta l'Empire à un Prince qui étoit à
» peu près de l'âge du vôtre : aujourd'hui le Ciel
» ôte l'Empire à un enfant pour le donner à mon
» Maître ; il n'y a rien en cela qui ſoit contraire
» à la raiſon «. Il renvoya alors Lyeuyo, & le fit ſuivre par Nankiatay.

SECT. II.
Regne de Kublay Khan V.

Peu de temps après, Peyen, précédé de Luvenwhang, fit ſon entrée publique dans Sucheu, qui s'appeloit alors *Pingkiang*; c'eſt là qu'il reçut un Exprès de Chinichong, par lequel l'Empereur des Song offroit de prendre la qualité de neveu ou petit-neveu de Hu-pi-lay, & de lui payer tribut. Peyen refuſa tout, & ayant été joint par Argan & par quelques autres Officiers-Généraux, il fit ſes diſpoſitions pour ſe rendre inceſſamment maître de Lingan.

De ſon côté, Ali Haya pouſſoit vivement le ſiége de Changsha ; il fit ſaigner les foſſés, &

Grandeur d'ame des Chinois.

1275.

(a) Quand ce Miniſtre fut dépoſé, on confiſqua tous ſes biens. Il ſe retira à Chang-cheu, ville de la province de Fokien, où à ſon arrivée il fut tué par un Mandarin, indigné de voir en vie un homme qui avoit perdu l'Empire par ſa méchanceté. Gaubil.

Tome VII.   V

ayant fait plusieurs breches aux murailles, il donna l'assaut au mois de Janvier 1276. Comme la garnison avoit extrêmement souffert, & qu'elle ne put soutenir cette derniere attaque, les Officiers parloient de se rendre ; mais Lifu déclara qu'il tueroit ceux qui en parleroient. Un Mandarin de Hengcheu, qui se trouvoit alors dans la ville, fit mettre le bonnet de cérémonie sur la tête de ses deux fils encore jeunes, & leur fit faire la cérémonie de se mettre à genoux, & de frapper trois fois la terre du front devant ceux qui étoient présens; ensuite lui, ses deux fils & ses domestiques se jeterent dans le feu & y périrent. Lifu les honora en versant du vin à terre, & fit écrire à tous les Mandarins le caractere Chinois qui exprime la fidélité due au Prince, & tous jurerent de ne pas se rendre. Un des principaux commença par aller dans un enclos, & se noya dans un lac. Lifu fit appeler Shenchong un de ses Officiers, & lui dit : » Je n'ai point de force, » il faut mourir; je ne veux pas que ceux qui » m'appartiennent me déshonorent par l'escla- » vage ; après que tu les auras tous tués, ôte-moi » la vie «. Shenchong se mit à genoux, & protesta qu'il ne pouvoit se résoudre à exécuter cette commission ; mais Lifu le pressa tant, qu'il acquiesça enfin à sa volonté. Il massacra tous les domestiques de Lifu après les avoir fait enivrer, tua Lifu ensuite, mit le feu à la maison, & étant retourné chez lui, il se tua après avoir fait mourir sa femme & ses enfans. Tous les Mandarins, à la réserve de deux, se tuerent, & les puits furent comblés des corps de ceux qui s'y jeterent ; de sorte qu'Ali Haya fut fort surpris, en entrant

Livre V. Chapitre IV.

dans la ville, de la trouver sans habitans. La plupart des places de la partie méridionale du Huquang, nommée *Hunan*, se soumirent aux Yven (*a*).

Sect. II.
Regne de Kublay Khan V.
L'Impératrice se soumet à Peyen.

Dans le premier mois, l'Impératrice Régente des Song, voyant que Peyen n'avoit pas voulu faire la paix sous la condition que l'Empereur seroit appelé neveu de Hu-pi-lay, offrit, au nom du jeune Prince, qu'il fût appelé *Sujet*, avec un tribut annuel de vingt-cinq van en argent, & autant en soie. Cette démarche se fit à l'insçu & contre l'avis de Chenichong, qui vouloit que la Cour se retirât ailleurs. L'Impératrice n'y voulut jamais consentir, & de colere jeta ses ornemens de tête par terre, reprocha aux Grands de l'avoir trompée, ferma les portes du palais, & défendit de lui faire de pareilles propositions. Chenichong avoit promis à Peyen de venir conférer avec lui, mais il n'en fit rien. Ce Général, ne voulant pas être pris pour dupe, vint camper sur la montagne de Kaoting, & ordonna à quelques compagnies de cavalerie de s'avancer jusqu'aux fauxbourgs du nord de Lingan. Ventyensyang & Changshikyay proposerent de mettre sur des vaisseaux les Impératrices, l'Empereur, les Princes & les Ministres, pour se sauver par mer, tandis qu'eux deux & les autres Officiers qui voudroient les suivre, iroient attaquer les Mongols ; mais le Ministre rejeta cette proposition. L'Impératrice, aïeule de l'Empereur, envoya à Peyen le grand sceau de l'Empire en signe de reddition, & ce Général l'envoya à Hu-pi-lay par Nankiatay. Comme

---

(*a*) Gaubil., p. 170 & suiv.

SECT. II.
Règne de Kublay Khan V.

* Ventyenfyang propose la paix.

Chenichong n'étoit pas de cet avis, il quitta la Cour, & se retira à Wencheufu, ville maritime à cent cinquante milles au sud-est de Lingan. Changshikyay, ne pouvant souffrir cet acte honteux de soumission sans avoir combattu, se retira avec un corps de troupes, & alla camper à Tinghay. Peyen lui envoya un Officier de marque nommé *Pyenpyao*, pour l'exhorter à se rendre. Shikyay crut d'abord que cet Officier venoit pour le suivre ; mais quand il sut le véritable motif de son arrivée, il lui fit couper la langue & le fit mettre en pieces. Le Général Lyeushiyong, qui avoit si bien défendu Changcheu, se mit sur mer, & se tua à force de boire. Ventyenfyang & le Ministre Ukyen vinrent trouver Peyen, &, dans la vûe de réparer l'honneur de l'Empire, auquel les négociations précédentes avoient donné atteinte, ils lui tinrent ce discours : » Si l'Em-
» pire du Nord veut retirer son armée & faire
» la paix avec le nôtre comme voisin, on pourra
» parler de l'argent & des soies qu'on donnera à
» vos troupes ; mais si l'on entreprend de dé-
» truire la Dynastie des Song, songez que nous
» avons encore de grands & bons pays, des
» villes fortes, des vaisseaux, de l'argent & des
» troupes, & vous savez qu'on ne sauroit ré-
» pondre des événemens de la guerre «.

Peyen le retient.

Peyen connoissoit de réputation Ventyenfyang, &, charmé des grandes qualités de cet illustre Mandarin, il renvoya Ukyen, & retint Ventyenfyang sous prétexte de conférer avec lui des affaires les plus importantes ; il ordonna aux Généraux Mongutay & Sutu de lui faire toute sorte d'honnêtetés. Ventyenfyang reprocha hardiment aux Seigneurs transfuges des Song leur perfidie & leur lâcheté, & dit en face à Peyen, qu'il étoit injuste de retenir ainsi l'Envoyé d'une Tête couronnée. Luvenwhang voulut l'exhorter à parler avec plus de modération ; mais cet illustre Mandarin lui fit toucher au doigt son ingratitude envers la Famille Impériale des Song, dont il avoit reçu tant de biens & d'honneurs. Peyen, qui envoyoit alors un Officier à Hupilay, mit Ventyensyang à sa suite.

SECT. II.
Regne de Kublay Khan.

Au mois de Février, Peyen nomma des Seigneurs Tartares & Chinois pour gouverner la ville de Lingan ; par ses ordres, on se saisit des Livres, des Registres, des Cartes géographiques, des Mémoires pour l'Histoire, des Peintures, des Edits, & des autres effets qui appartenoient aux grands Tribunaux ; on prit aussi les sceaux de ces grands Tribunaux. Il envoya deux grands Seigneurs pour garder le palais de l'Impératrice Régente, & pour veiller sur tout ce qui s'y passoit. Ces deux Seigneurs la traitoient avec le plus grand respect, & paroissoient bien moins la garder à vue que lui faire leur cour. Tout se passa sans le moindre désordre, &, au milieu de l'affliction publique, les Chinois ne pouvoient s'empêcher d'admirer la police & le bon ordre que faisoit observer Peyen. L'Empereur des Song avoit deux freres, que son pere avoit eus de ses autres femmes ; ces deux jeunes Princes furent enlevés. On les cacha sept jours sur une montagne, & ensuite un Mandarin les conduisit à Wencheufu. Dans ce même mois, Hyaquey, qui pensoit depuis long-temps à se rendre aux Yven, exécuta son dessein, & leur livra la forte place de Lucheu dans le Kiangnan.

Il entre dans Lingan.

V iij

SECT. II.
Regne de Kublay Khan
V.
L'Empereur & l'Impératrice sont envoyés à Tatu.

Au mois de Mars, Peyen, accompagné de tous les Officiers-Généraux à cheval, & précédé de l'étendard de Généralissime, se rendit de Hu-cheufu, ville proche de la mer, à quarante milles au nord de Lingan, & entra dans cette capitale (*a*), dont il visita tous les quartiers; il voulut aussi voir le flux & le reflux de la riviere de Che. L'Empereur & l'Impératrice demanderent à le voir; il s'excusa en faisant entendre qu'il ne savoit pas au juste le cérémonial qu'il convenoit d'observer. Le lendemain, il partit de Lingan. Au mois de Mai, les Généraux Atahay & Li-ting entrerent dans le palais impérial, & firent cesser les cérémonies qui s'observoient quand on se présentoit devant l'Empereur. Ils saluerent ce Prince & l'Impératrice sa mere, & leur declarerent qu'il falloit partir pour aller à la Cour de l'Empereur Hu-pi-lay. La Princesse ne put retenir ses larmes, & embrassant l'Empereur son fils, lui dit : » Mon fils, *le Fils du Ciel* (*b*) vous » donne la vie, vous devez frapper de la tête » devant lui «. Le jeûne Prince se tourna vers le nord, & se mettant à genoux avec sa mere (*c*),

---

(*a*) Quand on sut à Lingan que Peyen approchoit, beaucoup de Dames du palais, craignant quelque insulte, se noyerent ; c'étoit une fausse alarme, car ce Général ne permit pas le moindre désordre. Gaubil.

(*b*) L'Impératrice donne à Hu-pi-lay le titre de *Tyen-tse*, ou *Fils du Ciel*; c'étoit celui que portoient les Empereurs de la Chine. Gaubil.

(*c*) L'Empereur captif, qui s'appeloit *Kongti* ou *Kongt-song*, étoit âgé de près de sept ans : l'Impératrice, qui portoit le titre de Grand'mere, avoit été femme de Litsong, grand-pere de Kongtsong. L'aïeule de celui-ci & mere

ils saluerent l'Empereur Hu-pi-lay en frappant la terre du front neuf fois. Après cette cérémonie, ils furent mis sur un chariot, & on les fit partir pour Tatu (*a*).

SECT. II.
Regne de Kublay Khan V.

Tréfors immenfes.

Ce fut un trifte fpectacle pour tous les fideles Sujets des Song. Sainpyao, un des plus grands Seigneurs de la Cour, ne pouvant furvivre au malheur de fon Prince, fe jeta avec fes deux fils & fa fille dans un puits. L'Impératrice Régente fut laiffée dans fon palais, jufqu'à ce qu'elle fût rétablie d'une indifpofition. Peyen donna ordre de prendre l'or, l'argent, les pierreries, les bijoux, & les autres effets précieux du palais impérial, & les envoya par mer à Tyentfinwey (*b*), & de là ces tréfors immenfes furent tranfportés à Tatu. Peyen avoit reçu un ordre exprès de revenir inceffamment à la Cour; il laiffa les Généraux Argan & Tongwenping pour commander l'armée qui étoit aux environs de Lingan (*c*).

Litongchi, Kyangtfay & d'autres Officiers des

L'Empereur arrive à Changtfu.

de Tutfong, fut auffi conduite à Tatu ou Peking, avec d'autres Princes de la Famille Impériale. Gaubil.

(*a*) Gaubil, p. 173 & fuiv.

(*b*) Depuis l'an 1700, ce lieu a été élevé à la dignité de Cheu ou de ville du fecond rang, de forte qu'elle porte à préfent le nom de *Tyentfingcheu*. Elle eft fituée fur la riviere de Payho, à dix lieues environ de fon embouchure, & à vingt de Peking, dont elle eft le port.

(*c*) Lingan eft la même ville que Marc Polo appelle *Quinfay*, qui eft une corruption de *Kingtfe* ou *Kingshe*, nom que les Chinois donnent fouvent au lieu où l'Empereur tient fa Cour. En 1237, un incendie confuma à Lingan plus de cinq cent trente mille maifons. Le grand nombre de barques qui font continuellement dans le port, montre combien elle eft peuplée. Gaubil.

V iv

SECT. II.
Regne de Kublay Khan V.

Song verserent des torrens de larmes, quand ils apprirent que l'Empereur avoit été emmené prisonnier à Tatu. Ils s'assemblerent en grand nombre à Yangcheufu, & jurerent de faire tous leurs efforts pour retirer leur Prince des mains des Yven : ils écrivirent par-tout des lettres circulaires, distribuerent tout leur argent à des soldats résolus, & formerent une armée de quarante mille hommes. Cette armée, commandée par Kyangtsay, attaqua Quacheu (*a*), où l'Empereur étoit arrivé. Les Généraux Atahay, Liting, & les autres qui commandoient les troupes des Yven se battirent trois heures de suite, & repousserent les Song. Kyangtsay combattit toujours en se retirant, & fut enveloppé par Achu, qui venoit de se rendre maître de Wayganfu environ à sept milles du Wangho, & à cinquante-cinq de son embouchure ; Achu le fit sommer inutilement de se rendre. Les habitans de la ville de Chengcheufu entreprirent aussi sans succès de délivrer l'Empereur Kongtsong, qui arriva au mois de Mai à Changtu (*b*). Hu-pi-lay envoya au devant de lui le premier Ministre & la Princesse de Hongkila, Impératrice & premiere femme du Monarque Mogol, & chargea un Seigneur de fournir à la mere de Kongtsong tout ce qui lui seroit nécessaire & convenable à son rang. Les Chinois loüent

---

(*a*) Poste considérable au nord du grand Kyang, vis-à-vis de Changkyangfu, & à trois lieues & un quart au sud de Yangcheufu. Gaubil.

(*b*) La nouvelle capitale de la Tartarie, dont on a parlé fréquemment ci-dessus, & où la Cour avoit été transférée de Karakorom.

extrêmement la vertu & la modération de cette Princesse. Quand les trésors pris à Lingan arriverent à la Cour, les Princes & les Princesses les contemploient avec de grandes démonstrations de joie; l'Impératrice ne fit que pleurer: » Sei- » gneur, dit-elle à Hu-pi-lay, les Dynasties ne » sont pas éternelles; jugez par ce que vous » voyez arriver à celle des Song, de ce qui ar- » rivera à la nôtre «.

SECT. II.
Regne de Kublay Khan V.

La retraite des Princes à Wencheufu y attira un grand nombre de Mandarins, d'Officiers & de soldats. Changshikay s'y rendit avec le corps de troupes qu'il commandoit : le Ministre Chenichong y vint aussi, & on y déclara Grand-Général de l'Empire, Ivang frere de Kontsong; on lui associa son frere Quangvang. On voit dans Wencheufu les ruines d'un vieux temple, & on y montre le lieu où Kaotsong se plaça autrefois sur son trône, quand il quitta le Nord pour passer dans le Sud. Ivang fut placé sur ce trône; les Grands se mirent à genoux, & lui prêterent serment de fidélité : cette cérémonie ne se fit pas sans verser des larmes. Ils passerent ensuite dans le Fokien; & dans le mois de Mai, Ivang fut reconnu Empereur des Song à Fucheufu, capitale de cette province : il étoit âgé alors de neuf ans, & il prit le titre de *Tuontsong*; il nomma ses Généraux & ses Ministres; & sans les traîtres & les lâches, les Mongols auroient infailliblement été obligés de repasser le grand Kyang. Ventyensyang se sauva en chemin, & après avoir couru bien des risques, il eut le bonheur d'arriver dans le Fokien : il fut reçu avec de grandes démonstrations de joie, & déclaré unanimement Généralissime des troupes.

Tuontsong mis sur le trône.

SECT. II.
Regne de Kubl.y Khan V.

Peyen est rappelé.

Peyen avoit des envieux à la Cour, il fut accusé de s'être comporté avec trop de mollesse; mais ses amis le défendirent. De ce nombre fut Gaysue, cet étranger d'Occident dont on a parlé. Hu-pi-lay envoya tous les grands Mandarins au devant de ce grand Capitaine; ils le reçurent avec beaucoup de magnificence aux faubourgs de Changtu ou Caypingfu, & il fut conduit à l'audience de l'Empereur. Ce Prince fit son éloge, & le nomma son Lieutenant-Général en Tartarie. L'Empereur fit aussi de grands honneurs aux Généraux Atahay & Liting: le premier étoit Mongol de la Tribu de Tsuntutse ou Tsuntus; son pere avoit bu de l'eau du Panchûni avec Jenghiz Khan: le second eut la permission de suivre Peyen en Tartarie (a).

Prise de Yangcheufu & de Taycheufu.

Le Général Songtuhay, qui commandoit dans le Kiangsi, détacha Tachay de la Tribu de Pûhûla, & Liheng pour joindre Argan & Tongquengping; & on résolut d'entrer dans le Fokien, pour détruire entiérement le parti du nouvel Empereur des Song. Litingchi & Kyangtsay défendoient toujours Yangcheufu avec une résolution digne des plus grands Héros. Achu employa inutilement tout ce que l'expérience, la ruse & la force purent lui suggérer pour se rendre maître de la ville. Les deux Commandans la gouvernoient comme un pere gouverne ses enfans, & les habitans étoient autant de soldats prêts à mourir à la suite du Gouverneur. Quand Litingchi apprit l'installation de Tuontsong à Fucheufu, il laissa le gouvernement de la ville à des Officiers subalternes

---

(a) Gaubil, p. 176 & suiv.

& , suivi de Kyangtsay, il partit avec sept mille hommes d'élite, pour aller joindre le nouvel Empereur ; mais Achu lui coupa le chemin, & l'investit dans Taycheufu. Peu de temps après que Litingchi eut quitté Yangcheufu, cette ville fut prise par trahison, & Taycheu eut le même sort. Ce Général & Kyangtsay, au désespoir, alloient pour se noyer dans un lac, lorsqu'ils furent pris & menés à Achu. Il les traita honorablement ; mais ne pouvant les obliger ni à prendre parti dans ses troupes, ni à se mettre à genoux, il consentit qu'on les tuât. Bientôt après, il eut ordre de se rendre à la Cour, pour entrer dans le Ministere.

L'armée du Général Argan, après s'être emparée des places qui sont au sud de la province de Chekyang, entra dans le Fokien, où tout étoit rempli de traîtres, de sorte qu'une grande partie des villes se rendit sans résistance. L'Empereur fut obligé de se mettre sur mer, & manqua d'être pris à Tsuencheufu par la trahison du Gouverneur. Changshikyay avoit pris pour le service de l'Empereur plusieurs barques, dont cet avide Gouverneur se servoit pour trafiquer ; de dépit & par vengeance, il rendit la place aux Mongols. Au mois de Novembre, l'Empereur Tuontsong arriva à Uheycheu avec sa flotte, qui portoit, dit-on, cent quatre-vingt mille hommes. Cependant Lushiquey passa la fameuse montagne de Meylin, & entra dans la province de Quangtong, où il fit de grandes conquêtes. Le Général Ali Haya fit passer au fil de l'épée tous les habitans de Queylinfu, capitale du Chensi, que les eaux rendoient forte. Ali Haya détourna le

SECT. II.
Regne de Kublay Khan V.

Flotte & troupes de l'Empereur des Song.

SECT. II.
Regne de
Kubláy Khan
V.

1277.

Il offre de
se soumettre.

cours des rivieres, fit breche aux murailles, & emporta la place, après un long siége où il perdit beaucoup de monde.

L'an 1277, Changshikyay fit des levées dans le Fokien, & soutint tant qu'il put le parti de l'Empereur Tuontsong. Il assiégea Tsuencheufu; mais Sûtû l'obligea de le lever. Ce dernier prétendoit qu'on ne pouvoit pas se fier aux Chinois, & faisoit par-tout un grand carnage; il fit massacrer les habitans de Hinguhafu & de Changcheufu. Ventyensyang avoit beaucoup de troupes dans le Kyangsi; mais il ne put jamais joindre une puissante armée, qu'un grand Mandarin, nommé *Tseufong*, avoit mise sur pied. Les troupes de ces deux Officiers étoient de nouvelles levées, mal disciplinées. Au mois d'Août, le Général Liheng envoya des troupes à Kancheu, ville considérable du Kyangsi, dont Ventyensyang vouloit se rendre maître : il empêcha la jonction de ce Capitaine & de Tseufong, & battit leurs troupes en plusieurs rencontres. Ventyensyang fut donc obligé de se retirer, après avoir perdu sa femme, & ses deux fils faits prisonniers & menés à Tatu. Chaoshichang de la Famille Impériale des Song, & plusieurs autres, furent conduits à Nanchang-fu, capitale du Kyangsi : animés par Shifang, ils aimerent mieux souffrir la mort que de se mettre à genoux.

Dans le mois de Novembre, Tachû prit la ville de Quangcheufu, capitale du Quangtong, que les Européens appellent *Canton*; & au mois de Décembre, le vaisseau sur lequel étoit l'Empereur Tuontsong faillit périr d'un coup de vent, près des Isles de Macao : le Prince tomba dans l'eau, on l'en retira demi mort de peur, & une grande partie des troupes périt. Il s'étoit retiré en 1276 du Fokien, d'abord à Uheycheufu dans la province de Quangtong : il envoya alors un Officier à Sûtû, pour lui déclarer qu'il étoit prêt à se soumettre à Hu-pi-lay. Ce Général envoya l'Officier à Tatû ; mais on ne dit rien du succès de cette négociation. Tuontsong quitta Uheycheufu pour aller à Chaocheufu, ville & port dans la partie orientale du Quangtong, où il s'embarqua dans le dessein de se retirer dans le royaume de Chenchen (*a*). Le Ministre Chenichong prit les devants ; mais il ne revint pas, & on n'entendit plus parler de lui.

SECT. II.
Regne de Kublay Khan V.

Hu-pi-lay nomma cette année des Bonzes de la Secte de Tao & de Fo, pour gouverner les Bonzes de leur Secte, qui étoient dans le Kiangnan & dans les autres provinces méridionales. Il ordonna aussi au Général Sayten, Arabe de nation, de suivre l'armée qui fut commandée pour entrer du Yunnan dans le royaume de Myen (*b*) ou de Pegu (*c*).

Réglement pour les Bonzes.

────────────

(*a*) La partie du Tongquing, qui répond à l'Isle de Haynan, est appelée souvent dans les Livres Chinois *Chenchen*; & la mer entre Haynan & le Tongquing étoit autrefois appelée par les Arabes la mer de *Sinji*. Chenchen est aussi un des noms de la ville royale de la Cochinchine, nommée *Thoankoa* ou *Sinoa*. Gaubil. p. 190.

(*b*) C'est le nom que les Chinois donnent au royaume de Pegu, & Sayten y fut envoyé sur la relation qu'avoit faite du royaume de Myen son fils Nasulating (vraisemblablement Nasro'ddin). Ce pays est limitrophe de celui d'Yunnan, selon les Chinois. Gaubil.

(*c*) Gaubil. p. 179 & suiv.

SECT. II.
Regne de Kublay Khan V.

Révolte en Tartarie.

Nous avons vu que le Prince Siliki, fils de l'Empereur Mengko ou Mangû, avoit d'abord pris le parti d'Alipuko ou Aribuga, & ensuite s'étoit soumis. Le Prince Haytû l'avoit gagné depuis ce temps-là, & cette année 1277, Siliki & les Princes ses alliés battirent les troupes de Hu-pi-lay dans le pays d'Olimali ou Almalig, & firent le Prince Nanmûhan, fils de l'Empereur, & le Général Gantong, prisonniers. Après ces grands avantages, Siliki marcha vers l'est avec une puissante armée, & il étoit déjà arrivé au nord de la ville de Holin ou Karakorom, lorsque Peyen, qui étoit depuis quelque temps en Tartarie, marcha à lui, & donna des détachemens nombreux aux Généraux Liting & Tûtûha (a). Siliki, ayant appris la marche de Peyen, décampa du voisinage de Karahorom, & passa la riviere Orgûn, auprès de laquelle il se retrancha. Peyen le suivit, & s'étant campé aussi près de la riviere, il se saisit de tous les postes par où il pouvoit venir des vivres au camp de Siliki.

Etouffée par Peyen.

Ce Prince, se voyant en danger de périr avec tous ses soldats, fut obligé d'en venir à une bataille au mois de Juillet : il fut battu & pris par Liting, qui le tua. Le Prince Totomûr se sauva du côté du Tûla, & se retrancha entre les sources de cette riviere & l'Onon. Peyen détacha Tûtûha, qui le défit entiérement. Liting marcha

---

(a) Il descendoit des Princes d'une partie du Kincha ou Kipjak, & commandoit un corps de troupes de sa nation. Son aïeul se soumit aux Mongols, quand Chepè & Sûpûtay entrerent dans le Kipjak en 1223 ; il fit toujours la guerre avec succès, & Hu-pi-lay lui donna les premiers postes de l'armée. Gaubil.

vers l'ouest, passa la riviere de Tamir, qui se jette dans l'Orgun, & défit les débris de l'armée de Siliki, & divers corps commandés par les Officiers des Princes Haytû & Tua. L'Empereur, à qui la révolte de ces Princes avoit causé de l'inquiétude, apprit avec beaucoup de joie cette grande victoire; elle déconcerta pour un temps les mesures que quelques Princes Mongols avoient prises avec Haytû, qui ne pensoit à rien moins qu'à rendre la Tartarie entiérement indépendante de Hu-pi-lay.

SECT. II.
Regne de Kublay Khan V.

Au commencement de cette année, ou à la fin de la précédente, les Lettrés, soumis à ce Prince, députerent Pûhûchû avec un Mémoire (a), pour le supplier de faire bâtir dans tout l'Empire des colléges publics pour élever dans les Sciences & les bonnes mœurs des jeunes gens d'esprit, sous la direction des hommes les plus savans & les plus sages qu'on pourroit trouver.

Au mois de Janvier 1278, les Yven acheverent la conquête du Sechuen. Ventyensyang, malgré les pertes qu'il avoit faites, se mit de nouveau en campagne, & au mois de Mars il reprit la ville de Quangcheufû ou Canton. L'Empereur Tuontsong se retira dans une petite Isle déserte, nommée *Kangchuen*, sur la côte mé-

Mort de l'Empereur des Song, & Tiping proclamé.

(a) Dans ce Mémoire, dont le P. Gaubil a donné la substance, ils tâchent d'engager l'Empereur à leur accorder leur demande, en lui rappelant l'exemple des Empereurs Chinois depuis le temps d'Yao, de Chun & d'Yu, dont le premier a régné 2357 ans avant J. C., si nous en croyons l'Histoire Chinoise. Pûhûchû étoit un Seigneur de la Tribu de Kangli, qui devint un des plus savans hommes de l'Empire, & qui fut très-cher à Hu-pi-lay.

Sect. II.
Regne de Kublay Kaan V.

ridionale du Quangtong, au nord-est de la ville de Luicheufu, & il y mourut dans le mois d'Avril, âgé d'onze ans. Plusieurs Grands se rebuterent, & quitterent l'armée des Song. La plupart de ceux qui étoient auprès de Tuontsong, las d'une guerre si longue & si malheureuse, penchoient à reconnoître Hu-pi-lay; Lûsyeufu leur dit: » Que ferons-nous du troisieme fils de l'Em-
» pereur Tutsong, âgé de huit ans, qui est ici
» avec nous? Autrefois un Ching & un Lu (a)
» suffisoient pour un Souverain; il nous reste
» encore de vastes pays & des millions d'hommes;
» que nous manque-t-il de ce qu'il faut pour la
» proclamation d'un nouvel Empereur «? On convint alors de proclamer Quangvang; on fit monter ce Prince sur une petite éminence; on se mit à genoux, & on le reconnut Empereur. Lûsyeufû & Changshikyay furent déclarés ses deux Ministres. Le dernier fut obligé de lever le siége de Leycheufû (b), place forte, voisine du Tongking, que le Général Ali Haya avoit fait pourvoir à temps de troupes & de munitions.

Tiping se retire dans une Isle.

Au mois de Mai, le nouvel Empereur des Song, connu sous le titre de *Tiping*, se retira à la montagne de Yaishan, près de la ville de Sin-

---

(a) Ching est l'espace d'une lieue en carré, & Lu une habitation de cinq cents hommes. Gaubil.

(b) C'est la même ville que *Luicheufu*, ainsi qu'elle est nommée dans la Carte du Quang-tong des Jésuites. Suivant Gaubil, elle est à dix-sept lieues au nord de Kuncheufu ou Kyongcheufu, capitale de l'Isle de Haynan. Elle est située sur la côte orientale d'une Péninsule, qui sort de la côte méridionale du Quantong, en forme de patte d'ours.

wheyhyen

Livre V. Chapitre IV.

wheyhyen (*a*), dans la province de Quangtong: Yaishan eſt dans la mer, vis-à-vis de la montagne de Kishishan; le flux & le reflux, qui ſont fort ſenſibles entre ces deux montagnes, les font repréſenter par les Chinois comme une porte à deux battans, qui s'ouvre & ſe referme à tous momens. Chanshikyay ayant choiſi la montagne de Yaishan pour ſervir de retraite à l'Empereur, fit bâtir des maiſons pour les Officiers & les ſoldats, & un palais pour Tiping & pour la Princeſſe ſa mere. On fit venir des proviſions en abondance de Quangcheufû ou Canton; on prépara beaucoup de rames, d'armes & de fleches, on équipa les vaiſſeaux & les barques, & on ne ſauroit aſſez louer le zele & la fidélité de Changshikyay. En comptant le peuple, les Mandarins & les ſoldats, l'Empereur avoit plus de deux cent mille hommes. Beaucoup de ſoldats & de mariniers de la province de Huquang ſe mirent en devoir de ſe rendre auprès de Changshikyay; mais Ali Haya envoya de tous côtés de gros détachemens pour examiner tous les paſſans, & Changshikyay fut par-là privé d'un grand ſecours (*b*).

Au mois d'Août, les Mandarins firent les cérémonies ordinaires pour l'enterrement de l'Empereur Tuontſong, & il fut enſeveli ſur la montagne de Yaishan. L'air de triſteſſe répandu ſur le viſage du jeune Empereur pendant cette cérémonie, & des réflexions ſur l'état préſent des affaires, arracherent des larmes d'une ſincere douleur

Sect. II. Regne de Kublay Khan V.

Les Généraux des Song ſont ſurpris & faits priſonniers.

(*a*) Sur la côte occidentale de la baie de Quangcheufû ou Canton, à moitié chemin entre cette ville & Macao.
(*b*) Gaubil, p. 182 & ſuiv.

Tome VII. X

à Changshikyay, à Lufyeufû, & à tous les Officiers & tous les soldats. Changhonfan, fils du Général Changjao, instruit de la conduite du Ministre de l'Empereur des Song (a), représenta à Hu-pi-lay qu'il falloit au plus tôt tâcher de se rendre maître de la province de Quantong. L'Empereur Mogol le chargea de cette importante commission, & en lui faisant présent d'un sabre garni de pierreries, le nomma Général de l'armée destinée contre l'Empereur Tiping. Hongfan se rendit à Yangcheufû, y prit vingt mille hommes d'élite, & se rendit par mer, au mois de Novembre, dans la province de Quangtong, où il surprit Ventyenfyang, & deux autres Généraux nommés *Tfeufong* & *Lyeutfetfun*.

Les troupes de ces Généraux n'étoient point accoutumées à combattre; elles plierent d'abord, & la déroute fut générale. Tfeufong se tua. Lieutfetfun & Ventyenfyang étoient intimes amis, & chacun d'eux cherchoit à sauver la vie à l'autre aux dépens de la sienne. Lyeutfetfun fut pris le premier, & il dit qu'il étoit Tyenfyang, ne doutant pas qu'on ne le tuât d'abord; mais on le laissa en garde à des soldats. Tyenfyang fut pris ensuite, & lié pour l'empêcher de s'empoisonner. Hongfan ordonna de massacrer Lyeutfetfun, & Tyenfyang dit que c'étoit lui; mais des prisonniers découvrirent tout, & Lyeutfetfun fut brûlé à petit feu. Tyenfyang fut mené au Général Mon-

---

(a) Changshikyay étoit de la même famille que Changhonfan, & étoit natif de Chocheu, dans le Pecheli. Il suivit jeune son parent Changjao dans le Honan; il y fit une faute, & pour éviter la punition, il se réfugia chez les Song, qu'il servit avec une constance héroïque.

gol, & ne voulut jamais faire la révérence en signe de soumission, quoiqu'on l'eût délié pour qu'il pût se mettre à genoux ; il demanda qu'on le fît mourir : Hongfan ne voulut pas qu'on le touchât, l'envoya prisonnier à Tatû, & donna la liberté à ses parens & amis qui avoient été pris.

SECT. II.
Regne de Kublay Khan V.

Après cette victoire, Hongfan fit voile avec son armée navale, & arriva le 31 Janvier 1279, à la vue de la montagne de Yaishan, qu'il fit d'abord reconnoître ; & s'étant fait instruire de ce qui regardoit la marée, les vents & le gisement de la côte, il prit avec Liheng les mesures nécessaires pour attaquer Changshikyay avec avantage. Celui ci le prévint, & la nuit du 29 Mars il vint attaquer les Yuen ; mais il fut repoussé. Hongfan, pour éviter la confusion, partagea sa flotte en quatre escadres, éloignées les unes des autres de trois ou quatre cents pas. Liheng alla se poster au nord de la flotte des Song, qui étoit à l'ouest de la montagne. Le 3 Avril, un grand brouillard couvrit ce côté de la montagne ; Liheng avoit ordre d'attaquer l'ennemi, quand la marée monteroit. A l'heure du cheval, c'est-à-dire entre onze heures du matin & une heure après midi, la marée vint. Liheng attaqua vivement Changshikyay, quand il entendit le son des instrumens, qui étoit le signal du combat, & dans le même temps Hongfan l'attaqua de l'autre côté. Changshikyay, quoique pressé des deux côtés, se défendit vaillamment ; mais ses troupes fatiguées plierent, & les Mongols ayant pris un gros vaisseau, beaucoup d'autres se rendirent.

Leur flotte est défaite. 1279.

La confusion se mit dans la flotte des Song,

Sect. II.

Regne de Kublay Khan V.

L'Empereur est noyé avec un grand nombre d'autres personnes.

Hongfan & Liheng profiterent de ce désordre, & les mirent de tous côtés en déroute. Au coucher du soleil, le vent & les brouillards survinrent ; Shikyay coupa les cables & se sauva avec seize gros navires. Lusyeufu courut vîte au vaisseau de l'Empereur; mais il étoit pesant, & beaucoup d'autres étoient attachés les uns aux autres ; on n'y voyoit presque personne, & il n'y avoit ni Officiers ni matelots pour la manœuvre. Lusyeufu voyant tout perdu, fit jeter sa femme & ses enfans à la mer, &, d'un ton ferme, dit au jeune Empereur : » Seigneur, ne déshonorez pas votre » illustre famille, en suivant l'exemple de Kont- » song votre frere; mourez Prince Souverain, » plutôt que de vivre esclave d'une Nation étran- » gere «. Après ces mots, il embrasse en pleurant l'Empereur, le met sur ses épaules, & se précipite avec lui dans la mer; la plupart des Mandarins suivirent cet exemple (a).

Hongfan prit huit cents barques. Les Historiens Chinois disent que cent mille hommes se noyerent ; pendant plusieurs jours, la mer fut couverte de corps morts. Changshikyay reconnut celui de l'Empereur, & l'enterra avec respect ; il recouvra aussi le Sceau de l'Empire, & joignit le vaisseau de la Princesse mere de Tiping. La Princesse étoit dans de grandes inquiétudes, & en danger, parce qu'elle étoit séparée des autres vaisseaux. Shikyay lui apprit la nouvelle de la mort de son fils, & l'exhorta à penser à l'installation d'un nouvel Empereur de la famille. Mais elle fut si sensible à cette triste nouvelle, que, sans mot dire &

(a) Gaubil, p. 186 & suiv.

fans verfer une larme, elle se jeta dans la mer; les Dames & Demoiselles qui étoient avec elle en firent de même. Shikyay les enterra avec toute la décence que les circonstances lui permirent, & avec les débris de sa flotte, alla sur les côtes du Tongking, où il trouva de grands secours. S'étant remis en mer pour Quangcheufu, il s'éleva une violente tempête ; les Officiers vouloient qu'on relachât ; mais Shikyay refusa absolument de le faire, disant qu'il falloit tout risquer pour installer au plus tôt un Empereur de la famille des Song. Cependant le vent fraîchit, & la tempête devint plus violente : alors Shikyay monta sur le tillac, invoqua le Ciel, brûla des parfums en l'honneur de la Divinité (a), & se précipita dans la mer près de la montagne de Haylin. Après sa mort, tous les Mandarins & tous les Officiers se rendirent aux Yvens ou Mongols, & la même année l'Empereur Hu-pi-lay se vit maître paisible de tout l'Empire de la Chine, partagé depuis un grand nombre de siecles entre plusieurs Puissances.

SECT. II.
Regne de Kublay Khan V.

Ainsi finit la Dynastie des Song, dont la famille s'appeloit *Chao*. Le premier Empereur de cette Maison fut Chaoquanju, d'une des pre-

Extinction de la Dynastie des Song en 1279.

(a) Gaubil dit, *en son honneur*, c'est-à-dire du Ciel. Certainement les Dominicains & les autres ennemis des Jésuites, dans la fameuse dispute qui a contribué à la ruine de leur mission à la Chine, ne peuvent l'accuser ici de mauvaise foi. Nous n'avons pas fait de difficulté de mettre le mot de *Divinité*, étant convaincus par la raison & par des preuves de fait, que les Disciples de Confucius se servent souvent du terme de *Tyen*, le Ciel, pour désigner la Divinité, comme on le fait en Europe.

X iij

mieres familles de l'Empire, & qui se rendit fameux dans les guerres des Kitans. Il établit sa Cour à Kayfongfu, capitale du Honan, & neuf de ses successeurs y régnerent cent soixante-huit ans. Les guerres qu'ils eurent avec les Empereurs Kins, les obligerent à transporter leur Cour à Hangcheufu, capitale du Chekyang, où elle résida cent quarante - huit ans sous sept Princes. Les deux derniers régnerent ensemble près de quatre ans ; ainsi la Dynastie des Song dura en tout trois cent dix-neuf ou vingt ans.

SECT. II.
Regne de Kublay Khan V.

SECTION III.

Commencement de la Dynastie des Yven, & ce qui se passa sous cette Dynastie jusqu'à la mort de Hu-pi-lay.

SECT. III.
Regne de Kublay Khan V.
Mort de Pasepa.

AVANT d'entrer dans le détail des événemens de l'année suivante, nous devons marquer la mort du fameux Lama Pasepa, qui arriva en 1279. On lui donna les titres les plus extraordinaires. On l'appeloit *Celui qui est au dessus des hommes, & qui n'a que le Ciel au dessus de lui* ; le *Grand Saint* ; l'*Homme de la plus haute vertu* ; le *Fils du Fo de Sityen* (a). Les Lettrés Chinois se récrient fort contre ces titres, & accablent d'injures les Bonzes. Plusieurs même, entêtés de leur doc-

---

(a) C'est le nom qu'on donne à Peking à la partie de l'Indostan où les Chinois disent que Fo est né. Gaubil. *Sityen* signifie le *Ciel d'Occident*.

trine, traitent Hu-pi-lay de barbare, de superstitieux, & de Prince qui se laissoit gouverner par les femmes & les Lamas, sans courage & sans génie pour le gouvernement. On voit encore à Peking un Miao ou grand palais, bâti à l'honneur de Pasepa, du temps des Empereurs Mongols.

SECT. III.
Regne de Kublay Khan V.

Le Général Ali Haya ayant fait dans les provinces méridionales un grand nombre d'esclaves, l'Empereur Hu-pi-lay leur donna à tous la liberté en l'année 1280. Au mois de Mars, il nomma des Mathématiciens pour aller chercher la source du Whangho ou Riviere jaune: au bout de quatre mois, ils arriverent au pays où elle a sa source; ils en dresserent la carte (*a*), & l'offrirent à l'Empereur. Quoiqu'il soit souvent parlé du Wangho dans les Livres Chinois, & qu'on trouve son cours très-bien décrit dans le Chapitre Yukong de l'ancien Livre Shuking, écrit pour le moins depuis trois mille neuf cent vingt ans, en remontant depuis l'an 1726, il paroît cependant que jusqu'au temps de Hu-pi-lay, les Chinois ont mal connu le pays d'où vient ce fleuve, & l'ont très-mal représenté dans leurs Livres (*b*).

Le Wangho. 1280.

Hu-pi-lay pensoit depuis long-temps à se rendre maître du royaume de Jepen (*c*) ou Japon, ou du

Le Japon sommé de se soumettre.

―――――――――――――――

(*a*) Gaubil dit que cette Carte est perdue, mais qu'on a encore la meilleure partie de l'Ecrit qui l'expliquoit, & il a donné, d'après cette description, une relation des sources du Wangho.

(*b*) Gaubil, p. 188 & suiv.

(*c*) C'est le Japon. *Vo* est un des noms que lui donnent les Chinois, dont les Livres ne le font pas aussi bien connoître que les Relations des Européens. Mais les Chinois apprennent beaucoup de choses sur l'Histoire de cette

X iv

Sect. III.
Regne de Kublay Khan.

moins à se le rendre tributaire. Il envoya donc sommer le Roi de ce pays de le reconnoître pour Souverain. Ce Prince ne fit aucun cas de la lettre de Hu-pi-lay, écrite en forme d'ordre d'un Souverain à son sujet. Plusieurs années après, l'Empereur y envoya un Député, qui fut tué. Hu-pi-lay irrité fit équiper une puissante flotte, & chargea cette année le Général Argan de se disposer à attaquer le Japon avec une armée de cent mille hommes. Le Roi de Corée eut ordre de favoriser cette entreprise, que les Grands, Tartares & Chinois, désapprouverent généralement. Au mois de Novembre, on publia l'Astronomie, à laquelle quatre Lettrés Chinois travailloient depuis long-temps: Kocheuking eut la meilleure part à ce grand ouvrage. Les Mathématiciens d'Occident, qui étoient en grand nombre & fort en crédit à la Cour, avoient déjà beaucoup travaillé sur cette Science, & ils avoient fait de très-beaux instrumens. Kocheuking, homme d'un génie & d'une application extraordinaires, aidé de trois autres Savans, & parfaitement au fait des méthodes que ceux d'Occident avoient suivies, mit la derniere main à l'Astronomie Chinoise (a).

Calendrier Mogol.

Jenghiz Khan chargea Yelu Chutsay de ce qui regardoit cette Science. Cet Astronome rectifia beaucoup ses idées en Occident, où il suivit ce

---

Isle, dont les Européens n'ont pas eu de connoissance. Gaubil.

(a) Notre Auteur a parlé au long de l'Astronomie publiée en 1280 par ordre de Hu-pi-lay, dans un Traité sur l'Astronomie Chinoise, qu'il a envoyé en Europe, & qui a été publié par le P. Souciet.

Conquérant, & à son retour il publia une Astronomie. Au commencement du regne de Hu-pi-lay, les Astronomes d'Occident publierent deux Astronomies, l'une selon la méthode d'Occident, l'autre selon la méthode Chinoise, mais corrigée. Kocheuking prit un milieu, & suivant dans le fond la méthode d'Occident, il conserva, autant qu'il fut possible, les termes de l'Astronomie Chinoise ; mais il la réforma entiérement sur les époques Astronomiques, & sur la méthode de réduire les tables à un méridien, & d'appliquer ensuite les calculs & les observations aux autres méridiens. Outre cela, il fit de grands instrumens de laiton, spheres, astrolabes, boussoles, niveaux & gnomons, dont il y en avoit un de 40 pieds de haut.

Sect. III.
Regne de KublayKhan V.

Les Empereurs Mongols avoient à leur Cour des Médecins & des Mathématiciens d'Occident, aussi bien que des Chinois, dont ils faisoient des corps séparés qui vivoient très-bien ensemble. Les Histoires de ce temps-là louent l'habileté de ces Etrangers, & avouent en particulier que c'est d'eux que Kocheuking prit ce qu'il avoit de meilleur.

Tsu-i-yû (a) étoit un des grands Mandarins qui gouvernoient la province de Kiangnan ; les Chinois & les Tartares l'estimoient beaucoup pour sa droiture & sa vigilance. Ali Haya l'avoit choisi pour un de ses Lieutenans, & le regardoit comme un des

Méchanceté d'Ahama.

(a) Il étoit de Tse-cheu, dans le Chan-si ; son frere fut Censeur de l'Empire. Gaubil. Ce Jésuite l'appelle *Tsouyyu* ; mais nous préférons l'orthographe qui approche plus de la prononciation Chinoise, qui est *Tui-i-yû*, en partageant les monosyllabes ; ce que le P. Gaubil ne fait point.

meilleurs Officiers de son armée. Tsu-i-yû entreprit de faire connoître à Hupilay les malversations d'Ahama. Celui-ci, plein de colere & ne respirant que vengeance, accusa ce Mandarin & deux Seigneurs Mongols qui le soutenoient, d'avoir volé plus de deux millions, & d'avoir, sans ordre, cassé & changé plusieurs Mandarins. Hupilay envoya des Commissaires sur les lieux, qui déclarerent Tsu-i-yû innocent. Ahama, résolu de se venger, en fit envoyer d'autres, qui déclarerent ce Mandarin coupable, & lui firent trancher la tête, genre de mort infame à la Chine; les deux Seigneurs Mongols subirent le même supplice. Le Prince héritier envoya des Officiers de sa Cour pour casser les procédures, dès qu'il fut instruit des intrigues d'Ahama; mais ils arriverent trop tard. La mort de Tsu-i-yu (*a*) fit beaucoup de bruit dans les provinces, à la Cour & à l'armée; on murmuroit hautement contre Ahama, & le Prince ne cherchoit que l'occasion de se défaire de ce mauvais Ministre.

Il est tué. Au mois de Mars de l'an 1281, Hupilay étant parti pour Changtû, laissa Ahama (*b*) à Tatu pour gouverner. Un Mandarin, nommé *Whangchu*, vint un jour au palais, & le tua à la grande porte. Les Gardes & les Officiers ne se mettoient pas en peine de se saisir de Whangchu, & il étoit

---

(*a*) Le Prince Mangkola, que Marc Polo nomme *Mangala*, troisieme fils de Hu-pi-lay, mourut cette année. Gaubil, p. 239.

(*b*) Il étoit Mahométan & natif de Khorasan, d'une famille qui avoit fourni des Généraux & des Ministres aux Rois du pays. Il étoit de la ville de Paval, c'est-à-dire de Baurd, dont parle D'Herbelot, p. 195. Gaubil.

bien sûr que le Prince héritier lui sauveroit la vie. Dans cette confiance, il alla lui-même se remettre prisonnier au Tribunal, & il fut condamné par les Commissaires envoyés par Hupilay. Ce Prince ouvrit enfin les yeux, & connut les crimes d'Ahama ; il fit piller son palais au mois d'Avril ; on déterra son corps, qui fut coupé en pieces & jeté à la voirie. Il n'est sorte de concussion & de vexation dont ce Ministre ne fût coupable : l'opiniâtreté de Hupilay à le soutenir malgré les représentations du Prince héritier, & les accusations réitérées & bien prouvées des plus sages de son Conseil, lui firent beaucoup de tort (*a*).

Sect. III.
Regne de Kublay Khan V.

L'expédition dans le Gannan, qui comprenoit alors les deux royaumes de la Conchinchine & de Tongquing (*b*), n'eut pas le succès qu'on s'en promettoit. Le fils du Roi n'avoit jamais voulu se soumettre, & avec des troupes considérables il occupoit une grande partie du pays. Le Général Sûtû entra dans le Gannan au mois de Juin, & ne trouvant d'abord aucune résistance, il s'avança imprudemment, & prit la ville de Chencheu, qui n'étoit pas loin de la pointe du sud-ouest de l'Isle de Haynan, au sud de la Chine. Le Prince amusa les Mongols par des promesses feintes de se rendre ; peu à peu il s'empara des postes entre la Chine & le Gannan, & coupa la retraite à Sûtû. La chaleur excessive incommodoit les Mongols accoutumés aux climats du nord, & leur Général, qui n'étoit

Pertes dans le Gannan.

─────────

(*a*) Gaubil, p. 190 & suiv.
(*b*) Plusieurs Voyageurs Européens disent que la langue qu'on parle dans ces deux royaumes s'appelle *Anamitique*, c'est-à-dire la langue d'Anam, corruption du mot *Gannan*. Gaubil.

pas soutenu par une flotte (a), s'appercevant trop tard de sa faute, fit une retraite pleine de valeur; mais la meilleure partie de son armée périt.

SECT. III.
Regne de Kublay Khan V.
Et dans le Japon. 1281.

L'entreprise sur le Japon fut encore plus malheureuse. Le Général Argan étant mort, Atahay commandoit la flotte. A peine étoit-elle arrivée à la vue de l'Isle de Pinghû (b), qu'une violente tempête la dissipa. Atahay fut obligé de relâcher, & le reste des vaisseaux tomba entre les mains des Japonois, qui firent soixante dix mille Chinois esclaves, & tuerent trente mille Mongols. Hupilay eut un chagrin mortel de voir échouer ses grands desseins sur le Gannan & sur le Japon. Il avoit fait aussi une grande perte dans le mois de Février, par la mort de l'Impératrice sa premiere femme, Princesse de Honghila, & mere du Prince héritier. Les Auteurs Chinois la peignent comme une Princesse accomplie. Elle aimoit les peuples, & portoit toujours l'Empereur à la clémence; elle eut grand soin des Princesses ci-devant Impératrices des Song, & prisonnieres à Tatû.

On brûle les Livres des Taotse.

Hupilay étoit fort attaché à la Secte de Fo, & il protégeoit ouvertement les Lamas, grands ennemis de la Secte de Tao. De concert avec les Bonzes Chinois, Prêtres de Fo, ils demanderent la permission de rechercher & de brûler tous les Livres des Taotse ou Bonzes de la Secte de Tao.

(a) Peut-être la flotte du Prince étoit dans le golfe. Gaubil.

(b) Notre Auteur dit que cette Isle doit être près du Japon; mais il ne sait où. C'est là que les débris de la flotte s'étant rassemblés, les Japonois les prirent & les ruinerent. Marc Polo & d'autres parlent au long de cette expédition; mais la date de Polo est fausse. Gaubil.

L'Empereur ordonna de les brûler tous, & on ne sauva que celui qui a pour titre *Taoteking*, à cause de son antiquité : il fut écrit par Laotse, qui vivoit plusieurs siecles avant Jésus-Christ.

SECT. III.
Regne de Kublay Khan V.
Mort de Wangshun.

La douleur que le Prince Cheng-kin ressentoit de la perte de l'Impératrice sa mere, fut augmentée par la mort de Wangshun. Ce Seigneur, un de ceux qui avoient travaillé à l'Astronomie, avoit été très-bien élevé par Wang-lyang son pere. Le fameux Lyeu-ping-chong le fit connoître à Hupi-lay, qui le nomma pour être auprès du Prince héritier. Cheng-kin conçut bientôt beaucoup d'amitié pour lui, & le faisoit manger à sa table. Ils étudierent ensemble le Livre que Hyu-heng avoit écrit sur l'Histoire, les Mathématiques & les autres Sciences ; ils ne cessoient de s'animer mutuellement à la vertu, & c'étoient des modeles de modération & d'aversion pour les plaisirs. Wangshun n'avoit en vue que d'inspirer à Cheng-kin un grand désir d'être un Prince parfait, & il savoit à propos lui faire remarquer dans l'Ouvrage de Hyu-heng les vices & les vertus des Princes, & la véritable cause de leur heureux ou malheureux gouvernement. Wangshun mourut âgé de quarante-sept ans, regretté de toute la Cour. Hyuheng, si renommé par sa vertu, ses Ouvrages & son expérience, mourut aussi la même année. L'Empereur envoya vers ce temps-là un Officier dans le Yun-nan, pour recueillir les droits sur l'or qu'on tiroit alors en grande quantité de cette province, dans laquelle il y a encore des rivieres qui en fournissent.

L'an 1282, l'Empereur fit venir à la Cour, des Savans de toutes les parties de l'Empire, pour

Affaires de Littérature. 1282.

examiner l'état des Sciences, & pour prendre des mesures efficaces pour l'avancement des Lettres. Il fit bâtir aussi soixante gros vaisseaux, pour transporter des provinces méridionales dans le Pe-cheli, des provisions de riz & autres denrées nécessaires, qu'on portoit auparavant sur des rivieres avec beaucoup de peine, d'embarras & de dépense. Souvent aussi on prenoit la route, partie par les rivieres, partie par mer, comme on le voit dans le P. Gaubil. En ce temps-là, plusieurs Princes des Indes envoyerent des Députés à l'Empereur pour lui payer tribut. Le plus remarquable de ces Députés étoit celui de Kulong, royaume éloigné de la Chine de cent mille lis (a), qui apporta en tribut (b) des singes noirs & des pierreries. A la fin de cette année, un Bonze de la province de Fokien publia que Saturne avoit été fort près d'une étoile appelée *Ti-tso* (c) ou le *siége de l'Empereur* (d). Les

---

(a) C'est-à-dire mille lieues; c'est une exagération, puisque Kulong est dans les Indes Orientales. Gaubil. Kulong est peut-être le Malabar.

(b) Les Chinois regardent les présens des Princes étrangers comme un tribut; ceux que leurs Empereurs envoient, sont traités de récompenses. Leurs réponses passent pour des ordres. Gaubil.

(c) Gaubil ne sait quelle est cette étoile.

(d) La Chine est un des pays où l'Astronomie judiciaire a eu le plus de vogue. Les Astronomies ont toutes un Traité, où l'on en trouve la théorie & la pratique, toutes les apparences des corps célestes, & ce qu'elles pronostiquent pour la Cour & l'Empire. Les étoiles ont toutes des noms qui ont rapport à la Famille Impériale, aux Gouverneurs des Provinces, aux Généraux des armées, aux Princes & aux Princesses, sur lesquels on croit qu'elles ont une influence particuliere. Dans le Tribunal des Mathématiques il y a toujours des Astrologues chargés de ce point

Mandarins présenterent là-dessus un placet à Hu-pi-lay. Dans le même temps, un imposteur, qui se disoit Empereur des Song, assembla plus de cent mille hommes, & fit distribuer des billets en son nom, qui portoient que le Ministre d'Etat ne devoit pas s'étonner, & qu'à un jour marqué on mettroit le feu aux maisons couvertes de jonc, & que ce seroit le signal de la sédition dans Tatû (a).

Ven-tyen-syang étoit prisonnier dans cette ville depuis plusieurs années; l'Empereur le fit venir en sa présence, & lui offrit une des charges de Ministre d'Etat, s'il vouloit entrer à son service. Ven-tyen-syang le remercia, lui dit qu'il ne pouvoit reconnoître deux Empereurs, & demanda à mourir. Quoique Hu-pi-lay vît qu'il étoit inflexible, il ne pouvoit se résoudre à lui ôter la vie; mais enfin la superstition l'emporta sur l'humanité. Les Grands de la Cour lui rappelerent le placet présenté sur la conjonction de Saturne & de l'Etoile, & lui persuaderent que le Ministre anonyme dont il étoit parlé dans les billets, n'étoit autre que Ven-tyen-syang. Sur ces raisons, Hu-pi lay consentit à la mort de ce grand homme. Conduit à une place publique, il se tourna vers le sud, frappa la terre du front, pour honorer & saluer la Cour des Empereurs des Song, & reçut le coup de mort avec un grand courage, à l'âge de quarante-sept ans. Il étoit du Kyangsi, du district de la ville de Ki-gen-fû. Les Chinois & les Tartares le regret-

SECT. III.
Regne de Kublay Khan V.

Superstition de Kublay.

___

en particulier : ils ont toujours grand soin de suivre le génie & les maximes de la Dynastie régnante : de là vient que les Astronomies Chinoises varient souvent. Gaubil.

(a) Gaubil, p. 194 & suiv.

terent. Il avoit la réputation d'être favant, integre, & fort verfé dans les affaires. On tranfporta en Tartarie tous ceux de la race des Song qui fe trouverent à Tatû.

Hu-pi-lay, qui croyoit qu'il y alloit de fa gloire de faire des conquêtes dans le Japon, ordonna, en 1283, au Général Atahay de préparer cinq cents vaiffeaux avec des vivres & des munitions. On publia auffi un ordre, dans les provinces, de raffembler autant de matelots qu'on pourroit. Cet ordre caufa de la confufion dans le Chekyang, le Fokien & le Kyangnan; car l'expédition contre le Japon n'étoit nullement du goût des Miniftres Tartares & Chinois; les Officiers & les foldats murmuroient hautement, & le commerce étoit interrompu. La crainte d'aller au Japon, faifoit déferter les meilleurs matelots; plufieurs fe firent voleurs; des Officiers de marine perfuaderent aifément à leurs équipages de fe faire Pirates; ils infeftoient les côtes. Les Grands repréfenterent à l'Empereur toutes ces fâcheufes fuites du projet d'une nouvelle expédition contre le Japon; mais il ne voulut rien écouter. En attendant, Atahay rencontroit tous les jours de nouvelles difficultés, & les Grands prirent fous main des mefures pour qu'il n'eût de long-temps les vivres & les munitions néceffaires. Au mois d'Octobre, un Mandarin de Kyen-ning-fû dans le Fokien, fe révolta, & prit le titre d'Empereur: cette rebellion fut bientôt étouffée.

Cette même année, le Prince Siantar, fuivi des Généraux Kulye, Nafulating (a), & autres Capi-

―――――――――――――――――――――――

(a) Kulye étoit très-eftimé. Nafulating étoit Arabe & taines

taines d'Occident, outre ceux qui étoient Chinois & Tartares, entra de la province de Yun-nan dans le royaume de Myen (a), & au mois de Novembre il se rendit maître des villes royales de Kyang-teu & de Tay-kong.

Sect. III.
Regne de Kublay Khan V.

On fit aussi quelques bons réglemens dans l'Etat. 1°. On abolit la coutume de choisir des filles pour le palais. Yelu-chui-say l'avoit déjà abolie dans les parties de la Chine soumises à l'Empereur Ogotay : Hu-pi-lay voulut que le même ordre regardât les provinces conquises sur les Song. 2°. Comme les appointemens des Mandarins ne suffisoient pas pour soutenir leur rang, cela les obligeoit presque tous à tirer de l'argent des peuples. L'Empereur, pour soulager les provinces qu'une si longue guerre avoit fort chargées, doubla le revenu annuel des Mandarins, & défendit sous de grosses peines de rien prendre. Si quelqu'un avoit volé, c'est ainsi que la Loi qualifie la chose, la valeur de vingt-cinq louis, il étoit condamné à mort : ceux qui avoient volé la moitié de cette somme, étoient cassés, après avoir reçu une rude bastonnade.

Sages réglemens.

L'an 1284, l'Empereur ordonna aux Mandarins des provinces d'envoyer à Tatû tous ceux qu'ils trouveroient de la race des Song; il s'en trouva un grand nombre, & ils eurent des Mandarinats considérables. Hu-pi-lay sachant que la Secte de

Bonzes noyés: 1284.

Mahométan, comme on l'a déjà dit. Marc Polo l'appelle *Nasurdin* Gaubil.

(a) C'est le royaume de Pegu : ce que Marc Polo appelle *Karayam*, est une bonne partie de la province de Yun-nan. Gaubil.

Fo étoit en grande estime au Japon, envoya secrétement des Bonzes de cette Secte sur la flotte destinée pour ce pays, avec ordre de lui rendre compte de ce qu'ils en apprendroient; mais les matelots surent leur dessein, & les jeterent à la mer (*a*).

SECT. III.
Regne de Kublay Khan V.

Projet de Chi-jong approuvé.

Lu-chi-jong, natif de Tamingfu dans le Pecheli, avoit obtenu, à force d'argent, une charge considérable sous le Ministere d'Ahama, dont il étoit une créature. Hu-pi-lay ne l'ignoroit point; mais l'amour de l'argent engagea insensiblement ce Prince à suivre les vûes intéressées de Chi-jong, qui prétendoit augmenter les revenus de l'Empereur en soulageant les peuples. Tong-yven-yong se déclara publiquement contre Chi-jong, & vouloit le faire casser, comme un méchant sujet qui ruinoit le peuple; Hu-pi-lay fit punir Yven-yong, & soutint Chi-jong. L'appui que trouvoit cet homme, engagea Holihotsun, un des principaux Ministres, à résigner son emploi; il prédit que ce seroit bientôt un second Ahama, & qu'il ruineroit l'Empereur. La retraite de Holihotsun fit suspendre l'ordre qu'il avoit obtenu de Hu-pi-lay, d'introduire par-tout l'examen des Lettrés (*b*).

Au mois de Février, l'Empereur fit venir Chi-jong, & voulut savoir de lui comment il s'y prendroit, supposé qu'il fût mis en place. Chi-jong fit alors un long discours, où il dit, entre autres,

─────────────

(*a*) Cette circonstance prouve que la Secte idolâtre de Fo n'étoit pas encore aussi universellement établie qu'elle l'a été depuis; sans doute par la maniere dont les Empereurs Mongols l'ont appuyée.

(*b*) Gaubil, p. 198 & suiv.

Livre V. Chapitre IV.

qu'il falloit d'abord faire un grand nombre de kashes ou deniers de cuivre, & établir des Tribunaux à Hang-cheu-fû, capitale du Chekyang, & à Tsuen-cheu-fû, port de mer du Fokien, pour répandre ces deniers parmi le peuple, & les troquer pour les marchandises des Étrangers qui y abordoient de toutes parts : que le profit qui en reviendroit seroit divisé en dix parts, dont sept seroient pour le trésor, & trois pour le peuple; que comme plusieurs grands Seigneurs s'étoient emparés des forges, faisoient fabriquer des armes, & les vendoient fort cher, on devoit leur ôter le fer, & que l'argent qu'on en retireroit, serviroit à acheter des grains pour remplir les magasins & les greniers publics, qu'il assuroit être par-tout vides : il proposoit de vendre les grains à un prix raisonnable, prétendant qu'il en reviendroit un profit très-considérable à l'Empereur; qu'il ne fût permis à personne de vendre du vin sans en payer la permission, & qu'on augmentât les droits sur cette liqueur. Il ne vouloit pas qu'on en mît sur les vivres & les voitures pour les armées; mais il proposoit une taxe considérable sur les chevaux & sur les brebis. Il souhaitoit encore qu'on achetât des Chinois des soies, des toiles & des étoffes pour les Tartares, qu'on troqueroit avec eux pour des chevaux & des moutons; qu'on choisît des familles de Mongols pour avoir soin des haras & des troupeaux, & qu'on feroit un grand profit sur les peaux, le poil, la corne, le lait & la laine, dont deux dixiemes suffiroient à l'entretien de ces familles.

L'Empereur approuva tout ce projet de Lu-chi-jong, qui eut plein pouvoir de choisir ceux qu'il

SECT. III.
Regne de Kublay Khan V.

croyoit propres à l'exécution de ses desseins; mais il eut l'imprudence de rétablir plusieurs Commis qui avoient été cassés, parce qu'ils étoient des créatures d'Ahama. Chi-jong étoit soutenu en tout par Sangko, frere du Lama, qui avoit succédé à Pasepa dans la charge de Docteur & de Maître de l'Empereur, & de Chef des Lamas. Plusieurs Mandarins parlerent contre Chi-jong, & l'un d'eux fut condamné à la bastonnade, qui fut si rude qu'il en mourut. Le Prince héritier étoit naturellement ennemi de tous ces faiseurs de projets, qui n'aboutissoient qu'à empêcher la circulation de l'argent, à décrier l'Empereur, & à remplir les provinces de voleurs; il se déclara aussi contre Chi-jong, & soutint qu'il n'étoit que l'imitateur d'Ahama. Un Grand Mandarin, nommé *Ching*, se plaignit à l'Empereur de la mort injuste d'un Mandarin, tué pour avoir fait son devoir: il accusa de nouveau Chi-jong, & fit voir qu'il n'avoit fait que voler impunément pendant qu'il avoit eu soin de la Douane du Cha ou thé dans le Kyangsi; & que pour faire monter à quinze millions le revenu de l'Empereur, il avoit commis mille brigandages, employé les vexations, les concussions, les fausses accusations, des confiscations injustes, les meurtres, & vendu des charges.

L'accusation de Ching mit toute la ville de Tatû en mouvement; l'Empereur fut fort surpris de la voir appuyée par le Prince héritier & par la plupart des Grands, de sorte que Sangko & son frere, malgré tout leur crédit, n'oserent parler en faveur de Chi-jong: il fut cité à Changtu avec Ching, & les principaux chefs d'accusation contre lui furent prouvés; l'Empereur approuva la Sentence de mort portée par les Juges, & elle fut exécutée sur le champ. Tous les amis & toutes les créatures de Sangko & de Chi-jong furent consternés, & Hu-pi-lay eut honte de s'être opiniâtré à soutenir un homme qui l'avoit séduit par de belles apparences.

Regne de Kublay Khan V.

Le Général Sûtû avoit fait de grandes plaintes de la conduite du fils de Chen-ye-tsuen Roi de Gannan, dont les artifices avoient fait périr tant de Mongols. Hu-pi-lay, pour se venger de cet affront, chargea le Prince Touhan son fils d'entrer dans ce royaume, & nomma le Général *Liheng* pour commander sous les ordres de ce Prince. Touhan partit d'Yunnan, & étant arrivé près du fleuve Fûlang (a), il demanda passage au Roi de Gannan pour aller à Chenchen, qui, avec le pays des environs, étoit occupé par son fils. Le Roi le refusa. Touhan passa la riviere sur des radeaux, & défit entiérement l'armée de ce Prince. Chenitsi, son frere, vint avec ses vassaux se soumettre à Touhan. Les troupes de Gannan se rallierent, & furent plus animées que jamais. C'étoit au cœur de l'été; la chaleur & les pluies continuelles causerent des maladies dans l'armée des Mongols, & il leur fut impossible d'aller à Chenchen ; & pour ne pas voir périr toute l'armée, il fut résolu de se retirer dans l'Yunnan. Les troupes de Gannan poursuivirent les Yven, & dans cette retraite Liheng fut blessé d'une fleche empoisonnée, dont

Perte dans le Gannan.

(a) C'est la riviere Hotiho, qui est un bras de celle de Kinsha. La Géographie Chinoise Tonchi appelle cette riviere *Mochale*. Le Pere Martini s'est trompé sur sa source. Gaubil.

Y iij

SECT. III.
Regne de
Kublay Khan
V.

il mourut. Sûtu ne savoit rien de la retraite du Prince, quoiqu'il n'en fût éloigné que de quinze ou vingt lieues ; l'armée du Roi se posta entre ce Général & la Chine ; mais Sûtu se fit jour à travers ses ennemis ; il y eut beaucoup de monde de tué de part & d'autre ; Sûtu lui-même périt en combattant vaillamment. Lihing & lui étoient deux des meilleurs Généraux de l'Empire, & l'Empereur Hu-pi-lay ressentit vivement leur perte.

Mort du Prince Chengkin.

Ce chagrin fut suivi d'un autre bien plus sensible, que lui causa la mort du Prince héritier (a), qui mourut dans le mois de Décembre à l'âge de quarante-trois ans. Ce Prince avoit montré dès l'âge le plus tendre une inclination pour la vertu & les bonnes mœurs, qui fut l'admiration des Grands. Son pere lui donna l'illustre Yaoshu pour Maître, & celui-ci choisit parmi les Tartares & les Chinois de jeunes Seigneurs d'esprit & bien élevés, pour être sa société. Le Prince devint très-habile dans l'Art militaire, la Science du gouvernement, l'Histoire, les Mathématiques & les Livres classiques de la Chine. Il connoissoit parfaitement la nature des pays de la Tartarie & de la Chine, le nombre des habitans, les rivieres & le commerce. Il ne pensoit qu'à rendre les peuples heureux, & étoit redouté de ces mauvais Ministres, qui, pour plaire à leur Maître, emploient les voies les plus injustes. Il étoit généralement estimé & aimé, & on ne lui reproche aucun défaut. Il avoit épousé la Princesse Kokochin de la Maison de Hongkila, qui étoit du caractere du Prince son époux : il

---

(a) Marc Polo parle de ce Prince, qu'il appelle *Chinchis*. Gaubil.

en eut trois Princes & quelques Princesses. L'aîné des Princes s'appeloit *Kanmala*; le second *Talamapala*, qui mourut du vivant de Hu-pi-lay, & laissa des enfans, dont l'aîné étoit Hayshan : le troisieme fils de Chenkin se nommoit *Timur*; ce fut celui qui succéda à son grand-pere (*a*).

SECT. III.
Regne de Kublay Khan V.

En 1286, les Grands, qui craignoient tout de la résolution où ils voyoient l'Empereur d'attaquer le Japon, lui représenterent le danger & l'inutilité de cette entreprise, & lui exposerent l'état déplorable où l'armement qu'Atahay faisoit faire avoit réduit les provinces méridionales. Hu-pi-lay se désista de son dessein, & fit publier qu'il devoit en tout suivre le conseil de ses Ministres : la véritable raison qui l'y fit renoncer, fut l'avis qu'il eut que toute la Tartarie étoit sur le point de se révolter. Après la défaite & la mort de Siliki, & les pertes que les Princes alliés de Haytû avoient faites, il sembloit qu'il n'y avoit rien à craindre, & Hu-pi-lay avoit été entiérement rassuré par la victoire complette que le Général Tûtûha avoit remportée en 1283 au nord de la riviere de Tula sur les Princes confédérés. Cette année, Peyen, Tûtûha, Liting, & les autres Généraux avertirent l'Empereur que le parti de Haytû étoit plus fort que jamais, que ce Prince envoyoit des espions de tous côtés, & qu'il étoit à craindre qu'il n'engageât dans son parti les Princes Mongols, qui étoient au nord-est de Chantong, & voisins de Leao.

Mouvemens en Tartarie.

Hû-pi-lay profita de cet avis ; il fit de nouveaux réglemens pour gagner les Chinois, sur-tout ceux

Affaires de la Chine.

(*a*) Gaubil, p. 201 & suiv.

Y iv

des provinces de Kiangnan, de Fokien & de Chekyang, & de quelques autres. Au mois de Mars, il envoya des Commissaires par-tout l'Empire, pour faire la recherche des gens habiles dans les Sciences Chinoises ou dans les Arts ; on leur donnoit de l'emploi, & on en fit venir plusieurs à la Cour. L'Empereur se faisoit un plaisir de s'entretenir lui-même avec eux, & ces Chinois étoient flattés d'entendre parler un Empereur Mongol des Sciences Chinoises, & de l'y voir très-versé. Au mois de Septembre, les Mandarins de Fokien avertirent l'Empereur que des vaisseaux de plus de quatre-vingt-dix royaumes étrangers (a) étoient arrivés à Tsuencheufu dans cette province. Tous ces royaumes sont traités de tributaires ; l'Histoire en nomme huit, mais on leur donne des noms inconnus aux Européens (b). Cette nouvelle donna beaucoup de joie à Hu-pi-lay, & par les

———————

(a) Les royaumes de Corée, du Tibet, de Gannan, de Lao, de Siam, de Pegu, du Japon, & autres qui ont été ou toujours ou quelquefois tributaires de la Chine, donnoient une carte de leur pays & un état de leurs revenus & du nombre des habitans ; voilà pourquoi les Histoires Chinoises font très-bien connoître ces pays. Les Chinois ont aussi acquis la connoissance des autres pays, tant par les Officiers de leurs armées, qui ont été dans tous ceux qui s'étendent jusqu'à la mer Caspienne, & par les Bonzes de Fo, qui avoient visité les pays voisins du Gange & de l'Indus, que par les Arabes, les Persans & les autres étrangers qui se sont établis à la Chine. Gaubil.

(b) Savoir, Mapaeul ou Mapar, Suuntula ou Sumatra, Sumena, Sengkili, Ma'antan, Laylay, Navang & Tinghocul ou Tinghor. Les pays dont il s'agit sont ceux de Malacca, de Sumatra, du golfe de Penko'a ou Bengale, & ceux qui s'étendent depuis le cap Comorin jusqu'au golfe Persique.

richesses que ces vaisseaux apportoient, & par l'honneur qu'il se faisoit dans l'esprit des Chinois. Tout l'Empire de la Chine se trouvant soumis à un seul Prince, les Bonzes de la Secte de Fo tinrent cette année une assemblée où ils se trouverent au nombre de quarante mille ; ils convinrent d'une forme de gouvernement, firent plusieurs statuts & des réglemens pour leurs prieres, leurs pénitences & autres cérémonies.

Sect. III. Regne de Kublay Khan V.

Jenghiz Khan avoit divisé la Tartarie en orientale & occidentale ; les limites de l'une & de l'autre étoient à peu près au méridien de Peking. Le P. Gaubil ne sait point jusqu'où s'étendoit tout ce que l'on entendoit alors sous le nom de partie occidentale ; l'orientale étoit partagée en vingt départemens. Pyeli Kutay, le plus jeune des freres de ce Conquérant, eut les pays entre les rivieres de Leao, de Toro & de Queyley, & une partie du pays entre le Leaotong & la riviere de Leao. Nayen, arriere-petit-fils & l'héritier de Pyeli Kutay, avoit étendu le domaine de son bisaïeul, & étoit devenu fort puissant (a) ; Haytû trouva le moyen de le gagner, & lui persuada de prendre les armes. Le Général Peyen fut un des premiers qui avertit l'Empereur de ce qui se tramoit entre Haytû & Nayen : il fut envoyé du côté du Leaotong, pour voir par lui-même l'état des choses ; & il faillit à être enlevé par les espions de Nayen ; mais il se sauva, & informa Hu-pi-lay des grands

Nayen se joint à Haytû.

(a) Il possédoit seul neuf des vingt départemens ; les onze autres étoient aux Seigneurs des cinq Tribus de Chalar ou Jalayr, de Hongkila ou Kongorat, de Mangû, de Gûlû, d'Ihilyerse. Gaubil.

préparatifs de ce Prince. L'Empereur ordonna à son Général de camper entre Karakorom & Changtu, pour empêcher les troupes de Haytû & celles des autres Princes ses alliés de joindre Nayen (a). Liting fut chargé d'assembler un grand corps de troupes Chinoises, & les Tartares furent commandés par Yusi Temûr (b), petit-fils du fameux Porchû, le principal des quatre intrépides de Jenghiz Khan ; le Général Tûtûha fut aussi rappelé du Kincha avec ses troupes (c).

Hu-pi-lay se mit en campagne au mois de Mai, résolu d'attaquer Nayen. L'Empereur s'étoit avancé avec peu de monde, & le Général de Nayen vint pour reconnoître son camp. Le Prince, quoiqu'en danger d'être enlevé, ne montra aucune peur ; & comme c'étoit la nuit, on avertit les troupes de venir incessamment au secours de l'Empereur ; les cavaliers prirent les fantassins en croupe. Nayen se tenoit tranquille dans son camp, & son Général, de crainte d'une embuscade, n'osa attaquer Hu-pi-lay. Liting prit dix hommes résolus, s'approcha avec eux du camp ennemi, & y fit tirer un coup de canon (d) : le bruit mit

---

(a) M. Polo parle au long de la révolte de Nayen ; le Roi, qu'il appelle *Laidu*, est Haytu. L'Histoire Chinoise ne parle ni des croix, ni des Chrétiens, ni des Juifs ou Mahométans qui étoient dans les armées de Hu-pi-lay & de Nayen. Gaubil.

(b) Poloukan, fameux dans la guerre contre les Song, étoit un des principaux Généraux. Gaubil.

(c) Gaubil, p. 204 & suiv.

(d) Le Chinois dit *Hopao* ou *Paodefeu*. Le grand bruit qu'il fit, & la remarque qu'il étoit à feu, me fait dire *canon à feu*. C'étoit peut-être un grand pétard. Gaubil.

l'épouvante parmi les troupes de Nayen, mal disciplinées d'ailleurs; le Général crut avoir à ses trousses toute l'armée Impériale, & prit la fuite. Les troupes Chinoises & Tartares étant toutes arrivées, Nayen fut attaqué de toutes parts par les Généraux de l'Empereur à la tête des différens corps qu'ils commandoient, & par l'Empereur à la tête de ses Gardes. La présence du Prince rendit ses troupes invincibles, & l'armée de Nayen fut entiérement mise en déroute. Ce Prince fut pris lui-même, & ensuite tué. La bataille se donna aux environs de la riviere de Leao, & l'Empereur revint triomphant à Changtu.

SECT. III.
Regne de Kublay Khan V.

Dans le premier mois de la même année 1287, le Prince Touhan, fils de l'Empereur, entra dans le Gannan, & fut victorieux en dix-sept rencontres; il pilla la ville de Chenchen, & revint dans le Yunnan chargé d'un riche butin. A peine étoit-il sur les frontieres, qu'il apprit que le Roi Chingyesuen reparoissoit avec de grandes forces. Il rentra donc dans le Gannan, au mois de Mars de l'an 1288, avec une nombreuse armée. Le Roi le laissa avancer, & l'amusa par de feintes négociations, jusqu'à ce que les maladies se fussent mises dans l'armée des Mongols; alors Chingyesuen les vint attaquer avec trois cent mille hommes. Les Mongols, à son approche, se retirerent vers l'Yunnan en bon ordre, & l'ennemi ne put avoir aucun avantage sur l'avant-garde, quoique le Général Sitûr (*a*), qui la commandoit, fût malade & blessé. Il n'en fut pas de même des autres corps,

Pertes dans le Gannan. 1288.

━━━━━━━━━━━━━━━━━━━━━━━━━━━━━

(*a* Il étoit du pays de Kincha ou Kipjak, & avoit beaucoup de réputation. Gaubil.

SECT. III.
Regne de Kublay Khan V.

& le Prince ne put faire sa retraite qu'avec grande perte. L'Empereur lui fit faire des reproches de son imprudence, lui ôta le gouvernement d'Yunnan, lui en donna un moins considérable, & lui défendit de venir à la Cour. Le Roi de Gannan ne laissa pas d'envoyer à Hu-pi-lay une statue d'or en forme de tribut, & même il écrivit une lettre fort modeste, dans laquelle il avouoit la faute qu'il avoit faite d'avoir tant résisté aux armées Impériales.

Succès en Tartarie.

Timûr (a), petit-fils de Hu-pi-lay, fut plus heureux dans la guerre sur le Leao. Le Prince Hatan (b), soutenu des Princes Tyeko, Arlû, & Tûlûkhan, étoit entré dans la ligue de Haytû & de Nayen, & se rendit avec une puissante armée sur la riviere de Leao, menaçant le Leaotong & les pays voisins de la grande muraille. Peyen tenoit toujours tête à Haytû, & l'empêchoit de joindre Hatan. L'Empereur envoya Timûr son petit-fils, jeune Prince de grande espérance, & lui ordonna de suivre les conseils d'Yusitemûr, de Tûtûha, de Liting & de Polouhan. Ils en vinrent aux mains avec Kinkyanû, un des Généraux du feu Prince Nayen; on se battit un jour entier, & les deux armées se séparerent après bien du sang répandu de part & d'autre. Timûr, ayant appris que Hatan & ses alliés étoient campés auprès de

---

(a) Ou Temûr, troisieme fils du feu Prince Chenkin & de la Princesse Kokochen. Hu-pi-lay aimoit beaucoup ce jeune Prince; au nom & au titre près, il avoit tous les priviléges & les honneurs d'héritier présomptif. C'est le même Temûr dont parle M. Polo. Gaubil.

(b) Il étoit petit fils de Hacheuhen, troisieme fils de Yesukay, frere de Jenghiz Khan. Gaubil.

la riviere de Queyley, marcha à eux, & Liting eut grand soin de préparer ses canons à feu. La bataille dura deux jours, & fut très-sanglante ; plusieurs des Princes alliés de Hatan, les Généraux de Nayen & leurs meilleures troupes y périrent. Cette victoire fit beaucoup de réputation au Prince Timûr, & combla de joie l'Empereur, qui le destinoit à être son successeur ; les Généraux qui commandoient sous lui, reçurent aussi de grands éloges. Après sa victoire, le Prince parcourut toutes les Hordes auparavant soumises à Nayen, à Hatan, & aux autres ; son affabilité & sa clémence lui concilierent l'amour des Tartares, qui campoient en grand nombre près des rivieres de Leao, de Tiro, de Queyley, & en d'autres lieux.

SECT. III.
Regne de Kublay Khan, V.

Au mois d'Octobre, Kontsong, ci-devant Empereur des Song, fut envoyé à Pûtala, lieu de la résidence du Grand Lama du Tibet, pour y être instruit dans la doctrine de Fo. Les Historiens Chinois blâment Hu-pi-lay d'avoir ainsi envoyé un de leurs Empereurs vivre parmi les Bonzes, & représentent Kontsong comme un Prince lâche, qui devoit plutôt mourir que de déshonorer son nom, en allant s'instruire dans la doctrine & les mœurs des Barbares.

L'Empereur Song devient Bonze.

Au mois de Janvier de l'an 1289, on résolut de faire le canal, nommé *Wheytongho*, qui devoit aller depuis Tsiningcheu, dans le Chansi, jusqu'à Lintsingcheu, dans la même province : il fut résolu aussi de faire une communication entre les rivieres de Veu & de Wey. Ce canal fut entrepris pour apporter des provisions à la Cour ; mais il ne fut pas achevé du temps des Yven. Ce fut Yonglo, troisieme Empereur de la Dy-

Canal Royal, 1289.

nastie suivante des Ming, qui le joignit au Wangho. En 1287, Hu-pi-lay avoit fait bâtir un collége magnifique (a) à Tatû, pour y enseigner les Sciences Chinoises; il y mit les plus habiles Docteurs de l'Empire, & il y faisoit élever beaucoup d'enfans de Princes, de Seigneurs & de grands Mandarins. Cette même année, on bâtit un autre collége impérial à Tatû; l'Empereur en donna la direction aux Wheyhû (b), & il s'intéressa beaucoup à ce collége; il exhortoit lui-même les Princes de sa famille & les Grands Tartares & Chinois à y envoyer leurs enfans (c).

Le Prince Haytû fit soulever contre Hu-pi-lay plusieurs Hordes Tartares au nord & au nord-ouest de Karakorom. Le Prince Hatan se remit en campagne, & fit des courses dans le Leaotong & en d'autres provinces. Kinkyanû, dont on a parlé, grand ami & confident du Prince Nayen, se joignit enfin à Haytû avec ses troupes. Peyen, qui commandoit le camp impérial formé à Karakorom, détacha un grand corps de Kielukise ou Kirghis pour joindre l'armée commandée par

---

(a) C'est ce qu'on appelle aujourd'hui à Peking *Que tse-kyen*. Dès le temps d'Ogotay, on bâtit un Que-tse-Kyen à Yenking; mais c'étoit peu de chose, & il étoit peu fréquenté. Gaubil.

(b) Par Wheyhû les Chinois entendent un Mahométan; mais sous le regne des Yven, il faut entendre par-là des gens d'occident, c'est-à-dire de la Grande-Bukharie & du Karazm, de Perse, de Syrie, d'Arabie & des pays à l'occident de la mer Caspienne, & peut-être même des Européens. On ne marque pas quelles étoient les Sciences & les Arts qu'on enseignoit dans le Collége des Wheyhû. Gaubil.

(c) Gaubil, p. 207 & suiv.

Kanmala, fils aîné du feu Prince Chengkin; & ce jeune Prince ne laiſſa pas d'être ſurpris & enveloppé par Haytû auprès de la riviere de Selinga. Tûtûha, qui en fut informé, s'avança avec ſes troupes de Kincha, vint fondre ſur Haytû, & dégagea Kanmala, qui étoit ſur le point d'être fait priſonnier. Tûtûha eut ordre enſuite de venir joindre Hu-pi-lay, qui, malgré ſon grand âge, partit de Changtu au mois de Juin, & marcha en perſonne contre Haytû; mais ce Prince ſe retira ſans riſquer de bataille. Il n'en fut pas de même du Prince Hatan, qui étoit campé proche de la riviere de Toro, qui ſe décharge dans le Non. Le Prince Naymantay l'attaqua & le défit.

SECT. III.
Regne de Kublay Khan V.

Dans le mois de Janvier 1290, Hu-pi-lay publia pluſieurs ſages Réglemens pour faire fleurir les Sciences & les Arts dans les colléges impériaux de Tatû; il s'informa auſſi de l'état de l'Imprimerie & des Livres. Au mois de Mars, il ſe fit rendre compte de l'exécution des ordres qu'il avoit donnés pour la culture des terres, pour les vers à ſoie, & pour d'autres articles qui regardoient le commerce. Au mois d'Avril, il fit partir des gens expérimentés pour le royaume de Mapar dans les Indes, avec ordre de ne rien épargner pour attirer à la Chine des gens habiles dans les Sciences, des Ouvriers, des Officiers de terre & de mer, & des Interpretes pour diverſes langues. On ne ſauroit diſputer à Hu-pi-lay, dit le P. Gaubil, la gloire d'avoir rendu ſon nom immortel, par tout ce qu'il exécuta pour l'avantage de ſon Empire. Il fit creuſer dans toute la Chine beaucoup de canaux pour la communication des rivieres: il envoya des Mathématiciens juſqu'au

Sages Réglemens.

cinquante-cinquieme degré de latitude vers le nord, & jufqu'au quinzieme ou feizieme, vers la Cochinchine au fud : il fit prendre la hauteur du pole des principales villes de la Chine, des capitales du Gannan, de la Corée, & de plufieurs lieux de Tartarie. il fit des dépenfes immenfes pour faire des inftrumens de mathématiques, rechercher les anciens livres, envoyer dans les pays étrangers des gens habiles, en attirer de toutes les parties du Monde, faire traduire en Mongol les bons livres, former des bibliotheques, bâtir des édifices publics, faire venir des pays éloignés des raretés, attirer le commerce, conftruire des vaiffeaux, & une infinité d'autres entreprifes utiles : & cela, au milieu des guerres qu'il eut à foutenir pendant tout fon regne contre des Princes puiffans de fa famille, jaloux de fa grandeur & de fa gloire.

Au mois de Juin, on acheva d'écrire en grandes lettres d'or les livres dogmatiques des Lamas au Tibet ; & les Hiftoriens, qui avoient eu ordre de ramaffer des Mémoires fur le regne de Quey-yeu ou Kayûk, acheverent leur Ouvrage. Peu de temps après, on finit auffi l'Hiftoire du regne d'Ogotay.

Sangko, auffi avide & méchant qu'Ahama, étoit chargé du foin des finances; & fon frere, qui avoit fuccédé aux titres & à la dignité de Pafepa, avoit fi bien prévenu l'Empereur en fa faveur, que perfonne n'ofoit parler de fes malverfations. Cependant, un Seigneur de la Famille Impériale des Song, nommé *Chaomengfû*, réfolut à tout rifque d'accufer Sangko. Il commença par fonder Cheli, Seigneur plein de probité, & agréable à Hu-pi-lay ; il lui dit qu'il étoit

LIVRE V. CHAPITRE IV.

étoit temps de révéler à l'Empereur les crimes de Sangko. » Si nous ne le faisons pas, dit-il, » la Postérité nous rendra justice, & nous pas- » serons pour des gens sans honneur ; le bien de » l'Empire demande que nous fassions connoître » celui qui en est la ruine «. L'Empereur étant un jour à la chasse, Cheli lui parla avec franchise contre Sangko. Ce Prince irrité lui fit donner la bastonnade, pour avoir parlé mal d'un Grand de la Cour. Ce Seigneur fut frappé si rudement, que le sang lui sortit par le nez & par la bouche ; il tomba par terre, & interrogé par ordre de Hu-pi-lay, il eut le courage & la fidélité de répéter tout ce qu'il avoit dit, & ajouta » que c'étoit » uniquement le bien de l'Etat & l'honneur du » Prince qui le faisoient parler, s'offrant de mourir » pour soutenir son accusation «. L'Empereur se repentit d'avoir fait maltraiter Cheli, & sut que d'autres Grands se proposoient d'imiter son zele.

Pûhûchû, Seigneur du pays de Kangli, un des hommes les plus fermes & les plus integres de son temps, eut ordre d'examiner l'affaire. Il connut bientôt les fourberies & les mauvaises actions de Sangko ; & comme il étoit ennemi mortel de ceux qui commettoient des injustices, il en parla comme d'un mauvais Ministre, qui avoit trompé son Prince, qui avoit mis le trouble & le désordre par-tout, qui avoit fait accuser & mourir plusieurs personnes injustement, & qui étoit la cause du nombre de brigands & de voleurs qui infestoient l'Empire. Pûhûchû sollicita l'Empereur de se défaire au plus tôt d'un pareil scélérat, & n'hésita pas de dire, que s'il différoit, il avoit à craindre une grande ré-

Tome VII.

SECT. III.
Regne de
Kublay Khan
V.

Découverts
& perdu.

volution. D'autres Grands confirmerent cette déclaration. L'Empereur se plaignit de n'avoir pas été averti plus tôt : ces plaintes imprudentes lui attirerent un avis des Censeurs de l'Empire, qui lui déclarerent « qu'il avoit été dangereux jusque-là de l'avertir des intrigues des mauvais Ministres ». Cheli, plus en faveur que jamais, fut nommé pour faire l'inventaire des biens de Sangko, qui étoient immenses, & acquis par des voies injustes. On trouva dans son palais une infinité de bijoux & de pierreries. On visita aussi celui d'Orgun Sali du pays d'Igûr, ancien éleve de Pasepa, lié avec Sangko, & qui étoit dans le Ministere. Sangko fut dépouillé de toutes ses charges, & on fit abattre un monument de marbre, chargé de son éloge, & que son orgueil avoit fait élever d'avance à sa mémoire (a).

Au mois de Juin, l'Empereur fit défendre aux Mongols d'aller commercer dans les pays occidentaux ; & au mois d'Août, des étrangers lui offrirent des livres écrits en caracteres d'or, & plusieurs lions.

Il y avoit alors un Lama du Tibet dans les provinces méridionales, en grande réputation parmi les Mongols. C'étoit un hypocrite & un débauché, qui aimoit l'argent à l'excès. Ce malheureux contrefit des ordres de l'Empereur, donna de fausses permissions, & intimida plusieurs familles riches; il promettoit & procuroit des postes, & il employa toutes sortes de moyens illicites pour s'enrichir. Sa passion pour l'argent le porta jusqu'à déterrer les corps des Empereurs, des Princes &

(a) Gaubil, p. 211 & suiv.

des Grands, dont les tombeaux étoient dans le voisinage de Chao-hing-fu dans le Chekyang; il y trouva, dit-on, beaucoup d'or, d'argent & de pierreries. De leurs ossemens, mêlés avec des os de bœufs & de chevaux, il éleva une pyramide; ce qui indigna les Chinois, & manqua d'exciter une révolte générale. Les Mandarins firent mettre le Lama en prison, confisquerent ses biens, & le condamnerent à la mort; mais il fut soutenu à la Cour par plusieurs Seigneurs Mongols, & les Dames, auprès desquelles les Lamas étoient fort puissans, firent tant auprès de Hu-pi-lay, que le Lama fut mis en liberté, & qu'on lui rendit même la meilleure partie de ses trésors. Cette Sentence injuste fit beaucoup de tort à l'Empereur. Les Chinois ne lui ont pas pardonné cette foiblesse ; & leur Histoire renouvelle à cette occasion ses plaintes contre Hu-pi-lay d'avoir si fort aimé les Lamas, gens, dit-elle, au moins fort inutiles à l'Empire.

Sect. III.
Regne de Kublay Khan V.

On parla à l'Empereur de plusieurs isles nommées *Lyeukyeu* (a), à l'est de la province de Fokien. Hu-pi-lay vouloit d'abord y envoyer une

Expéditions dont on se désiste.

(a) Il est douteux si les isles de Lyeukieu, que Hu-pi-lay vouloit soumettre, sont les mêmes auxquelles on donne aujourd'hui ce nom. La Géographie Itonchi donne aux isles de Ponghû & de Formose le nom de *Lyeukieu*, & assure que Formose est l'isle que Hu-pi-lay vouloit conquérir. Lyeukieu est le nom de plusieurs isles, dont le Prince envoie souvent des Députés à l'Empereur de la Chine pour lui rendre hommage & lui payer tribut. Ces isles sont entre celle de Formose & les isles du Japon; il y en a une qui est près de Sashuma, que les Portugais & quelques François nomment *Saxuma*. Mais je ne sais rien de précis sur la grandeur & le nombre de ces isles, dit le P. Gaubil.

SECT. III.
Regne de Kublay Khan V.

armée pour s'en rendre maître; mais on le détourna de ce dessein : il ne laissa pas de faire de grandes dépenses pour équiper des vaisseaux & reconnoître ces isles. Ce Prince vouloit encore envoyer des armées dans le royaume de Gannan; mais les Généraux & les Ministres lui présenterent de concert un placet, pour l'exhorter à ne pas renouveler une guerre que l'expérience avoit fait voir être si pernicieuse à l'Etat. Ils lui indiquerent d'autres voies pour porter le Roi de Gannan à se comporter comme tributaire de l'Empire. Hupi-lay suivit leur avis, & ne pensa qu'à mettre la Tartarie à couvert des entreprises de Haytû & des autres Princes rebelles.

Superstition des Chinois par rapport à des événemens naturels.

Le premier jour de l'année Chinoise (a) est un jour de réjouissance publique à la Cour & dans les provinces. La vue des Princes, des Grands & des Mandarins, qui, ce jour-là, paroissent au palais en habit de cérémonie, pour frapper la terre neuf fois du front devant l'Empereur, donne une grande idée de la majesté de l'Empire; mais si ce jour-là il y a une éclipse de soleil, qui de temps immémorial est un mauvais présage dans l'esprit des Chinois, c'est, dit l'Astrologie Chinoise, un signe certain que le Ciel menace d'un grand malheur prochain. Le Tribunal des Mathématiques

---

(a) Le premier de l'an est le premier de la premiere lune, & la premiere lune est celle dans le cours de laquelle le soleil entre dans le signe des poissons. M. Polo dit qu'à la Cour de Kublay, le premier de l'an répondoit au premier de Février. Mais il paroît par les Annales du regne de cet Empereur, tant en Chinois qu'en Tartare, que la forme de l'année civile d'alors étoit la même que celle d'aujourd'hui. Gaubil.

présenta, à la fin de l'an 1291, un placet à l'Empereur, pour l'avertir que, selon le calcul, il devoit y avoir une éclipse de soleil le premier jour de l'année suivante. Après avoir fait les examens ordinaires, la Cour jugea à propos d'ordonner que le premier jour de l'an il n'y auroit ni complimens de félicitation, ni réjouissances publiques (a). Les Chinois, qui se piquoient de sagesse, ne manquerent pas de profiter de cette occasion pour exhorter Hu-pi-lay à examiner sérieusement ce qu'il y avoit de défectueux dans sa conduite & dans son gouvernement ; pour se corriger & se rendre par-là le Ciel propice. L'éclipse fut observée avec les cérémonies ordinaires, & le jour qui devoit être un jour de joie publique, fut un jour de tristesse.

C'est cette année 1292, qu'on fit le canal appelé *Tongwhey* (b), qui va de Peking à Tongcheu, & on fit mourir plusieurs Mandarins des Finances qui étoient amis de Sangko. Le Prince Mengli Timûr, qui s'étoit ligué avec Haytû, parut au nord du grand Kobi ou désert. Peyen se

---

(a) Ces idées superstitieuses sur le mauvais présage d'une éclipse du soleil, ont mis quelquefois la confusion dans le Calendrier Chinois. On a vu souvent qu'il étoit dangereux d'en annoncer une pour le premier jour de l'an ; & plus d'une fois, pour ne pas chagriner l'Empereur & tromper le peuple, on intercaloit une lune, & l'éclipse se trouvoit au dernier de la douzieme lune, & non au premier de la premiere lune ; au premier de la douzieme lune intercalaire, ou au premier de la deuxieme lune. Gaubil.

(b) On l'appelle aujourd'hui *Tatongho*, riviere ou canal de Tatong. En creusant on trouva les vestiges d'un ancien canal, qui joignoit les rivieres de Vhen & de Pe. Gaubil. Ce canal s'appeloit *Vheytongho*. Le même.

retira vers Karakorom, comme pour défendre cette place, mais dans la vûe d'épier l'occasion d'attaquer ce Prince avec avantage. Un jour du mois d'Octobre, Peyen fit ranger son armée en ordre de bataille, & sans donner aucun ordre, mit l'épée à la main, & courut à bride abattue au camp de Mengli Timûr, suivi de ses troupes : le Prince ne put résister à leurs efforts, se sauva avec quelques chevaux, & laissa son armée à la merci des ennemis, qui en taillerent la meilleure partie en pieces.

Hu-pi-lay avoit une passion extraordinaire d'être connu & estimé dans les pays étrangers. Le grand nombre de vaisseaux des Indes qui venoient faire commerce dans le Fokien, lui donnoit souvent occasion d'envoyer des Mandarins traiter avec les Princes Indiens, & les engager à faire part à l'Empereur de ce qu'ils avoient de plus curieux dans leur pays. Les Indiens trouvoient leur compte au commerce qu'ils faisoient à la Chine, & ils en tiroient de grosses sommes ; les Envoyés de Hu-pi-lay avoient, en bien des occasions, été très-favorablement reçus du Roi de Mapar. Depuis, il avoit envoyé à celui de Quava un Grand de Chine nommé *Mengki* : on ne sait pour quelle raison le Roi fit prendre Mengki, lui fit imprimer sur le visage la marque des voleurs de grand chemin, & le renvoya après cet affront. Les Grands de Chine, indignés de voir un Grand Mandarin de leur nation déshonoré par un Prince qu'ils traitoient de barbare, supplierent l'Empereur d'en tirer vengeance. Hu-pi-lay fit grand bruit sur l'insulte faite à un de ses Envoyés, & ordonna de rassembler à Tsuencheufû dans le Fokien, nombre de vaisseaux de guerre & autres bâtimens. Les provinces de Kyangſi, de Huquang & de Fokien fournirent trente mille hommes réſolus, & les Grands de la Chine s'empreſſerent à pourvoir la flotte de tout ce qui étoit néceſſaire. Elle étoit de mille vaiſſeaux, y compris ceux de charge & les autres, & étoit pourvue de proviſions pour un an. Shepi, natif du diſtrict de Paotingfû dans le Pecheli, la commandoit en chef ; Kaohing, de Juningfû dans le Honan, étoit Général des troupes, Yehemishe, du pays d'Igur, commandoit les matelots. Ce dernier & Shepi avoient déjà fait le voyage des Indes, & entendoient la langue de Quava.

SECT. III.
Regne de Kublay Khan V.

La flotte mit à la voile dans le mois de Décembre, & porta directement vers la partie méridionale du Tongking, qui confine à la Cochinchine ; on rangea une côte montagneuſe, & on entra dans la mer de Whentun (a) ; on vint à la vue de certaines montagnes (b), où l'on coupa du bois pour faire de petites barques, & au mois de Septembre de l'an 1293, les troupes débarquerent.

Le royaume de Quava eſt voiſin de celui de Kolang. Des Livres de Géographie Chinoiſe diſent que Quava eſt un nom donné du temps des Yvens au pays appelé anciennement *Tupo*, repréſenté comme une grande Iſle dans la mer qui eſt au ſud de la Chine, & que les Bonzes de Fo

Deſcription de ce pays.

(a) C'eſt-à-dire, chaos immenſe ; c'eſt vraiſemblablement le grand Océan. Gaubil.

(b) De Kaolan, de Yukja, de Limata & de Keulang. Gaubil. On ne dit pas en quel pays étoient ces montagnes ; mais nous conjecturons qu'elles étoient dans le royaume de Quava.

Z iv

SECT. III.
Regne de Kublay Khan V.

nomment *le Royaume des Quey* ou *le Royaume des Esprits*; mais on ne dit rien de la situation de ce pays des Quey; d'autres donnent à entendre que Quava n'est pas loin du royaume de Camboye. Une grande Carte générale, faite par ordre de l'Empereur Kanghi, que l'on conserve avec soin dans le palais, & sur laquelle ce Monarque fit mettre les noms que les Chinois ont donnés aux pays qu'ils ont connus hors du leur, offre ces caracteres de Quava sur une bonne partie de la presqu'isle des Indes où est Cochin; mais le P. Gaubil ne croit pas que ce soit le Quava dont il est question ici. Il est plus porté à croire qu'il s'agit de l'isle de Bornéo, parce qu'une flotte Chinoise, montée de trente mille hommes, n'auroit pu aller en soixante-huit jours de Cochin à Tsuencheufû dans le Fokien; quoiqu'il avoue que la plupart des Géographies Chinoises représentent très-mal les distances & le site des isles des côtes des Indes, de Perse & d'Arabie; il est vrai qu'avec quelque attention sur ce qui est rapporté de ces pays, il y en a plusieurs qu'il est facile de reconnoître. Revenons à l'Histoire.

Le Général Mongol trompé par le Roi.

Tanaykyalay, Roi de Quava, venoit de faire la guerre à Hachikafû Roi de Kolang, & avoit été tué. Tûhanpitîye, son gendre, entreprit inutilement de continuer la guerre, & échoua dans tous ses desseins. Quand il apprit l'arrivée de Shepi, il se rendit à lui, & lui offrit tout ce qu'il avoit: c'étoit un fourbe qui cherchoit à tromper les Chinois pendant qu'il prenoit sous main des mesures pour ruiner leur armée. Il donna à Shepi une Carte du royaume de Kolang, & lui persuada d'en faire la conquête, promettant de joindre ses troupes à celles du Général Mongol. Shepi ajouta foi à tout ce que lui disoit ce Prince, laissa des Officiers pour garder la flotte, & partagea ses troupes en trois corps, pour aller attaquer Taske, capitale du Kolang. Les Chinois trouverent une armée de cent mille hommes, qui leur disputa le terrein; la bataille dura depuis le lever du soleil jusqu'à midi; les troupes de Kolang furent battues, & se retirerent dans la ville. Le Roi ne voulut pas soutenir un siége, il sortit & vint se rendre avec sa femme & ses enfans, & on les fit mourir.

SECT. III.
Regne de KublayKhan V.

Tûhanpitûyé demanda de retourner dans son royaume; Kaohing s'y opposa, mais Shepi & Yehemishe y consentirent, & ils ne furent pas long-temps à s'en repentir. L'année suivante (*a*), ce Prince se dédit de tout ce qu'il avoit promis, ne voulut en rien reconnoître les ordres de Shepi, & vint avec des forces considérables l'attaquer, pour tâcher de lui couper la retraite vers ses vaisseaux, qui étoient éloignés de trente lieues. Shepi, qui vit trop tard qu'il étoit trahi, se défendit avec la plus grande valeur, fit sa retraite avec beaucoup d'ordre vers la mer, & s'étant rembarqué avec tout son monde, en soixante-huit jours arriva à Tsuencheufû. Il perdit trois mille hommes dans cette expédition, mais il fit un grand butin en or & en pierreries. L'Empereur le punit de même que Yehemishe, & confisqua les deux tiers de leurs biens, pour n'avoir pas suivi ses ordres & avoir laissé échapper Tûhanpitûyé. Mais comme c'étoient de bons Officiers, on leur pardonna

1293.

―――――――――――――――――

(*a*) Au mois de Janvier de cette année, on acheva à Tatû les bâtimens du Chetsi. Gaubil.

SECT. III.
Regne de Kublay Khan V.

Peyen est rappelé.

bientôt, & les Grands de Chine étoient contens d'avoir fait voir au Roi de Quava & aux autres, que, malgré l'éloignement, ils étoient en état de se venger des affronts qu'on oseroit leur faire.

Le Général Peyen avoit jusque-là maintenu la Tartarie dans l'obéissance, malgré la puissance & les efforts de Haytû, & des autres Princes de la Famille Impériale. L'Empereur étoit parfaitement instruit de ses services, & pensoit à les récompenser d'une façon éclatante. Mais plusieurs Grands, jaloux de la gloire de ce Général, dirent à Hu-pi-lay qu'il étoit dangereux de laisser Peyen si long-temps à la tête des troupes de Tartarie, & lui firent même entendre que sous main il étoit d'intelligence avec Haytû. L'Empereur savoit très-bien que la jalousie dictoit ce langage, mais il dissimula. Au mois de Juin, il dit qu'il vouloit déclarer Timûr héritier présomptif, & lui ordonna de se préparer à aller incessamment commander l'armée contre Haytû. Le Général Yusi Temur fut nommé pour succéder à Peyen, qui reçut ordre de se rendre à Taytonfû, dès que Timûr seroit arrivé à Karakorom. Ce Prince ne se pressa pas d'arriver au camp impérial, parce qu'il aimoit Peyen, & étoit très-éloigné de croire ce qu'on disoit contre lui : il savoit d'ailleurs que ce Général étoit mieux instruit que lui de la maniere de faire tête à Haytû; Yusi Temûr pensoit comme Timûr. Peyen, informé de tout, se comporta comme s'il ignoroit ce qui se passoit : il décampa de Karakorom, & alla au nord au devant de l'armée de Haytû, qui fut encore battu & obligé de se retirer.

Peu de jours après la bataille, Timûr & le

nouveau Général arriverent au camp. Timûr, en préfence des Officiers, notifia à Peyen les ordres de l'Empereur, & lui ordonna d'aller à Taytongfû dans le Chanfi, pour y attendre les ordres de fon pere. Les Généraux qui fervoient fous Peyen lui étoient fort attachés, & ils ne purent s'empêcher de témoigner leur furprife; ils fe rafuterent, quand ils virent que le Prince le fit manger à fa table & lui fit des préfens confidérables. Avant que Peyen montât à cheval, Timûr le fit venir, l'embraffa en pleurant, & le pria de lui donner quelques inftructions. *Prince*, dit Peyen, *n'aimez ni le vin ni les femmes, & tout vous réuffira.* Ce Général alla à Taytongfû, & y trouva un ordre de fe rendre à la Cour. Lorfqu'il y arriva, l'Empereur, pour confondre la jaloufie des Grands, le reçut avec beaucoup d'honneur, loua publiquement fa fidélité & fes fervices, le déclara Premier Miniftre, & lui donna en particulier le commandement général des troupes de fa Garde, & de celles qui campoient en grand nombre auprès de Tatû & Changtû (*b*).

SECT. III.
Regne de Kublay Khan V.

Au mois de Septembre, Hu-pi-lay revint de Changtû à Tatû, & dans le mois fuivant ce Prince fut effrayé de la vue d'une comete. L'Hiftoire Chinoife a marqué exactement celles qui ont paru, & on y voit combien les Princes Chinois ont toujours craint ces phénomenes. Les Aftrologues ont eu foin auffi de recueillir les événemens arrivés après la vue des cometes, & ont prétendu que c'eft un avertiffement que le Ciel donne aux Têtes couronnées de fe tenir fur leurs gardes.

Apparition d'une Comete.

(*a*) Gaubil, p. 218 & fuiv.

[SECT. III.
Regne de Kublay Khan V.

Hu-pi-lay étoit dans ces fausses idées. Le premier jour que la comete parut, il fit venir Pûhûchû, un de ses Ministres, & lui demanda ce qu'il devoit faire pour appaiser la colere du Ciel. Pûhûchû passa toute la nuit dans la chambre de l'Empereur, & lui récita plusieurs passages de l'Iking & du Chiking (a), pour lui faire voir avec quel respect on devoit recevoir les avis du Ciel, & combien on doit craindre sa colere. Il lui cita des exemples tirés de l'ancienne Histoire, pour lui prouver qu'un Prince doit faire sa principale affaire de la pratique de la vertu, & qu'à la vue des éclipses, des cometes & des tremblemens de terre, il doit songer sérieusement à ce qui se passe dans son cœur, & sur-tout à examiner de quelle maniere il gouverne ses peuples.

Mort de Kublay.

Pûhûchû s'arrêta en particulier à l'Histoire de Venti Empereur des Han Occidentaux, & fit voir l'usage que ce Prince avoit fait de la vue de plusieurs phénomenes. L'exemple de Venti plut beaucoup à Hu-pi-lay; il ne pouvoit se lasser d'en parler & d'en entendre parler à son Ministre. Cependant il tomba malade, & au mois de Janvier 1294 il mourut dans son palais de Tarû, âgé de quatre-vingts ans (b).

_____

(a) Deux des Livres Classiques des Chinois, que Confucius & ceux qui ont suivi sa doctrine ont commentés. On inculque ces fausses idées, comme le seul frein capable de tenir les Princes en bride.

(b) De la Croix place sa mort dans la même année, & dit qu'il régna vingt-cinq ans peut-être par une faute d'impression pour trente-cinq. Abu'lghazi Khan dit qu'il régna trente-cinq ans & en vécut soixante-treize; mais il ne marque point l'année de sa mort. De ces trente-cinq années il en régna quinze dans la Chine.

Les Historiens Chinois lui reprochent une superstition excessive, un attachement ridicule pour les Lamas, & l'amour des femmes & de l'argent; ils l'accusent d'avoir fait périr trop de monde dans les guerres du Japon & du Gannan, & d'avoir trop élevé les Étrangers Occidentaux. D'autre part, les Tartares & les Étrangers ont toujours regardé le regne de ce Prince comme un des plus glorieux, & il est certain que Hu-pi-lay avoit de grandes qualités. Il étoit savant, courageux, magnifique, ami des Gens de Lettres; & s'il aimoit l'argent, c'étoit pour l'exécution de ses grands desseins, dont l'objet étoit ordinairement la gloire de l'Empire & le bien public.

SECT. III.
Regne de KublayKhan V.
Son caractere.

Hu-pi-lay étoit le quatrieme fils du Prince Toley & de la Princesse Sarkutna, frere de l'Empereur Mengko & du Roi Hulagu, & petit-fils de Jenghiz Khan. Il épousa beaucoup de femmes, dont cinq portoient le titre d'*Impératrices*. Il en eut dix fils: 1°. Turchi, qui mourut sans enfans; 2°. Chengkin, déclaré Prince héritier, qui mourut en 1285; 3°. Mangkola, Gouverneur général de Chensi, de Sechuen & du Tibet; 4°. Gantanpuwha; 5°. Nanmuhan; 6°. Ukoche; 7°. Gayyache; 8°. Gaoluche; 9°. Kokochu; 10°. Choan. Outre ces dix Princes, Hu-pi-lay eut aussi plusieurs Princesses (*a*).

Ses femmes & ses enfans.

Les Historiens Persans & les autres de l'occident de l'Asie ont écrit des Livres entiers de la vie & des exploits de ce grand Prince; mais jusqu'à présent nous n'avons rien d'important tiré de

Sa puissance.

―――――――――――

(*a*) Gaubil, p. 221 & suiv.

SECT. III.
Regne de Kublay Khan V.

ces sources. Tout ce que l'on peut ajouter à ce que nous avons rapporté dans les notes sur Artikbuga ou Alipuko, c'est que Hulaku, plus sage que son frere Artikbuga, envoya complimenter Kublay ou Koplay Khan sur son avénement à l'Empire, qui lui céda en cette considération tout ce que les Mongols possédoient pour lors au delà de la riviere Amu; que Kublay ayant appris, en 1265, la mort de Hulaku, fit installer Abaka Khan en sa place; que Burgha ou Berek Khan demeura en possession du Kipjak; & qu'Algu (*a*), petit-fils de Jogatay, eut pour sa part tout ce qui est entre l'Altay & l'Amu; qu'enfin Kublay mourut comblé de gloire, après qu'il eut emporté la ville de Zinu ou Jinu (*b*) : ce dernier fait est peut-être une méprise pour le pays de Chin ou la Chine. Hu-pi-lay fut le sixieme Khan de Tartarie, & le premier Empereur Mogol qui régna sur cette vaste contrée & sur toute la Chine.

Remarque sur ce Prince & sur les Historiens Chinois.

Avant de passer au regne de son successeur, nous ferons quelques remarqués. Hu-pi-lay, pour gagner ses nouveaux sujets & ne pas mécontenter les anciens, résidoit une partie de l'année à la Chine, & l'autre partie en Tartarie. Ce fut par cette raison qu'il établit la capitale de chacun de ces pays sur les frontieres de l'un & de l'autre;

(*a*) C'est vraisemblablement le même, qui est appelé *Haytu* dans l'Histoire Chinoise; quoique ni le regne d'Algû ni celui de son successeur Barak Khan, qui, suivant les Historiens Orientaux, fit la guerre à Kublay, ne s'accorde pour le temps avec celui de ce Prince & celui de Haytu.

(*b*) De la Croix, p. 514, 515. Abu'lghazi Khan, pag. 384-386.

ses successeurs imiterent son exemple tant qu'ils furent maîtres de la Chine, où il fut le Fondateur de l'Empire des Mongols: car quoique ses ancêtres en possédassent les provinces septentrionales, les Chinois ne les reconnurent jamais pour leurs Souverains, tant qu'il y eut des Empereurs de la race des Song, leurs Souverains naturels dans les provinces méridionales. Après que toute la Chine eut été conquise, & que la famille des Song fut éteinte, ils furent obligés de les reconnoître pour Maîtres; mais au fond ils subjuguerent les Mongols, en leur faisant prendre leurs mœurs, leurs coutumes, & jusqu'à la forme de leur gouvernement. Aussi leurs Historiens ont fait des Empereurs Mongols, depuis Hu-pi-lay, des Empereurs Chinois; ils les ont séparés de la ligne de Jenghiz Khan, en ont fait une Dynastie particuliere, à la tête de laquelle ils ont mis Hu-pi-lay en qualité de Fondateur; regardant tous ses prédécesseurs uniquement comme Khans de Tartarie. Pour naturaliser davantage cette race, & se la rendre propre, ils ont changé le titre de *Dynastie des Mongols* en celui d'*Yven*, de même que le nom de *Hu-pi-lay* ou *Kublay* & ceux de ses successeurs qui ont régné à la Chine.

Les Empereurs Mongols, depuis Hu-pi-lay, doivent donc être considérés sous deux rapports, ou comme Khans des Mongols de la famille de Jenghiz Khan, qui ont régné dans la Tartarie, la Chine & autres pays; ou comme formant une Dynastie particuliere de Princes qui régnoient à la Chine, auxquels les autres pays & la Tartarie même obéissoient. C'est sous le premier rapport

SECT. III.
Regne de Kublay Khan V.

SECT. III.
Regne de Kublay Khan V.

que nous avons fait leur Histoire ici, où nous donnons celle des Mongols & des Tartares, quoique, faute de secours, nous ayons été obligés d'avoir recours aux Auteurs Chinois. Nous les envisagerons dans la suite sous le second rapport, quand nous parlerons de la Chine.

CHAPITRE

CHAPITRE V.

HISTOIRE des successeurs de Jenghiz Khan dans la Tartarie & la Chine.

Regne de Timûr, appelé Chingtsong par les Chinois.

APRÈS la mort de Hu-pi-lay, Peyen, en qualité de premier Ministre & de Général des troupes, donna les ordres nécessaires pour prévenir toute espece de troubles, & invita le Prince Timur à venir promptement se faire reconnoître Empereur, conformément aux dernieres volontés de son aïeul. Il notifia aussi ce que Hu-pi-lay avoit réglé pour la succession, aux Princes & aux Généraux, en leur faisant entendre qu'il ne permettroit pas qu'on y donnât la moindre atteinte. On s'assembla au mois d'Avril de l'an 1294; & malgré les ordres de Hu-pi-lay, plusieurs Princes penchoient à proclamer Empereur un autre que Timur. Yusi Temur déclara que l'on devoit installer Timur sans délai, suivant l'intention de Hu-pi-lay. Peyen seconda Yusi Temur, & mettant l'épée à la main, il dit qu'il ne reconnoîtroit jamais d'autre Empereur que lui. Le Général Ywechechar, arriere-petit-fils de Porgu, un des quatre intrépides de Jenghiz Khan, & les autres Généraux étoient du

Timûr, sixieme Empereur. 1294.

même avis. On savoit d'ailleurs que les Grands de la Chine se déclareroient pour Timur. Voyant la disposition des esprits, Kanmala, fils aîné du feu Prince Cheng-kin, donna son suffrage à son cadet; les autres Princes en firent de même, & tous se prosternerent devant Timur pour le reconnoître Empereur. On en donna avis à toutes les Hordes, aux Généraux des armées, & à tous les Mandarins des provinces de la Chine; &, selon la coutume, on publia une amnistie générale.

Regne de Timûr ou Chingtsong.

Les Chinois donnent à cet Empereur le nom de *Chingtson*: il débuta par donner le titre d'*Empereur* à son pere, & celui d'*Impératrice* à sa mere; il fit élever des monumens à la mémoire de son pere Cheng-kin, de son aïeul Hu-pi-lay, & de la Princesse sa grand-mere: il fit exactement payer ce qui étoit dû aux Princes & aux Princesses de sa Maison, aux Généraux & aux Mandarins: il donna de grandes marques de confiance à son frere Kanmala, & le déclara son Lieutenant Général en Tartarie. Il nomma des Généraux pour tenir tête à Haytu & aux Princes de son parti; il pourvut à la sûreté des provinces par le choix de bons Officiers, & sur cet article il donna plein pouvoir à Peyen, à Yusi Temur, à Ywechechar, à Tutuha, & aux autres habiles Capitaines. Il fit mettre la derniere main à l'Histoire de Hu-pi-lay, conclut la paix avec le Roi de Gannan, & ordonna de rouvrir le commerce avec les Indes, que la guerre de Quava avoit interrompu.

Ses premieres actions.

Au mois de Décembre de cette année, mourut Peyen, âgé de cinquante-neuf ans, avec la réputation d'un des plus grands hommes qui aient jamais été à la Chine & en Tartarie. L'Empereur,

Mort de Peyen.

les Princes, les Généraux & tous les Officiers pleurerent long-temps sa mort, & les Historiens Chinois ont fait de lui le plus magnifique éloge.

Regne de Timûr ou Chingtsong.

L'année 1295 est marquée pour la premiere du regne de Timur, parce que les Chinois comptent ordinairement toute entiere, au nombre de celles de son regne, l'année dans laquelle meurt l'Empereur (*a*). Dans les provinces méridionales, on donna des terres aux soldats, à condition de tenir en bride les Myaotse, sorte de peuples indépendans, qui habitent dans les montagnes de Sechuen, de Queycheu, de Huquang, de Quangsi, de Quangton, & ailleurs; leur Langue & leurs Loix different de la Langue & des Loix Chinoises. Au mois d'Avril, il y eut une grande famine; l'Empereur fut attentif à secourir les peuples; il fit distribuer par-tout de grandes aumônes aux pauvres, & examiner les greniers publics. Il défendit de vendre à l'avenir les emplois civils (*b*).

Sage Réglement.

Les filles & les sœurs des Empereurs Mongols, de même que les Princes ou Grands leurs maris, avoient de grands priviléges. Peu à peu ils s'étoient approprié le droit de se faire eux-mêmes justice de leurs vassaux & des gens de leur Maison. Plusieurs abus déterminerent à faire, en 1296, une Loi, qui portoit qu'on ne pourroit condamner personne sans avoir l'agrément de l'Empereur, Loi à laquelle les Chinois applaudissent.

1297.

L'an 1297, l'Impératrice Mere eut envie d'aller à Utayshan, montagne près d'Utay, ville du dis-

---

(*a*) Cette regle n'a pas toujours été observée, & les exemples du contraire ne sont pas rares. Gaubil.
(*b*) Gaubil, p. 223 & suiv.

trict de Tay-yuen-fu, capitale du Chenſi, pour viſiter le temple qu'elle y avoit fait conſtruire à l'honneur de Fo. Comme ce voyage devoit être fort à charge aux peuples, & qu'il n'étoit pas du goût de ſon fils, qui, par reſpect, ne vouloit pas s'y oppoſer ouvertement, les Grands de Chine, ennemis du culte de Fo, préſenterent à cette Princeſſe un placet plein d'eſprit & d'éloquence. Après l'avoir louée finement ſur ſa tendreſſe pour les peuples, ils exagéroient le nombre de gens ruinés ou morts à l'occaſion de ce temple, & faiſoient une peinture fort triſte des maux qu'un tel voyage alloit attirer ſur les habitans du Pecheli & du Chanſi, & ils n'oublioient pas de s'élever contre le Culte de Fo. L'Impératrice ſe déſiſta de ſon deſſein, d'autant plus aiſément qu'elle s'apperçut que l'Empereur n'approuvoit pas ſon voyage.

Timur, en nommant ſon frere Kanmala ſon Lieutenant-Général en Tartarie, & Ywechechar Général des troupes, leur avoit ordonné de ſuivre les conſeils de Tutuha, Prince de Kincha ou de Kipjak, qui avoit battu Haytu en pluſieurs rencontres. Tutuha mourut en 1295 à Suenhufu dans le Pecheli, allant en Tartarie pour commander en chef une des armées qu'on deſtinoit contre Haytu. Chohangur ſon fils, auſſi grand Capitaine que ſon pere, ſous lequel il avoit ſervi avec diſtinction, ſuccéda à ſes titres & à ſes honneurs, & fut nommé, en 1297, pour faire tête à Haytu, qui s'étoit avancé juſqu'au pays de Parin. Chohangur marcha avec les troupes de Kincha, trouva Haytu campé le long de la riviere d'Aru, & ſe diſpoſa à l'attaquer ; mais au mois d'Octobre, ce

Regne de Timur ou Chingtſong.

Défaite de Haytu.

Livre V. Chapitre V.

Prince prit la fuite, & se retira vers le nord. L'année suivante, le Prince Tuva, frere de Haytu, fut battu par Chohangur à l'ouest des monts Altay, vers la source de l'Irtish. Au mois d'Août, le Prince Kolikitse, qui avoit épousé la fille de l'Empereur, rencontra un détachement de Haytu, & le défit trois fois; mais étant tombé de cheval, il fut pris & mené à Haytu; ce Prince lui fit de grandes offres, il les refusa, aimant mieux perdre la vie que d'être infidele à Timur.

Regne de Timur ou Chingtsong.

Au mois de Janvier de l'an 1299, Timur envoya des Mandarins dans toutes les provinces pour examiner les pertes que les peuples avoient faites, les dommages que les troupes avoient causés, les familles des Mandarins qui n'avoient pas de quoi vivre selon leur condition, & les paysans qui ne pouvoient pas cultiver les terres. Les Commissaires soulagerent efficacement les pauvres, les malades, les vieux Officiers qui étoient hors d'état de servir, & leurs familles. Cette conduite attira au Prince des applaudissemens publics. Il refusa constamment de déclarer la guerre au Japon, quoique plusieurs Mongols, qui aimoient le sang & le carnage, l'y sollicitassent. Il déclara qu'il vouloit vivre en paix, & bannir de l'Empire les vices qui y régnoient. Il s'informoit toujours de la misere des peuples, & paroissoit n'être sensible qu'à la gloire de les rendre heureux.

Charité de Timur. 1299.

L'Histoire blâme cependant Timur d'avoir envoyé un Bonze au Japon en qualité de Député, au mois de Février de cette année. Elle loue les Empereurs qui envoient des Ambassadeurs dans les Cours étrangeres; mais elle ajoute qu'il faut

A a iij

Regne de Timur ou Chingtsong.

choisir pour cette commission des personnes qualifiées, qui fassent honneur à l'Empire par leur magnificence, leur gravité, & par un air de grandeur qui réponde à celle de leur Prince.

Erreur au sujet d'une éclipse.

Le Tribunal des Mathématiques avoit annoncé pour le mois d'Août une éclipse de soleil, qui ne parut pas. Des grands Seigneurs, pour sauver le crédit de ce Tribunal, représenterent à l'Empereur, qu'en sa faveur le Ciel avoit pour cette fois changé le mouvement de l'astre. Timur n'en crut rien, & sans punir le Tribunal, il le fit avertir de prendre ses mesures pour rétablir l'ordre parmi les globes célestes.

Le royaume de Papesifu attaqué & conquis.

L'an 1300, Lyeushen, un des Généraux, représenta que le royaume de Papesifu (a) ne vouloit pas recevoir le Calendrier de l'Empire, & pria l'Empereur de lui permettre d'aller forcer ce royaume à suivre la forme de l'année Chinoise, & à compter les mois comme les sujets de l'Empereur. Un des Ministres, nommé *Vantse*, regarda cette affaire comme sérieuse, & persuada à Timur, au mois de Décembre, d'attaquer le royaume de Papesifu. Alaasun s'opposa à cette résolution, & soutint que les peuples qu'on vouloit attaquer étoient des Barbares, qu'on pouvoit instruire si l'on vouloit, mais à qui il seroit inutile & dangereux de faire la guerre. L'Empereur ne dit rien à Alaasun; mais, contre sa coutume, il s'emporta contre un autre Mandarin, qui voulut

---

(a) C'est un assez grand pays entre le Yunnan & le Bengale, où l'air est fort mauvais, & où les peuples sont pauvres; mais en ce temps-là ils étoient cruels & barbares. Gaubil.

faire des représentations. Lyeushen reçut ordre d'attaquer Papesifu à la tête de vingt mille hommes (a).

Regne de Timur ou Chingtsong.

Timur ne fut pas long-temps sans se repentir de cette malheureuse guerre ; la plupart des troupes périrent de faim ou de misere, & la province de Yunnan souffrit beaucoup. Les peuples de la frontiere, qui jusque-là s'étoient tenus tranquilles, prirent les armes, & pillerent diverses provinces soumises à l'Empereur. Cette guerre devint sérieuse, d'excellens Officiers y périrent, & il fallut faire marcher les troupes du Huquang, du Sechuen, de Chensi & d'Yunnan ; Koko (b), fils de Hu-pi-lay, eut ordre de soutenir ces troupes, en cas de besoin. Yesutar (c) & Lyeukukyay (d), après bien des difficultés & des pertes, soumirent Papesifu, & pacifierent les troubles que les Myaotse & les peuples des frontieres avoient excités ; & ce ne fut qu'en 1303 qu'on termina cette guerre. L'Empereur fit connoître plusieurs fois à Alaasun, qu'il se repentoit de n'avoir pas suivi ses avis ; un Grand Mandarin profita de cette occasion, pour lui représenter que depuis trente ans l'Empire avoit fait des dépenses exorbitantes pour faire la guerre au Japon, dans le Gannan, à

(a) Gaubil, p. 225 & suiv.

(b) Il portoit le titre de *Regulo d'Yunnan* : c'est le Prince que M. Polo appelle *Cograkam*. Gaubil.

(c) Il étoit fils de Nyeulyen, Général d'armée sous Mengko & Hu-pi-lay. Gaubil.

(d) C'étoit un Tartare de Nyuche, & un des meilleurs Officiers de l'Empire. On loue beaucoup la conduite du Prince Koko & des deux Généraux Yesutar & Lyeukukyay. Gaubil.

Quava & à Lieukyeu, sans en retirer aucun profit ; il compara ces guerres avec celles de Papesifu, & il ajouta que l'honneur de l'Empereur exigeoit qu'on fît mourir le Général Lyeushen, pour avoir trompé son Prince : plusieurs de ses amis eurent beau représenter qu'il devoit jouir de l'amnistie, Alaasun appuya la représentation du Mandarin, & Lyeushen eut la tête tranchée.

Un Seigneur du royaume de Myen ou Pegu se révolta contre son Roi nommé *Tilipuvananatitiya*, se saisit de lui, l'enferma dans une écurie, & le tua au mois de Mai de l'an 1300. Le second fils du Roi se sauva à Tatu, & vint à genoux implorer le secours de l'Empereur. Timur, par l'avis de son Conseil, lui accorda sa priere, parce qu'il étoit son tributaire, & Suechaur, grand Général dans l'Yunnan, eut ordre d'entrer dans le Myen, & d'attaquer les rebelles. Ce Général & ses Lieutenans eurent du dessous dans cette guerre, & revinrent dans l'Yunnan, après avoir fait courir le bruit qu'ils avoient tout pacifié. On sut cependant à la Cour, que plusieurs des principaux Officiers avoient été corrompus par les rebelles ; on leur fit leur procès, & on les fit mourir. Suechaur fut dégradé, & ses biens confisqués.

Cette même année, Pûhûchû, un des Ministres, mourut. Il étoit de la nation des Kanglis, & un des hommes les plus sages de son temps. Après avoir occupé les premiers postes, il mourut très-pauvre ; ses enfans hériterent de sa probité & de son amour pour les Sciences. Sa femme, qui n'avoit pas moins de vertu que son mari, travailloit continuellement à des ouvrages de main, & n'avoit pas honte de les employer à l'entretien de sa famille.

Timur avoit envoyé son neveu Hayshan en Tartarie, pour apprendre le métier de la guerre sous les Généraux Ywechechar & Chohangur. Ce Prince défit Haytu en plusieurs occasions; cependant celui-ci, quoique toujours battu, se trouvoit en état de se faire craindre, & l'Empereur étoit obligé d'avoir toujours de grandes armées en Tartarie, commandées par des Princes de sa famille & par ses meilleurs Généraux. Hayahen réunit en 1301 les cinq grands corps de troupes dispersés en divers endroits, & au mois d'Août il y eut divers combats sanglans entre Karakorom & la riviere de Tamir; les troupes de Haytu & de son frere Tuva furent pour la plus grande partie taillées en pieces.

Haytu, qui depuis plus de trente ans faisoit la guerre aux Princes de sa famille, sous prétexte qu'ils avoient usurpé l'Empire d'Ogotay ou d'Octay, à son préjudice, mourut de chagrin; son frere Tuva, dangereusement blessé, se sauva avec peu de monde, & tant de pertes firent résoudre la plupart des Princes du parti de Haytu à reconnoître Timur pour le légitime successeur de Jenghiz Khan.

Au mois de Janvier de l'an 1302, mourut le Prince Kanmala, frere aîné de l'Empereur. Ses belles qualités, jointes à sa fidélité & à son courage, le firent regretter. Au mois de Mars, la Cour fut dans de grandes inquiétudes, causées par une maladie dont l'Empereur fut attaqué. Ce Prince se rétablit, & apprit avec joie combien les peuples avoient été affligés de le voir malade; il fit faire de grandes largesses & publier une amnistie générale. Au mois d'Avril, il alla à son or-

Regne de Timur ou Chingtsong.
Succès de Hayshan.
1301.

Mort de Haytu.

Et du Prince Kanmala.
1303.

dinaire à Changtu, & au mois de Mai il y eut une éclipse de soleil, que le Tribunal des Mathématiques avoit négligé de calculer; les Membres qui le composoient furent punis; les uns furent abaissés à des degrés inférieurs de Mandarinat; les autres cassés, & on diminua les appointemens de quelques autres. L'établissement d'un collége impérial à Tatu, faisoit grand plaisir aux Lettrés Chinois; mais ils ne pouvoient s'empêcher de témoigner du chagrin de ne pas voir un palais bâti exprès pour honorer la mémoire de Confucius. Alaasun en parla à Timur; & ce Prince, qui étoit plein d'estime pour le Philosophe Chinois, dont il possédoit la doctrine, fit bâtir à son honneur un palais magnifique, qui se voit encore à Peking (a).

Regne de Timur ou Chingtsong.

Jenghiz Khan avoit amené avec lui de Tartarie, de Perse, du Khorasan & de la Grande-Bukharie un grand nombre de familles de Mahométans, parmi lesquels il y avoit d'excellens Officiers; & depuis ce temps-là, les Mahométans furent toujours très-puissans à la Cour des Empereurs Mongols. Ils avoient des Généraux d'armée, des corps de troupes de leur Religion, des chefs de Marchands, des Mandarins dans tous les Tribunaux, sur-tout dans celui des Mathématiques, des Docteurs, & même des Ministres d'Etat. Utuputing fut élevé à cette dignité au mois de Juillet.

Humanité de Timûr.

L'Empereur, toujours attentif au bien de l'Empire, envoya en 1303 des gens sages dans toutes les provinces, pour s'informer de l'état des choses. Une de ses vûes étoit de connoître exactement

---

(a) Gaubil, p. 128 & suiv.

la misere des peuples, & de découvrir les gens de mérite, qui n'étoient pas employés faute d'argent ou de protecteurs. L'Empereur faisant attention aux maux qu'avoient causés les longues guerres qu'on avoit eues avec Haytu & Tuva, nomma des Généraux pour commander dans le territoire de Quacheu & de Chacheu (*a*); il ordonna qu'on y fît des magasins pour les troupes, & des logemens pour les soldats en plusieurs endroits entre Kancheu & Chacheu. Ce Prince se faisoit aimer de plus en plus, & les Princes Tartares étoient charmés de sa droiture, de sa clémence & de sa libéralité.

Règne de Timur ou Chingtsong.

Le Prince Tuva, rebuté d'une si longue guerre, assembla tous les Seigneurs ses vassaux, & leur déclara qu'il vouloit reconnoître Timur, dont il fit l'éloge. Chapar, fils aîné de Haytu, en fit de même; les autres Princes imitèrent cet exemple, & après avoir fait reconnoître Timur dans tous leurs Etats, ils envoyerent des Députés à la Cour pour prier l'Empereur de leur pardonner, & de les recevoir au nombre de ses sujets. Timur leur accorda leur demande, & par-là eut la gloire de voir toute la Tartarie réunie à son Empire, ce que son grandpere Hu-pi-lay n'avoit jamais pu faire. A cette occasion, l'Empereur fit, au mois de Juillet, de grands honneurs au Prince Chohangur: il lui donna de sa propre main un cachet d'or; des bijoux & des habits en présence de toute la Cour;

Toute la Tartarie se soumet.

―――――――――

(*a*) Villes au nord-est de la Chine, entre Kyayuquan, à l'extrémité occidentale de la grande muraille, & Khamū ou Hami dans la Petite-Bukharie. Shacheu est la Sachium de M. Polo, suivant le P. Gaubil, qui remarque que les Chinois ont toujours eu garnison dans cette ville & dans Quacheu, pour couvrir les frontieres occidentales.

Regne de Timur ou Chiugtfong.

il loua son mérite, & lui conféra les premieres charges de l'armée. Mais ce qui fit le plus d'honneur à Chohangur, ce fut ce qui se passa dans l'assemblée, où les Princes alliés de Haytu & de Tuva résolurent de se soumettre. Un de ces Princes dit que Chohangur étant destiné à gouverner la Tartarie, on pouvoit compter qu'on seroit encore plus battu qu'on ne l'avoit été du temps de Peyen & de Tutuha, & cette réflexion fut un des principaux motifs qui les engagerent à la soumission. Au mois d'Octobre, les Hanlins, qui travailloient à l'examen de l'Histoire Chinoise, & qui étoient chargés d'écrire les Annales, offrirent à l'Empereur les Annales de Jenghiz Khan, d'Ogotay, de Queyyeu, de Toley & de Mengko (a).

Cérémonies fixées.

Les Mongols ou Yvens avoient par tradition des regles & des usages pour le culte du Ciel ; mais ils n'avoient ni cérémonies fixes, ni temps, ni lieux déterminés pour sacrifier au Ciel. En 1305, Timur fit examiner par des gens habiles ce qui s'étoit pratiqué à cet égard depuis la fondation de l'Empire Chinois jusqu'à son temps. Alaasun avec quelques autres, qui étoient Chinois, rendirent compte à l'Empereur du résultat de leurs recherches, & déterminerent les cérémonies qu'on observeroit désormais dans le culte du Ciel. On parle cette année des pierres précieuses, appelées *Yaouta*, vendues par des Marchands Occidentaux soixante van (b).

(a). Cet Ouvrage est sans contredit, suivant Gaubil, un des meilleurs que les Chinois aient sur leur Histoire ; aussi est-il très-estimé. Ce Jésuite en a parlé au long dans une Dissertation sur l'ancienne Histoire Chinoise.

(b) C'est-à-dire, trois millions de livres de France, ou environ cent cinquante mille livres sterling.

Livre V. Chapitre V.

Timur eut un fils & une fille de l'Impératrice Peyeu, Princesse de Hongkila. Le fils, nommé *Tesheu*, fut déclaré héritier présomptif, mais il mourut sans enfans, du vivant de son pere; & l'Empereur lui-même mourut au mois de Janvier 1307, âgé de quarante-deux ans, sans laisser de fils & sans avoir désigné son successeur.

Regne de Timur ou Chingtsong.

Mort de Timúr.

Timur passe dans l'esprit des Chinois pour un Prince parfait. La sage conduite qu'il tint dans la guerre contre Haytu & contre Nayen, le choix judicieux qu'il fit de ses Généraux & de ses Ministres, l'éloignement constant qu'il fit paroître pour les vices, qui ne regnent que trop souvent dans les Cours des Princes, & les soins extraordinaires qu'il prit pour soulager les peuples, donnent une grande idée de la capacité de ce Prince pour le gouvernement. Il fut le sixieme Khan de Tartarie, & le second Empereur de la Chine (*a*).

Son caractere.

_____

(*a*) Gaubil, p. 230 & suiv.

CHAPITRE VI.

Regne de Hayshan, appelé Vûtsong par les Chinois.

Hayshan septieme Empereur.

LORSQUE l'Empereur Timur mourut, Hayshan, fils aîné de Talamapala (a), fils de Chengkin, fils de Hu-pi-lay, étoit Lieutenant-Général en Tartarie, & à la tête d'une puissante armée au nord de Karakorom. Ce Prince étoit estimé de la plupart des Princes de sa famille, qu'il avoit vus en Tartarie, & s'étoit acquis de la réputation dans la guerre contre Haytu. Il avoit aussi beaucoup de partisans parmi les Grands, dont plusieurs témoignerent le désir qu'ils avoient de le voir Empereur; & il ne paroît pas que personne pensât à mettre sur le trône quelqu'un des fils de Kanmala, fils aîné de Chengkin. L'Impératrice Peyeu, veuve de Timur, avoit conçu de la haine contre une Princesse de sa Maison, femme du Prince Talamapala, & la fit reléguer à Whaycheu, aujourd'hui Wheykinfu, dans le Honan, avec son fils Ayyulipalipata; elle étoit mere de Hayshan, qui fut

---

(a) Ce nom & les autres, quoique Tartares, étant copiés d'après les caracteres Chinois, s'éloignent plus ou moins de la véritable prononciation; nous ne pouvons les donner selon la véritable orthographe, parce que Gaubil ne l'a point fait, & que nous n'en savons presque rien d'ailleurs.

très-fâché de la savoir en exil ; mais il fut obligé de dissimuler son chagrin. L'Impératrice, craignant tout du ressentiment de Hayshan, s'il devenoit Empereur, fit venir le Ministre Aoutay, le Prince Mingli Timur & plusieurs autres Princes. & Grands de sa Cour, & leur proposa pour Empereur le Prince Honanta, fils aîné de Mangkola, troisieme fils de Hu-pi-lay, qui gouvernoit alors le Chensi, le Sechuen & le Tibet, comme avoit fait le Prince son pere : il faisoit sa résidence ordinaire à Siganfu, capitale de la premiere de ces provinces. Honanta entra aisément dans les vûes de Peyeu, & se rendit en poste à Tatû, tandis que les Princes & les Seigneurs du parti de l'Impératrice prirent des mesures pour empêcher le retour de Hayshan.

Regne de Hayshan.

La premiere chose qu'ils firent, fut d'aller au palais prier l'Impératrice d'abattre le rideau (*a*), pour donner les audiences & gouverner l'Empire jusqu'à l'installation de Honanta. Aoutay assembla ensuite les Grands au palais des Ancêtres, & sous prétexte de délibérer sur la succession, ils se disposoient à faire par force les cérémonies qu'on fait ordinairement après qu'on a reconnu un nouvel Empereur. Deux grands Mandarins s'opposerent à cette entreprise, & soutinrent qu'il falloit auparavant voir le nom du nouvel Empereur. Houhey, un des premiers Mandarins, en dit autant. Aoutay se mit en colere, & menaça de mort les

Honanta est son compétiteur.

―――――――――――――――――――――
(*a*) On fait ici allusion à une ancienne coutume Chinoise observée par les Princesses qui gouvernoient pendant la minorité des Princes leurs fils. Gaubil.

Regne de Hayshan.
Politique d'Alaafun.

Seigneurs opposans; mais ils tinrent ferme, & l'assemblée se dissipa.

D'autre côté, Alaafun, comme premier Ministre, se saisit du Sceau des Tribunaux, fit fermer le tréfor & les chambres où étoient les habits & les joyaux de la Couronne, &, de concert avec l'Officier de la garde intérieure du palais, empêcha qui que ce fût d'entrer; en même temps il fit le malade, & malgré les ordres réitérés & les menaces de l'Impératrice, il tint bon, & envoya fecrétement des Seigneurs de confiance à Hayshan & à Ayyulipalipata, pour les presser de se rendre promptement à la Cour. Le dernier ayant reçu l'Exprès dans le mois de Février, ne savoit quel parti prendre. Limeng son Maître lui cita la Loi de Chitfu (*a*), qui excluoit les bâtards de la succession, & lui représenta que Hayshan son frere étoit à plus de mille lieues de la capitale, d'où il concluoit qu'il devoit partir avec la Princesse sa mere pour Tatû. Limeng, qui étoit peu connu à la Cour, prit les devants, contrefit le Médecin, &, comme tel, fut introduit dans la chambre d'Alaafun; un Seigneur envoyé par l'Impératrice pour s'informer de la santé du Ministre, étoit avec lui quand Limeng entra; personne ne douta qu'il ne fût Médecin, & il eut tout le temps de

---

(*a*) Titre Chinois de Hu-pi-lay. Il est difficile de savoir sûrement si la Loi de Hu-pi-lay excluoit les enfans nés des autres femmes que de la premiere Impératrice, ou ceux qui étoient nés d'autres que des cinq qui avoient le titre d'Impératrice. Mais il est clair que Honanta, qui étoit le fils aîné de Mengkola, troisieme fils de Hu-pi-lay, étoit regardé comme bâtard. Gaubil.

dire

LIVRE V. CHAPITRE VI.

dire ce dont il étoit chargé de la part d'Ayyulipalipata. Il reprit ensuite la poste, & tandis qu'Alaasun disposoit tout pour la réception du Prince, Limeng marchoit jour & nuit. L'Impératrice fut bien surprise d'apprendre qu'Ayyulipalipata & sa mere étoient arrivés. Ils firent leur entrée de grand matin dans le palais, leur suite étoit à cheval en grand deuil; le Prince & sa mere furent conduits par les Officiers des Gardes dans leur ancien appartement (a).

Regne de Hayshan.

Les partisans de Honanta convinrent de le déclarer Empereur le trois de Mars; ils choisirent ce jour, pour faire semblant de célébrer la naissance d'Ayyulipalipata. Alaasun promit à Honanta de se trouver à la cérémonie, & la nuit même il fit savoir à Ayyulipalipata qu'il falloit prévenir les auteurs du complot, sans attendre l'arrivée de Hayshan. Le Prince Tûla, qui étoit grand Capitaine, se chargea d'amener incessamment une armée, & avant deux jours il entra dans Tatu à la tête d'un grand corps de troupes, sans dire à quel dessein : l'Impératrice vit bien qu'il ne souffriroit jamais que Honanta fût proclamé Empereur, & dès lors elle fut dans de grandes craintes. Ayyulipalipata se voyant soutenu d'une armée à sa dévotion, fit courir le bruit que Hayshan avoit envoyé un Commissaire pour s'informer de ce qui s'étoit passé à l'occasion de Honanta. Le Prince Mengli Temur fut arrêté, chargé de chaînes, & conduit à Changtû. Aoutay & les autres Mandarins ses complices furent condamnés à la mort; mais on différa l'exécution de la Sentence jusqu'à

Arrivée de Palipata, & les Conjurés arrêtés.

(a) Gaubil, p. 233 & suiv.

Tome VII.

l'arrivée de Hayshan. On posta des gardes aux portes du palais & de la ville, de sorte que l'Impératrice & Honanta se virent hors d'état de réussir dans leurs desseins, & comme prisonniers dans leurs palais.

Regne de Hayshan.

Les Princes du parti d'Ayyulipalipata lui proposerent de se faire reconnoître Empereur; mais il le refusa, & dit nettement que la couronne étoit due à son frere aîné: il ajouta que les démarches qu'il avoit faites étoient en faveur de Hayshan, & pour punir des audacieux qui avoient voulu violer les loix de la succession. Limeng fut nommé à un des premiers postes; il devoit même avoir l'inspection générale sur tout, mais il s'excusa. Il n'avoit jamais vu Hayshan; le sachant en chemin, il se retira, & on ignora le lieu de sa retraite; l'amour de l'étude & de la vie tranquille le porta à se cacher.

Modestie de Limeng.

Aussi-tôt que Hayshan eut appris la mort de son oncle Timur, il se rendit, de la montagne d'Antay ou Altay, à Karakorom, & y assembla autant de Grands & de Princes qu'il lui fut possible, pour délibérer sur ce qu'il y avoit à faire. Les troupes qui l'aimoient, souhaitoient que ce Prince se fît reconnoître Empereur dans cette ancienne capitale de l'Empire; mais Hayshan le refusa. Il reçut un Exprès de la Princesse sa mere, & apprit par-là qu'elle souhaitoit qu'Ayyulipalipata fût Empereur; elle comptoit sur la prédiction d'un Astrologue, qui avoit promis l'Empire à ce Prince quand il partit de Whaycheu. Sur cet avis, Hayshan manda Toto, qui lui avoit apporté la nouvelle de la mort de Timur, & lui dit: » Qu'il étoit l'aîné d'Ayyulipalipata, & qu'un

Résolution de Hayshan.

» mot d'un Aſtrologue ne devoit pas troubler
» l'ordre de la ſucceſſion ; qu'il ſauroit punir ceux
» qui avoient inſpiré à ſa mere de pareils ſenti-
» mens, & qu'il étoit réſolu de partir pour
» Changtû, afin d'y prendre poſſeſſion du trône
» de Jenghiz Khan «. Il ordonna enſuite à Toto
de prendre les devants, pour informer de ſa réſolution ſa mere, ſon frere, Alaaſun, & les autres
Princes & Seigneurs fideles.

Regne de Hayſhan.

Hayshan choiſit trente mille ſoldats dans l'armée de Karakorom, & nomma le Prince Ganu-
hey & Chohangur pour les commander. Lui-
même ſe mit à leur tête ; l'armée marcha en trois
corps, à petites journées, pour ne pas fatiguer les
troupes. La Princeſſe, mere de Hayshan, parut
charmée d'apprendre de Toto les véritables intentions de ſon fils ; elle le renvoya en le priant de
bien parler d'elle à Hayshan, & ſur-tout de lui
bien expliquer dans quel ſens elle avoit paru ſou-
haiter de voir Ayyulipalipata ſur le trône. Cependant celui-ci fit publier dans Tatu la prochaine
arrivée de ſon frere ; & après avoir pourvu à la
ſûreté de cette capitale, il ſe mit en marche avec
les Gardes du Corps, ſuivi de pluſieurs Princes
& Grands, & alla à Changtû diſpoſer tout pour
la réception de ſon frere (a).

Il marche à Tatu.

Hayshan attendoit avec impatience le retour de
Toto, & l'ayant apperçu de loin, il ſe leva dans
ſon chariot, & lui ordonna de venir s'aſſeoir auprès de lui. Toto étoit ſuivi d'Ashapuwha ſon
frere, envoyé par la Princeſſe. Hayshan ne pouvoit ſe laſſer d'entendre Toto lui raconter ce que

*Il eſt pro-
clamé Empe-
reur.*

(a) Gaubil, p. 235 & ſuiv.

Regne de Hayshan.

lui avoient dit sa mere & son frere; il nomma Ashapuwha un de ses Ministres, & se voyant près de Changtû, il fit mettre ses troupes en ordre. Il entra dans cette ville au mois de Mai, accompagné de ses Généraux, & fut conduit au palais par la garde impériale, aux acclamations du peuple. Dès qu'il apperçut son frere, il s'avança pour l'embrasser; ils verserent des larmes: Hayshan le remercia de son zele, & le loua de sa prudence. Les deux Princes allerent ensuite rendre leurs devoirs à la Princesse leur mere; ce fut pour elle le plus glorieux jour de sa vie. Hayshan fut reconnu Empereur avec beaucoup de pompe. Ce Prince déclara sa mere Impératrice, donna le titre d'Empereur à son pere, & nomma son frere Prince Héréditaire, après quoi la Cour partit pour Tatû.

Honneurs qu'il rend à ses ancêtres.

Quand elle fut arrivée dans cette capitale, Hayshan, suivi des Princes de sa Maison, se rendit au palais de ses ancêtres, pour y honorer la mémoire de Taytsu ou Jenghiz Khan, d'Ogotay, de Queyyeu, de Mengko, de Toley, de Chitsu ou Hu-pi-lay, de Timur, de Chengkin & de Talamapala; & par l'avis de Howhey & d'Alaasun, on les rangea dans l'ordre suivant. La tablette de Jenghiz Khan étoit au milieu. A l'est étoient, 1°. Talamapala; 2°. Timur. A l'ouest, 1°. Toley; 2°. Hu-pi-lay; 3°. Chengkin. Toley & Chengkin avoient outre cela des palais particuliers où ils étoient honorés. L'arrangement dont on vient de parler étoit fait indépendamment du lieu où étoient les tablettes des Empereurs Ogotay, Queyyeu & Mengko. Sur quoi l'Histoire blâme ces deux Mandarins d'avoir commis deux fautes es-

Livre V. Chapitre VI.

sentielles, contraires au cérémonial Chinois, dont ils étoient parfaitement instruits. Il est contre les regles, 1°. de bâtir des palais pour honorer, en qualité d'Empereurs, des Princes qui n'ont point été Empereurs : 2°. de mettre des Princes qui n'ont point été Empereurs, au dessus de ceux qui l'ont été. Ces Princes, quoique peres ou freres d'Empereurs, n'ont été que des sujets, & on ne peut que leur rendre les honneurs qui conviennent à un sujet.

Regne de Hayshan.

Après avoir rendu ses devoirs à ses ancêtres, Hayshan fit exécuter la Sentence de mort portée par Ayyulipalipata contre les Mandarins du parti de Honanta ; il fit mourir aussi l'Impératrice Peyeu & le Prince Honanta, aussi bien que le Ministre Aoutay. Dans le mois de Juillet, l'Empereur fit distribuer par-tout l'Empire la traduction Mongole du Livre de Confucius, intitulée *Hiaoking*, dont il recommanda, par un Ecrit public, la lecture aux Princes & aux grands Tartares, & il les exhorta à se conformer à la doctrine qui y est contenue. Ensuite, faisant allusion à ce que Confucius a fait pour mettre en ordre les Livres classiques, il disoit : « Que sans ce Philosophe, on » ne sauroit rien des anciens Sages, & que les » Sages des temps postérieurs à Confucius n'au- » roient pas eu des exemples de l'ancienne & » véritable vertu à imiter «.

Exécution des Conjurés.

L'an 1308 est compté pour le premier du regne de l'Empereur Hayshan, que les Chinois appellent *Vûtsong*. Ce Prince étoit guerrier, équitable, généreux, doux, & protecteur des Gens de Lettres ; mais il avoit trois défauts, d'être trop attaché aux Lamas, & d'aimer le vin & les femmes. Au mois

Caractere de Hayshan.

de Janvier, Ashapuwha, Ministre fidele, le conjura à genoux & les larmes aux yeux, " de mé-
" nager sa santé si précieuse à l'Empire, & il
" l'avertit que le vin & les femmes lui donneroient
" bientôt la mort ". Comme l'Empereur aimoit Ashapuwha, il prit cet avis en bonne part, & voulut qu'en sa présence il bût une tasse de bon vin. Peu de jours après, les grands Mandarins vinrent en corps féliciter l'Empereur d'avoir un sujet aussi sincere que l'étoit Ashapuwha. Ce Ministre étoit frere de Toto (*a*), & ils étoient petits-fils du Roi de Kangli. L'Empereur lui donna le titre de Comte ou de Kang.

Lipi, un des grands Mandarins de Changtû, voulut punir un Lama qui avoit maltraité des gens du peuple. Ce Lama & plusieurs de ses confreres, armés de bâtons, entrerent dans le Tribunal de Lipi, le battirent, & l'enfermerent dans une petite chambre. Ce Mandarin en fit ses plaintes; mais on n'y eut aucun égard. Dans le même temps, un autre Lama eut l'audace d'arrêter le chariot d'une Princesse en chemin, & de vouloir passer devant elle : les gens de cette Dame voulurent arrêter le Lama; celui-ci battit la Princesse & continua son chemin. L'Empereur n'en fit aucune justice : au contraire, on publia un ordre Impérial, qui portoit qu'on couperoit la main à celui qui frapperoit un Lama, & la langue à quiconque leur diroit des injures; mais le Prince Héréditaire fit révoquer cet ordre. Un des Historiens déclame avec beaucoup de véhémence contre ces injustices, & ajoute " que les Lamas perdirent l'Empire des

---

(*a*) Gaubil, p. 238 & suiv.

» Yven ; que la Dynastie des Han Occidentaux
» fut ruinée par les parens des Reines, celle des
» Han Orientaux par les Eunuques, celle des
» Tang par les grands Mandarins, & celle des
» Song par les mauvais sujets «.

Regne de Hayshan.

Les Empereurs Mongols faisoient de grandes dépenses en oiseaux, en bijoux, en perles, en pierres précieuses, & en raretés de toute espece. Ils donnoient commission à des Marchands étrangers Occidentaux d'en chercher dans les provinces, dans les ports de mer & ailleurs. Ces Etrangers couroient le pays, & portoient à la ceinture une marque, peut-être une ceinture jaune, telle que la portent quelquefois les Envoyés, pour faire voir qu'ils appartenoient à l'Empereur, & en cette qualité ils prenoient des chevaux de poste, sous prétexte de chercher des raretés pour la Cour. Mais au mois de Novembre, il parut un Edit, qui défendoit de donner désormais des chevaux de poste aux Marchands Occidentaux. Dans le cours du même mois, Chapar, fils aîné de Haytu, le fils aîné de Tatu ou Tuva, & d'autres Seigneurs, vinrent à la Cour reconnoître Hayshan pour leur Souverain. C'est à la fin de cette année qu'Alaasun mourut à Karakorom en Tartarie, où il avoit été relégué ; voici à quelle occasion.

Les Etrangers réprimés.

Aoutay, dont nous avons parlé, qui vouloit mettre Honanta sur le trône, étoit un homme d'une force extraordinaire, de sorte que personne n'osoit se charger de se saisir de lui, & il étoit à craindre qu'il ne se sauvât. Le Prince Tula, descendu d'Ogotay par Myeli, entreprit de l'arrêter, se saisit de lui avec beaucoup de résolution, & le lia. En considération de ce service, Hayshan lui

Disgrace d'Alaasun.

conféra le titre de *Regulo* du pays d'Yve. Alaafun repréfenta qu'il étoit contre les regles obfervées dans la Famille Impériale, de donner ce titre à un Prince d'une branche auffi éloignée que l'étoit Tula. Celui-ci, pour fe venger, accufa Alaafun, & montra fon nom parmi ceux qui devoient inftaller Honanta. L'Empereur favoit que l'accufation étoit fauffe; cependant il fit femblant d'être en colere contre ce Miniftre, & diminua fes titres de quelques degrés; mais il le nomma Gouverneur général & premier Miniftre à Karakorom; c'étoit un des premiers poftes de l'Empire.

Regne de Hayshan.

Sa mort & fon caractere.

Alaafun fe rendit dans cette ancienne capitale de Tartarie, & c'eft là qu'il déploya fes talens dans tout leur jour. Il commença par faire mourir un Seigneur Tartare, Chef de voleurs, qui défoloit le pays; il fit de grandes largeffes aux Officiers & aux foldats pauvres; il prit un grand nombre de bœufs, de vaches, de moutons & de chevaux, donnant en échange des foies, des toiles, du riz & du thé; il fit venir de la Chine des Pêcheurs habiles, des Laboureurs, des Ouvriers & des Payfans; il apprit la pêche aux Tartares qui font le long des lacs & des rivieres, fit creufer des canaux pour arrofer les terres & les rendre labourables, fit femer des grains & du riz, & établit des greniers publics, des poftes & des voitures publiques. Dans l'efpace de vingt-cinq ou trente lieues, il y avoit dix poftes, & on y trouvoit de quoi boire & manger, des voitures & des efcortes. En un mot, l'Empereur fut agréablement furpris d'apprendre que le département de Karakorom avoit de quoi fournir à la fubfiftance de l'armée & à faire des magafins. Alaafun étoit de la horde de Valano ou Alano, que M. Polo difoit être Chrétienne. Likifili, fon bifaïeul, étoit intime ami de Jenghiz Khan, il lui avoit une fois fauvé la vie, & ils s'aimoient comme deux freres.

Regne de Hayshan.

Au mois de Janvier 1309, le Prince Tula manqua de refpect à l'Empereur; il étoit brutal, adonné au vin, & fes emportemens pouvant avoir des fuites fâcheufes, on le fit mourir. En ce temps-là l'Empereur examina l'état de fes Finances, & il ordonna de faire fondre des caches ou deniers de cuivre. On fit de nouveaux billets, dont chacun valoit une once d'argent. Il y avoit des caches de trois efpeces. La premiere étoit de ceux qui valoient chacun un li (*a*); ceux de la feconde efpece valoient chacun un peu moins que dix des autres; & chacun de la troifieme valoit plufieurs caches, qui avoient cours fous la Dynaftie des Tang & des Song (*b*).

Nouvelle monnoie.

Au mois de Février, on découvrit une confpiration, dont les Chefs étoient Koko fils de Hu-pi-lay, & le fils du Prince Tula. Vingt-quatre Lamas, qui étoient du complot, furent punis de mort, & les deux Princes furent exilés. Jufques alors les terres des Bonzes de la Secte de Tao & de celle de Fo avoient été exemptes de payer tribut; mais au mois de Juin on déclara ces terres fujettes à la taille, comme celles du peuple. Au mois de Novembre, on décida enfin la difpute qui s'étoit élevée fous le regne de Timur, fur un

Confpiration découverte.

(*a*) Dix lis font un fen, dix fen faifoient un tfyen, & dix tfyen une once. Gaubil.

(*b*) On fait voir encore de toutes ces fortes de caches dans les cabinets des Curieux. Gaubil.

point du culte du Ciel au jour des deux Solstices.

Regne de Hayshan.
Exécution injuste.

Un des grands Mandarins de Tatû étoit un Etranger nommé *Arslan*, qui étoit fort aimé du peuple & estimé des soldats. Quelques-uns de ses ennemis l'ayant accusé de vouloir se révolter, il eut la tête tranchée avec son frere & dix-sept autres personnes. Le peuple crioit tout haut qu'Arslan étoit innocent: on en fut en effet convaincu dans la suite, mais trop tard. L'Histoire blâme fort Hayshan d'avoir fait mourir si légérement un Seigneur étranger, revêtu d'une grande charge, & en réputation de vertu.

Mort de Hayshan.

Au mois de Janvier 1311, l'Empereur Hayshan mourut âgé de trente-un ans. Il n'eut pas d'enfans de l'Impératrice Chengko, Princesse de Hongkila; mais il en eut deux de deux de ses Reines, Hoshila qui étoit l'aîné, & Tutemur; ils furent depuis Empereurs (*a*). Hayshan fut le septieme Khan des Mogols, & le troisieme Empereur Chinois de la Dynastie des Yven.

(*a*) Gaubil, p. 240 & suiv.

CHAPITRE VII.

Regne d'Ayyulipalipata, appelé Jintsong par les Chinois.

AUSSI-TÔT que Hayshan fut mort, son frere Ayyulipalipata, qui avoit été déclaré Prince Héréditaire, fut reconnu Empereur; les Chinois lui donnent le nom de *Jintsong*. Plusieurs Ministres avoient abusé de leur pouvoir sous le regne de son prédécesseur, & profité du goût que ce Prince avoit pour les plaisirs, pour s'enrichir, & pour commettre mille injustices dont il n'étoit pas instruit. Le nouvel Empereur commença son regne par le châtiment de ces mauvais Ministres; il en fit mourir quelques-uns, en relégua d'autres, & n'épargna pas même les Princes du sang. L'ordre avoit été donné de revêtir de murailles l'ancienne ville de Yenking (a), & de l'agrandir; mais comme ce travail étoit fort à charge aux peuples, Ayyulipalipata fit démolir ce qui étoit déjà fait, & dédommagea ceux à qui l'on avoit fait tort : ensuite il choisit des Mandarins recommandables par leur intégrité, pour être à la tête des affaires.

Ayyul'palipata huitieme Empereur.

Au mois de Janvier 1312, l'Empereur donna toujours des ordres pour le Tribunal

Divers Réglemens.

―――――――――――
(a) C'est Peking, ou du moins Yenking en étoit fort proche.

Regne d'Ayyulipalipata.

des Historiens de l'Empire ; ce Prince eut beaucoup d'inclination pour l'étude de l'Histoire. Au mois de Février, il fit transporter dans le collége impérial de Tatû les fameuses pierres (*a*) sur lesquelles Suenvang, Empereur de la Dynastie de Chu, qui vivoit avant Jésus-Christ, fit graver beaucoup de caracteres Chinois. Le département qui dépendoit de Siganfu, s'appeloit *le département de Ganfi*; on ordonna de l'appeler *le département de Fongywen* (*b*), & Holin ou Karakorom fut nommé *Honing*. Comme les Empereurs Chinois ont souvent fait placer dans le temple de Confucius les tablettes de plusieurs savans hommes pour honorer leur mémoire en de certains temps déterminés, Ayyulipalipata ordonna qu'on rendroit à l'avenir cet honneur à Tse-ma-quang, Chu-hi, Chao-kang-tsye, Nanhyen, Cheu-tung, Ching-hao, Chang-tsay, Lu-tsu-kyen & Hyu-heng (*c*).

───────────────

(*a*) On les appelle *Che-ku*, ou *tambours de pierre*, à cause de leur figure. On les voit encore dans le collége impérial à Peking, au nombre de neuf ou dix ; le diametre est d'un pied, & la hauteur de trois. Gaubil.

(*b*) Les changemens des noms des villes & des pays ordonnés souvent par les Empereurs Chinois, font un des plus grands embarras dans l'Histoire & dans la Géographie Chinoise. Il y a des catalogues de ces différens noms, & si on veut être exact, il faut les avoir continuellement devant les yeux quand on travaille sur l'Histoire ou sur la Géographie de la Chine. Gaubil.

(*c*) Tous ces Auteurs étoient de différentes provinces, & ont écrit sous la Dynastie des Song, à l'exception de Hyu-heng, dont nous avons parlé sous le regne de Hu-pilay, sous lequel il florissoit. Tse-ma-quang est un des meilleurs Historiens de l'Empire, & la plupart de ses Ou-

Livre V. Chapitre VII.

L'Empereur Hu-pi-lay avoit promis aux Lettrés Chinois d'ordonner par-tout l'Empire l'examen de ceux de leur ordre ; mais ce dessein n'avoit jamais été exécuté : au mois de Novembre de cette année, Ayyulipalipata en ordonna l'exécution. Vers le même temps, un Etranger, nommé *Alimating*, offrit à l'Empereur un nouveau Calendrier, qu'il disoit servir pour dix mille ans ; mais on ne dit pas quels en étoient les principes ni les Auteurs. Comme l'Empereur aimoit ses sujets, & qu'il voyoit avec chagrin que des maladies épidémiques faisoient de grands ravages dans sa capitale, que depuis son avénement à l'Empire le soleil s'étoit éclipsé, qu'il avoit paru une comete, qu'il y avoit eu deux tremblemens de terre, que la famine, la sécheresse & des inondations avoient ruiné plusieurs provinces, ces calamités l'engagerent à assembler les Grands : les uns dirent que l'Empereur devoit imiter l'exemple de l'Empereur Ching-tang, Fondateur de la Dynastie des Chang : d'autres dirent que le faux culte de Fo étoit la cause de tant de malheurs. L'Empereur n'eut pas de peine à dresser des écrits où il déploroit les calamités qu'éprouvoient ses peuples, dans lesquels il avouoit même que c'étoit une punition des fautes qu'il avoit commises dans son gouvernement, & dont il promettoit de se corriger : mais soit qu'il pensât favorablement du culte de Fo, soit qu'il crût devoir le tolérer par politique, pour ne pas révolter les Princes de sa famille & ses sujets Mongols, en-

Regne d'Ayyulipalipata.

Calamités publiques imputées aux Bonzes.

---

vrages subsistent. Chu-hi a écrit le grand Ouvrage historique, intitulé *Tong-kyen-kang-mu*, & a travaillé sur les Livres classiques. Gaubil.

têtés de la doctrine des Bonzes, il ne voulut pas entendre parler de l'abolition de ce culte (a).

Regne d'Ayyulipalipata.
Les Gens de Lettres encouragés.

Au mois de Janvier 1314, l'Empereur fit faire la recherche des Gens de Lettres & de mérite qui étoient ou inconnus ou sans emploi; & dans le mois de Mars, il fit de nouveaux Réglemens pour le collége impérial de Tatû & pour celui des Wheyhu (b), qui tous les deux étoient fort déchus. Au mois de Juin, l'Empereur, considérant les maux que les Eunuques avoient causés par leur crédit aux Dynasties précédentes, défendit de les faire Mandarins. On envoya aussi des Commissaires dans les provinces méridionales, pour examiner les terres propres à être affermées, & celles qu'on cultivoit ; ils trouverent bien des réformes à faire, & les taxes furent réglées sur la valeur des biens.

L'examen des Lettres établi.
1315.

Au mois de Mars de l'an 1315, Ayyulipalipata établit l'examen parmi les Docteurs, qu'on partagea en deux corps, l'un de Mongols & l'autre de Chinois. L'Empereur les assembla, & les fit composer en sa présence sur un sujet qu'il leur prescrivit lui-même. Trois de chaque corps devoient être choisis pour avoir des titres & des récompenses. Cette coutume subsiste encore ; mais on ne fait aucune distinction des Chinois & des Tartares. Les Historiens Chinois ont prodigué à cette occasion les éloges à Ayyulipalipata, & le

---

(a) Gaubil, p. 243 & suiv.
(b) *Wheyhu* est un des noms que les Chinois donnent aux Mahométans, & il désigne en général ceux de l'Occident & de l'Asie. Les Sciences & les caracteres que l'on apprenoit chez les Wheyhu, s'appellent *Yesetisey*. Gaubil.

font passer pour le plus illustre Empereur de la Dynastie des Yven; mais ils le blâment de ce que dans le mois suivant il déclara un Eunuque Grand Mandarin, après la défense qu'il avoit publiée.

Regne d'Ayyulipalipata.

Tye-mu-tyel, qui étoit un des principaux Mandarins pour les finances, trouva à redire aux taxes imposées en 1314, & les augmenta dans les provinces méridionales; un de ses premiers Commis, nommé *Nichamating*, qui étoit Mahométan, fit toutes sortes de vexations dans le Kiangsi, & son avarice le porta à violer les tombeaux, dans l'espérance de s'enrichir. La ville de Kancheu dans le Chensi se révolta, & un séditieux y prit le titre d'*Empereur*. Les Grands Mandarins de la province étoufferent cette révolte dans son origine; Nichamating fut puni, & l'on soulagea le peuple, non seulement dans le Kiangsi, mais aussi dans le Chekyang, le Kiangnan & en d'autres provinces; voici à quelle occasion.

Effets des vexations.

Au commencement de cette année 1315, l'Empereur envoya des Commissaires dans tout l'Empire, pour examiner la conduite des Mandarins. Il sut que les peuples du Midi avoient fort souffert des vexations de plusieurs de ces Magistrats, & que la révolte de Kancheu étoit l'effet de leur mauvaise administration. Ayyulipalipata, qui ne craignoit rien tant qu'une guerre intestine, fut dans de grandes inquiétudes; elles redoublerent à la vue d'une comete qui parut dans le mois de Novembre. Les peuples en furent frappés, parce qu'ils les regardent comme destinées à les avertir que le Ciel veut punir l'Empereur & qu'il a résolu de lui ôter l'Empire pour le

Et de l'apparition d'une Comete.

donner à un autre qui en soit plus digne(a). Ayyu-lipalipata, un des Princes qui a le mieux connu le génie des Chinois, fit publier, après l'apparition de la comete, une amnistie générale, affranchit pour deux années entieres de tout impôt les provinces de Kiangsi & de Chekyang, qui avoient le plus souffert, & déclara que c'étoit pour les dédommager du tort qu'on leur avoit fait : les autres provinces (b) furent soulagées à proportion. D'un autre côté, les Lettrés avoient soin par-tout de faire l'éloge de l'Empereur (c); il se les étoit attachés par son goût pour les Sciences, & par les examens ordonnés pour ceux de leur ordre en général, & pour les Docteurs en particulier.

Regne d'Ayyulipalipata.

Meng-tse honoré.

L'an 1316, le Prince Hoshila, fils aîné de l'Empereur Hayshan, fut nommé pour gouverner le Yunnan; ce Prince en fut mécontent, quitta la Chine, & alla s'établir au nord-ouest de la mon-

---

(a) Les Chinois donnent à l'Empereur le titre de *Fils du Ciel*. Les réflexions que les Savans de leur Nation ont faites sur l'origine & sur le sens de ce titre, ont donné souvent occasion de tromper les peuples & de les porter à la révolte; les Grands ont plus d'une fois abusé de cette notion de *Fils du Ciel*, & des phénomenes célestes, pour envahir l'Empire, prendre les armes ou exciter des troubles. Gaubil.

(b) Les Commissaires Impériaux trouverent dans le district de Jaocheu, dans le Chansi, un Livre, qui est une espece de Bibliotheque des Auteurs, des Livres & des Sciences, composé par Matuonlin, natif de Loping, dans le même district, vers la fin de la Dynastie des Song. Comme c'étoit un bon Ouvrage, l'Empereur ordonna de l'imprimer en 1314. Gaubil.

(c) On sait qu'à la Chine les Lettrés ont beaucoup de crédit & d'ascendant sur l'esprit des peuples. Gaubil.

tagne

LIVRE V. CHAPITRE VII.

-tagne de Kin (*a*) ; plusieurs Grands le suivirent, des Princes de la Maison Impériale le reçurent à bras ouverts, & en particulier le Prince Chakotay. En ce temps-là, l'Empereur ordonna de bâtir à Weywhey, ville du Honan, un palais pour honorer la mémoire du célebre Pikan, & un autre à Chang-ping-cheu, dans le Pecheli, pour honorer celle de Ti-jin kyav ; il déclara Comte le fameux Meng-tse ou Mencius, & donna un titre à sa mere. A la fin de l'année, il nomma Prince Héréditaire son fils, qui étoit fort estimé (*b*).

Dans le mois de Février de l'an 1317, l'Empereur fit examiner les greniers publics dans toutes les provinces, & les fit bien pourvoir. Cette même année, ce Prince fit paroître qu'il aimoit le vin, & se livra plus d'une fois à des excès ; mais il se corrigea sur les représentations de Matsu-chang, du pays d'Yongku en Occident, qui étoit un des Censeurs de l'Empire, fort estimé par la connoissance qu'il avoit des Mathématiques & des autres Sciences.

On écrivit en caracteres d'or les Livres classiques de la Secte de Fo, au mois de Février de l'an 1318. Un Mandarin alla en Corée, & en ramena un Prince exilé dans ce royaume, ayant dessein de soulever le peuple en sa faveur : mais ce Mandarin fut arrêté, & puni de mort avec sept de ses complices.

En 1319, l'Empereur, qui aimoit tendrement

(*a*) Montagne célebre en Tartarie ; mais je ne sais pas bien sa distance du mont Altay, dit le P. Gaubil.
(*b*) Gaubil, p. 245 & suiv.

Tome VII. Cc

le Prince son fils, eut envie de se démettre de l'Empire, & la plupart des Grands approuverent son dessein; mais un des Seigneurs de la Cour les ayant fait changer d'avis, l'Empereur se désista de son projet : cependant il déclara le Prince Héréditaire Lieutenant-Général de l'Empire, & le chargea de toutes les affaires. Chotepala avoit l'ame grande, un amour & un respect vraiment filial pour l'Empereur & pour l'Impératrice.

Regne d'Ayyulipalipata.

Au mois de Janvier de l'an 1320, Ayyulipalipata tomba malade, & sa maladie fut jugée mortelle; le jeune Prince ne quittoit ni jour ni nuit la chambre de son pere; le chagrin que lui causa la maladie de l'Empereur pensa le conduire au tombeau. Sans avertir personne, il se retira un jour dans son appartement, & se mettant à genoux, s'offrit au Ciel pour mourir à la place de son pere; mais peu de jours après, l'Empereur mourut (*a*), âgé de trente-six ans. L'Histoire le loue de son éloignement pour la chasse & pour les plaisirs, de son application aux affaires, de son respect pour la Princesse sa mere, & de la protection qu'il accorda aux Sciences & aux Savans.

Mort de l'Empereur. 1320.

Ayyulipalipata avoit épousé Anoshosheli, Princesse de Hongkila, qui fut mere de Chotepala, Prince Héréditaire. L'Empereur eut encore un autre fils nommé *Utufupuwha*, & une fille; on ne dit pas s'il les eut de la Princesse de Hongkila. Quoi qu'il en soit, il ne fut jamais adonné aux femmes.

(*a*) Il y eut une éclipse de soleil le premier du premier mois, & nous avons déja vu combien les Chinois craignent les éclipses ce jour-là. Gaubil.

Livre V. Chapitre VII.

Au commencement de son regne, il eut à soutenir la guerre contre un Prince de sa Maison, nommé *Issyenpuwha*, qui étoit appuyé de plusieurs autres; mais leur armée fut défaite dans le pays d'Itchaymish par Chohangûr, un des Généraux des troupes nombreuses qui étoient aux environs de Karakorom. Il battit une seconde fois leur Général Utu Temur dans le pays de Chemeykan, & poursuivit les ennemis jusqu'à celui de Chayr, voisin du défilé appelé *Porte de fer* (a). L'Histoire Chinoise ne dit rien de cette guerre; ce qu'on en rapporte est tiré de l'Eloge historique de Chohangûr. Ce Général étoit Prince de Kincha ou du Kipjak, & avoit été comblé d'honneurs par les Empereurs Hu-pi-lay, Timur, Hayshan, & Ayyulipalipata; il mourut Chef du Conseil secret, sous le regne d'Ingtsong (b).

Ayyulipalipata fut le huitieme Khan ou Empereur des Mongols en Tartarie, & le quatrieme Empereur de la Dynastie Chinoise des Yven.

Regne d'Ayyulipalipata.
Exploits de Chohangûr.

(a) C'étoit une fameuse gorge de montagnes à l'ouest de Samarcande, & la guerre dont il s'agit se fit dans la Grande Bukharie. Gaubil.
(b) Gaubil, p. 248 & suiv.

CHAPITRE VIII.

Regne de Chotepala, que les Chinois appellent Ingtſong.

Chotepala, neuvieme Empereur.

Après la mort d'Ayyulipalipata, le Prince Héréditaire fut proclamé Empereur, & pour faire plaiſir à l'Impératrice ſa mere, il déclara Tyemutyel premier Miniſtre. Ce Seigneur Mongol avoit été ſouvent dans les affaires ſous le regne précédent; il entendoit ce qui regarde les finances, & avoit donné ſouvent de groſſes ſommes; d'ailleurs il avoit beaucoup d'eſprit & d'intrigue; mais il étoit haï du peuple & des Grands, & quoique diſgracié à la mort de l'Empereur, il étoit ſoutenu ſous main de l'Impératrice. Ce mauvais Miniſtre, fier de ſa faveur, commit toutes ſortes de vexations, & mit tout en déſordre. Au mois de Février, il fit mourir ſous de faux prétextes Siaopaichu & Yangturchi (*a*), deux des plus ſages Seigneurs de la Cour: ils avoient été dans le Tribunal des Miniſtres, & pluſieurs fois ils avoient fait connoître les injuſtices criantes de Tyemutyel. Il fit mourir pluſieurs autres perſonnes, & menaça la femme d'Yangturchi de la donner à un eſclave. Cette Dame joignoit à une rare beauté & à une

―――――――――――

(*a*) Le premier étoit Tartare de Nyuche ou Tartarie Orientale, & le ſecond étoit de Ninghya dans le Chenſi. Gaubil.

grande naissance beaucoup de sagesse, de modestie & de vertu : ayant appris la menace du Ministre, elle se fit couper les cheveux, se défigura le visage, & fit serment de demeurer veuve.

Regne de Chosepata.

Tant de violences indignerent les Grands, mais ils n'osoient s'en plaindre, ni à l'Impératrice, ni au Prince Héréditaire, qui fut reconnu Empereur au mois de Mars. Après son installation, Tyemutyel devint encore plus puissant, & pour se venger du sage Limeng, son ennemi, il l'abaissa & le mit dans une classe inférieure de Mandarins; il fit aussi abattre un monument de pierre que les Empereurs avoient fait élever à son honneur & à celui de ses ancêtres dans le lieu de leur sépulture. Limeng parut peu sensible à l'affront qu'on lui faisoit, & l'Empereur fut surpris d'apprendre que ce Ministre n'avoit pas lâché le moindre mot qui sentît le murmure. Cette modération engagea le Prince à prendre des informations sur le sujet de Limeng; il fit réparer les monumens de pierre & de marbre, le rétablit dans ses titres & dans ses emplois, & avertit Tyemutyel de bien prendre garde à l'avenir de ne pas accuser des personnes d'une vertu aussi reconnue (*a*).

Violences du Ministre.

Les méchans, qui ont le pouvoir en main, sont ordinairement incorrigibles. Ce Ministre voyoit avec beaucoup de chagrin que l'Empereur estimoit extrêmement Paychu, Général de la Garde Impériale. Paychu descendoit du fameux Muhuli par Gantong (*b*); c'étoit un jeune Seigneur sa-

Paychû déclaré Ministre.

(*a*) Gaubil, p. 250 & suiv.
(*b*) La mere de Paychû étoit une Princesse de Quelve, de la famille de la Princesse Sarkutna, femme de Toley, &

vant, brave, bien fait, modeste, & irréprochable dans ses mœurs. L'Empereur, qui étoit de ce caractere, avoit toujours eu de l'inclination pour Paychu, & cette inclination se fortifioit à mesure qu'il connoissoit les grandes qualités de son favori. Il résolut enfin de ne rien faire que de l'avis de son cher Paychu, & l'obligea d'accepter la charge de Premier Ministre. Ce Seigneur commença son Ministere par faire connoître à l'Empereur le tort que lui faisoit Tyemutyel, & ne lui cacha rien de ce qui s'étoit passé. Chotepala étoit équitable, & très-sensible sur le point d'honneur; il fit faire des recherches des maux qu'on avoit soufferts, & résolut de les réparer autant qu'il lui seroit possible; il ne voulut pas encore dégrader Tyemutyel, mais il n'eut aucune confiance en lui, & eut soin qu'il ne maltraitât qui que ce fût; cependant il fit venir auprès de sa personne les Princes & les Seigneurs qu'il connoissoit pour les plus sages.

Regne de Chotepala.

Chotepala visite le Temple de ses ancêtres.

Ensuite il se fit instruire à fond des cérémonies qui s'observent au temple des ancêtres, sans dire quel étoit son dessein; mais lorsqu'on y pensoit le moins, il manda les Princes de sa Maison, & leur déclara que dans le mois de Novembre il vouloit aller au palais des ancêtres en habit de cérémonie: les Grands Chinois eurent ordre de faire tout préparer; on travailla en toute diligence aux habits des Gardes, des Grands & de tous les Officiers. Cette nouvelle causa une joie générale parmi les Chinois. L'Empereur & les gens de sa

---

mere des Empereurs Mengko & Hu-pi-lay. Elle demeura veuve à vingt-deux ans, & ne voulut pas se remarier, ne s'appliquant qu'à bien élever son fils Paychû. Gaubil.

suite parurent, dans les rues à cheval, vêtus magnifiquement: le peuple fut charmé quand il remarqua qu'on ne l'empêchoit pas de voir l'Empereur; les rues retentissoient d'acclamations, & on versoit des larmes de joie. Chotepala étoit le premier des Yven qui eût fait cette cérémonie, & personne ne l'avoit vue: on fut charmé de l'air de grandeur de ce Prince, qui étoit en même temps populaire; jamais Monarque n'a reçu de ses sujets plus d'éloges & de vœux sinceres, que Chotepala en reçut dans cette occasion. On savoit que Paychu avoit conseillé à l'Empereur de faire cette cérémonie; le palais de ce Seigneur étoit continuellement rempli de Grands & de Lettrés Chinois; le peuple le félicitoit hautement dans les rues; tant d'honneurs rendus à Paychu causerent un chagrin mortel à Tyemutyel. On avoit déjà publié une amnistie générale dans tout l'Empire, & de Tatû la joie se répandit dans toutes les provinces: les Chinois & les Tartares se promirent tout du regne de Chotepala, dont la premiere année fut l'an 1321.

Regne de Chotepala.

Ce Prince, que les Chinois appellent *Ingtsong*, aimoit la chasse; il pensa, au commencement de l'année 1321, à agrandir les lieux destinés à cet exercice aux environs de Changtû; il vouloit faire bâtir de distance en distance des palais, des écuries, & des logemens pour les gens qui servoient à la chasse. Paychu, quoiqu'il l'aimât aussi, représenta à l'Empereur que cela ne pouvoit se faire sans de grandes dépenses, & sans incommoder les peuples. Chotepala renonça alors à son dessein, & protesta qu'il ne vouloit penser qu'à soulager l'Empire.

Il profite des avis qu'on lui donne.

HISTOIRE UNIV.

Regne de Chotepala.

Au mois d'Avril, on découvrit qu'Afan (*a*) & plusieurs autres grands Seigneurs avoient tramé une conspiration; & de l'avis de Paycheu & de l'Impératrice, aïeule de l'Empereur, ils furent condamnés à mort & exécutés. Tyemutyel, qui se soutenoit par le crédit de l'Impératrice mere, fit reléguer le Prince Tutemur, second fils de l'Empereur Hayshan, à Kungcheu (*b*), capitale de l'Isle de Haynan. A la fin de l'année, l'Empereur crut qu'il étoit de son honneur de faire des présens magnifiques au Lama qui avoit été son Maître, & qui s'en retournoit dans le Tibet (*c*).

Censeurs tués.

Chotepala, qui étoit fort attaché au culte de Fo, fit bâtir au commencement de l'année un magnifique temple à ce faux Dieu, dans les montagnes qui sont à l'ouest de Peking. Pendant que l'ouvrage s'avançoit, plusieurs Censeurs de l'Empire firent à l'Empereur des représentations très-vives. Ce Prince, contre sa coutume, se mit en colere, en fit mourir quelques-uns, & exila les autres. Un des plus illustres de ceux qui perdirent la vie, étoit Soyaoel Hatimishi (*d*), natif de Hami

---

(*a*) Cet Afan paroît être celui dont parle le P. Gaubil dans une note p. 249 : c'étoit un étranger d'Occident fort entendu dans les affaires, & un des principaux Ministres.

(*b*) Suivant l'observation du P. du Tertre, la latitude de cette ville est de vingt degrés trente-sept minutes, & elle est environ de trois degrés plus occidentale que Canton. Gaubil.

(*c*) Gaubil, p. 251 & suiv.

(*d*) Son grand-pere au quatrieme degré étoit Officier sous Jenghiz Khan, & suivit ce Prince au premier siége de Peking, & ensuite dans ses autres expéditions. Son trisaïeul, son bisaïeul, son grand-pere & son pere furent tous des Officiers illustres. Gaubil.

ou Kamil dans la Petite-Bukharie. L'Eloge hiſtorique de ce Seigneur attribue ſa mort aux calomnies de Tyemutyel, & de Sonan ſon fils, qui ne l'aimoient point, non plus que les autres Cenſeurs : ils repréſenterent à l'Empereur, qu'au lieu de l'avertir de ce qui ſe paſſoit, les Cenſeurs ne faiſoient autre choſe que parler mal de lui entre eux. Les Lettrés Chinois, grands ennemis de Fo, mais d'ailleurs pleins d'eſtime pour Chotepala, louent extrêmement le courage de ces Cenſeurs. Dans la ſuite on réhabilita leur mémoire, & l'Empereur étoit trop ſage pour ne pas ſe repentir d'avoir ſuivi ſi imprudemment les mouvemens de ſa colere. Au mois d'Avril, il fit abattre le temple que les Wheyhu ou Mahométans Occidentaux avoient à Changtû, & il leur défendit dans la ſuite d'acheter des Mongols de jeunes garçons & de jeunes filles pour les donner ou pour les revendre aux Chinois en qualité d'eſclaves.

Regne de Chotepala.

En 1322, Paychu avoit eu la permiſſion d'aller dans le Leatong pour élever un monument de marbre, & y faire graver l'Eloge de Gantong ſon aïeul, mort ſous le regne de Hu-pi-lay. Tyemutyel, qui ſe tenoit depuis quelque temps dans ſon palais ſans en ſortir, profita de l'abſence de Paychu pour aller à la Cour. Les Gardes l'arrêterent, & lui dirent qu'ils avoient défenſe de le laiſſer entrer. La douleur que lui cauſa cette diſgrace, le fit tomber malade, & il mourut au mois d'Août haï de tout le monde.

Réforme de la Cour.

Au mois de Juin de l'an 1323, on le priva de tous ſes titres, on abattit les monumens de pierre & de marbre où étoit ſon Eloge, & l'on confiſqua tous ſes biens. Dans le même temps, Paychu fit

Regne de Chotepala.

remettre aux provinces les tailles & le tribut annuel, & fit faire, outre cela, par-tout de grandes largeſſes. La débauche, l'avarice, le luxe & les autres vices étoient bannis de la Cour; les Grands Chinois ne pouvoient ſe laſſer d'admirer une conduite ſi ſage dans un Prince Tartare, âgé de vingt-un ans.

Paychû & l'Empereur ſont aſſaſſinés.

Tandis que tout ſembloit promettre les temps les plus heureux, Tyeshe, fils adoptif de Tyémutyel, & un des principaux Seigneurs de la Cour, ne cherchoit qu'à ſe venger de l'affront fait à ſon pere, & de la confiſcation de ſes biens. Il ſonda pluſieurs Princes mécontens, auſſi bien que les parens & les amis des Mandarins, qu'on avoit fait mourir au mois d'Avril 1320, & enſuite il s'aſſura de pluſieurs Officiers & ſoldats. Le troiſieme de Septembre, l'Empereur étant à Changtû, & ne pouvant dormir, il ordonna de faire des prieres à Fo. Tyeshe & ſes complices furent ſaiſis de crainte; ils avoient engagé les Lamas à demander qu'on fît des ſacrifices à Fo, comme l'unique moyen de détourner les maux dont l'Empire étoit menacé. Paychu renvoya les Lamas, & les traita de gens qui ne ſongeoient qu'à attraper de l'argent, & qui réellement protégeoient des ſcélérats. Ces paroles furent entendues des confidens de Tyeshe, qui étoit un des Officiers qui commandoient les Gardes; ſur le champ, les Seigneurs Chinkin Temur, Syen Temur, ci-devant Miniſtres, le Prince Gantipuvha & autres s'aſſemblerent, & délibérerent ſur les moyens de n'être pas prévenus par Paychu, dont ils redoutoient la vigilance, la probité & la valeur; de ſorte que la même nuit, Tyeshe, ſuivi de pluſieurs ſoldats, tuà ce

Ministre, & ensuite entra dans la tente de l'Empereur, qu'il trouva au lit, & qu'il tua aussi de sa propre main. L'endroit où cet assassinat fut commis, s'appeloit *Nanpo*, au sud de la ville de Changtû.

Regne de Chotepala.

Chotepala avoit épousé Sukopala, Princesse de la Tribu d'Ikilie, & fille d'Ilihaya, fille de l'Empereur Timur; mais il n'en eut point d'enfans. L'Histoire ne parle d'aucune autre femme de ce Prince (*a*). Il fut le neuvieme Empereur des Mongols, & le cinquieme de la Dynastie Chinoise des Yven.

(*a*) Gaubil, p. 252 & suiv.

CHAPITRE IX.

Regne d'Yesun-Temûr, appelé Tayting par les Chinois.

Yesun-Temur dixieme Empereur.

PENDANT que la conspiration, dont on vient de parler, se tramoit & éclatoit à Changtu, Yesun Temur, fils aîné du Prince Kanmala, frere de l'Empereur Temur, commandoit au nord du grand Désert en Tartarie, & campoit près de la riviere de Longku ou Panchuni (a), fameuse par le serment qu'y fit Jenghiz Khan. Ce Prince avoit à sa Cour un Seigneur nommé *Taolasha*, dont le fils Hasan étoit un des Officiers de la Garde Impériale, sous les ordres de Paychu; mais comme il savoit depuis long-temps que Tyeshe vouloit tuer Paychu, il quitta son service. Au mois de Mars 1323, un Mandarin, nommé *Tante*, partit de la Cour, & avertit Taolasha que l'Empereur n'aimoit pas Yesun Temur, & qu'il étoit à craindre qu'il ne fût pas long-temps à le faire mourir. Depuis cet avis, Tante & Taolasha furent intimes amis. Tyeshe, avant que d'exécuter son dessein, envoya à Taolasha un Mandarin, qui se nommoit *Valutse*, pour lui donner avis que lui, Alasan, Yesyen Temur & d'autres, après qu'ils auroient exécuté leur projet, procla-

___

(a) Le P. Gaubil dit qu'il ne sait pas au juste le nom de cette riviere.

meroient Empereur le jeune Prince Yesun Temur.

Aussi-tôt qu'Yesun Temur fut instruit de ce qui se passoit, il fit arrêter Valutse, & envoya sur le champ plusieurs Courriers pour avertir l'Empereur de ce qu'on tramoit contre lui; mais ils arriverent trop tard. Le Prince Gantipuvha & Yesyen Temur se saisirent du Sceau de l'Empire & des habits impériaux, & se rendirent en toute diligence du côté du Désert, & étant arrivés sur la riviere de Longku, Yesun Temur se fit proclamer Empereur dans le mois de Septembre. Il fit publier ensuite une amnistie générale, déclara Taolasha premier Ministre, & nomma Tyeshe & ses complices ses principaux Mandarins.

Regne d'Yesun-Temur.

Il favorise les Conjurés, & en fait mourir ensuite quelques-uns.

Comme Chotepala étoit les délices des peuples, la nouvelle de sa mort causa une affliction générale parmi les Princes, les Grands, les Chefs de Hordes, les Lettrés & les Mandarins Chinois. D'un autre côté, les Princes & les Seigneurs de la famille de Muhuli, qui étoit une des plus puissantes & des plus considérables parmi les Mongols, ne songerent qu'à avoir justice d'un attentat commis sur un des principaux de leur Maison, Général de la Garde Impériale & premier Ministre. Le nouvel Empereur pouvoit aisément prévoir qu'il avoit à craindre de passer pour avoir eu part à l'assassinat de son prédécesseur & du Ministre. Le Prince Maynu, qui descendoit du grand-pere de Jenghiz Khan (*a*), voyant que l'Empereur

---

(*a*) Maynû descendoit, à la cinquieme génération, de Talichin, quatrieme fils de Palitan, pere d'Yesukay, pere de Jenghiz Khan. Yesun Temur augmenta ses revenus & ses titres, ce qui plut extrêmement à la famille de Paycha & à tous les Grands. Gaubil.

pensoit à se servir de Tyeshe & de ses complices, & même à les faire Grands Mandarins, lui représenta qu'il alloit se perdre dans l'esprit des Chinois & des Tartares, & que la Postérité lui reprocheroit toujours d'avoir trempé ses mains dans le sang de son Souverain, & dans celui d'un Ministre issu du grand Muhuli, auquel les Mongols devoient l'établissement de leur Empire. Yesun Temur, frappé de cette idée, ordonna de faire mourir sur le champ, dans le camp de Longku, Yesyen Temur, Vangche, Tumen & d'autres Seigneurs : il envoya aussi des Officiers à Tatû, pour se saisir de Tyeshe & de ses autres complices ; tous furent punis de mort, on extermina leurs familles, & on confisqua leurs biens. Sonan, fils de Tyemutyel, n'avoit été condamné qu'à l'exil ; mais on représenta qu'il avoit le premier porté un coup de sabre à l'épaule à Paychu ; en sorte que l'Empereur ordonna de le faire mourir, & de confisquer tous ses biens : cette derniere partie de la sentence ne fut pas exécutée.

On sauva la vie à Gantipuvha & à d'autres Princes, qui avoient trempé en quelque façon dans la conjuration ; mais ils furent tous exilés, & eurent la honte de voir qu'on n'ignoroit pas que la cause de leur exil étoit la part qu'ils avoient eue à la noire action de Tyeshe. Yesun Temur étant arrivé à Tatû dans le mois de Novembre, rétablit la mémoire des deux Seigneurs que Tyemutyel avoit fait mourir au mois de Janvier 1320. L'Empereur rendit la même justice à ceux que Tyemutyel & Sonan son fils avoient accusés injustement l'année suivante, dont quelques-uns avoient été exécutés & d'autres bannis ; les accusations furent déclarées calomnieuses.

Regne d'Yesun-Temur.

D'autres sont relégués.

LIVRE V. CHAPITRE IX. 415

L'an 1324, qui eſt le premier du regne d'Yeſun Temur, que les Chinois appellent *Tayting*, un des Miniſtres propoſa à l'Empereur de nommer des Docteurs, chargés d'expliquer tous les jours dans le palais les Livres qui ſont les plus propres à former les Princes & les Grands au gouvernement. L'Empereur approuva ce deſſein, & ordonna à ſon fils & à ceux des autres Princes d'aller tous les jours écouter ces leçons publiques. Cette coutume s'obſerve encore. Le premier Livre qu'on choiſit, fut l'Hiſtoire Chinoiſe de Tſe-maquang. L'auteur de ce bel établiſſement étoit Chang-quey, un des Miniſtres les plus fermes & les plus éclairés qu'aient eus les Yven. Il étoit fils du Général Chang-hong-fan, & avoit été élevé par un Grand Mandarin de l'Empire des Song(*a*). Ce Mandarin étoit ſur la flotte de Changſikyay, auprès de la montagne d'Ayshan, quand Hongfan vint l'attaquer (*b*); il ſe diſpoſoit à ſe précipiter avec les autres dans la mer. Hongfan l'arrêta, & voyant que c'étoit un grand Seigneur & un homme de mérite, il le retint & lui demanda ſon amitié. Le Mandarin, par reconnoiſſance, ne voulut jamais quitter la maiſon de Hongfan, & ſe chargea d'avoir ſoin de l'éducation de ſon fils.

Regne d'Yeſun-Temur.

Leçons ſur le gouvernement fondées par Changquey.

Peu de temps après l'établiſſement des leçons publiques, l'Empereur déclara ſon fils Aſukipa Prince héréditaire. Cependant les Grands & les Lettrés Chinois n'attendoient que l'occaſion de faire connoître à la Poſtérité leurs ſentimens ſur l'attentat de Tyeshe, le culte de Fo, & ſur plu-

Fameux Mémoire de ce Miniſtre.

(*a*) Gaubil, p. 255 & ſuiv.
(*b*) Voy. ci-deſſus, Chap. IV. Sect. II.

sieurs autres abus, ils la trouverent au mois d'Avril. L'Empereur fit le voyage de Changtu, & pendant ce temps-là il y eut une violente tempête, un tremblement de terre, & une éclipse totale de la lune. On disoit hautement que c'étoit en punition de l'assassinat de Chotepala & de Paychu. L'Empereur saisi de crainte, fit venir les Grands, & leur ordonna de dresser un Mémoire, dans lequel ils exprimassent sans déguisement leurs sentimens : ils chargerent de cette tâche Chang-quey ; il s'en acquitta avec beaucoup de liberté, & adressa son Mémoire à l'Empereur.

Il lui demande au nom de l'Empire, « de
» faire pleinement justice de l'horrible attentat
» de Tyeshe ; qu'on bannisse les fils de Sonan,
» qui paroissent à la Cour, & sont même parmi
» les Gardes ; qu'on confisque les biens de leur
» pere, qui leur ont été rendus ; que Gantipuvha
» & les autres Princes convaincus d'être compli-
» ces de Tyeshe, qui ne sont que relégués,
» soient punis de mort, comme des sujets indi-
» gnes qui déshonorent la Famille Impériale ;
» qu'au lieu de récompenser le Prince Toto (a),
» Gouverneur de Leatong, on le punisse en le
» dépouillant de ses biens & de ses titres, & en
» l'exilant, pour avoir, à la faveur des troubles
» dont l'Empire étoit agité, ôté la vie à plusieurs
» Princes & Princesses du sang, & pour s'être
» emparé de leurs biens, parce que l'impunité
» de pareils crimes fait craindre avec juste raison
» la ruine prochaine de l'Empire : que comme

(a) Il étoit, à la cinquieme génération, descendant de Tiemuko, frere de Jenghiz Khan. Gaubil.

sous

» sous le ministere de Tyemutyel, & depuis la
» conspiration de Tyeshe, plusieurs innocens ont
» perdu la vie, on fasse des informations sur ce
» sujet, pour faire satisfaction à leurs familles;
» que, vû le nombre de scélérats que ces mauvais
» Ministres ont employés, & les injustices qu'ils
» ont commises, il est à craindre que bien des
» personnes ne gémissent encore sous l'oppression;
» de sorte qu'il faut visiter les prisons, & exami-
» ner l'état des villes & des campagnes; qu'on
» envoie des Commissaires sur les frontieres, &
» qu'on fasse attention à ce que les troupes ont
» souffert; qu'on n'oublie pas d'envoyer les corps
» de ceux qui sont morts, dans les pays où de-
» meurent leurs parens, & qu'on leur donne de
» quoi les enterrer; il dit qu'on doit donner du
» secours & des remedes aux pauvres malades,
» & défendre dans la province de Canton la pê-
» che des perles, comme faisant périr beaucoup
» de monde «.

Regne d'Yesun-Temur.

Outre ces demandes contenues dans le Mémoire de Chang-quey, il y indique divers abus, qui ont besoin d'être réformés. » Il se plaint
» que deux Mandarins, convaincus d'avoir con-
» trefait les ordres de l'Empereur, & enlevé la
» femme d'un Officier, ont obtenu leur grace;
» que sous prétexte que la Cour souhaite des
» pierreries, il s'en fait un commerce sordide,
» & qu'on n'a pas honte de les faire payer à l'Em-
» pereur dix fois plus qu'elles n'ont été achetées,
» & qu'on ne compte pour rien la ruine des fa-
» milles & des provinces, pourvu qu'on puisse
» faire sa cour en offrant de pareilles choses, qui
» ne sont d'aucune utilité: qu'un Prince ne doit

Tome VII.   D d

Regne d'Yesun Temur.

« penser qu'à gouverner l'Empire en pere de ses
« sujets, & ne pas chercher à être heureux par
« des Bonzes & des Lamas ; que depuis que les
« Bonzes, les Lamas & les Taotse font tant de
« sacrifices & de prieres à Fo, le Ciel a donné
« des marques continuelles de sa colere, & que
« jusqu'à ce que l'on voie le culte de Fo aboli
« & tous les Bonzes chassés, on doit s'attendre à
« être malheureux ; que le palais de l'Empereur
« est rempli de gens oisifs, Eunuques, Astrolo-
« gues, Médecins, femmes, & autres, dont l'en-
« tretien monte à des sommes exorbitantes : que
« l'Empire étant une famille dont l'Empereur est
« le pere, il ne convient pas que parmi ses en-
« fans il y en ait qui meurent faute de secours &
« de soin, & qu'il convient encore moins qu'un
« Prince croie indigne de sa grandeur d'écouter les
« cris des misérables ».

L'Empereur lut ce Mémoire avec plaisir ; mais la crainte de révolter les Mongols, l'empêcha d'abolir le culte de Fo : il ne voulut pas non plus faire mourir le Prince Gantipuwha, & parut assez indifférent pour le reste ; sur quoi l'Histoire loue les Seigneurs, à la tête desquels Chang-quey parla avec tant de zele, & déplore le malheur des temps (*a*).

Division de l'Empire.

Le Prince Tutemur, second fils de Hayshan, qui étoit revenu de son exil de Haynan, eut ordre d'aller à Kienkang, aujourd'hui Nanking, pour y faire sa résidence. L'Empereur divisa cette année l'Empire en dix-huit grands gouvernemens, au lieu de douze qui le composoient. Ces douze

---

(*a*) Gaubil, p. 257 & suiv.

LIVRE V. CHAPITRE IX. 419

gouvernemens dépendoient d'un Conseil, dont M. Polo parle, chap. XXII, appelé *les Seigneurs des provinces*. On marque que le riz venu par mer des provinces méridionales pour la Cour, monta à cent soixante-dix van de tan, & l'année suivante, à trois cent trente-cinq van & mille tan.

Regne d'Yesun-Temur.

En l'année 1326, il y eut une grande famine dans le Pecheli & le Chantong. L'Empereur en fut instruit en détail par le retour de Chang-quey, qui étoit allé à Paotingfu pour voir ses parens, & suivit en tout les avis de ce sage Ministre pour le secours des peuples dans ces deux provinces. Les Lamas étoient tout-puissans à la Cour, surtout auprès des Princesses. Ils avoient des patentes pour prendre des chevaux de poste ; portant par-tout des nouvelles, & même sur les frontieres, on les voyoit courir avec des équipages de Princes. Ils étoient à charge aux peuples, qui étoient obligés de leur fournir des chevaux & des provisions. Leur vie & leurs mœurs étoient souvent fort déréglées, & de tous côtés les Chinois s'en plaignoient amérement. L'Empereur en fut enfin instruit, & y remédia. On trouva qu'on avoit donné beaucoup plus d'argent qu'il ne falloit aux Marchands Occidentaux, qui faisoient le commerce des pierreries, & on le confisqua : mais Upetula (*a*) & Taolasha, qui, soit par intérêt, soit par inclination, étoient fort attachés à ces Marchands, leur firent rendre cet argent, & rétablirent dans leurs charges plu-

Insolence des Lamas réprimée.

(*a*) C'est, semble-t-il, *Abd'ollah* ou *Obeyd'ollah*, nom Mahométan.

D d ij

sieurs Mandarins qui avoient été déposés.

Regne d'Yesun-Temur.
Grandes calamités.

En 1327, les Grands inviterent l'Empereur à aller en personne sacrifier au Ciel ; mais il le refusa , & cita une Loi de Hu-pi-lay, qui portoit que l'Empereur devoit faire offrir ce sacrifice par un autre. A cette occasion , l'Histoire représente Yesun Temur comme un Prince peu exact à remplir les devoirs de son état : elle ajoute, qu'en punition de toutes les fautes qu'il fit, son regne fut de peu de durée (*a*), & que cette année toutes sortes de malheurs affligerent l'Empire , sécheresse , famine, inondations , écroulement de montagnes, tremblement de terre , & éclipse du soleil. Au mois de Juin, l'Empereur fit traduire en langue Mogole, avec de savantes notes, le grand Ouvrage de Tse-ma-quang, intitulé *Tse-chi-tong kyen*, qui contient ce qui s'est passé sous les Empereurs, avant la naissance de Jésus-Christ, & qui embrasse plusieurs siécles après. Au mois de Décembre, mourut l'illustre Chang-quey (*b*), regretté de tous les gens de bien.

Soins pour la soie.

Au commencement de l'année 1328, l'Empereur fit distribuer dans tout l'Empire, des estampes où étoit dépeint l'art d'élever les vers à soie & de travailler la soie, avec la maniere de cultiver

────────

(*a*) Mais le regne de l'aimable Chotepala avoit été court , & même sa fin tragique ; ce qui prouve l'absurdité de ces jugemens superstitieux.

(*b*) On rapporte que l'an 1327, un étranger du pays de Pusavn offrit à l'Empereur un lion & un léopard. Les villes de Nichapûr, de Terpen ou Derbent, de Bagdad, d'Ispaan, de Cufa, de Suntanie ou Sultanie, & autres , sont mises dans le royaume de Fusayn. Gaubil.

les terres. Outre ces estampes, il fit imprimer & distribuer un Livre en quatorze Chapitres, où l'on trouvoit l'ancienne maniere de cultiver les terres, de nourrir les vers à soie, & de la travailler.

Regne d'Yesun-Temur.

Au mois de Février, l'Empereur alla de Tatû à Changtû, & laissa la garde de Tatû à Yentemur ; il ordonna dans le même temps au Prince Tutemûr, fils de Hayshan, d'aller à Kincheu, ville du Huquang. Au mois de Juillet, Yesun Temur mourut âgé de trente-six ans, laissant la Cour pleine de brigues & de factions.

Mort de l'Empereur.

Ce Prince avoit épousé Papuhan, Princesse de Hongkila, qui avoit les honneurs & le titre d'*Impératrice*. Outre cette Princesse, il épousa sa propre niece, fille d'une de ses sœurs aînées, & deux Dames de la Maison de Hongkila, proches parentes de l'Impératrice. L'Histoire donne à Yesun Temur quatre fils, dont Asukipa, Prince Héréditaire, étoit l'aîné. Elle remarque que l'Empereur Chotepala, par de mauvais conseils, éloigna de la Cour Hoshila & Tutemûr, les deux fils de Hayshan ; de sorte qu'après qu'il eut été assassiné, Yesun Temur profita de leur éloignement pour se faire proclamer Empereur. L'Histoire rapporte encore qu'Ayyulipalipata & Hayshan avoient fait un accord, en vertu duquel les deux familles devoient posséder alternativement l'Empire, & que le premier manqua à sa parole en déclarant son fils Chotepala Prince Héréditaire (*o*).

Ses femmes & ses enfans.

Yesun Temur fut le dixieme Empereur des Mongols, & le sixieme de la Dynastie Chinoise des Yven.

(*a*) Gaubil, p. 260 & suiv.

CHAPITRE X.

Regne de Hoshila, que les Chinois appellent Mingtsong.

<small>Hoshila onzieme Empereur. 1328.</small>

APRÈS la mort de l'Empereur Yesun Temur, l'Impératrice Papuhan, au nom du Prince Héréditaire son fils, envoya le Ministre Upetula à Tatû, pour s'assurer des Sceaux, aussi bien que pour appaiser & gagner le peuple. D'autre côté, Yen-Temur, en qualité de Gouverneur & de Commandant-Général dans cette capitale, fit poster des troupes dans tous les quartiers, renforça la garde des portes de la ville & du palais, & résolut d'élever sur le trône Hoshila & Tutemur, les deux fils de Hayshan. Yen-Temur, un des plus grands Capitaines de son temps, étoit le troisieme fils de Chohangur, Prince de Kincha ou Kipjak. Ses belles qualités personnelles, jointes à sa naissance & aux services de son aïeul & de son pere, l'avoient fait estimer à la Cour. Comme Hayshan l'avoit élevé aux premieres dignités, & l'aimoit plus qu'aucun des Seigneurs de sa Cour, Yen-Temur se croyoit obligé par reconnoissance d'être attaché à la famille de ce Prince.

<small>Zele d'Yen-Temur pour la famille de Hayshan.</small>

De concert avec le Regulo de Gansi, arriere-petit-fils de Hu-pi-lay par Mengkola, il choisit des Officiers & des soldats résolus, & le jour

LIVRE V. CHAPITRE X.

Kiao du huitieme mois, il convoqua les Grands Mandarins dans une des salles du palais. Tous les Seigneurs étant assemblés, Yen-Temur, suivi de dix-sept hommes de son parti, proposa les deux fils de Hayshan pour Empereurs, & déclara qu'il feroit mourir sur le champ ceux qui s'opposeroient à cette résolution. Il ordonna alors à ses gens de se saisir d'Utepula, & de plusieurs autres des Grands Mandarins qui lui étoient contraires, & les fit conduire en prison. Il nomma ensuite des Mandarins de son parti, & donna tout pouvoir au Général Chaoshinen ou Chaoshiyen (*a*). Les Officiers subalternes n'étoient instruits de rien, & les Généraux qui étoient du secret ayant assemblé les troupes, leur ordonnerent de se prosterner le visage tourné vers le sud, & de frapper la terre du front, & par cette cérémonie, on comprit qu'Yen-Temur vouloit faire proclamer Empereur Tutemur, exilé dans le Huquang. Pendant tout un mois, ce Général parut toujours à cheval, & peu de gens savoient où il passoit la nuit. Il avoit pris de bonnes mesures pour faire venir promptement Tutemur à Tatû, & pour donner avis de ce qui se passoit à Hoshila, qui étoit en Tartarie. Il fit courir le bruit que le premier s'avançoit à grandes journées, & que le second reviendroit bientôt du Nord avec les Princes de sa famille.

Regne de Hoshila.

Peyen, Gouverneur du Honan (*b*), Merkite *Son activité*

(*a*) C'étoit un descendant du Général Gauchor, qui servit avec beaucoup de gloire dans les guerres de Jenghiz Khan. Gaubil.

(*b*) Il avoit un frere nommé *Machartay*, pere de

Regne de Hoshila.

de nation, & un des meilleurs Officiers des Yven, entra dans les vûes d'Yen-Temur, fit mourir plusieurs Officiers qui lui étoient suspects, & fit ensuite déclarer les troupes pour Tutemur. Satun, frere d'Yen-temur, s'empara du poste important de Ku-yong-quan, & Tangkishi son fils prit Kupeku (a). En attendant, Yen-temur prit toutes les précautions nécessaires pour exécuter son dessein dans Tatû. Par le même principe, il fit mourir le Prince Kokochu & quelques autres grands Seigneurs qui vouloient le supplanter; mais il réussissoit dans tout ce qu'il entreprenoit par sa fermeté, son activité, son esprit, & par la réputation qu'il s'étoit acquise dans l'esprit des troupes.

Asukipa proclamé Empereur.

Tandis qu'Yen-temur se donnoit tant de mouvement à Tatû en faveur de Tutemur, Taolasha fit proclamer Empereur Asukipa, connu des Chinois sous le nom de *Tyenshun*. Ce parti étoit puissant : outre un grand nombre de Princes du sang & de Gouverneurs de provinces, la plupart des Officiers & des soldats Occidentaux étoient portés à le suivre ; &, selon les Loix de la Chine, Asukipa étoit le légitime Empereur, ayant été reconnu Prince Héréditaire du vivant de l'Empereur son pere. Le Prince Wanchan (b) donna une armée au Général Tashe Temur, fils du Mi-

---

Toto. Tous les deux furent fameux par leurs grands emplois. Gaubil.

(a) Forteresse & porte de la grande muraille au nord de Peking.

(b) Fils de Songshan fils de Kanmala, & cousin-germain d'Asukipa. Gaubil.

niftre Toto, Prince de Kangli, pour faire tête à celle d'Yen-temur.

Regne de Hoshila.
Proclamation de Tutemûr.

Tutemûr arriva au mois d'Août à Tatû, & par sa présence fortifia extrêmement son parti. Il fit une promotion de Mandarins, & éleva à une haute dignité Timupuwha, Prince descendu d'Ituhu on Idikut, Prince de Turfan, qui se mit sous la protection de Jenghiz Khan. Dans le mois de Septembre, Tutemûr fit mourir Upetula, & exila plusieurs Mandarins qu'Yen-temur avoit fait mettre en prison. Ce Général le pressoit de se faire proclamer Empereur ; mais il disoit qu'il vouloit attendre le retour de son frere Hoshila, pour lui céder l'Empire : il se laissa enfin persuader, & fut déclaré Empereur. Yen-temur fut nommé Généralissime, & Peyen, Gouverneur de Honan, fut aussi fort avancé. On envoya par-tout des Manifestes, & on assuroit que Tutemur étoit résolu de remettre l'Empire à son frere Hoshila.

Le Prince Wangchan étoit venu camper à Yulin (*a*). Satun, frere d'Yen-temur, l'arrêta, & ce Prince fit quelques pertes. Mais il profita de l'absence d'Yen-temur pour s'emparer de Ku-yong, quan. Tutemûr avoit envoyé ce Général sur les frontieres, pour s'opposer à une armée commandée par le Prince Yesyen Temur. Sur la nouvelle de la prise de Ku-yong-quan, il revint sur ses pas ; il défit le Prince près de la riviere Yu (*h*) dans deux batailles, & l'obligea de se retirer en

---

(*a*) Petite ville du Pecheli, à cinq milles environ à l'est de Vhaylayhyen. Gaubil.

(*b*) Petite riviere qui passe à Kuyonquang du Pecheli, & se décharge dans la riviere Pe. Gaubil.

Regne de Hoshila.

Tartarie. Wangchan, quoique plein de courage, étoit jeune & sans expérience, & il avoit affaire à un vieux Capitaine aguerri. Le Prince Koko se déclara pour Asukipa, &, à la tête des troupes du Chensi, s'empara du poste important de Tong-quan. Le Prince Yesyen Temur entra dans le Chensi, & y fit proclamer Asukipa. Le Général Tartare Tyemuko suivit le même parti, & s'avança avec une nombreuse armée sur les frontieres du Honan & du Huquang, où il fit de grandes conquêtes. On vit alors le Honan couvert de grandes armées des deux partis (a).

Les troupes d'Asakipa sont battues.

Yesyen-temur, qui du Chensi étoit entré dans le Pecheli, s'empara de Tongcheu (b), &, renforcé de plusieurs secours, il s'approcha de Tatû, dont il se préparoit à faire le siége. Sur cette nouvelle, Yen-temur prit ses meilleurs troupes, attaqua brusquement le Prince, & tailla son armée en pieces. Les meilleurs Officiers d'Asukipa périrent dans cette bataille; il eut lui-même bien de la peine à se sauver avec les débris de son armée. Le Prince Ulatay, qui s'étoit aussi déclaré pour Asukipa, marchoit à grandes journées avec ses troupes pour joindre Yesyen Temur. Il avoit pris Tsekinquan, poste important du Pecheli, & il répandit par-tout l'alarme; mais étant arrivé au pont de Lukeu-kyao, il apprit l'entiere défaite d'Yesyen-temur, & appréhendant d'être accablé par Yen-temur, il se retira.

(a) Gaubil, p. 262 & suiv.
(b) Ville à quelques lieues à l'est de Peking, sur le bord occidental de la riviere Pe.

Puwhatemur, oncle paternel de Yen-temur, étoit grand Général des Mongols dans la Tartarie, qui est à l'ouest, au nord & au nord-est du Leaotong. Quand il fut l'installation de Tutemur à Tatû, il invita le Prince Yvelutemur (*a*) à se joindre à lui ; & après la jonction de leurs troupes, ils vinrent assiéger Changtû dans le mois d'Octobre. Taolasha se défendit d'abord avec beaucoup de courage, &, suivi des Princes & des Grands du parti d'Asukipa, attaqua plusieurs fois les assiégeans ; mais il fut toujours repoussé ; & étant à la fin réduit à l'extrémité, il se rendit à discrétion. Il remit à Yvelutemur les pierreries, les bijoux, & tout ce qui appartenoit à l'Empereur Asukipa. Le Prince Wangchan prit la fuite ; le Prince Toto, ci-devant Gouverneur du Leaotong, fut tué ; mais on ignore de quelle maniere mourut Asukipa.

Regne de Hoshila.
Prise de Changtû & mort d'Asukipa.

La nouvelle de la mort de ce Prince & de la prise de Changtû fit mettre les armes bas aux Princes & aux Grands, qui s'étoient ligués contre Tutemur dans le Chensi, le Huquang, le Chansi, le Chekyang, le Leaotong, & autres provinces. Au mois de Novembre, Tutemur se voyant sans concurrent, envoya un Seigneur à son frere Hoshila, exila à Tonggancheu (*b*) l'Impératrice Papuhan, femme d'Yesun-temur, & fit mourir le Général Taolasha, les Princes Wangehan,

Princes qu'on fait mourir.

───────────────

(*a*) Yvelutemûr étoit, à la cinquieme génération, descendant de Shochihan, second fils d'Yesukay, & frere de Jenghiz Khan. Gaubil.

(*b*) Cette ville s'appelle aujourd'hui **Tongganhyen** ; elle est dans le Pecheli, à peu près au sud-est de Peking.

Yesyen-temur, & autres. Il vouloit encore se défaire de tous les Grands Tartares & Chinois pris à Changtsi; mais un Grand Mandarin lui représenta que cela étoit injuste, & capable d'aliéner les esprits. L'Histoire parle ici de Tutemûr comme d'un Usurpateur, qui fit mourir sans cause des Princes & des Grands, pour avoir soutenu leur légitime Souverain. On le blâme encore d'avoir exilé l'Impératrice Papuhan. En ce temps-là, Neukiatay, un des Commandans dans l'Yunnan, se fit proclamer Empereur, & nomma des Ministres.

Le Prince Hoshila ayant appris ce qui s'étoit passé, décampa (a) au mois de Janvier 1329, & ayant marché vers le sud, il vint camper au nord de la ville de Honing, nommée aussi *Holin* & *Karakorom*, où il se fit proclamer Empereur. Cette cérémonie se fit de concert avec Tutemûr, & les Seigneurs des deux Cours firent de grandes réjouissances. Au mois de Mars, Tutemûr envoya Yentemur pour porter à Hoshila le Sceau de l'Empire, les habits & les ornemens impériaux. Hoshila déclara Yen-temur, premier Ministre & Général des troupes, & Tutemûr fut nommé Prince Héréditaire. Malgré cela, Tutemûr se comportoit réellement en Empereur, indépendant de son frere. Il envoya un Seigneur dans le Sechuen, & on publia que l'Empereur Tutemûr pardonnoit le passé à Neukiatay, qui, sur la fin de l'année pré-

---

(a) L'Histoire dit que Hoshila campoit en été sur le mont Valouchay; je ne sais, dit le P. Gaubil, si ce seroit Altchay, dont parle M. Paül, & où il dit qu'est enterré Jenghiz Khan. C'est le mont Altay.

LIVRE V. CHAPITRE X.

cédente, avoit pris le titre d'*Empereur*; ce Général se soumit, & on le fit mourir presque aussi-tôt. Hoshila se disposoit cependant à se rendre à Changtû : au mois d'Août, étant arrivé à deux journées de cette ville, Tutemur vint pour le saluer, & peu de temps après on le trouva mort dans sa tente. Le second jour du mois, il donna un grand repas aux Seigneurs des deux Cours, & le sixieme il mourut subitement. Les Historiens accusent Tutemur d'avoir contribué à la mort de son frere pour satisfaire son ambition.

Regne de Hoshila.

Sa mort subite.

Hoshila est l'Empereur que les Chinois appellent *Mingtsong*; il donna le titre d'*Impératrice* à la Princesse Papusha, qui étoit de la Tribu Naymanchin ; il en eut un Prince nommé *Ilinchipin*, qui fut proclamé Empereur, comme nous le verrons plus bas. Pendant son séjour en Tartarie, il épousa encore la Princesse Mailaiti(*a*), fille de Nahanlulu, descendu du Prince Arslan, qui vint de l'Occident se rendre à Jenghiz Khan, & à qui ce Conquérant donna de grandes terres au nord du désert. Hoshila eut de la Princesse Mailaiti, Touhan Temur, qui fut le dernier des Empereurs Mongols dans la Chine. Il eut encore un autre fils, qui régna avant son frere environ deux mois (*b*).

Ses femmes & ses enfans.

Hoshila fut le onzieme Empereur de Tartarie, & le septieme de la Dynastie des Yven dans la Chine.

(*a*) Gaubil, p. 265 & suiv.
(*b*) *Idem*, p. 267.

CHAPITRE XI.

Regne de Tutemur, nommé Ventsong par les Chinois.

Tutemur ou Vengsong, douzieme Empereur.

Dès que Hoshila fut mort, Tutemur se fit donner le Sceau de l'Empire, & après avoir rendu les derniers devoirs à son frere, il retourna à Changtû, où il fut reconnu Empereur le quinzieme du même mois d'Août 1329; il voulut que cette année fût comptée la seconde de son regne. Cette même année, il fit composer en Chinois, par les plus habiles Docteurs de l'Empire, le Livre intitulé *King-shi-ta-tyen*. Il est souvent cité dans la grande Histoire des Mongols. On voit, par ces citations (*a*), que ce Livre doit contenir quantité de choses rares sur l'origine, le gouvernement, les conquêtes & la Géographie des Mongols. Un des Docteurs nommés pour travailler à ce grand Ouvrage, fut Chense, originaire du Khorasan, & Mahométan; mais comme il ne put jamais s'accorder avec les autres Docteurs sur plusieurs points de cet Ouvrage, qu'on n'indique pas, il obtint la permission de travailler sur d'autres sujets. Il composa entre autres Ouvrages (*b*), en Chinois,

---

(*a*) Quand le P. Gaubil écrivoit, il n'avoit pas encore vu cet Ouvrage.
(*b*) Il composa divers Ouvrages sur les Livres classiques

une Géographie des pays occidentaux de l'Asie, suivie de remarques sur les Livres dogmatiques d'Occident, avec un ample Catalogue des Hommes illustres.

Règne de Tutemur.

Au mois de Mars de l'an 1330, le Prince Tukien se révolta dans l'Yunnan, & prit le titre de Roi. Il commit mille désordres, prit des villes, tua les Mandarins, & anima contre l'Empereur les Miaotse, & les autres peuples, qui vivent indépendans dans les provinces voisines. Le Prince Alatenasheli, fils du Prince Tula, eut ordre de marcher à la tête d'une armée, pour ranger Tukien à son devoir. En ce temps-là, l'Impératrice Putasili ou Putasheli, de la Maison de Hongkila, & femme de Tutemur, ne pouvant souffrir l'Impératrice Douairiere Papucha, se servit d'un Eunuque pour s'en défaire. Les Historiens font observer ici les dangereuses conséquences du mauvais exemple dans les Princes. Tutemur, disent-ils, fit mourir Hoshila son frere, & ce mauvais exemple porta Putasili à se défaire de Papucha.

Révolte dans l'Yunnan.

Dans le mois d'Octobre, l'Empereur alla au Temple du Ciel, & y sacrifia en personne, en honorant en même temps Jenghiz Khan, Fondateur de sa Dynastie. Tutemur fut le premier des Princes Yvens ou Mongols qui alla en personne au Temple du Ciel, & y fit lui-même le sacrifice solennel; avant lui, les Princes l'avoient fait par d'autres. Après cette cérémonie, on publia une amnistie

L'Empereur sacrifie.

---

de la Chine, sur les grands Hommes de la Dynastie des Kins, sur les Livres de Laotse & de Chuantse, &c. Les Ouvrages de Chense demeurerent dans sa famille, & le P. Gaubil ignoroit s'ils ont été imprimés.

générale, & on régla que parmi les femmes de l'Empereur, une seule auroit le titre d'*Impératrice*. Une note de la grande Histoire des Mongols porte, qu'outre la Princesse de Hongkila, principale femme de Jenghiz Khan, il y avoit vingt-une Dames qui avoient le titre d'*Impératrices*. Les autres Empereurs, jusqu'à Chitsu ou Hu-pi-lay, en eurent cinq ou sept ; ce qui fut imité par les Empereurs suivans jusqu'à Tutemur, qui régla qu'il n'y auroit qu'une Princesse qui porteroit le titre d'*Impératrice*.

Au mois de Décembre, l'Empereur déclara son fils Alatenala Prince Héréditaire ; mais au mois de Janvier 1331, ce Prince mourut au grand regret de son pere. Cependant le Prince Alatenasheli, avec une armée de plus de cent mille hommes, faisoit la guerre au Prince Tukien, qui se défendoit avec courage ; mais ayant été battu dans plus de vingt batailles, l'Yunnan & le Sechuen se soumirent au vainqueur dans le mois d'Avril. Cela n'empêcha pas qu'un des rebelles, nommé *Lûyu*, qui s'étoit caché, n'excitât peu de temps après de nouveaux troubles, soutenu des freres & des fils de Tûkien. Mais Kyaylye (*a*), grand Général, fit un grand carnage de ses partisans, & les dissipa entiérement. Deux freres & trois fils de Tûkien furent tués, & un autre de ses freres prit la fuite, & s'étant embarqué sur mer, y périt.

Il y avoit en ce temps-là beaucoup de Lamas

(*a*) Ou Quelye ; c'est le nom d'un Général d'Occident qui rendit de grands services à Hu-pi-lay : mais je ne sais, dit le P. Gaubil, si c'est le même, ou un autre de sa famille.

Livre V. Chapitre XI.   433

dans le pays d'Igûr, & un d'eux étoit Chef des
Lamas de l'Empire & de ce qui regardoit leur
Religion. Plusieurs des Bonzes d'Igûr tramerent
une conspiration en faveur d'Ivelû-temûr fils du
Prince Honanta, que l'Empereur Hayshan fit
mourir.

Regne de Tutemûr.

Yentemur, que l'Empereur avoit créé Vang
ou Regulo, avoit un fils appelé *Targay* : ce jeune
Prince se fit tellement aimer de Tutemûr, qu'il
voulut que Targay fût élevé dans le palais, &
qu'il envoya Yentyekûtse, son propre fils, pour
être élevé dans le palais d'Yentemûr. Il conféra
aussi cette année à Peyen le Merkite le titre de
Vang, qui est le plus grand honneur que l'Empereur peut faire à un de ses sujets : c'est un simple
titre avec pension, mais sans Etats.

Au printemps de l'année 1332, Tutemûr alla,
selon la coutume, à Changtû ; il y tomba malade,
& mourut au mois d'Août, âgé de vingt-neuf ans :
il ordonna de proclamer Empereur un des fils de
Hoshila son frere (*a*).

Mort de Tutemûr.
1332.

Tutemûr étoit le douzieme Empereur des Mongols, & le huitieme de la Dynastie des Yven à la
Chine, où il est connu sous le nom de *Ventsong*.

─────────────────────────────

(*a*) Gaubil, p. 267 & suiv.

Tome VII.   E e

CHAPITRE XII.

Regne de Touhan-temûr, que les Chinois appellent Chunti.

SECTION PREMIERE.

Troubles & révoltes causés par le mauvais gouvernement de ce Prince.

Touhan-temûr ou Chunti, treizieme Empereur.

APRÈS la mort de Tutemûr, Yentemûr alla trouver l'Impératrice Pûtasheli, & lui proposa d'élever son fils Yentyekûtse à l'Empire; mais elle le refusa, &, conformément aux intentions de l'Empereur son époux, elle fit proclamer le Prince Ilinchipin, second fils de Hoshila & de l'Impératrice Papûsha, qu'elle avoit fait mourir : ce jeune Prince, connu à la Chine sous le nom de *Ningtsong* (*a*), n'étoit âgé que de sept ans, & mourut dans le mois de Novembre. Yentemûr proposa encore Yentyekûtse pour Empereur; mais Pûtasheli ne voulut jamais y consentir, & déclara que l'Empire étoit dû à Touhan-temûr (*b*), fils de Hoshila & de la Princesse Mailaiti, qui avoit alors treize ans. Après la mort de l'Impéra-

(*a*) Comme il ne vécut que deux mois, on ne le met pas au nombre des Empereurs. Voy. Du Halde, tom. I. p. 442. édit. in-4°.

(*b*) Notre Auteur Gaubil écrit *Tohoantemour*.

trice Papûsha, on l'avoit relégué en Corée, & depuis on l'avoit transporté à Queylinfû, capitale du Quangſi.

L'Empereur des Song, qu'on avoit mené en Tartarie, s'étoit d'abord fait Lama, & avoit des terres dans ce pays-là, où l'on dit qu'il épousa une Princeſſe & en eut des enfans; quelques-uns ajoutent que cette Princeſſe étoit Mailaiti, & qu'il en eut Touhan-temûr; que le Prince Hoshila lia amitié avec le Monarque dépoſé, & qu'ayant pris de l'inclination pour Mailaiti, il l'épouſa & adopta Touhan-temûr. Ces bruits étoient ſans doute faux; mais ils couroient à la Cour & dans les provinces. Quoi qu'il en ſoit, le Préſident du Tribunal des Mathématiques ayant été conſulté, déclara qu'il étoit dangereux de faire ce Prince Empereur. On eut beau faire, Pûtasheli perſiſta dans ſa réſolution, & envoya à Queylinfû un grand Seigneur pour amener le Prince & le déclarer Empereur.

Au commencement de l'année 1333, l'Impératrice ayant eu avis que Touhan-temûr étoit arrivé à Lyang-hyang, à quelques lieues de Tatû, envoya les Gardes, les Princes & les Grands au devant de lui. Yentemûr, en qualité de Généraliſſime & de premier Miniſtre, paroiſſoit à la tête, & complimenta le Prince au nom de l'Impératrice Régente, & s'étant mis enſuite à ſon côté, il l'entretint de l'état de la Cour, & de la maniere dont ſe feroit la cérémonie de ſon inſtallation. Touhan-temûr parut effrayé à la vue d'Yentemûr, & ne lui dit pas un ſeul mot; les Seigneurs de la ſuite du Prince parurent auſſi ſaiſis de crainte. Il n'eſt pas étonnant que ce Général fût ſuſpect à Touhan-

SECT. I.
Troubles & révoltes ſous Touhan-temûr.

Ce qu'on en dit.

Il craint Yentemûr.

temûr, beaucoup de gens croyoient que Tutemûr s'étoit servi de lui pour se défaire de Hoshila pere du Prince. Quoi qu'il en soit, Yentemur, piqué au vif du silence du jeune Prince, différa la cérémonie de son installation, résolu de l'exclure du trône, s'il étoit possible, & d'y placer Yentyekûtse.

Il épouse sa fille.

Le mécontentement d'Yentemûr faisoit beaucoup de peine à la Régente & à Touhan-temûr. Celui-ci s'apperçut de la faute qu'il avoit faite, quand ce Seigneur étoit venu au devant de lui; il tâcha de la réparer en épousant sa fille Peyaou, & en la déclarant sa premiere femme. Yentemûr avoit de grandes qualités, mais il étoit cruel & luxurieux. Il devint amoureux d'une des femmes de l'Empereur Yesun Temûr, & il eut la témérité de l'épouser, ce qui étoit presque sans exemple. Au mois de Mars, il mourut de ses excès, & sa mort assura l'Empire à Touhan-temûr. La Cour alla à Changtû; la Régente déclara les dernieres volontés de Tutemûr, & les Grands convinrent de proclamer le Prince Empereur.

Il est proclamé.

Touhan-temûr (a), que les Chinois appellent *Chunti*, donna d'abord tout pouvoir à l'Impératrice Pûtasheli, & lui conféra le titre d'*Impératrice Grand-mere*; mais dès lors il résolut de s'en défaire. Cette Princesse instruisit son fils Yentyekûtse de la volonté de Tutemûr, & de ce qui s'étoit passé entre Ayyulipalypata & Hayshan.

(a) Les Livres de Géographie Chinoise disent qu'une des filles de Chunti épousa Tamerlan, & ils lui donnent le titre de *Fûma* ou *gendre de l'Empereur*. Gaubil. Ce titre répond à celui de *Kar Khan*, qui signifie *gendre du Khan*, que les Historiens Orientaux donnent à ce Prince. Voyez D'Herbelot, Bibliotheque Orient. art. *Timûr*, p. 878.

Le nouvel Empereur, pour gagner la famille d'Yentemûr, fit déclarer au mois d'Août Peyaou sa femme Impératrice.

Ce Prince fit bientôt connoître son caractere inconstant & irrésolu, son aversion pour les affaires, & son inclination pour le plaisir. Aluwhentemûr, huitieme descendant de l'Empereur Ogotay, s'étant apperçu du naturel indolent de l'Empereur, lui exposa le grand nombre de fautes qu'il feroit s'il gouvernoit par lui-même, lui conseilla de charger ses Ministres du soin des affaires; & par ce pernicieux conseil, il fut la premiere cause de la ruine de l'Empire des Yven (a). Touhan-temûr suivit son conseil, & ne pensa qu'à satisfaire ses passions. Satun, frere aîné, & Tangkishi, fils aîné d'Yentemûr, furent honorés du titre de *Vang* ou *Regulo*. Satun & Peyen étoient les premiers Ministres & les Grands Généraux des troupes. L'Histoire se récrie fort contre l'élévation de Peyen; elle le dépeint comme un homme méchant, débauché & sans honneur; elle ajoute que le Ciel donna des marques de son indignation le jour qu'on le revêtit de ces hautes dignités; la terre trembla, & une montagne se renversa.

L'Histoire rapporte aussi en 1334 divers présages du malheureux regne de Touhan-temûr, entre autres, que dans les provinces méridionales deux millions deux cent soixante-dix mille familles, c'est-à-dire plus de treize millions de

Sect. I.
Troubles & révoltes sous Touhan-temûr.
Il néglige les affaires.

Calamités sous son regne. 1334.

(a) L'Histoire blâme le Prince Aluwhentemûr, & fait une odieuse comparaison de ce Prince avec Kaoyao & Cheukong, qui se sont rendus illustres par les sages avis qu'ils ont donnés aux Empereurs de leur temps. Gaubil.

personnes moururent, & qu'au mois d'Août il y eut à Tatû un tremblement de terre. Les Historiens Chinois, qui ont mis en ordre l'Histoire de la Dynastie des Yven ou Mongols, vivoient au commencement de celle des Ming (*a*), qui ruina celle des Yven. Ces Historiens ont eu grand soin de rendre odieux l'Empereur Touhan-temûr par toutes ces sortes d'endroits; ils ont mis ses fautes & ses défauts dans tout leur jour; ils ont marqué exactement les famines, les inondations, les maladies épidémiques, les tremblemens de terre, les chutes de montagnes, les cometes, les éclipses, & autres choses qu'ils ont cru propres à faire voir que Touhan-temûr ne devoit pas jouir de l'Empire, & que ce fut avec justice que les Ming ou Ta-ming l'enleverent aux Mongols (*b*).

(*a*) C'est l'usage parmi les Chinois, d'écrire chaque jour les actions du Prince, & de mettre ces écrits dans des coffres fermés, qu'on n'ouvre jamais tandis que la famille régnante occupe le trône. Quand il s'éleve une nouvelle Dynastie, on les ouvre, & on écrit l'Histoire de la précédente sur les Mémoires qu'on trouve dans ces coffres. Quoique la coutume d'avoir un palais où il y ait des salles destinées à honorer les ancêtres des Princes, soit aussi ancienne que la Monarchie Chinoise, il n'est pas aisé de fixer le temps où l'on a réglé les cérémonies qui se pratiquent; beaucoup moins peut-on savoir l'époque des changemens qui s'y sont faits. On dit que Piko, pere d'Yao, eut quatre femmes; mais il seroit très-difficile de prouver que dès ce temps-là il y avoit des tablettes au palais des ancêtres, & qu'on ne mettoit auprès de celles de l'Empereur que celles de la premiere femme, Impératrice. La suite des faits & des temps est fort incertaine avant l'Empereur Yao, Gaubil; & selon nous elle ne l'est pas moins pendant bien des siécles après lui.

(*b*) Gaubil, Hist. de Gentchise. p. 270 & suiv.

Au mois d'Octobre, on décida une question qui exerça tous les Lettrés Chinois. Plusieurs Impératrices, & entre autres Chingko, première femme de Hayshan, n'avoient point de tablettes auprès de celles des Empereurs leurs époux, sous prétexte qu'elles n'avoient point eu d'enfans, tandis qu'on voyoit les tablettes des Princesses, qui n'étoient que secondes & troisiemes femmes des Empereurs, parce qu'elles avoient eu des enfans, honorés ensuite du titre d'*Empereur*. Les meres de Hoshila & de Tutemûr avoient leurs tablettes, & on les y traitoit d'*Impératrices*, quoi-qu'elles eussent vécu en même temps que Chingko, qui étoit la premiere femme, & qui avoit le rang & le titre d'*Impératrice*. Un des Grands Mandarins, consulté par Peyen, répondit que Chingko, quoique sans enfans, devoit jouir après sa mort des honneurs d'Impératrice, & que c'étoit une indécence d'honorer comme Impératrices celles qui réellement n'avoient été que concubines. Un autre Mandarin, ennemi de celui qui parloit en faveur de Chingko, cita l'exemple de Taytsong, Empereur de la Dynastie des Tang, qui donna, dit-il, à deux Dames le titre d'*Impératrice*. Le Mandarin, qui vouloit que Chingko seule eût des tablettes, ne fut nullement embarrassé; au lieu de développer le trait d'Histoire cité par son adversaire, il remonta jusqu'à l'Empereur Yao, & assura que ce Prince ne mit pas la tablette de sa mere auprès de celle de Tiko son pere, parce qu'elle n'étoit pas Impératrice. Tout le monde applaudit à cette réponse. Peyen récompensa le Mandarin,

SECT. I.
Troubles & révoltes sous Touhan-temûr.

Décision d'une question.

& Chingko eut sa tablette près de celle de Hayshan son mari.

SECT. I.
Troubles & révoltes sous Touhan-temûr.

Conspiration de Tangkishi.

La mort de Satun, frere d'Yentemur, qui arriva en 1335, fut l'occasion de la perte de son illustre & puissante famille. Tangkishi s'attendoit à être revêtu d'une bonne partie des grandes charges de son oncle, & tout fut donné à Peyen, qui se vit par-là le premier Seigneur de la Cour. Tangkishi, Prince d'un naturel fier, & peu réservé dans ses paroles, se plaignit hautement de l'injustice qu'on lui faisoit, & fit valoir plus qu'il ne convenoit les services que ses ancêtres avoient rendus à l'Empire ; il parla en même temps de Peyen avec mépris, disant que ce n'étoit pas un homme qui méritât une si grande élévation, &, de concert avec Talyentali son oncle paternel, prit des mesures pour mettre sur le trône Vanghotemur, fils du Prince rebelle Siliki, tué en Tartarie du temps de Hu-pi-lay. Talyentali avoit refusé plusieurs fois d'obéir aux ordres qu'il avoit de se rendre à la Cour. La conspiration qu'on tramoit fut découverte par un Prince du sang, & Peyen fut chargé d'arrêter les Conjurés. Au mois de Juin, Tangkishi cacha une troupe de soldats à l'est de la ville de Changtû, où étoit alors la Cour, & le 30 du mois il devoit attaquer le palais de tous côtés. Peyen le prévint & se saisit de lui & de Targai son frere, pendant qu'ils étoient tous deux au palais. Tangkishi fut tué sur le champ ; Targai s'enfuit, &, tout tremblant, se sauva dans la chambre même de l'Impératrice sa sœur : cette jeune Princesse fut effrayée de voir son frere blessé, & lui demander la en pleurant. L'Impératrice, inſtruite de ce qui ſe paſſoit, voulut ſauver ſon frere; mais ce fut en vain: des Seigneurs entrerent l'épée à la main dans ſa chambre, & maſſacrerent Targaï en ſa préſence.

Peyen informa l'Empereur de tout; & ce Prince, au lieu de punir ſévérement ceux qui avoient oſé entrer ainſi les armes à la main dans l'appartement de l'Impératrice, conſentit que Peyen ſe ſaisît d'elle & la fît mourir. En conſéquence de cette permiſſion, ce Miniſtre ſanguinaire alla droit à la chambre de cette Princeſſe, qui, voyant qu'il venoit pour la prendre, fit un grand cri, & ſe jetant à genoux devant l'Empereur, le ſupplia de lui ſauver la vie. Ce Prince cruel lui reprocha la révolte de ſon oncle & de ſes deux freres, & lui dit qu'il ne pouvoit la ſecourir. Ces dures paroles furent ſa ſentence de mort. Peyen ſe ſaiſit d'elle, la conduiſit dans une maiſon d'un village voiſin, & la tua de ſa propre main. Talyentali ſe défendit du mieux qu'il put, &, après pluſieurs efforts inutiles qu'il fit avec les Seigneurs qui étoient de ſon complot, il ſe réfugia auprès du Prince Vhanghotemur, qui le fit arrêter & le tua de ſa propre main.

Malgré les repréſentations des Lettrés, un grand Seigneur Mongol fit abolir l'examen de ceux de leur ordre. Les Chinois en témoignerent par-tout leur mécontentement; ils firent des recherches ſur la vie de ce Tartare, & trouverent aſſez de fautes dans ſa conduite pour le rendre ſuſpect à Peyen, qui le fit reléguer dans un pays où il mourut peu de temps après.

En 1337, il y eut des troubles dans les pro-

SECT. I.
Troubles & révoltes ſous Touhan-temûr.

L'Impératrice eſt tuée.

Examens ſupprimés.

SECT. I.
Troubles &
révoltes sous
Touhan-temur.

Troubles.
1337.

vinces de Quangton, de Honan, de Sechuen & de Kokonor; le peuple paroissoit mécontent de l'Empereur, & décrioit sa conduite. On défendit aux Chinois d'apprendre le Mongol, & d'avoir des armes. Dans le même temps, l'Empereur déclara une Princesse de Hongkila Impératrice. Au mois de Mai il parut une comete qui fut visible pendant soixante-trois jours; son cours fut depuis les Pléiades jusqu'à la tête du Scorpion (a).

Machartay, frere cadet de Peyen, avoit les bonnes qualités de ce Ministre sans en avoir les défauts. Il étoit bon Général, aimé & estimé des troupes; l'Empereur voulut lui donner le titre de *Vang* ou de *Regulo*, mais il le refusa constamment. Une des mauvaises qualités de Peyen étoit d'être cruel & sanguinaire: il proposa à l'Empereur de faire mourir tous ceux dont le Seing (b) étoit *Chang*, *Vang*, *Lyeu*, *Li* & *Chao*: on ne dit pas la raison de cette barbare demande; mais elle fut rejetée, & attira à Peyen un nombre infini d'ennemis (c).

Toto entreprend de se saisir de son oncle. 1340.

Toto, fils de Machartay, étoit un des Officiers des Gardes; sa sage conduite le fit bientôt estimer de l'Empereur & des Grands de la Cour, dont il connoissoit parfaitement toutes les intrigues. Il sut que son oncle Peyen étoit devenu suspect à Touhan-temur, dès le mois de No-

---

(a) Cette maniere Chinoise d'exprimer le cours de la comete mériteroit explication. Gaubil.
(b) Il nous semble que cet endroit auroit autant besoin d'explication, que ce qui regarde le cours de la comete.
(c) Gaubil, p. 272 & suiv.

vembre de l'an 1339, depuis que ce Miniſtre avoit fait mourir, ſous un faux prétexte, Chechetû, arriere-petit-fils de Mengko par Yulongtashe ſon quatrieme fils. Peyen étoit haï de tout le monde, & étoit d'un orgueil inſupportable; depuis quelque temps il marchoit avec le train & l'équipage d'un grand Roi, & Toto fut un jour témoin de cette pompe ſuperbe, dans le temps que le train de l'Empereur étoit fort médiocre. L'Empereur s'en apperçut, & en fut indigné; il crut même que Peyen avoit de mauvais deſſeins (*a*), & Toto fut certainement que l'Empereur avoit intention de le perdre. Il informa ſon pere Machartay de ce qui ſe paſſoit, & conſulta un Lettré Chinois, nommé *Uchivang*, qui avoit été ſon Gouverneur, & en qui il avoit beaucoup de confiance. Uchivang lui cita les paſſages qui diſent, *qu'il faut ſacrifier ſa famille à la juſtice, & qu'un Grand Mandarin ne doit avoir d'autre objet que la fidélité due à l'Empire.*

Toto étoit homme d'eſprit; ayant trouvé une occaſion favorable de parler à l'Empereur, il ſe mit à genoux, & dit qu'*il renonçoit à ſa famille pour ſervir ſon Prince.* L'Empereur, qui crut qu'il y avoit de la diſſimulation dans ce que lui diſoit Toto, fit ſemblant de ne pas comprendre le ſens de ſes paroles. La plupart des Seigneurs qui étoient auprès de l'Empereur, étoient des créatures de Peyen; Shikiay & Alû étoient preſque les deux ſeuls ſur leſquels ce Prince pût compter

SECT. I.
Troubles & révoltes ſous Touhan-te-mûr.

(*a*) Peyen étoit accuſé ou de vouloir enlever l'Empereur, ou de vouloir le tuer pour en mettre un autre ſur le trône. Gaubil.

SECT. I.
Troubles &
révoltes sous
Touhan-te-
mûr.

Mort de
Peyen.

pour le secret. Il les chargea de sonder la fidélité de Toto ; ces Seigneurs examinerent toutes ses démarches, & rapporterent à l'Empereur qu'ils répondoient de lui. Après cette assurance, Touhan-temûr fit venir Toto, & versa des larmes en lui parlant de la conduite de Peyen son oncle. Toto & Shikiay étant devenus ensuite intimes amis, résolurent de se saisir de Peyen, & l'Empereur approuva les mesures qu'ils prirent pour exécuter ce dessein.

Toto plaça de nouveaux Gardes dans tous les postes, & en augmenta le nombre ; il leur ordonna de lui rendre un compte exact de tout ce qui entreroit & sortiroit. Peyen fut surpris de voir la garde renforcée sans en avoir eu avis comme Grand Général, & il en fit une réprimande à son neveu. Toto lui répondit hardiment, qu'*on ne pouvoit faire trop bonne garde dans l'endroit où étoit l'Empereur*. Sur cela Peyen jugea à propos de renforcer sa propre garde, & conclut qu'il ne pouvoit pas compter sur Toto. Il avertit ensuite les Gardes qu'il avoit à parler à l'Empereur ; on lui demanda de quoi il s'agissoit, & ayant su que c'étoit pour inviter l'Empereur à une chasse, Toto en dissuada ce Prince, & Peyen fit des instances inutiles. Touhan-temûr ordonna au Prince Yentyekûtse d'aller camper hors de la ville ; & Peyen apprit avec surprise que Toto & Shikiay en avoient fait fermer les portes, & en gardoient les clefs, après avoir fait poster dans tous les quartiers de Tatû des troupes à leur dévotion. La nuit, ces deux Seigneurs firent changer d'appartement à l'Empereur, & on fit rentrer dans la ville le Prince Yentyekûtse. Ils ordonne-

Livre V. Chapitre XII.

rent d'obferver Peyen, & le jour Kihay du mois de Février, on ôta à ce Miniftre tous les titres & les emplois qu'il avoit à la Cour; il eut ordre en même temps de partir pour le Honan, afin d'y exercer une charge de Mandarin: Il demanda à faluer l'Empereur, ce qui lui fut refufé; en chemin il reçut un fecond ordre qui l'exiloit; il continua fa route, & étant tombé malade près de Nangchanfu, capitale du Kiangfi, il y mourut haï des Grands & du Peuple (a).

SECT. I.
Troubles & révoltes fous Touhan-temûr.

Cette révolution procura de nouveaux emplois à Toto & à Machattay fon pere; mais celui-ci refufa encore le titre de *Regulo* & celui de *Turghan* ou *Tarkan*, en vertu duquel on eft exempt d'impôts & de redevance. On ne fit pas d'autres changemens dans le Miniftere; on publia que les Mandarins qui avoient fervi fous Peyen n'avoient rien à craindre, & qu'on les continuoit dans leurs emplois.

Ce qui fa paffa à la Cour. Les examens rétablis.

L'Empereur étant à Changtû au mois de Juin, fit publier dans tout l'Empire un Manifefte, dans lequel il expofoit tout ce que l'Empereur Tutemûr & l'Impératrice Putasheli avoient fait contre Hoshila & contre l'Impératrice Papûsha; il fe plaignoit amérement de ce qu'on l'avoit relégué fans qu'il fût coupable de rien, & de ce qu'on avoit voulu le faire paffer pour le fils d'un autre

---

(a) Quand il fut arrivé à Chingtingfû, des vieillards lui offrirent du vin. Peyen leur demanda s'ils avoient appris l'affaire d'un fils qui vouloit tuer fon pere, voulant parler de ce que venoit de faire Toto. Un des vieillards lui répondit qu'ils n'en avoient pas ouï parler, mais qu'ils avoient appris qu'il y avoit des fujets qui avoient voulu tuer leur Souverain. Gaubil.

que de Hoshila. Il ôta enfuite à Putasheli le titre d'*Impératrice Grand-mere*, & l'exila; elle mourut bientôt après. Le Prince Yentyekûtfe eut ordre de partir pour la Corée; il fe mit en chemin & fut tué (*a*). On ôta du palais des Ancêtres la tablette de Tutemûr; on dépofa plufieurs Mandarins qu'il avoit nommés, & on punit des Seigneurs dont il s'étoit fervi. Au mois d'Août, Touhantemûr revint à Tatû, & dans le mois de Décembre, il rétablit l'examen des Lettrés.

L'an 1342, la famine fut fi grande qu'on mangea de la chair humaine (*b*). A deux ou trois lieues au nord du pont de Lukeukyao, qui eft à quelques lieues à l'oueft de Peking, eft un lieu appelé *Kinkeu*, fur le bord oriental de la riviere When. Les Empereurs de la Dynaftie des Kins avoient autrefois fait creufer un canal de communication entre Tongcheu & Kinkeu, pour faire venir les provifions & les marchandifes qui fe transportent fur la riviere de Tongcheu : ce canal paffoit au nord de la ville d'Yenking; & l'expérience ayant fait voir qu'il étoit très-dangereux pour la ville Impériale, on le détruifit. Au mois de Janvier de cette année, Toto entreprit de le rouvrir, pour joindre les deux rivieres de When

---

(*a*) Le Prince Yentyekûtfe avoit été déclaré d'abord Prince Héréditaire par Touhan-temûr. Sa mort eft la feule chofe que l'Hiftoire reproche à cet Empereur dans ce qu'il fit contre Tutemûr & Putasheli. Gaubil.

(*b*) L'Hiftoire marque, par la raifon que nous avons dite, des éclipfes du foleil dans les mois d'Août & d'Octobre. Gaubil.

& de Pe : un des Miniſtres Chinois s'y oppoſa, pour les mêmes raiſons qui l'avoient ci-devant fait boucher ; mais l'avis de Toto l'emporta. Cependant le ſable & la vaſe rendirent bientôt le canal inutile, comme le Mandarin l'avoit prédit, & la crainte des inondations le fit fermer une ſeconde fois. On rapporte que cette année on offrit à l'Empereur un cheval du royaume de Fûlang, par où l'on déſigne ſans doute l'Europe, long de onze pieds ſix pouces, haut de ſix pieds huit pouces, le corps noir avec des taches de différentes couleurs, & la corne des deux pieds de derriere, blanche. Le préſent fut eſtimé.

Hu-pi-lay, dès le commencement de ſon regne, ordonna de mettre en ordre les Mémoires pour l'Hiſtoire des Leao & des Kins ; & après la deſtruction de la Dynaſtie des Song, il fit auſſi travailler à l'Hiſtoire de cette Dynaſtie. Cependant, malgré les ordres de ce Prince & ceux de ſes ſucceſſeurs, ces Hiſtoires ne s'achevoient pas. En 1343, Toto, fils de Machartay, Timurtash, fils de Toto, Prince de Kangli, Gheu-yang-ſuen, Hiſtorien de l'Empire, natif de Changcha dans le Huquang, Changkiyen, Lutſecheng, Kychitſe, & d'autres habiles Docteurs furent nommés pour ce grand Ouvrage, qui fut enfin achevé ſous Touhan-temûr : chacune des trois Dynaſties eut ſon Hiſtoire à part ; Gheu-yang-ſuen eut la meilleure part à ce qu'il y a de bon dans cet Ouvrage. Outre les Annales des Empereurs de ces trois Dynaſties, il y a des Chapitres ſéparés, qui contiennent les divers Calendriers, les Méthodes Aſtronomiques, & les Obſervations du Tribunal des Mathématiques. On y voit un ample Catalogue des grands

Sect. I.
Troubles & révolies ſous Touhan-temûr.

Hiſtoires achevées.
1343.

SECT. I.
Troubles & révoltes sous Touhan temûr.

Hommes de la Dynastie, avec le précis de leurs actions; & c'est là qu'on voit les Ouvrages que les Savans du temps ont faits. On y rapporte ce qu'on savoit de Géographie étrangere, & on y voit d'amples descriptions des pays soumis aux Princes dont on fait l'Histoire, ou qui étoient leurs tributaires. L'Histoire des Song est suivie en outre d'une espece de Bibliotheque Chinoise, & on y voit, sous diverses classes, les Livres écrits à la Chine sur toutes sortes de sujets (*a*). C'est de ces trois Histoires que le Nyenitse & le Tsu-pyen, insérés dans le Tong-kyen-kang-mû, ont pris la meilleure partie de ce qui y est rapporté des Dynasties des Leao, des Kin & des Song.

Honneurs rendus aux Ancêtres.

Au mois d'Octobre de cette année, l'Empereur Touhan-temûr alla au palais des Ancêtres honorer les Princes de sa famille: quand il fut devant la tablette de Ningtsong ou Ilinchipin, son frere cadet, il eut de la peine à se mettre à genoux. Les grands Mandarins Chinois lui rapporterent l'exemple des deux freres Hi & Min (*b*), Comtes du pays de Lû dans le Chantong, & lui dirent que Hi, quoique l'aîné, ne se dispensa pas de faire la cérémonie à son cadet, qui avoit régné avant lui. On appuya ce trait d'Histoire par une raison : » Sire, dit un Mandarin, vous n'étiez que
» sujet quand votre frere étoit Empereur : or un
» sujet doit se mettre à genoux devant son Sou-

___

(*a*) Le P. Gaubil ne parle point d'une infinité d'autres points traités dans ces Histoires, parce qu'il avoit dessein d'en parler ailleurs.

(*b*) Hi & Min sont du nombre des douze Princes de Lû, dont Confucius a écrit les Annales; c'est le Livre intitulé *Chun-tsyeb*. Gaubil.

» verain «.

verain ». La difficulté de Touhan-temûr étant ainsi levée, il se mit à genoux, & honora son frere Ningtsong en frappant la terre neuf fois du front.

Au mois de Mai de l'an 1344, Toto fut honoré du titre de *Regulo*, & lui-même proposa Alutu pour remplir sa place de Ministre. Alutu étoit, à la quatrieme génération, descendant de Poeulchu ou Porji, un des quatre intrépides de Jenghiz Khan. Un an après, mourut Naonao, fils de Puhuchu de Kangli, dont on a eu occasion de parler plusieurs fois. Naonao fut fort regretté de l'Empereur, qui l'estimoit, & ne trouvoit pas mauvais qu'il l'exhortât souvent à la vertu & à gouverner par lui-même. Il passoit pour un homme d'une grande vertu, & étoit d'ailleurs un des plus savans Docteurs de l'Empire. Il avoit un frere cadet fort habile, appelé *Wheyuhey* ou le Mahométan.

L'an 1346, Perkupuwha, fils du Ministre Aoutay, tué par ordre de l'Empereur Hayshan, accusa le grand Général Machartay, & l'Empereur relégua cet Officier à Sining, ville du Chensi, à l'extrémité de la grande muraille. Toto ayant fait de vains efforts pour parer le coup, suivit son pere. Un second ordre exila Machartay à Safe en Occident. Un Seigneur du pays de Turfan, qui étoit Grand Mandarin, se récria contre ceux qui maltraitoient ainsi un grand Seigneur de mérite & innocent : alors on donna ordre à Machartay de demeurer à Kancheu dans le Chensi, où il mourut peu de temps après. Tout le monde lui rendit justice, fut persuadé de la malice de Perkupuwha,

SECT. I.
Troubles & révoltes sous Touhan-temûr.

Toto est fait Regulo.
1345.

Son pere est exilé.

Tome VII. Ff

de la vertu du grand Général, & de la foibleſſe de l'Empereur (a).

SECT. I.
Troubles & révoltes ſous Touhan-temûr.

Projet pour le Wangho. 1348.

En 1348, Kialu, natif de Kaoping dans le Chanſi, qui avoit quelque connoiſſance de la Géométrie & du Nivellement, fut envoyé pour examiner le cours du Wangho & ſon ancien lit dans le Pecheli. Il dreſſa une Carte & l'accompagna d'un Ecrit, où il parloit des levées à faire le long de cette riviere, & du nouveau cours qu'il prétendoit lui donner. Kialu fut appuyé de quelques grands Seigneurs, & il eut l'inſpection ſur les Tribunaux qu'on érigea pour la conduite des ouvrages qu'on méditoit. Nous verrons plus bas les ſuites de cette affaire. Au mois d'Août, Yuchi, un des plus fameux Docteurs de l'Empire, mourut à Lichuen dans le diſtrict de Fucheu dans le Kiangſi, ſa patrie; il avoit beaucoup de part à l'Ouvrage intitulé *King-chi-ta-tyen*. En 1353, Matſuchang, Grand Mandarin, originaire de l'occident de l'Aſie, publia que Yuchi étoit l'Auteur d'un Edit de Tutemur, où ce Prince rapportoit ce qu'on diſoit de la naiſſance de Touhantemûr. Yuchi, indigné de cette accuſation de ſon ennemi, ſe retira de lui-même, & quoique l'Empereur l'invitât à revenir, il s'excuſa toujours.

Corruption des Miniſtres.

De tout temps il s'eſt trouvé à la Chine des Grands Mandarins qui ont averti les Empereurs de leurs fautes, & qui ont mieux aimé perdre leurs biens & leur vie que de manquer à ce devoir. Au mois de Novembre de l'an 1348, un grand Seigneur imita leur exemple, & retraça à Touhantemur les maux que l'Empire ſouffroit, ſe plai-

---

(a) Gaubil, p. 278 & ſuiv.

gnit que les fautes des Grands demeuroient impunies, & assura que cela perdroit l'Empire. Il rappela à l'Empereur les crimes de Peyen le Merkite, & dit qu'il étoit scandaleux de voir encore à la Cour ses freres, ses fils & ses petits-fils. Un autre Mandarin pria l'Empereur de priver des honneurs & du titre d'*Impératrice* la Princesse Ki, qui étoit Coréenne, & à laquelle il avoit donné ce titre, quoique la Princesse de Hongkila fût vivante (*a*). Le Mandarin cita, pour appuyer sa demande, un écrit de Hu-pi-lay, dans lequel il faisoit serment de ne s'allier point avec les Coréens. L'Empereur aimoit passionnément la Princesse Ki, qui étoit mere du Prince qu'il destinoit à être son successeur, & tous les enfans qu'il avoit eus de la Princesse de Hongkila étoient morts. Il rejeta les placets des deux Mandarins.

SECT. I.
Troubles & révoltes sous Touhan-temûr.

L'an 1349, Tayping, Seigneur fort sage & modéré, étoit à la tête des affaires. Comme il étoit integre, il ne pouvoit souffrir de voir l'innocence opprimée, & malgré les obstacles qu'il rencontra, il demanda & obtint le rappel de Toto. Ce Prince rentra dans le Ministere, & ignorant l'obligation qu'il avoit à Tayping, il se joignit aux ennemis de ce Seigneur pour l'accuser. Tayping fut dépouillé de ses emplois, & ses accusateurs vouloient pousser leur fureur plus loin, lorsque la mere de Toto menaça son fils de le renoncer, s'il ne cessoit ses poursuites, en lui di-

Cas singulier.

(*a*) Touhan-temûr eut trois femmes, qui portoient en même temps le titre d'*Impératrices*; & il n'eut aucun égard à l'ordre de Tutemûr, de ne donner ce titre qu'à une seule femme. Gaubil.

Ff ij

Sect. I.
Troubles & révoltes sous Tou'an-temur.

sant que Tayping n'étoit point coupable, & ne lui avoit fait aucun mal. Toto, qui aimoit tendrement sa mere & n'avoit garde de lui donner du chagrin, cessa d'accuser Tayping. Quelque temps après, il apprit les obligations qu'il avoit à ce Seigneur, & fut sincérement affligé d'avoir fait tant de mal à son bienfaiteur. Un ami de Tayping lui ayant conseillé de se tuer, il lui répondit : » Je n'ai point commis de faute ; me tuer, ce » seroit m'avouer coupable ; laissons faire le » Ciel (*a*) «. Il se retira à Siganfu dans le Chensi, avec sa famille.

Le jeune Prince ennemi de l'étude.

L'Empereur souhaita que son fils apprît les caracteres Chinois & la Littérature de la Chine. Toto, qui étoit très-habile, fut choisi Surintendant de l'éducation du Prince, & Lihaoven fut nommé son Précepteur : on choisit aussi quelques Lamas pour instruire le Prince dans la Doctrine & les Livres de Fo. Lihaoven se donna beaucoup de peines pour son Eleve ; il fit un Abrégé de l'Histoire Chinoise jusqu'à son temps, des Abrégés des Livres classiques, des Réflexions sur les causes de la ruine des Dynasties, & autres Traités dans le goût Chinois, propres, selon eux, à former un Prince au gouvernement. Mais le Prince avoit peu d'inclination pour les Sciences, & étoit porté au Culte de Fo (*b*) ; il étoit ennemi

---

(*a*) Il parloit de l'Empereur, que les Chinois appellent, *Fils du Ciel*; ils croient que la puissance impériale vient du Ciel, & qu'il faut obéir à ses ordres, comme à ceux du Ciel. Gaubil.

(*b*) Ce Prince paroît avoir été d'un autre caractere qu'Ayyeushilitata, Prince Héréditaire dont il est parlé plus bas : mais comme le Prince dont il est parlé ici n'est point nommé, nous ne pouvons rien décider.

du travail, & l'étude des Livres Chinois demande beaucoup d'application. Tout ce que lui disoit son Précepteur, lui paroissoit obscur, plein de verbiage, & fort inutile. Un jour il dit, en présence de Lihaoven, « qu'il n'avoit encore rien compris à » ce qu'il disoit, au lieu que dans une nuit il » avoit compris la Doctrine de Fo «. Ce discours révolta contre le Prince tous les Lettrés & les Docteurs Chinois, qui n'eurent jamais qu'une idée peu avantageuse de lui, le jugeant très-peu propre à gouverner leur pays, parce qu'il ne vouloit ou ne pouvoit comprendre les Livres qui, selon eux, sont si propres à apprendre à bien gouverner (a).

SECT. I.
Troubles & révoltes sous Touhan-temûr.

Ama & Suesué, deux freres natifs du pays de Kangli, étoient alors très-puissans à la Cour, & quoique fort décriés par le déréglement de leurs mœurs, ils avoient les entrées libres au palais de l'Impératrice Ki, où on les voyoit continuellement. Les Censeurs de l'Empire & les Grands Chinois blâmerent hautement une pareille conduite, & deux entre autres s'en plaignirent à l'Empereur. Ama aigrit l'esprit de l'Impératrice par des rapports artificieux. Cette Princesse porta ses plaintes à Touhan-temûr, & demanda qu'on punît les deux Mandarins, comme des calomniateurs qui entreprenoient de noircir sa réputation. L'Empereur irrité relégua les deux Mandarins, & l'un mourut dans le lieu de son exil. Cette conduite parut tyrannique aux Chinois, parce que les Mandarins n'avoient fait que leur devoir. Ama, qui joignoit à beaucoup de mauvaises qualités celle d'être débauché à

Procédé arbitraire.

(a) Gaubil, p. 281-284.

F f iij

SECT. I.
Troubles & révoltes sous Touhan-temûr.

Le projet touchant le Whangho, cause des troubles.

l'excès, passoit pour être celui qui contribuoit le plus à corrompre l'Empereur, qu'on voyoit donner dans les plus grandes débauches, abandonner entiérement le soin des affaires, & donner toute sa confiance à des gens sans honneur, sans capacité & sans mœurs.

Les résolutions qu'on prit en 1351 sur le nouveau cours qu'on avoit proposé de donner au Whangho (*a*), ou Riviere jaune, augmenterent considérablement les troubles & le mécontentement. Kialu, dont nous avons parlé, appuyé de Toto, avoit persuadé à l'Empereur de faire passer comme autrefois le Whangho par le pays de Taymingfu dans le Pecheli, & de le faire décharger dans la mer de Tyen-tsin-wey. En attendant, Chengtsun, Président du Tribunal des Ouvrages publics, étoit allé avec des Mathématiciens de Kayfongfu, capitale du Honan, à Tamingfu, & en d'autres lieux; & après avoir examiné & nivellé le terrain, il assura que l'ancien lit qu'on vouloit creuser de nouveau, étoit impraticable, qu'on feroit trop de dépense, & que le Chantong seroit ruiné. On se servit de toutes sortes de moyens pour faire changer le Président d'opinion; il répondit qu'il mourroit plutôt que de dire le contraire de ce qu'il pensoit dans une matiere de cette importance, & qui intéressoit si fort le bien public. Chengtsun fut donc dépouillé de sa charge, qu'on donna à Kialu, & on ajouta

---

(*a*) A cette occasion le P. Gaubil fait l'Histoire des divers changemens arrivés dans le cours du Whangho depuis les plus anciens temps. Le détail qu'il en fait est tiré des Auteurs Chinois.

aux titres de *Toto*, son protecteur, celui de *Targhan* (a).

Les travaux que l'on fit pour le Whangho ruinerent une infinité de gens, firent imposer de nouvelles taxes, & les Paysans ne pouvoient souffrir de voir prendre leurs terres, & d'être transportés ailleurs. Le mécontentement devint général ; différens Chefs de parti animerent les peuples de toutes les provinces, & les Mandarins se trouverent fort embarrassés.

Hanshantong, natif du territoire de Chingtingfu, avoit été exilé dans le Chantong pour ses fautes : il profita de la disposition des esprits, pour faire révolter beaucoup de monde dans le Chantong, le Honan & le Kiangnan. On le fit passer pour un descendant de Whytsong, huitieme Empereur des Song : on fit serment de lui obéir, & on sacrifia un cheval blanc & un bœuf noir. Les rebelles prirent par distinction le bonnet rouge. Les Mandarins trouverent moyen de se saisir de Hanshantong ; mais sa femme & ses enfans se sauverent. Lyéufutong, homme intrépide, qui soutenoit Hanshantong, parut en campagne au mois de Mai, dans le pays de Fongjangfu du Kiangnan : il fut bientôt joint par plus de cent mille hommes, & se fortifia dans les territoires de Nanyangfu & de Juningfu du Honan. Dans le même temps, un Pirate, nommé *Fangquechen*, parut avec une grande flotte sur les côtes du Chekyang & du Kiangnan ; il entroit dans les rivieres, pilloit les villes & les villages, & ruinoit le commerce. Une de ses vûes

Sect. I. Troubles & révoltes sous Touhan-temûr.

Hanshantong & Lyeufûtong se révoltent.

―――――――――

(a) *Idem*, p. 284, 285.

étoit d'empêcher le transport des grains, du riz & des marchandises à la Cour. Les Généraux qu'on envoya d'abord contre Fangquechen furent battus, & même faits prisonniers. Après cela, le Pirate fit un accommodement feint; les Grands Mandarins dissimulerent sa révolte, & lui firent même donner, comme à ses freres, des titres d'honneur & des charges. Cependant ce rebelle tenoit toujours les ports bloqués, & faisoit impunément tout ce qu'il vouloit, faute de Capitaines & de soldats fideles qu'on pût lui opposer sur mer.

L'Empereur, étant de retour à Tatû au mois d'Août, chargea Yesyen-temur, frere de Toto, d'assembler des troupes, & de marcher contre Lyeufutong. Ce Général reprit quelques places dans le Honan, & fit mourir quelques rebelles; mais réellement le parti de Lyeufutong se fortifia. Au mois d'Octobre, Tsucheuhey prit les armes dans le Huquang, & se fit proclamer Empereur à Kichuy, dans le district de Hongcheufu. Il donna un nom à la Dynastie qu'il vouloit fonder, & l'année 1351 est marquée dans l'Histoire pour la premiere de son regne. Dans le mois de Novembre, il parut une comete dont la queue étoit tournée vers l'ouest. On ne manqua pas de répandre dans tout l'Empire, que le Ciel annonçoit par plusieurs marques évidentes, qu'il vouloit en dépouiller Touhan-temur. L'Histoire rapporte les réflexions superstitieuses qui se firent sur l'apparition de cette comete.

En 1352, Tsucheuhey prit Haniang & Vuchang dans le Huquang, & après s'être saisi d'autres postes importans, il fit équiper une flotte, &

SECT. I.
Troubles & révoltes sous Touhan-temur.

Tsucheuhey proclamé Empereur.

entreprit le siége de Kieukiangfu, sur le grand Kiang. Soit trahison, soit lâcheté, soit dégoût du service de Touhan-temûr, un grand nombre de Mandarins Tartares du Huquang & du Kiangsi prenoient la fuite à l'approche des Chinois. Polotemur, Général d'un grand corps de troupes qui campoient le long du Kiang, abandonna son poste avec ses Mongols, qui se dissiperent par la seule crainte de Tsucheuhey. Ceci se passa dans les premiers mois de l'année. C'est à cette occasion qu'un Grand Chinois, nommé *Lifu*, du district de Fongyangfu dans le Kiangnan, donna aux Mongols un bel exemple de fidélité pour son Souverain. Il envoya des Courriers dans tous les villages voisins, pour couper le chemin aux troupes de Polotemur, & pour les obliger à faire leur devoir. Yesyen-temur, Officier Tartare, seconda Lifu, & ayant joint leurs troupes, ils défirent un détachement de vingt mille hommes de l'armée de Tsucheuhey. Lifu fit ensuite abattre beaucoup d'arbres, & les ayant fait lier ensemble, les fit jeter dans le Kiang, pour arrêter la flotte des rebelles. Elle parut bientôt, voguant à pleines voiles à la faveur du courant; mais l'obstacle imprévu qu'elle rencontra, ne lui permit pas d'approcher de Kieukiangfu, ni d'éviter les fleches enflammées que Lifu fit tirer, qui brûlerent beaucoup de barques (*a*).

Dans le temps que Lifu étoit occupé à servir Touhan-temûr avec tant de zele, le Général Tukyenpuwha avoit pris la fuite par la porte du nord; la plupart des autres Officiers Tartares imiterent

Sect. I.
Troubles & révoltes sous Touhan-temûr.

___

(*a*) Gaubil, p. 285-288.

SECT. I.
Troubles & révoltes sous Touhan-temûr.

ce pernicieux exemple, & l'armée de Tsucheuhey se disposoit à entrer dans la ville. Alors Lifu prit ce qui restoit de troupes fideles, & avec un de ses neveux, qui étoit toujours à ses côtés, il monta sur les remparts pour éviter toute surprise. Les ennemis, après avoir brûlé la porte occidentale, vinrent attaquer celle de l'Orient, & malgré les efforts de Lifu, ils entrerent dans la ville. Ce brave homme à cheval se défendit dans les rues; mais les forces lui manquant, il cria tout haut: *Tuez-moi, mais épargnez les habitans.* A ces mots, lui & son neveu furent taillés en pieces. Les habitans pleurerent sa mort, & l'Empereur lui donna de grands titres d'honneur. Lifu étoit un des premiers Mandarins de Kyeukyangfu. Les Annales de cette ville l'ont mis au nombre des plus illustres de ceux qui l'ont gouvernée.

Calamités publiques, & succès des Rebelles.

Il y eut cette année un tremblement de terre extraordinaire à Longsi dans le Chensi; & pendant cent jours on sentit de violentes secousses. On trouva des arcs de neuf à dix pieds, dont on ne savoit pas l'antiquité. Au commencement de l'année, la famine & la maladie firent périr neuf cent mille ames. Dans le seul district de Tamingfu dans le Pecheli, la famine emporta au mois de Juin cinq cent mille personnes. L'Empereur ordonna qu'on donnât aux Chinois des emplois dans les Tribunaux des provinces qui sont au sud du Kiang; jusque-là ils n'avoient été ordinairement employés que pour le commerce & la Littérature. En ce temps-là, l'Empereur apprit avec beaucoup de chagrin la mort du Général Taypuwha, qui avoit été tué par les troupes de Fangquechen sur la côte du Chekyang. Un pareil

Livre V. Chapitre XII.

du Pirate le fit tomber dans le piége. Quand il s'apperçut qu'il étoit trahi, il tua le traître aussi bien que les autres dont il se défioit; mais ayant été enveloppé de tous côtés, il fut massacré, après avoir fait une courageuse résistance. Dans le même temps, l'armée du rebelle Lyeufutong dissipa celle d'Yesyen-temur, frere de Toto, qui abandonna la campagne aux ennemis, & se retira à Kayfong-fu, capitale du Honan.

Sect. I. Troubles & révoltes sous Touhan-temúr.

L'Empereur envoya un autre Général à sa place, & se contenta de dire qu'Yesyen-temur ne savoit pas le métier de la guerre: mais plusieurs Grands Mandarins l'accuserent d'avoir perdu une armée, & d'avoir, par sa lâcheté, déshonoré l'Empire des Mongols. Touhan-temur, au lieu de faire un exemple d'une si grande faute, confia le soin d'examiner l'affaire à Toto, qui se conduisit très-mal dans cette occasion; non seulement il soutint son frere, mais même il accusa & fit déposer plusieurs des Mandarins qui avoient accusé Yesyentemur. Parmi les Seigneurs de mérite & les plus capables de servir l'Etat, étoit Torchipan, descendant, à la septieme génération, de l'illustre Moholi ou Muhuli. Il avoit d'abord été Ministre, & étoit très-capable de rétablir les affaires; mais il se dégoûta, parce qu'on n'écoutoit pas ses sages conseils; & il ne voulut jamais avoir la moindre part aux intrigues criminelles de ceux qui gouvernoient l'esprit de Touhan-temur. Torchipan étoit habile dans les Sciences Chinoises; il entendoit les Mathématiques & l'Art militaire; mais comme il fut un de ceux qui parurent le plus indignés contre Yesyen-temur, Toto le fit exiler. Il mourut bientôt après, âgé

Injustice de Toto.

de quarante ans, à Whangcheufu, dans le Huquang. Cette conduite à l'égard d'un des premiers & des plus illustres Seigneurs de l'Empire, fit beaucoup de tort à Toto, & nuisit infiniment aux affaires de l'Empereur.

La Cour fut fort alarmée à la nouvelle de la prise de Hangcheufu, capitale du Chekyang, qui fut emportée au mois de Juillet par les troupes de Tsucheuhey. L'Empereur, craignant de perdre les provinces méridionales, fit marcher une puissante armée sous les ordres de Kiaouha & de Tongposiao. Le premier, ayant passé le grand Kyang, demanda l'avis des autres Officiers Généraux. Tongposiao dit, que comme les rebelles seroient infailliblement plongés dans toutes sortes de débauches dans une ville si riche & si délicieuse, ils ne seroient pas en état de résister, & qu'il falloit aller attaquer Hangcheufu. Après bien des débats, cet avis fut suivi, & la ville fut attaquée avec beaucoup de résolution. Cependant les rebelles firent une vigoureuse résistance, & il se donna sept batailles des plus sanglantes ; mais après un grand carnage, la ville fut reprise. Ce grand échec affoiblit beaucoup le parti de Tsucheuhey, qui y perdit d'excellens Officiers & plus de quarante mille soldats. On trouva dans l'armée ennemie plusieurs Magiciens, Bonzes de la Secte de Tao : on les fit mourir, & on brûla leurs Livres de Magie (a).

Au mois d'Août, Toto demanda la permission d'aller faire le siége de Tsucheu, ville du Kiangnan, occupée par les troupes de Lyeufutong.

(a) Gaubil, p. 288 & suiv.

Miculmakomo (*a*), Président du Tribunal de la guerre, fit des éloges outrés de Toto. Ce Général attaqua la ville par la porte occidentale : les assiégés firent une grande sortie; mais ayant été repoussés, Tsucheu fut prise & ruinée. Toto fut récompensé, & eut ordre de revenir incessamment à la Cour.

Sect. I. Troubles & révoltes sous Touan-temur.

Le Général Arslan commandoit les Mongols dans le Kiangsi, & étoit fort estimé des Myaotse. Quand il apprit la révolte de Tsucheuhey, il enrôla cinquante mille de ces Montagnards, & se rendit avec eux à Lucheu, ville du Kiangnan. Une armée de Myaotse au cœur de la Chine, étoit un objet fort odieux; & sur les représentations de Yuque, qui avoit ordre de commander les troupes dans cette province, ils furent congédiés. Ce Mandarin fit fortifier extrêmement la ville de Ganking sur le Kiang, & il se soutint au milieu des rebelles; car, en ce temps-là, la plus grande partie du Kiangsi étoit entre leurs mains. Le Général Singki ayant rassemblé des troupes, prit Kyeukyang & Hukeu; il marcha ensuite aux rebelles, qui pilloient tout sur les rivieres; mais ayant été enveloppé & blessé d'un coup de fleche, il fut fait prisonnier. Singki avoit la réputation d'être un homme de bien & un héros. Aussi-tôt que les rebelles surent son nom, ils se mirent à

(*a*) C'est un seul mot : c'étoit un Etranger dont on ne dit pas le pays. Gaubil. Cette remarque suppose, semble-t-il, que la plupart des noms qu'il rapporte consistent en plusieurs mots, quoique joints ensemble. Cependant nous n'avons guere séparé que des noms Chinois, quoiqu'ils soient composés de plusieurs monosyllabes, & écrits à la Chinoise.

genoux, & lui offrirent à manger; ils le traiterent pendant sept jours dans une hutte avec toute sorte de respect, & ils étoient bien fâchés de ne pouvoir le guérir. Ce Général, voyant que sa fin approchoit, fit un effort pour se lever, & après avoir fait une révérence du côté du Nord, il expira. Cela se passa dans le mois de Novembre. Singki étoit d'une ancienne famille de Ninghya, dans le Chensi, & avoit rendu de grands services à l'Empire.

Toto avoit des obligations à Ama; devenu premier Ministre, il le fit entrer dans les affaires, & nommer Ministre d'Etat. Ama, appuyé du crédit de l'Impératrice Ki, se rendit peu à peu indépendant de Toto, & acheva de corrompre entiérement Touhan-temûr. Il introduisit dans le palais de jeunes débauchés & des Lamas du Tibet, qui joignoient à un cœur dépravé un esprit imbu de superstitions & plein d'idées de magie & de sortilége, dont la suite étoit le libertinage. On persuada à l'Empereur qu'il seroit au comble du bonheur s'il s'exerçoit à leur art abominable, qu'ils appeloient *Yensher* & *Pimi* (a). Ce malheureux Prince, insensible aux maux de l'Empire & à la ruine de sa Dynastie, ne songeoit qu'à se perfectionner dans l'art que les Lamas lui enseignoient. Tous les Tartares & les Chinois qui s'intéressoient au bien de l'Etat, gémissoient de voir ce Prince se livrer dans son palais à toutes sortes de débauches, dans la compagnie d'Ama, de Suesué son frere, de Tolotemur son beau-frere, de plusieurs autres

---

(a) La signification de ces deux mots étoit inconnue au P. Gaubil.

Seigneurs, & des Lamas. Ayyeushilitata, fils de l'Empereur & de l'Impératrice Ki, ne voulut jamais entrer dans les parties de débauche de son pere; mais ce fut en vain qu'il tenta de chasser les Lamas de la Cour. L'Histoire dit à cette occasion, que quand on auroit mis les os d'Ama en mille pieces, on ne l'auroit pas assez puni, étant la premiere source du mal. SECT. I.
Troubles &
révoltes sous
Touhan-te-
mûr.

Depuis quelque temps, les Pirates enlevoient tout ce qui venoit par mer, & Tatû souffroit beaucoup. Pour remédier au mal, Toto fit venir un grand nombre de Paysans du sud, & leur donna des outils, des bestiaux & de l'argent. Ses vûes étoient de faire semer du riz dans les pays voisins de la Cour, & de se passer des provisions qui venoient auparavant par mer: mais cet expédient ne répondit pas à l'attente de Toto; le désordre fut plus grand que jamais, & ce Ministre se brouilla avec Ama qui le supplanta. Il supplante
Toto.

Au mois de Décembre de l'an 1354, Ama accusa Toto d'avoir très-mal fait la guerre, & d'avoir converti à son usage les revenus de l'Empire; son frere Yesyen-temur fut accusé d'être un débauché. Comme en ce temps-là Ama étoit maître absolu de l'esprit de l'Empereur, pour perdre un homme, il n'avoit qu'à le charger sans rien prouver. On commença par priver Toto de ses titres, & lui & son frere furent éloignés de la Cour. Qui est exilé.
1354.

Cependant l'Empereur ne pensoit qu'aux festins, aux parties de plaisir, & à trouver de nouvaux moyens de contenter ses passions. Seize jeunes filles, appelées *les seize Esprits célestes*, étoient destinées à la danse; d'autres personnes Vie efféminée
de l'Empe-
reur.

SECT. I.
Troubles & révol es sous Touhan-te-mûr.

étoient continuellement occupées à des prieres & à des sacrifices à Fo, d'autres à des sortiléges & à prédire l'avenir, d'autres à chanter & à jouer des instrumens; l'Empereur ne connoissoit au monde d'autre affaire importante. Ce Prince fit faire une barque de cent vingt pieds de long, sur vingt de large; il y avoit vingt-quatre rameurs habillés magnifiquement; cette barque servoit, ou pour aller sur un grand lac du palais du nord à celui du midi, ou à se divertir sur le lac. Tandis qu'on ramoit on voyoit un dragon, dont la tête, la gueule & les griffes étoient en mouvement. Dans un des palais étoit une grande armoire, sur laquelle il y avoit une niche appelée *des trois Sages*: au milieu de l'armoire, on voyoit la représentation d'une fille tenant l'aiguille qui montroit les heures du jour & de la nuit, avec les divisions de l'heure Chinoise. Quand l'aiguille étoit sur l'heure, l'eau sortoit; de part & d'autre étoient les figures de deux Anges, dont l'un tenoit une clochette, & l'autre un bassin de cuivre. Quand le temps de la nuit étoit venu, ces deux Anges battoient les veilles Chinoises, selon l'heure que l'aiguille marquoit, & en même temps des figures, qui représentoient des lions & des aigles, se mettoient en mouvement de tous côtés. A l'est & à l'ouest de l'armoire se voyoit la représentation du cours du soleil & de la lune dans le zodiaque; au devant de la figure, qui représentoit les douze signes, étoient représentés six anciens immortels; à midi & à minuit ces six statues s'avançoient deux à deux, passoient un pont appelé le *Pont saint*, entroient dans la niche des trois Sages, & retournoient à leur premier poste. On louoit extrêmement l'art de l'ouvrage,

vrage, tant de la barque que de ces différentes machines; on n'avoit jamais vu rien de pareil, & l'Empereur passoit pour en être l'inventeur (a).

SECT. I.
Troubles & révoltes sous Touhan-temûr.

Au commencement de l'année 1355, un corps de rebelles du Honan passa le Whangho, & au mois de Février Lyeufûtong fit proclamer Empereur Hanlineul, fils du rebelle Hanshanton. Ce nouvel Usurpateur nomma des Ministres & des Généraux, donna à sa Dynastie le titre de *Song*, & fixa sa Cour à Pocheu, ville du Honan. L'Histoire a marqué les années que cette Puissance subsista.

Hanlineul proclamé Empereur. 1355.

Quand Toto fut disgracié, on le nomma d'abord Mandarin de Whaynganfû dans le Kiangnan, & ensuite d'Etsina, ville de la Tartarie, aujourd'hui ruinée, au nord de Kancheu dans le Chensi. Mais on représenta que c'étoit-là une punition trop legere pour ses fautes, de sorte que ses biens furent confisqués, & qu'il fut relégué dans l'Yunnan. Non content de cela, Ama contrefit un ordre de l'Empereur de le tuer aussi-tôt qu'il seroit arrivé dans cette province. Cet ordre étoit adressé à un Officier qui avoit sa famille dans l'Yunnan; au lieu de tuer Toto, il le traita avec honneur & distinction, & lui proposa une de ses filles en mariage; le Ministre disgracié s'excusa d'accepter cette offre, & l'Officier, qui se crut méprisé, le fit tuer à l'âge de quarante-deux ans. Toto étoit Merkite de nation; il avoit beaucoup d'esprit, étoit très-habile dans la Littérature Chinoise, & fort entendu dans les affaires. L'amour de la gloire & son amitié pour son frere Yesyentemûr lui firent faire un grand nombre de fautes: la conduite qu'il

Toto est tué

(a) Gaubil, p. 293 & suiv.

Tome VII.   Gg

Sect. I.
Troubles & révoltes sous Touhan-temûr
Exhortation inutilement adressée à l'Empereur.

tint à l'égard de Torchipan, l'avoit sur-tout rendu odieux aux Princes & aux Grands.

Le Général Tashepatû arriva au mois d'Octobre à Huycheu dans le Honnan, & gagna une grande bataille sur Lyeufûtong : ce rebelle fut encore défait par un autre Tartare; mais il se relevoit toujours de ses pertes, & après avoir été battu, il se trouvoit encore en état de faire de nouvelles entreprises. L'Empereur avoit fait tenir au mois de Juillet un grand Conseil de guerre, & il avoit ordonné de prendre des mesures pour la sûreté des provinces attaquées par les rebelles. Un Grand Mandarin profita de cette occasion pour avertir l'Empereur de ses fautes; il dit » que ces mesures » étoient fort inutiles, tandis que l'Empereur con- » tinueroit à vivre dans le désordre & sans se » mêler des affaires; qu'il falloit qu'il commençât » par connoître par lui-même l'état de sa Cour & de » son Empire : dans les provinces, dit-il, les Offi- » ciers & les Mandarins ne pensent qu'au plaisir, » à l'argent & à la bonne chere; &, à l'exemple » du Prince, ils paroissent insensibles à la perte » des villes & des provinces «. On loua le discours du Mandarin; mais Touhan-temûr ne pensa pas à se corriger, & se reposa sur d'autres du soin de rétablir l'ordre dans l'Empire.

SECTION II.

Elévation de Chû ou Hongvû, & ruine de la Dynastie des Yven.

CE fut au mois de Juin de l'année 1355 qu'un Chef de parti, nommé *Chû* (a), partit de Hocheu, ville du Kiangnan, passa le Kiang, & prit Taiping. Voici ce que dit l'Histoire sur ce sujet. Les Yven étant venus du nord du Chamo, ou grand désert de sable, se rendirent maîtres de la Chine; l'amour du plaisir les fit dégénérer, & on ne vit que révoltes de tous côtés : il n'y avoit aucune subordination parmi les troupes, les années étoient mauvaises, & le peuple n'avoit pas de quoi vivre. Ce fut l'année du Dragon noir (b), que Taytsu leva des troupes dans la ville de Hao (c), se proposant de donner la paix au monde, & de soulager les peuples. Dans cette vûe, il s'associa des gens de vertu & de courage, & à leur tête prit Tûcheu, ville du Kiangnan; l'année d'après, il s'empara de Hocheu, où il donna des marques évidentes de

---

(a) C'est ce fameux Chinois qui prit dans la suite le nom de *Hongvû*, & fonda la Dynastie des Ming ou Tayming. Les Chinois l'appellent *Taytsu*.

(b) C'est la 29 du Cycle Chinois de 60 ans, & la cinquieme du Cycle de douze ans des Mogols, qui répond exactement à l'an 1352. Gaubil.

(c) C'est Fongyanfû dans le Kiangnan; Chû ou Hongvû, aussi bien que la plupart des Généraux qu'il s'associa d'abord, étoient du district de cette ville. Gaubil.

son amour pour le peuple, de sa grandeur d'ame, & de sa capacité dans les affaires du gouvernement. Il se trouva embarrassé pour passer le Kiang, n'ayant point de barques ; mais un secours imprévu de dix mille hommes & de mille barques le tira de peines. Chû s'embarqua avec ses meilleurs Officiers (a), & passant à l'est ils prirent Nieu-chûki & Taiping.

Sect. II.
Evasion de
Chû ou Hon-
ve, &c.

Ama, qui depuis la disgrace de Toto étoit premier Ministre, fut frappé, en 1356, du triste état des affaires de l'Empire, & il eut honte de voir qu'il en étoit la cause principale, par tout ce qu'il avoit fait pour amollir l'Empereur & pour l'éloigner des affaires. Ce Ministre étoit instruit des railleries qu'on faisoit par-tout de sa conduite, & se voyoit la fable & l'exécration de tous les honnêtes gens de l'Empire. Occupé nuit & jour de ces réflexions, il pensa sérieusement à réparer les maux qu'il avoit faits, & crut que le meilleur moyen étoit d'obliger Touhan-temûr à résigner la couronne, & de mettre le Prince Héréditaire sur le trône : il étoit sûr d'être soutenu de ce Prince & de l'Impératrice Ki sa mere ; mais il falloit d'autres secours : il s'en ouvrit à son pere, fit l'éloge des talens du Prince Héréditaire, & l'assura que l'Empereur étoit devenu stupide & incapable de gouverner (b).

Complot
d'Ama dé-
couvert.
1356.

Ce discours fut entendu par la sœur d'Ama, qui étoit mariée à Tolotemûr, compagnon de débau-

Il est exilé
& tué.

(a) Voici leurs noms : *Suta Fongqueyon, Shao-ong, Tongho, Lishanchang, Changyuchan, Tengyon, Kenkunyong, Muoquang & Lyaoyonggan.*

(a) Gaubil, p. 293 & suiv.

che de l'Empereur ; elle ne manqua pas de le rapporter à fon mari. Ce Seigneur favoit qu'il étoit haï du Prince, qui n'aimoit pas la débauche; & jugeant qu'il avoit tout à craindre s'il devenoit Empereur, il découvrit à Touhan-temûr le deffein de fon Miniftre. L'Empereur, vivement piqué, fur-tout de ce qu'Ama avoit dit de fa ftupidité, vouloit le faire mourir fur le champ avec fon frere Suefué ; mais il changea de réfolution, parce qu'ils avoient été fes compagnons de débauche, & que leur mere avoit nourri l'Empereur Ilinchipin : il fe contenta de leur défendre l'entrée du palais, & de les faire obferver. Chofekyen, un des Miniftres, eut ordre d'inftruire leur procès, & fur les plaintes & les accufations réitérées des Grands, ils furent condamnés à l'exil. Ils partirent & furent tués en chemin. Le Public ignora la véritable caufe de la difgrace d'Ama, & crut que c'étoit une punition de la mort de Toto.

SECT. II.
Elevation de Cû ou Hongvû, &c.

Au mois de Mars, Chû battit les Mongols près de Nanking, capitale du Kiangnan, & prit cette ville; il y fit fon entrée publique, & ne fit de mal à perfonne; il confirma les Mandarins dans leurs charges, & foulagea les pauvres. Dès-lors il fut facile de prévoir que dans peu de temps il feroit maître de la meilleure partie de la Chine. Pour ce qui eft des autres Chefs qui avoient pris les armes, il y avoit cinq ans que des rebelles affiégeoient la ville de Whayganfû dans le Kiangnan. Le Gouverneur Chûpuwha, fecondé par Lyeukia, Officier de mérite, défendoit la place avec un courage & une conftance prefque fans exemple. Mais Chûpuwha ayant accufé auprès de l'Empereur un Général du voifinage de négliger le fervice, celui-ci facrifia

Chû prend Nanking.

SECT. II.
Elévation de Chū ou Hongvū, &c.

Whayganfū se rend.

le bien de l'Etat à son ressentiment, en ne secourant point Chûpuwha. Dans cette vûe, il ordonna à Lyeukia, au commencement de 1356, de décamper d'auprès de Whayganfû, pour aller attaquer un détachement des rebelles, qui profiterent de l'occasion pour investir la ville, creuser des fossés, & pour inonder les environs.

Cependant le perfide Général se tenoit tranquille, & ne donna aucun secours à la place, quelque facile que cela lui fût. Chûpuwha envoya dix-neuf personnes, à différentes reprises, aux Gouverneurs des villes voisines ; il n'eut aucune réponse. Les habitans & les soldats se voyant abandonnés, résolurent de mourir avec leur Gouverneur, qu'ils aimoient comme un pere. Après avoir mangé tous les animaux, les feuilles & les cuirs qui se trouvoient dans la place, on fut réduit à se nourrir de la chair de ceux qui, de foiblesse, tomboient dans les rues. A la fin, Wayganfû, qui, avant le siége, étoit très-peuplée, se rendit, faute d'habitans pour la défendre. Chûpuwha fut pris avec Panko son fils, en défendant la porte occidentale, & tous deux furent taillés en pieces. On dit dans son Eloge historique, qu'il soutint pendant le siége plus de cent combats avec beaucoup de valeur. Quoiqu'étranger, les Chinois ont toujours depuis vanté son courage & sa fidélité, & ils le comparent au célebre Changtsun (a).

―――――――――――――――――――――――――

(a) Il étoit de Nangyangfû, dans le Honan, & un des meilleurs Officiers de la Dynastie des Tang. Le siége qu'il soutint à diverses reprises l'an de J. C. 757, à Queytefû, ville du Honan, est une des plus belles actions dont parlent les Histoires Chinoises. Gaubil.

Livre V. Chapitre XII.

Au mois de Février, les troupes des Song rebelles ravagerent le district de Siganfû, dans le Chenfi. Les Généraux & le Prince Alatenasheli, descendant de Jagatay, second fils de Jenghiz Khan, pensoient à abandonner la ville, lorsqu'un Mandarin proposa d'appeler au secours Chohantemûr, Gouverneur du Honan. Ce Général vint avec cinq mille cuirassiers, & tailla en pieces les rebelles ; mais il fut bien surpris d'apprendre que Kayfongfû, capitale de cette province, avoit été prise au mois d'Août par Lyeufûtong. Malgré la perte des Song, auprès de Siganfû, d'autres rebelles du même parti parurent auprès de Fongtsyangfû ; mais Chohantemûr, ayant fait vingt lieues dans un jour & une nuit, tomba sur eux lorsqu'ils y pensoient le moins, & les défit. En attendant, Chû fit beaucoup de conquêtes dans le Kiangnan, & entre autres villes il prit Changcheufû & Yangcheufû. Des rebelles du parti de Tsucheuhey s'emparerent cette année de la capitale du Sechuen, & devinrent fort puissans dans cette province.

Le Général Yûque s'étoit extrêmement fortifié dans Ganking, & il avoit mis de bonnes troupes dans les postes qui sont sur les deux bords du Kiang, dans l'endroit où ce fleuve passe entre les montagnes de Siakû, dans le district de Syeufonghyen du Kiangnan. Chen-yeu-lyang, Général de Tsucheuhey, attaqua ces postes importans, & après quatre jours de combats perpétuels par terre & par eau, il s'en rendit maître, malgré la vigoureuse résistance du Commandant. Le passage du Kiang étant ainsi libre, le Général des rebelles vint mettre le siége devant Ganking. Yûque le

Sect. II.
Elévation de Chû ou Hongvû, &c.

Prise de Ganking.

repoussa d'abord; mais les rebelles qui campoient à Joacheufû, dans le Kiangsi, vinrent attaquer la porte occidentale, tandis qu'Yeulyang attaquoit celle de l'orient; ils avoient déjà escaladé les murailles, lorsqu'Yûque, à la tête des gens de la ville, qui voulurent hasarder leur vie, les chargea vivement, en tua un grand nombre, & les fit reculer. Les rebelles revinrent à la charge avec plus de fureur, & de part & d'autre il y eut un grand carnage.

Au mois de Janvier 1358, les rebelles, qui étoient à Chicheufû, dans le Kiangnan, attaquerent la porte orientale ; celle du midi fut assaillie par les troupes venues de Joacheufû, & Yeulyang attaqua celle de l'occident, tandis que les barques ennemies couvroient le Kiang. Yuque, investi de tous côtés, plaça les Officiers dans leurs postes, & à la tête de ses plus braves soldats, fondit sur les ennemis, dont il fit un grand carnage ; mais pendant qu'il combattoit avec le plus d'ardeur, les rebelles forcerent les trois portes, & prirent la ville. Yûque s'en apperçut par des feux allumés, & ayant déjà reçu dix blessures, accablé par la multitude, il se perça de son épée. Sa femme, ses fils & ses filles se précipiterent dans un puits : les Officiers de la garnison aimerent mieux se tuer aussi que de se rendre, & une bonne partie des habitans se jeta dans le feu, plutôt que de se soumettre aux rebelles. Yûque étoit estimé & aimé de tout le monde ; son tombeau se voit encore à Ganking. Il étoit natif de Lucheu, dans le Kiangnan ; mais il étoit originaire du pays de Tangû (a).

_____

(a) Gaubil, p. 296 & suiv.

Dans le mois de Mars, un Général des Song répandit par-tout l'alarme, par la prise de Tſinanfu, capitale du Chantong. Le Commandant Tartare de Tongchanfu, dans la même province, abandonna la ville & le pays. Dans le même temps, Maoquey, un des meilleurs Officiers des Song, vint de Hokyenfu, dans le Pecheli, & s'étant joint à celui qui avoit pris Tſinencheu & Tſinanfu (a), les rebelles pillerent le Chantong & les environs de Tatû. Le premier détachement des Song attaqua un poſte important près de la ville impériale. Celui qui y commandoit fut tué, & le reſte des troupes des Song étant arrivé, la Cour fut dans de grandes alarmes. Pluſieurs des Grands conſeilloient à l'Empereur de ſe retirer, & de tranſporter la Cour ailleurs; le Miniſtre Taiping s'y oppoſa, & on fit venir des troupes de tous côtés. Lieu Karapuwha attaqua les ennemis à quelques lieues de la ville, les défit, & contraignit Maoquey, qui les commandoit, de ſe retirer à Tſinanfû. Taypuwha, Général Tartare de l'illuſtre famille de Hongkila, étoit dans le Pecheli; il refuſa de recevoir les ordres de Taiping, dont il étoit ennemi; ce Miniſtre l'accuſa de négligence dans le ſervice, & on le condamna à la mort.

SECT. II.
Elévation de Chú ou Hongvû, &c.
Les rebelles pillent le Chantong.

(a) Il y a Tſinin & Tſinan dans le texte du P. Gaubil. Cet Auteur ſupprime ſouvent la derniere ſyllabe, qui ſert à diſtinguer le rang des villes, & par-là prive non ſeulement le Lecteur de l'avantage de les bien connoître, mais l'induit ſouvent en erreur. Par exemple, en trouvant Tſincheu, il doit croire naturellement que c'eſt une ville du ſecond rang, au lieu que c'en eſt une du premier dans le Chantong, n'y ayant que la ſyllabe *fû* omiſe. On a généralement remédié à cette omiſſion.

Sect. II.
Elévation
de Chû ou
Hongvû, &c.

Succès de
Chû.

Chû se faisoit admirer dans les provinces méridionales ; à la tête de cent mille hommes, il prit au mois de Décembre Ucheu (*a*), & ayant assemblé ses Généraux, on conclut de ne massacrer ni de piller. Tandis que ce Chef de parti (*b*) prenoit de bonnes mesures pour se maintenir dans le Midi, Quansyenseng, un des Généraux des Song, pénétra dans le Leaotong, pilla Lyaoyang, & marcha vers la Corée. A son retour, il attaqua & prit Changtû, & brûla cette belle ville avec le magnifique palais que l'Empereur Hu-pi-lay y avoit fait bâtir. Un grand Mandarin présenta là-dessus un Mémoire à l'Empereur, dans lequel il exhortoit ce Prince à réformer ses mœurs, & à suivre la loi du Ciel (*c*). On loua le zele du Mandarin, & ce fut tout le fruit de son Mémoire. L'amour du plaisir avoit rendu Touhan-temûr insensible aux maux de l'Empire, & il est peu d'exemples

---

(*a*) Nous conjecturons que c'est Ucheufû, sur la frontiere orientale du Quangsi ; mais nous n'en avons point de certitude, parce que notre Auteur n'est pas exact à ajouter la derniere syllabe, qui sert à distinguer le rang des villes, comme nous venons de le remarquer.

(*b*) Il est remarquable que Chû n'est nulle part qualifié de rebelle, comme les autres Chefs de parti, & ses partisans ne sont point appelés rebelles, parce qu'il fut heureux ; les Chinois le regardent comme leur libérateur, qui les a affranchis du joug des Mongols.

(*c*) Par la loi du Ciel, on n'entend ni les Livres sacrés de Fo, ni aucune autre révélation ; car les Lettrés Chinois, qui suivent la doctrine de Confucius, leur grand Philosophe, n'en reconnoissent point : mais par la loi du Ciel, on entend ici celle de la Nature, qui est proprement la Religion de la Chine, & dont l'Empereur & tous les Officiers, tant civils que militaires, doivent être par la constitution de ce vaste Empire.

d'un Prince si puissant, aussi peu touché de la perte de ses Etats.

SECT. II.
Elévation de Chû ou Hongvû, &c.

Le parti des Song s'affoiblit. 1359.

Maoquey, un des principaux Généraux des Song, fut tué au commencement de l'année 1359, par un Chinois dans le Chantong. Plusieurs Officiers, qui avoient servi sous lui, vinrent exprès de Leaotong pour venger sa mort & tuer l'assassin. Ces meurtres mirent la division dans le parti des Song, qui depuis ce temps-là s'affoiblit de jour en jour.

Peyen-pûwha-Tekin, Prince Igûr, descendant d'Itugû ou Idikût, dont on a parlé dans l'Histoire de Jenghiz Khan, commandoit, en 1358, à Kûcheufu, place considérable du Chekyang. Lorsque ce Prince, qui étoit brave, sut que Sincheu, aujourd'hui Quangsinfû dans le Kiangsi, étoit assiégée, il marcha au secours de cette place. Quand il approcha, Tasingnu, Prince du sang, & le Général Haylûting, qui étoit un étranger d'Occident, vinrent au devant de lui, & lui cédèrent le commandement : malgré Chen-yeu-lyang, qui assiégeoit la ville, il y entra avec ses troupes ; & après avoir visité tous les postes, il fit serment de la défendre jusqu'à la dernière extrémité. Tasingnû, Haylûting & les autres Officiers en firent autant ; tant la belle défense faite à Ganting & à Whayganfû avoit fait d'impression sur l'esprit des Officiers. Il seroit inutile de rapporter en détail tous les assauts qu'on soutint, & les sorties qui se firent ; ce furent des combats continuels, & la valeur de Puwha-Tekin & des autres Officiers parut dans tout son éclat. Les vivres ayant manqué enfin, on mangea de la chair humaine ; un des rebelles entra dans la ville par un souterrain : on combattit dix jours de suite avec beaucoup d'opiniâtreté de part & d'autre, & enfin, faute de troupes & de vivres, la place fut prise au mois de Juin 1359; les trois Généraux dont on a parlé, & les autres Officiers aimerent mieux mourir que de se rendre.

Sect. II. Elévation de Chû ou Mongût, &c.

Kayfongfû est reprise.

Pendant que cela se passoit dans le Kiangsi, le Général Chahan-temûr, qui s'étoit rendu illustre par plusieurs victoires remportées sur les rebelles Song dans le Chensi, rassembla, en 1358, des troupes de divers endroits, &, en 1359, vint mettre le siége devant Kayfongfû, capitale du Honan, dans le temps que les Song s'y attendoient le moins. Tout manquoit dans cette grande ville, & Chahan (a), à l'exemple de Suputay (b), la fit entourer d'une forte palissade; il fit donner un jour un assaut général à toutes les portes, & la ville fut emportée; Tsucheuhey & son Maître Hanlineul se sauverent.

Cependant Peyen Temur, Président du Tribunal de la guerre, & Tashe Temur, Général dans le Chekyang, se rendirent à Hangcheufû, capitale de cette province, & ayant ramassé une grande quantité de riz, l'envoyerent par le Wangho dans le Honan, d'où on le transporta par terre jusqu'à la riviere de Wey, & par cette riviere, ces provisions arriverent heureusement à Tongcheu, & de là à Tarû. On employa beaucoup de troupes à escorter les convois; de sorte que les rebelles n'oserent pas les attaquer. La disette causoit depuis quelques années de grandes

---

(a) Gaubil, p. 299 & suiv.
(b) Voy. ci-dessus, l. V. c. I.

famines dans la capitale de l'Empire, & ce secours arriva fort à propos.

SECT. II.
Elévation de Chū ou Hongvū, &c.

La joie que la Cour en eut, fut troublée par la perte de Nanchangfû, capitale du Kiangsi, dont Chen-yeu-lyang se rendit maître. Sur cette nouvelle, Tsucheuhey, l'Empereur Song rebelle (*a*), s'embarqua sur le grand Kiang, pour se rendre dans cette ville, où il avoit dessein de tenir sa Cour ; mais son Général, qui avoit d'autres vûes, s'y opposa, le prévint, se rendit à Kyeukyangfû, dans la même province, fit fermer les portes, tua ceux qui étoient auprès de Tsucheuhey, & ne lui laissant que le titre d'Empereur, le tint prisonnier.

Succès d'Yeulyang.

L'ambition d'Ayyeushilitata, Prince héréditaire, causa cette année de grands troubles à la Cour de Touhan-temûr, d'ailleurs pleine d'intrigues. Le Prince se donnoit de grands mouvemens pour faire renoncer son pere à l'Empire, & c'étoit aussi l'intention de l'Impératrice Ki sa mere ; elle n'épargna rien pour gagner le Ministre Taiping, sans le concours duquel on ne pouvoit rien faire ; mais les efforts de la Princesse furent inutiles, le Ministre ne s'expliquoit point. Le Prince héréditaire pensa à faire accuser Taiping & d'autres

Troubles excités par le Prince à la Cour.

_____

(*a*) Notre Auteur a suivi le P. Gaubil ; mais il y a quelque embarras. On peut voir plus haut, que Tsucheuhey s'étoit fait proclamer Empereur en 1351, & avoit donné un nom qui n'est pas marqué, à la Dynastie qu'il prétendoit fonder ; & qu'en 1355, Lyeufûtong fit proclamer Hanlineul, qui donna à sa Dynastie le titre de *Song*. Il sembleroit donc qu'il devroit être question de ce dernier, vu sur-tout qu'un peu plus haut Hanlineul est appelé *le Maître de Tsucheuhey*. Tout cela nous paroît un peu confus.

Seigneurs; mais les Grands firent à l'Empereur de si pompeux éloges de ce Ministre, que le Prince vit bien qu'il perdroit sa peine à vouloir le renvoyer. Pour se venger de ces Grands, le Prince en fit accuser plusieurs; il y en eut d'emprisonnés, & d'autres condamnés à mort. Comme il y en avoit qui étoient des gens sages & en crédit, cet injuste procédé attira de puissans ennemis au Prince, & mit la division parmi les Grands & les Généraux.

Le Ministre se retire.

Un des principaux Ministres étoit Nieutihay, descendant de Porchu, qui avoit gouverné la Tartarie orientale & occidentale. Son emploi de Ministre, son air, sa prudence, sa haute naissance & son expérience lui donnoient un grand relief: il étoit intime ami de Taiping, & c'étoit lui qui le soutenoit contre les attaques du Prince Héréditaire & de l'Impératrice. Nieutihay tomba malade, & au commencement de l'an 1360, se voyant à l'extrémité, il fit l'éloge de Taiping, & dit à ses amis que ce Ministre ne pourroit demeurer long-temps à la Cour. Nieutihay mourut fort regretté de l'Empereur & des Grands, qui s'intéressoient à l'honneur de leur Prince. Taiping se voyant sans appui, & tous les jours exposé aux intrigues de ses ennemis, se retira dans sa famille. C'est ainsi que Touhan-temûr perdit ses meilleurs serviteurs, & toute l'autorité tomba entre les mains de deux scélérats; l'un étoit un Eunuque nommé *Pupuwha*, & l'autre un grand Seigneur de Quelye, appelé *Chosekyen*. Ces deux méchans hommes laissoient tout perdre, n'avertissoient l'Empereur de rien, & ne pensoient qu'à s'enrichir.

1360.

Dynastie de Han.

Chen-yeu-lyang, Général de l'Empereur rebelle

Livre V. Chapitre XII.

Tſucheuhey, qui, comme on l'a vu, avoit dépouillé ſon Maître de ſon autorité, le fit tuer au mois de Mai de cette année, prit le titre d'*Empereur*, & donna à ſa nouvelle Dynaſtie le nom de *Han*.

Sect. II. Elévation de Chû ou Hongvû. &c.

Cependant il naiſſoit tous les jours de nouveaux troubles parmi les Mongols. Chahantemûr, Gouverneur du Honan, avoit repris ſur les rebelles une bonne partie du Chanſi, & prétendoit que ces conquêtes étoient du reſſort de ſon gouvernement; & Polotemûr, Général des troupes à Taytongfû dans le Chanſi, les revendiquoit comme faiſant partie du ſien. Ces deux Généraux étoient eux ſeuls capables de rétablir les affaires de l'Empire; mais leurs diviſions éclaterent, & cauſerent entre leurs familles une haine irréconciliable. L'Empereur voulut régler les limites de leur Juriſdiction; Polotemûr ſe crut léſé, & prit les armes contre Chahan; l'Empereur contenta enſuite Polo & mécontenta Chahan, qui à ſon tour prit les armes contre Polo, & de part & d'autre il y eut des armées en campagne. Le Prince Héréditaire trouva enfin moyen de les accommoder; mais on verra par la ſuite, que la réconciliation ne fut pas ſincere.

Nouveaux troubles.

Au mois d'Août de 1361, Chahan-temûr reprit Tſinanfû, capitale du Chantong, avec la plus grande partie de cette province. Dans le même temps, Chû enleva Kyeukyangfû & Nanchangfû, dans le Kiangſi, à Chenyeulyang.

L'Empereur Touhan-temûr avoit ſouvent envoyé des Officiers en Tartarie, pour prier les Princes de ſa famille de faire marcher leurs troupes à ſon ſecours. A la fin, Aluven-temûr, huitieme

Mongol rebelle.

petit-fils d'Ogotay par Myeli, vint avec une formidable armée. Quand il fut à quelques journées de la grande muraille, il fit dire à Touhan-temûr qu'il venoit se remettre en possession de l'Empire qu'il avoit perdu, & proposa à ce Prince de lui céder tous ses droits. Touhan-temûr, au lieu d'avoir du secours contre ses anciens ennemis, se vit donc obligé de faire marcher une armée contre ce nouvel ennemi ; mais elle fut battue & obligée de se retirer à Changtû. Aluven-temur, encouragé par ce succès, pensa à entrer dans le Pecheli, & il étoit déjà près de Changtû, quand le Prince Héréditaire alla au devant de lui. Les Officiers d'Aluven-temur, qui avoient cru venir au secours de l'Empereur, livrerent leur Général au Prince, par l'ordre duquel il fut tué dans le mois de Septembre (*a*).

Sect. II. Elévation de Chû ou Hongvû, &c.

Nouvel Empereur rebelle.

Mingyuchen, Général de Tsucheuhey, qui s'étoit rendu maître du Yunnan, ayant appris que Chenyeulyang s'étoit fait proclamer Empereur, voulut aussi être indépendant & faire des conquêtes pour lui-même ; il prit plusieurs places dans le Sechuen, & s'empara des parties occidentales du Chensi.

Chahantemur tué.

Au mois de Juin, pendant que Chahan-temur assiégeoit Itû dans le Chantong, Tienfong lui proposa de visiter les quartiers du camp impérial. Chahan y consentit, & étant entré dans la tente de ce perfide, un Officier le perça de son épée. Koko-temur, son neveu & son fils adoptif, lui succéda dans ses titres & dignités, & jura de venger sa mort. Il se fit un chemin sous terre, &

(*a*) Gaubil, p. 301 & suiv.

entra

entra dans Irû : s'étant faisi des principaux rebelles, & fur-tout de Tienfong & de celui qui avoit tué fon pere, il les immola à fa vengeance. L'Empereur fit dans la mort de cet illustre Général une très-grande perte. C'étoit le meilleur Officier de l'Empire.

SECT. II.
Elévation de Chû ou Hongvû, &c.

On a vu que l'Impératrice Ki, mere du Prince Héréditaire, étoit Coréenne, & qu'elle avoit beaucoup d'afcendant fur l'efprit de Touhan-temûr. Les parens de Ki, fiers de voir dans leur famille une Impératrice qui avoit tant de pouvoir, affaffinerent Peyen-temur, Roi de Corée. L'Empereur dégrada Peyen-temur, nomma un autre Roi, & déclara un Seigneur de la famille de Ki Prince Héréditaire de la Corée. Mais les Coréens firent dire à Touhan-temûr qu'ils ne pouvoient fouffrir qu'on diffamât la mémoire du feu Roi, ni qu'on nommât pour Prince Héréditaire celui qu'il vouloit leur donner. L'Impératrice Ki fit rejeter leurs placets, & on nomma un Général pour aller en Corée faire exécuter les ordres de l'Empereur. Ce Général étant arrivé avec dix mille Mongols, près de la riviere Yalu, fut enveloppé par une armée de Coréens, qui taillerent tout en pieces ; il ne fe fauva que dix-fept cavaliers, qui vinrent à toute bride apporter cette trifte nouvelle.

Ce qui fe paffa en Corée.

Au mois de Janvier 1363, Mingyuchen prit la qualité d'Empereur à Chingtufu, capitale du Sechuen, & donna à fa Dynaftie le nom de Hya. Dans le même temps, Lyeufutong, l'ame du parti des Song, fut tué dans le Kiangnan. Les rebelles de ce parti pillerent encore Changtû, c'eft-à-dire quelques reftes de cette ville, échappés

Dynaftie de Hya.

aux flammes. Mais ce qu'il y avoit de plus fâcheux, c'est que les animosités entre Koko temur & Polo-temur, croissoient de jour en jour; de part & d'autre on leva des troupes, & ces dissentions domestiques faisoient plus de mal à Touhan temûr que la révolte des Chinois.

Chu n'avoit pas dans le Midi d'ennemi plus redoutable que Chenyeulyang, qui portoit le titre d'*Empereur des Han*. Celui-ci fut sensiblement touché de la perte de Nanchangfu dans le Kiangsi; il épuisa ses coffres pour faire de nouvelles levées & pour équiper une flotte, dans la résolution d'assiéger cette ville. La place étoit pourvue d'une bonne garnison, commandée par Chuvencheng, un des meilleurs Généraux de Chu. Chenyeulyang fit faire des boucliers pour tous ses soldats, afin de se mettre à couvert des fleches & des pierres. Il commanda le siége en personne, & après plusieurs assauts, monta sur les murailles & jeta de grands cris de joie, croyant être maître de la ville; mais il fut bien étonné de voir de nouveaux retranchemens très-bien fortifiés, & par conséquent un nouveau siége à commencer.

Cependant Chaotesheng, un des Lieutenans de Chuvencheng, trouva moyen d'envoyer des Exprès à Chu, pour l'avertir du danger où ils étoient. Chu, sans tarder, fit équiper sa flotte à Nanking, y embarqua deux cent mille hommes, commandés par ses meilleurs Officiers, & se mit lui-même à leur tête. La flotte arriva bientôt à Hukeu (a). Dès que Chenyeulyang apprit que

---

(a) *Hukeu* veut dire *bouche du lac*, car c'est en cet endroit qu'on entre du Kyang dans le Poyang-Hû, ou lac Poyang.

l'ennemi approchoit, il leva le siége, qu'il avoit poussé vivement depuis quatre-vingt-cinq jours, & donna ses ordres pour aller attaquer Chû. Il le rencontra dans le lac Poyang, près de la montagne de Kanlan (a), le jour Utse de la septieme Lune, c'est-à-dire le 14 de Septembre. Chu divisa sa flotte en douze escadres ; Suta, Changyuchun & d'autres de ses Généraux attaquerent & mirent en déroute les premieres troupes de Chenyeulyang, qui commença à craindre les suites de cette premiere défaite. Le lendemain, tous les corps se réunirent pour en venir à une action générale. Pendant le combat, Chu profita d'un grand vent de nord-est, & brûla cent vaisseaux de la flotte ennemie, avec lesquels plusieurs des freres de Yeulyang périrent.

Le jour de Sinmao, ou le 17 Septembre, Yeulyang revint à la charge avec une nouvelle furie ; mais après que le combat eut duré depuis sept heures jusqu'à onze du matin (b), il fut battu, & perdit tant de monde, que son orgueil fut confondu à la vue de son armée. Un de ses Généraux entreprit de se saisir du poste de la montagne de Hyay (c) ; mais Chu le fit envelopper, & il ne put se retirer. La même nuit, la flotte de Chu jeta

SECT. II.
Elévation de Chû ou Hungvû, &c.

Hukeu est une petite ville du Kiangsi, à douze ou treize lieues à l'est de Kyenkyangfu. Gaubil.

(a) Elle est dans le lac, à cinq ou six lieues au sud-ouest ou sud-sud-ouest de Jaocheufu. Gaubil.

(b) Depuis l'heure du dragon (c'est-à-dire depuis sept jusqu'à neuf heures) jusqu'à l'heure du cheval (depuis onze heures jusqu'à une heure après midi.) Gaubil.

(c) Dans le lac, à une lieue & demie au sud-sud-ouest de Hukeu. Gaubil.

l'ancre à Tfoli, & fut trois jours en préfence de celle d'Yeulyang. Celui-ci, réfolu de paffer à travers fes ennemis, à quelque prix que ce fût, en fit la tentative le dix-huit d'Octobre (a) : Chu l'attaqua de tous côtés, depuis cinq jufqu'à fept heures du foir (b). On combattit avec une égale opiniâtreté de part & d'autre ; mais Yeulyang ayant été tué d'un coup de fleche, fa flotte fe diffipa : celui de fes enfans qu'il avoit nommé fon fucceffeur, fut fait prifonnier ; fes Généraux, avec leurs troupes, leurs chevaux & leurs barques, fe rendirent à Chu. Le Général Changtingpyen fe fauva la nuit fur une petite batque avec le corps d'Yeulyang & un de fes fils, nommé *Chenli*. Cette célebre victoire fit beaucoup d'honneur à Chu, qui fit non feulement un riche butin, mais augmenta confidérablement fes forces.

Yeulyang étoit âgé de quarante-quatre ans, & un des plus grands Capitaines de fon temps : les Mongols, dont les affaires empiroient de jour en jour, ne recueillirent guere de fruit de fa mort. Un Grand Chinois, abufant de leur foibleffe dans le Midi, fe rendit indépendant dans Sucheufu, grande & riche ville du Kiangnan, & il refufa les provifions que les Commiffaires Impériaux vouloient faire venir de cette ville pour la Cour. D'un autre côté, Polotemur, fans égard pour les ordres de l'Empereur, entra avec des troupes dans le diftrict de Kokotemur ; mais fon armée fut battue, & deux de fes meilleurs Généraux tomberent

---

(a) Le jour Ginfu du huitieme mois. Gaubil.
(b) Depuis l'heure du dragon jufqu'à celle de la poule. Gaubil.

entre les mains de l'ennemi. En même temps, le Prince Héréditaire, qui n'avoit jamais pardonné à Taiping d'avoir détourné son pere d'abdiquer l'Empire, se servit de Chosekyen pour l'accuser: ce Ministre sans honneur s'acquitta de cette odieuse commission dans le mois de Novembre; Taiping fut relégué dans le Tibet, & le Prince Héréditaire le fit tuer en chemin (*a*).

Sect. II. Elévation de Chû ou Hongvû, &c.

Deux Eunuques & Chosekyen gouvernoient alors absolument l'Empereur & le Prince Ayyeushilitata; ils firent déposer un Mandarin distingué par sa probité. Chentsujin, Censeur de l'Empire, présenta jusqu'à trois fois un placet à l'Empereur, pour l'exhorter à chasser de la Cour les deux Eunuques & Chosekyen, à changer de conduite, & à ouvrir enfin les yeux sur les maux de l'Empire, dont ses déréglemens étoient la cause: enfin il lui annonçoit la ruine prochaine de l'Empire & de sa famille, s'il ne suivoit les regles de la vertu. Tsujin fut secondé par d'autres; mais leurs représentations furent mal reçues, & Tsujin en particulier fut exilé à Kancheu dans le Chensi. Comme on étoit au mois de Décembre, il souffrit beaucoup en chemin de la rigueur du froid; son exil révolta les esprits, & les Chinois crioient hautement contre ces injustices.

Censeur exilé.

Au mois de Janvier 1364, les Généraux de Chu lui proposerent de se faire proclamer Empereur; il le refusa, & se contenta d'abord du titre de *Roi d'Ou*. En cette qualité, il déclara Lishenchong & Suta ses premiers Ministres & Généraux; il nomma ensuite ses autres Officiers,

Chû est proclamé Roi. 1364.

(*a*) Gaubil, p. 304 & suiv.

& ayant assemblé les Grands, il leur dit : « Qu'on devoit se souvenir qu'il n'acceptoit le titre de *Roi* qu'à condition de travailler à rendre les Chinois heureux ; qu'il falloit, au commencement du regne, convenir de bonnes Loix, que c'étoit par-là que les Mongols avoient manqué. A l'égard des rits & des cérémonies de la Religion, je suis d'avis, dit-il, qu'avant toutes choses chacun de nous pense sérieusement à réformer son cœur ». Il ajouta : « Vous avez été jusqu'ici mes chers compagnons, aidez-moi, n'ayez que cela en vue, ne pensons qu'à bien commencer ».

Il prend Vuchangfu.

Au mois de Février, ce Prince se mit en marche pour continuer en personne le siége de Vuchangfu, capitale du Huquang. La ville fut prise ; Chenli, qui avoit succédé à son pere Chenyeulyang, se rendit avec les Officiers de son parti. Chu ordonna de soulager les misérables, d'encourager les Lettrés, & de ne piller ni tuer personne. Par cette sage conduite, il conquit sans peine le Kiangsi & le Huquang. Les Chinois se rendoient à lui en foule, & ils étoient charmés de voir un Prince si généreux, si modéré dans ses passions, ami des Gens de Lettres, affable, & attentif à gouverner la Nation selon ses anciennes Loix & Coutumes.

Cruauté du Prince Héréditaire.

La Cour de Touhan-temûr étoit divisée en plusieurs puissans partis, qui ne songeoient qu'à se supplanter & à se détruire. Le Prince héritier, au lieu de penser sérieusement à se faire aimer & estimer des Officiers, pour les engager à soutenir le trône, ne s'occupoit qu'à contenter sa haine particuliere contre quelques Seigneurs,

Il se servoit de l'Eunuque Pupuwha & du Ministre Chosekyen, pour accuser qui il lui plaisoit. On supposoit des crimes, & on ne rougissoit pas d'emprisonner & même de faire mourir de grands Seigneurs, à qui on ne pouvoit reprocher que de s'opposer aux intrigues criminelles de ces deux indignes Ministres. Un de ces Seigneurs, injustement accusé, étoit Laotisha, qui, pour sauver sa vie, se retira auprès de Polotemur à Taytingfu dans le Chansi. L'Empereur étoit instruit de l'innocence des accusés, & des murmures de tout le monde. On fit des représentations au Prince héritier ; mais Ayyeushilitata connoissoit peu ses véritables intérêts, & au lieu de cesser ses accusations pour penser au bien public, il s'engagea mal à propos dans des démarches qu'il pouvoit aisément prévoir de voir achever la ruine de l'Empire (a).

SECT. II.
Elévation de Chù ou Hongvû, &c.

Kokotemur étoit ennemi mortel de Polotemur, & l'un & l'autre avoient des amis & des émissaires à la Cour. Au mois d'Avril, le Prince fit accuser le Général Tukien-temur, qui étoit intime ami de Polotemur. Quand celui-ci repré-

Et son injustice.

―――――――――――――――
(a) Il peut paroître surprenant à ceux qui ont lu l'Histoire des premiers Empereurs Mongols, qu'on souffrît longtemps sur le trône un Prince aussi foible que Touhan-temur, & que l'Héritier fît périr tant de grands Seigneurs sur de fausses accusations. Mais il est aisé de le comprendre, par rapport à une Cour dont le Chef est méchant, & où la plus grande partie des Ministres & des Courtisans sont corrompus : en ce cas-là, le Chef ne manque jamais d'indignes instrumens qui l'appuient dans tous ses desseins, & qui, par intérêt ou par ambition, perdent les gens de bien, & se ruinent même les uns les autres pour le faire réussir dans ses vûes, & pour soutenir sa tyrannie.

H h iv

SECT. II.
Elévation de Chû ou Hongvû, &c.

senta l'innocence de son ami, au lieu d'écouter ses représentations, on le dépouilla lui-même de la dignité de Général de Taytingfu. Polotemur savoit que cet ordre avoit été donné à l'insçu de l'Empereur par les brigues de Pupuwha & de Chosekyen : il n'obéit pas, & s'étant abouché avec les Seigneurs accusés, on résolut de prendre les armes & d'obliger l'Empereur de chasser ceux qui lui donnoient de si mauvais conseils. Tukyen-temur fut détaché pour occuper le poste de Kuyongquan ; le Prince sortit de Tatu pour s'opposer à ce Général ; mais il fut repoussé, & contraint de se retirer en Tartarie. L'armée de Tukyen parut devant la capitale, où tout étoit en confusion. L'Empereur se fit instruire de l'affaire, fit venir Tukyen, rétablit Polotemur, & lui livra Pupuwha & Chosekyen.

Polotemur devient Ministre & maître de la Cour.

L'armée de Tukyen fut renvoyée à Taytingfu, & le Prince héritier revint à la Cour par ordre de son pere (*a*). Il ne pensa plus dès-lors qu'à se venger de Polotemur ; il choisit Kokotemur pour exécuter ses desseins. Il leva une armée de plus de cent mille hommes, qu'il partagea en trois corps, & envoya un Général avec quarante mille hommes pour attaquer Taytingfu. Polotemur avoit par-tout des amis & des troupes ; il laissa des Officiers à la garde de la ville, & prit des mesures avec Laotisha & Tukyen-temur pour se rendre maître du palais de l'Empereur. Il se mit à la tête de ses troupes, & fit occuper Kuyongquan. Au mois de Septembre, le Prince héritier s'avança contre lui ; mais son armée fut mise en

---

(*a*) Gaubil, p. 307 & suiv.

Livre V. Chapitre XII. 489

déroute, Polotemur marcha en diligence vers Tatu, & le Prince, ne s'y croyant pas en sûreté, en sortit avec un détachement, & se retira à Taywenfu, capitale du Chensi. Polotemur fit camper son armée hors des portes de Tatu, & le jour Utse de la septieme lune (le 9 de Septembre), il entra dans le palais, suivi de plusieurs Seigneurs, se présenta devant l'Empereur à genoux, & l'assura que dans tout ce qui s'étoit passé, il n'y avoit point de sa faute. Touhan-temûr, qui ne put s'empêcher de verser des larmes, le déclara Généralissime & premier Ministre. Laotisha & Tukyen eurent sous lui les premiers postes, & ils mirent dans tous les Tribunaux des gens de leur parti.

Polotemur commença son Ministere par faire tuer Tolotemur, le principal compagnon & l'instrument des débauches de l'Empereur ; il chassa les Lamas, & leur défendit l'exercice de leur Religion. S'il s'en fût tenu là, tout auroit été bien ; mais il passa les bornes ; & sans le conseil de ses meilleurs amis, il auroit entrepris de faire exclure le Prince héritier de la Couronne, & de dégrader Kokotemur. D'ailleurs il se livra à toutes sortes de débauches, ce qui fut la cause de sa perte. Au mois de Mars 1366, le Prince Héréditaire se mit en campagne, résolu de périr ou de perdre son ennemi. Son armée, qui étoit nombreuse, étoit commandée par Kokotemur, Capitaine d'une expérience consommée. Aussitôt que Polotemur sut la marche d'Ayyeushilitata, il fit sortir du palais l'Impératrice Ki, & la força de signer un ordre au Prince de se rendre auprès d'elle ; mais il n'eut garde d'y obéir.

Sect. II.
Elé...on
Chú ou
Hongvû, &c.

1366.

Sect. II.
Elévation de Chû ou Hongvû, &c.

Il se livre aux plaisirs.

Pendant que Tukyen-temur étoit en chemin pour aller à Changtu s'opposer aux partisans du Prince, on détacha Yesu pour faire tête à Kokotemur; mais quand il fut arrivé à Lianhyang, il tint conseil avec les Officiers, & on résolut de ne point obéir à Polotemur, comme étant un rebelle. Yesu alla à Yongpingfu, dans le Pecheli, d'où il envoya un Exprès à Kokotemur, & s'avança dans le Leaotong, pour conférer avec plusieurs Princes du sang qui étoient dans ces quartiers-là. Le Ministre, irrité de la désertion d'Yesu, envoya une armée pour l'attaquer. Yesu la défit, & tua le Général qui la commandoit. Polotemur, furieux, marcha en personne; mais une pluie continuelle de trois jours & trois nuits l'obligea de revenir. Cependant l'Impératrice Ki ayant connu son foible, lui procura plusieurs jeunes filles d'une grande beauté, & par leur moyen elle obtint sa liberté & rentra dans le palais, où sous main elle travailla efficacement à perdre ce Ministre en l'amusant & en lui fournissant de quoi satisfaire ses passions.

Il est tué.

Les choses étant en cet état, Hoshang, un des premiers Seigneurs de la Cour, obtint de l'Empereur des ordres secrets de tuer Polotemur. Il prit ses mesures avec Changtuma, Kinnahay & Petar, trois jeunes Seigneurs bien résolus. Dans le mois de Septembre, ils profiterent d'une occasion qui se présenta. Polotemur étant venu pour communiquer à l'Empereur que Tukyen avoit pris Changtu en Tartarie, trouva ce Prince dans une grande salle avec beaucoup de Courtisans; Petar se sépara de la foule, & s'étant posté à l'entrée, tua Polotemur (*a*). Laotisha se sauva du côté du Nord ; mais l'ordre ayant été publié de le tuer, il fut pris & mis à mort. Tukyen-temur, qui étoit à Changtu, & qui n'apprit qu'au bout de quelques jours la mort de Polo, voulut aussi prendre la fuite avec quelques Cuirassiers ; mais on l'atteignit, & il fut tué. Les portes de Tatu furent fermées pendant trois jours, à cause des troubles ; cependant plusieurs détachemens de l'armée du Prince arriverent aux environs. Ces troupes escaladerent les murailles, ouvrirent une des portes, & pillerent une bonne partie de la ville.

Sect. II. Elévation de Chû ou Hongvû, &c.

Touhan-temur, s'étant ainsi défait de son nouveau Ministre, envoya sa tête au Prince son fils, avec ordre de se rendre à la Cour. Il vint accompagné de Kokotemur, qui fut nommé Ministre, & au mois de Novembre, il fut déclaré Régulo & Généralissime des armées. Il parut à la Cour avec un train & un équipage presque pareil à celui de l'Empereur. Le Prince sollicita la commission d'aller faire la guerre dans les provinces méridionales ; mais il essuya un refus. Vers ce temps-là, la véritable Impératrice, qui étoit de la famille de Hongkila, étant morte sans enfans vivans, Ki, qui n'avoit que le nom d'Impératrice, en eut seule le rang & les honneurs dans le mois de Décembre.

Koko est déclaré Ministre.

———

(*a*) Il étoit d'une des premieres familles des Mongols, & de la Horde de Chantsu. Il descendoit de Poloray, Officier illustre dans les troupes de Jenghiz Khan. Son pere Tashe-temur, son aïeul Yesutar & son bisaïeul Nieulyen, avoient tous commandé en chef & avec gloire les armées de l'Empire. Gaubil.

Sect. II.
Elévation de Chū ou Hongvū, &c.

Il cause de nouvelles brouilleries.

Au commencement de l'année 1366, Kokotemur étant allé dans le Honan, eut de grands démêlés avec les Généraux de la province de Chenſi, qui ne voulurent jamais reconnoître ſon autorité, de ſorte qu'on en vint à des hoſtilités. C'eſt ainſi que l'Empire des Yven étoit attaqué de toutes manieres, au dedans & au dehors. Les Grands vivoient indépendans ; l'Empereur ne penſoit qu'au plaiſir ; le Prince avoit de grands défauts, & n'avoit aucun talent pour réunir les eſprits, & pour engager tout le monde à travailler de concert au bien commun de l'Empire (*a*).

Affaires des Rebelles.

Dans le même temps, le Wangho fit de grands ravages dans le Chantong & le Pecheli, par la rapidité de ſon cours vers le Nord. Mingyuchen, prétendu Empereur de Hya, mourut dans le mois de Mars. Un de ſes fils, âgé de dix ans, lui ſuccéda. Hanlineul, qui ſe diſoit Empereur des Song, mourut auſſi dans la treizieme lune. Pour ce qui eſt de Chu, il prit Whayganfu dans le quatrieme mois, & dans le cinquieme il fit rechercher les anciens Livres. Dans le neuvieme, il envoya deux Généraux avec deux cent mille hommes pour faire la guerre à Changshichen, qui avoit pris le titre de Roi dans une partie du Chekyang & du Kiangnan. Ils battirent quatre fois ſes troupes, & prirent Hucheufu, une des plus belles & des plus riches villes du Chekyang. Dans le même temps, Chu ſe rendit maître de Hangcheufu, capitale de cette province, de Chaohingfu, de Kyahingfu, & d'autres places impor-

_____

(*a*) Gaubil, p. 309 & ſuiv.

tantes. Dans le douzieme mois, il fit bâtir un palais pour sa Cour, & un autre pour honorer ses ancêtres.

Pour revenir à la Cour Mongole, toujours agitée par les divisions, le Prince héritier étant près de Tatu en 1367, l'Impératrice Ki, sa mere, lui envoya un Seigneur de confiance pour le féliciter, & lui dire qu'elle pressoit Touhan-temûr d'abdiquer l'Empire. Kokotemur en fut informé; il renvoya les troupes d'escorte dans le Honan; & s'appercevant que le Prince étoit mécontent, il se retira lui-même. L'Empereur ayant appris les différends qu'il y avoit entre Koko & les Généraux du Chansi, envoya un Officier pour les terminer. Koko le tua, & paroissoit vouloir se rendre indépendant. Cependant on sollicitoit l'Empereur de renoncer à l'Empire; il refusa toujours de renoncer au titre; mais il donna au Prince héritier tout pouvoir, le déclara Généralissime des armées & Lieutenant-Général de l'Etat. Cette nouvelle dignité fit prendre d'autres mesures à Kokotemur; il s'opposa à l'exécution des ordres de Touhan-temûr en faveur d'Ayyeushilitata; mais en même temps, un de ses Officiers, qui étoit mécontent, l'accusa: l'Empereur le dépouilla de ses charges, les donna à d'autres, & nomma des Officiers pour commander les troupes de ce Général. Koko se retira à Cheshu ou Tsecheu, comme porte la Carte des Jésuites, place forte du Chansi, bien résolu de se venger à la premiere occasion. Tout cela ne put se passer sans exciter de grands troubles, & les affaires des Mongols allerent plus mal que jamais.

Tandis que Touhan-temûr perdoit tout par son

SECT. II.
Elévation de Chû ou Hongvû.
Le Prince en crédit, & Koko démis. 1367.

Succès de Chû.

SECT. II.
Elévation de Chû ou Hongvû, &c.

peu de conduite, tout réussissoit à Chu par sa prudence. Ce Prince, quoique d'une naissance obscure, & élevé dès sa jeunesse parmi des gens de néant (a), faisoit paroître la plupart des qualités qui ont rendu immortelle la mémoire des plus grands Princes. Il publia la forme du gouvernement Chinois qu'il vouloit introduire, & prit pour modele celui que les Lettrés Chinois vantent si fort dans Yao, Chun, & dans les trois familles ou Dynasties de Hya, Chang & Chu. Il institua les examens des Gens de Lettres & des Officiers, & n'oublia pas ce qui regardoit le Tribunal des Mathématiques : il fit faire une recherche exacte des gens de mérite, & récompensa en Roi ceux qui lui en faisoient connoître, les employa suivant leurs talens, à la guerre, à la navigation, aux Arts, aux Sciences, aux Mathématiques. Il ne fit aucune folle dépense pour ses plaisirs, & fut toujours éloigné de tout ce qui est capable d'amollir le cœur des Princes. Dans le palais qu'il fit bâtir à Nanking, il défendit de faire de trop grandes dépenses en

---

(a) Il avoit été valet dans un monastere de Bonzes; il y en a qui prétendent qu'il y avoit été marmiton ; après y avoir demeuré plusieurs années, il prit parti dans les troupes lorsque les troubles commencerent. On trouveroit partout de pareils Héros parmi le peuple, s'ils avoient seulement l'occasion de montrer leurs talens. Chû, sorti de la lie du peuple, couvrit de honte des Empereurs issus d'Empereurs, & la bassesse de sa naissance fait paroître avec plus d'éclat la gloire de son regne, qui obscurcit celui de Touhan-temur. Tel fut encore le fameux Laith, Leith ou Leiz, qui de Chaudronnier devint Roi de Perse vers l'an 871 de J. C., & fut un des meilleurs Rois qui aient occupé le trône.

meubles précieux, en raretés des pays étrangers, & en bannit sévérement les statues & les peintures indécentes. Il gagna le cœur des Artisans, des Paysans & du Peuple, à qui il ne dédaignoit pas de parler, s'entretenant avec eux de ce qui les regardoit, & il avoit grand soin de les indemniser de leurs pertes, & de leur donner du secours. A ces qualités, il joignoit un génie supérieur, & les seules conférences qu'il eut avec de savans Lettrés le rendirent habile dans les Sciences Chinoises. Sa bravoure, sa science militaire, sa grandeur d'ame, son équité dans la distribution des graces, des emplois, & des éloges, le firent fort estimer des Officiers, qui lui étoient fort attachés (a).

SECT. II.
Elévation de Chû ou Hongvû, &c.

Dans le neuvieme mois, les Généraux Suta & Changyuchun se rendirent maîtres de Sucheufu & de tout le Kiangnan. Ils firent prisonniers Changshichen & tous ceux de son parti avec neuf Princes du sang, qui furent tous conduits à Nanking, où Changshichen mourut peu après. Quant aux Princes, Chu les fit traiter honorablement, & chargea un Mandarin de les conduire à la Cour de Touhan-temûr. Après cette expédition, Chu envoya par mer des troupes dans la province de Quantong; cette province, celles de Quangsi & de Fokien se soumirent d'elles-mêmes.

Il soumet le Midi.

Après avoir réduit le Midi, Chu ordonna à Suta & à Changyuchun de marcher vers le Nord à la tête de deux cent cinquante mille hommes, tant fantassins que cavaliers; ceux-ci étoient en plus grand nombre. Ces deux Généraux étant entrés dans le

Les Généraux envoyés vers le Nord.

(a) Gaubil, p. 312 & suiv.

Chantong, publierent un Manifeste, très-propre à faire soulever les Chinois en faveur de Chu, & à rendre Touhan-temûr odieux; ils y disoient que *c'étoit aux Chinois à gouverner les Barbares, & non aux Barbares à gouverner les Chinois*; ils venoient ensuite aux crimes des Empereurs & aux défauts de leur gouvernement depuis Timur successeur de Hu-pi-lay. Ils faisoient voir » qu'on » avoit troublé l'ordre de la succession, que les » freres avoient empoisonné les freres, qu'un » fils avoit pris les femmes de son pere, qu'il n'y » avoit aucune subordination, qu'on avoit détruit » les loix du gouvernement Chinois, & qu'on » n'avoit fait aucun cas de la doctrine ou de la » Religion de la nation. Après cela, on concluoit » que le temps étoit venu de chasser les Etrangers » de l'Empire; ici ils faisoient le portrait de Chu, » qu'ils disoient avoir été choisi du Ciel pour être » le maître de la Chine; & ils faisoient envisager » tout ce qu'on devoit se promettre du gouverne- » ment de ce grand Prince «.

Ce manifeste, répandu dans toutes les provinces, fit un grand effet; Suta & son Collegue réduisirent sans peine tout le Changton. Cependant les troubles, causés par les différends qu'il y avoit entre Kokotemur & les Généraux du Chensi, sur l'étendue de leurs Jurisdictions, continuoient dans le Chensi, le Chansi & le Honan; l'autorité de l'Empereur ne put les terminer.

Le premier jour de l'année 1368 fut un des plus solennels que la ville de Nanking ait jamais vus. Outre les réjouissances qui se firent pour le commencement de l'année, Chu choisit ce jour-là pour se faire proclamer Empereur de la Chine. Il alla au Temple du Ciel faire un sacrifice solennel, déclara son fils aîné héritier présomptif, & fit beaucoup de sages réglemens. On lui donne le titre de *Hongvu* (a), & l'année 1368 est comptée pour la premiere de son Empire. Ses troupes entrerent dans le Honan, & subjuguerent bientôt cette province. Touhan-temûr, au lieu de s'opposer aux rapides progrès de Chû, envoya dans le second mois une armée contre Kokotemur. Ce Général prit le parti de se retirer à Pingyangfu; dans le sud du Chansi; d'autres Généraux des Yven ou Mongols se retirerent dans d'autres places, bien plus pour se défendre les uns contre les autres, que contre les troupes de Chû, que nous appellerons déformais *Hongvu* ou *Taytsu*, qui est le nom que les Chinois donnent à ce fondateur de la Dynastie des Tayming.

Sect. II.
Elévation de Chû ou Hongvû, &c.

Dans le troisieme mois les troupes de Hongvu s'emparerent de la forteresse & de la gorge des montagnes de Tongquan, & dans le septieme mois intercalaire, Touhan-temûr mit Kokotemur & Yesu à la tête des affaires; ce qui détermina les Généraux du Chensi, dont Litsotsi étoit le plus illustre, à se retirer vers l'ouest. Les troupes de Hongvu entrerent dans le Pecheli par le Honan d'un côté, & par le Chantong de l'autre; & dans le même mois, Suta & Changyuchun défirent Poyentemur, un des Généraux de Touhan-temûr; ce Général fut tué en combattant vaillamment, &

Il s'approche de la Capitale.

(a) Hongvu donna à sa Dynastie le nom de *Tayming*. D'Herbelot, p. 991, dit que du temps de Tamerlan, les Rois de Khathay s'appeloient *Daymen-Khan*, c'est-à-dire, suivant le Pere Gaubil, Roi de Tayming ou Taymin.

Tome VII.   I i

SECT. II.
Élévation de Chū ou Hongvū, &c.

après cette victoire ils prirent Tongcheu, qui n'étoit qu'à douze milles à l'est de Tatu, & se préparerent à venir attaquer la capitale de l'Empire des Mongols, qui étoit réduit à bien peu de chose dans la Chine. Chelyemen, un des Ministres, alla au palais des Ancêtres, se saisit des tablettes, & se retira vers le nord avec le Prince Héréditaire.

Le Yven se retirent.

Le 25 d'Août, Touhan-temûr nomma le Prince Temurpuvha Régent de l'Empire de la Chine, & Kingtong pour défendre la ville Impériale. Le lendemain, l'Empereur assembla les Grands, les Princes & les Princesses, & leur déclara qu'il vouloit se retirer en Tartarie. Temurpuvha & d'autres se jeterent à ses pieds, & en pleurant offrirent de sortir de la ville pour attaquer les ennemis, ajoutant qu'il valoit mieux mourir que de déshonorer ainsi par la fuite la famille Impériale. L'Empereur fut inflexible, & la nuit suivante, au milieu de ses Gardes, accompagné de ses femmes & de celles du Prince héritier, & des autres Princes & Princesses, il prit la route du Nord. Changyuchun ayant appris la fuite de Touhan-temûr, poursuivit la famille Impériale jusqu'à la riviere Pe (a), & fit prisonnier Maitilipala, fils aîné du Prince Héréditaire (b). Le 19 d'Octobre, l'armée de Hongvu entra dans Tatu après une légere résistance.

(a) Peho ou Payho, qui passe à Tongcheu, a sa source à quelques lieues au nord de Tushekeu, poste important de la grande muraille dans le Pecheli, près de la porte du même nom. Il y a faute de typographie dans le P. Gaubil, où on lit *Toucheneo*.

(b) Hongvu traita avec beaucoup de distinction les Princes Mongols qui tomberent entre ses mains, ou qui se rendirent à lui. Gaubil.

Livre V. Chapitre XII.

Ainsi finit l'Empire des Mongols dans la Chine, après avoir duré cent soixante-deux ans, à compter depuis l'année 1206, la premiere du regne de Jenghiz Khan, jusqu'à l'an 1368, que Touhan-temûr abandonna la Chine, & que Hongvu en acheva la conquête par la prise de la ville Impériale. On a déjà remarqué que les Chinois ne comptent que neuf Empereurs Mongols qui ont régné à la Chine; on ne voit pas bien clairement par le P. Gaubil combien les Mongols en comptent, car il n'en marque pas le nombre; il dit seulement dans une remarque à la fin de leur Histoire, que si l'on compte Asukipa ou Tyen-shun parmi les Empereurs des Yven, cette Dynastie en a eu quinze. Mais cela ne se peut, parce que cette Dynastie ne commençant qu'à Hu-pi-lay, il faut retrancher ses quatre prédécesseurs, ce qui la réduit de quinze Empereurs à onze; & si l'on retranche Asukipa, dont le regne est douteux, il n'en reste que dix, ce qui est encore plus qu'il ne s'en trouve dans la liste des Chinois, où l'on ne voit point Ningt-song ou Ilinchipin, frere de Touhan-temûr (*a*), qui ne régna que deux mois.

Touhan-temûr, quoique dépouillé de la plus belle partie de ses Etats, ne laissa pas d'être toujours Grand Khan ou Empereur des Mongols, & de régner en Tartarie: il se retira avec sa Cour à Ingchang, ville considérable, à vingt-cinq ou trente lieues au nord-est de Changtu. Il y vécut deux ans, & mourut dans le quatrieme mois de

Sect. II.
Elévation de Chū ou Hongvū, &c.

Fin de leur Dynastie.

Mort de Touhan-temûr.

_____

(*a*) Ilinchipin doit être compris parmi les quinze Empereurs dont parle le P. Gaubil, autrement il n'y en a que treize en retranchant Asukipa.

SECT. II.
Elévation de Chû ou Hongvû, &c.

l'an 1370, âgé de cinquante-un ans, en ayant régné trente-cinq comme Empereur de la Chine & de la Tartarie, & trente-sept comme Khan de Tartarie (a); de sorte que son regne seul à la Chine a été plus long que tous ceux de ses prédécesseurs pris ensemble (b), à l'exception de celui de Hu-pi-lay; ce qui doit paroître d'autant plus surprenant, que son gouvernement fut tyrannique & foible.

Ayyeushilitata lui succede.

Après la mort de Touhan-temûr, son fils Ayyeushilitata monta sur le trône des Mongols, & transféra sa Cour à Karakorom, où, selon l'Histoire Chinoise, il fonda une nouvelle Dynastie, appelée *les Yven du Nord* (c). Nous sommes obligés de finir ici l'Histoire des successeurs de Jenghiz Khan dans la Tartarie, faute de secours; le P. Gaubil, que nous avons suivi, ne l'ayant conduite que jusqu'à Touhan-temûr. Il est vrai qu'en terminant le regne de ce Prince, il faisoit espérer au Public l'Histoire de ses successeurs; mais nous ne trouvons point qu'il ait jamais acquitté sa promesse (d), &

(a) Gaubil, p. 315, 317.
(b) Il y a une petite erreur; tous les autres regnes ensemble, sans y comprendre celui de Hu-pi-lay, font trente-huit ou trente-neuf ans.
(c) Elle peut passer pour une nouvelle Dynastie parmi les Chinois, sur lesquels elle n'avoit aucun pouvoir; mais par rapport aux Mongols de Tartarie, c'est la continuation de la même Dynastie.
(d) On a d'autant plus de raison d'y avoir regret, que les Missionnaires n'auront plus, selon les apparences, beaucoup de pied à la Chine; & quand ils y en auroient, il seroit difficile d'en trouver qui eussent le jugement, le goût & l'application nécessaires pour un pareil Ouvrage, au même degré que le P. Gaubil.

nous ne pouvons suppléer à son défaut en puisant dans d'autres sources. De la Croix ne nous a donné qu'une simple liste des Khans descendus de Tuli, quatrieme fils de Jenghiz Khan, qui ont régné en Tartarie, que nous rapporterons ici pour la satisfaction du Lecteur.

SECT. II.
Elévation de Chû ou Hongvû, &c.

Liste des Khans, tirée des Auteurs Orientaux.

1. Mangu Khan, fils de Tuli.
2. Kublay, frere de Mangu, qui eut pour successeur
3. Timur Khan son petit-fils, surnommé *Olagiaytou*, fils de Hakim ou Jetekem, qui régna douze ans & mourut en 1306.
4. Kushilay (*a*) Khan, fils de Jenesek fils de Termebilay fils de Jeketem fils de Kublay.
5. Togyay, fils de Kushilay.
6. Tayzi Khan, fils de Niluk, surnommé *Bilektu*.
7. Anushirvan, fils de Dara, cousin de Tayzi. Cet Empereur étoit de fort bonnes mœurs; cependant il donna trop de pouvoir aux Gouverneurs de ses provinces, qui s'érigerent en Souverains & causerent des troubles dans l'Empire.
8. Tokatmur, fils de Timur Khan.
9. Bisurdar.
10. Ayké, fils de Bisurdar.
11. Ilenk Khan.
12. Keytmur.
13. Arkitmur.
14. Elchy Timur Khan, qui vint trouver Tamerlan, & demeura à sa Cour jusqu'à la mort de ce Prince; après quoi il retourna à Olughyurt (*b*), où il monta sur le trône en 1405.

(*a*) C'est certainement le nom de *Hoshila* des Chinois, non que nous prétendions que ce fût le même Prince.
(*b*) Ville à une petite distance de Karakorom.

15. Waltay Khan, qui descendoit en droite ligne du Prince Artikbuga, quatrieme fils de Tuli Khan.

16. Orday, fils d'Orday fils de Malek Timur.

17. Le dernier fut Aday, fils d'Arkitmur.

Les deux derniers Khans demeurerent dans l'obscurité, de sorte qu'ils sont regardés comme leur grand aieul Artikbuga, qui ne fut jamais au nombre des Khans. Depuis ce temps-là, on n'entendit plus parler à Olughyurt des Princes descendus de Jenghiz Khan. Il n'y eut que ceux qui descendoient de Kublay, & qui resterent Rois de la Chine, dont il soit fait mention (a).

Nous ne savons pas trop quel jugement nous devons porter de cette liste des Khans, tirée des Auteurs Orientaux; car on ne voit point par l'Histoire Chinoise qu'il y eût des Khans dans la partie orientale de la Tartarie, & bien moins à Karakorom, pendant le temps que les Empereurs Mongols régnerent dans la Chine; ces Empereurs gouvernoient la Tartarie par leurs Généraux ou Lieutenans, qui paroissent avoir résidé ordinairement à Karakorom. Ce qui rend ceci plus probable encore, c'est que nous voyons qu'en 1370 Ayyeushilitata transféra sa Cour dans cette capitale de la Tartarie, ce qui n'auroit pu naturellement se faire, s'il y avoit eu en ce temps-là quelque Khan d'une branche collatérale qui y commandoit, comme il doit y en avoir eu suivant la liste de De la Croix. Bien plus, à s'en tenir à cette liste, il faut qu'ils aient continué à y commander pendant quatre générations dans le quin-

---

(a) De la Croix, Hist. de Genghizcan. 514-516.

LIVRE V. CHAPITRE XII. 503

zieme siecle, car on fait monter Elchi Timur Khan sur le trône en 1405.

Il y a donc beaucoup d'apparence que cette liste est fausse, ou tout au moins que les Historiens Orientaux l'ont formée sur des Relations incertaines & sur des Mémoires peu sûrs, & que l'on a pris les Gouverneurs des provinces & les Princes de quelques Hordes puissantes pour des Khans des Mongols : c'est ce qui est d'autant plus vraisemblable, que D'Herbelot nous apprend que les seuls successeurs de Jenghiz Khan, dont la succession soit bien marquée dans les Auteurs Orientaux, sont ceux qui ont régné dans l'Iran ou la Perse prise dans sa plus ample signification, dont ce Savant donne la liste sans en fournir des autres (*a*).

SECT. II.
Elévation de Chù ou Hongvù, &c.
Elle n'est pas bien sûre.

Quoi qu'il en soit, nous ne pouvons assez nous étonner que M. de Guignes, qui a voulu donner un abrégé de l'Histoire des Turcs & des Mongols, tiré des Annales de la Chine, ait suivi la liste erronée de De la Croix, & quitté ses autres guides, en parlant de l'expulsion des Mongols de la Chine, & de leur rétablissement en Tartarie. Voici ce qu'il dit : » La postérité de Ku-
» blay se maintint à la Chine jusqu'à ce que
» Hongvu, Chef d'une nouvelle Dynastie Chi-
» noise, en eut chassé Tocatmour Khan. Le fils
» de ce dernier, nommé *Bisourdar Khan*, re-
» passa en Tartarie & au delà du grand Désert,
» où il établit une nouvelle Dynastie, ou plutôt
» il continua la branche Mongole, pendant qu'une

(*a*) D'Herbelot, Biblioth. Orient. p. 382.

I i iv

SECT. II.
Elévation de Chû ou Hongvû, &c.
M. de Guignes critiqué.

» autre branche, qui descendoit de Houla-Kou-
» Khan, régnoit dans la Perse « (*a*).

Voilà ce que rapporte M. de Guignes, comme tiré des Historiens Chinois qu'il cite en cet endroit. Mais il est évident, par l'Histoire que nous avons donnée, que l'Empereur & son fils, que Hongwu chassa de la Chine, étoient deux Princes différens : aussi De la Croix ne dit-il point que Tokatmir régnât à la Chine, ni que Bisurdar ait passé de ce pays-là en Tartarie, ou ait été fils de Tokatmir. D'ailleurs, puisqu'il y a eu neuf Empereurs Mongols à la Chine, il faut, en suivant cette liste, que ce soit Ayké, le dixieme Khan, qui en ait été chassé ; car les Princes qui s'y trouvent sont comptés non depuis Kublay, mais depuis Tuli son pere. Ce qui rend le Mémoire de M. de Guignes moins utile, c'est qu'il ne distingue pas par des citations ou d'une autre maniere les paroles des différens Auteurs les unes des autres, & de ses conjectures particulieres (*b*).

―――――――――――――――――――――

(*a*) De Guignes. Mém. sur l'Orig. des Huns & des Turcs dans le Magasin, Février 1750, p. 41.

(*b*) On doute que cette critique soit tout-à-fait bien fondée. M. de Guignes distingue très-bien l'Empereur & son fils chassés de la Chine : tout ce qu'il y a, c'est qu'il leur donne les mêmes noms qui se trouvent dans la liste de De la Croix, on ignore par quelle raison. Mais une preuve qu'il ne l'a point adoptée, c'est que dans son Histoire générale des Huns, &c. il remarque, t. III. p. 210, que les Chinois appellent *Tohoantemûr* le Prince qu'il nomme *Tocatmour*, & qu'ils le connoissent sous le nom de *Chunti*; il dit encore qu'ils appellent le Prince *Bisourdar*, *Ngai-yeou-chilitala* ou *Ayyeushilitata*, p. 220 ; & il ajoute, p. 234 : » Je ne nomme point ici les Princes indiqués par
» M. Petit, parce qu'on ne voit rien de certain dans la

Livre V. Chapitre XII.

Enfin, faute d'une Histoire suivie des successeurs de Jenghiz Khan dans les parties orientales de la Tartarie, nous sommes obligés de nous contenter de quelques fragmens, qui encore regardent les temps assez voisins du nôtre.

Sect. II.
Elévation de Chû ou Hongvû, &c.

» liste qu'il en donne «. Il n'y a donc ici tout au plus qu'une différence de noms, qui ne fait rien au fond de la chose.

CHAPITRE XIII.

Histoire des Mongols depuis leur expulsion de la Chine jusques à présent.

Les Mongols chassés au uelà du Désert.

AYYEUSHILITATA succéda à son pere Touhan-temûr dans l'Empire de Tartarie, comme nous l'avons déjà dit ; mais nous ne trouvons rien de ce qui le regarde lui ou ses successeurs pendant plus de deux cents ans, sinon que ce Prince & ceux de sa famille eurent de grandes guerres à soutenir contre Hongvu, & contre plusieurs Empereurs Chinois ses successeurs. Suta, Changyuchun, Livenchong & d'autres Généraux passerent la grande muraille, & firent une rude guerre aux Tartares (*a*). Ceux-ci, de leur côté, ne manquerent pas aussi de profiter des occasions de se venger & de rentrer dans la Chine, regrettant beaucoup la perte de ces belles & fertiles provinces. Comme les extraits que les Peres Couplet & Du Halde ont donnés touchant la Dynastie des Ming, parlent de ces guerres des Chinois contre les Tartares, pendant le regne de ces Princes, nous rassemblerons ici le peu que ces Auteurs en disent.

Après la mort de Hongvu, qui chassa les Mongols de la Chine & continua à leur faire la

---

(*a*) Gaubil, p. 517.

guerre en Tartarie, Chingtsu ou Yong-lo, son quatrieme fils, & le troisieme Empereur de sa Dynastie, poursuivit vigoureusement ce que son pere avoit commencé, les poussa au delà du Désert à plus de deux cents lieues au nord de la grande muraille, & les alla chercher jusqu'à trois fois pour achever de les exterminer; mais il ne put venir à bout de son dessein, étant mort en 1425 (*a*), au retour de sa troisieme expédition (*b*). Les Mongols reprirent courage après la mort de Yong-lo, & pour se venger des pertes que ce Prince leur avoit causées, ils firent une irruption sur les terres de l'Empire sous le regne de Suen-tsong, le cinquieme Empereur ; mais ce Prince se mit à la tête de son armée, leur livra bataille, & les défit entiérement. Suen-tsong mourut en 1435, & eut pour successeur Ing-tsong, qui n'avoit que neuf ans. Les Mongols (*c*), profitant de la jeunesse de cet Empereur, firent de continuelles incursions dans les provinces de la Chine voisines de leur pays, & y exercerent toutes sortes de brigandages. En l'année 1449, la quatorzieme de son regne, Ing-tsong se mit à la tête d'une grosse armée, & marcha contre les Tartares au devant de la grande muraille. Ses troupes, s'étant fort affoiblies par la disette des vivres, furent entiérement défaites; l'Empereur

Histoire des Mongols, &c.

(*a*) Du Halde, tom. IV, p. 41. édit. in-4°.
(*b*) Ni Couplet, ni Du Halde son Traducteur, ne parlent de ces expéditions contre les Mongols dans l'Histoire du regne de Hongvu.
(*c*) Appelés par-tout *Tartares* dans nos Auteurs; mais nous employons le nom de *Mongols* pour l'uniformité, & pour distinguer les divers peuples.

fut fait prisonnier, & conduit dans le fond de la Tartarie.

Histoire des Mongols, &c.

A une nouvelle si imprévue, l'Impératrice envoya quantité d'or, d'argent & de soieries pour la rançon de l'Empereur. Le Roi Mongol reçut ce qu'on lui présenta, & fit conduire son prisonnier jusqu'aux confins de la Chine ; mais ensuite, ne trouvant pas la rançon assez considérable, il le ramena dans la Tartarie. Cependant on fit un nouveau Traité, & on envoya des Grands pour recevoir Ing-tsong ; le Khan fut mécontent, parce qu'il croyoit que tout ce qu'il y avoit de plus grand dans l'Empire devoit venir à la rencontre d'un si puissant Monarque avec toute la pompe possible. L'Empereur fut conduit avec une nombreuse escorte jusque sur les frontieres de la Chine, & quand il fut arrivé près de la montagne de Tang-kyalin, ce Prince écrivit à sa Cour qu'il renonçoit à l'Empire en faveur de son frere King-ti, qui avoit usurpé la couronne sur son fils ; cependant Ing-tsong remonta dans la suite sur le trône. Sous le regne de Hien-tsong son fils & son successeur, neuvieme Empereur de la Dynastie des Ming, les Mongols allerent de temps en temps piller des provinces de la Chine ; mais en l'année 1465, la seconde de son regne, il tailla leur armée en pieces. Depuis ce temps-là, il n'est plus fait mention de leurs déprédations jusqu'à l'année 1504, qui fut remarquable par les irruptions qu'ils firent dans la Chine, & le grand butin qu'ils en remporterent.

Les Mongols ravagent les provinces de la Chine 1518.

En 1509, les Mongols renouvelerent leurs ravages l'année qui précéda celle où mourut Hiao-tson, le dixieme Empereur. Vou-tsong, son successeur, forma, en 1518, le dessein de les aller combattre, mais sans se faire connoître, & ne prenant que la qualité de Généralissime de l'armée : ses Ministres le dissuaderent de ce dessein avec beaucoup de peine. L'année suivante, il se disposoit à se retirer dans le Kiangnan ou dans le Chekiang : ses Ministres lui présenterent de nouveaux placets ; ils lui représentoient que les Tartares ou Mongols ne manqueroient pas de regarder ce voyage comme une fuite honteuse, qu'ils en deviendroient plus fiers & plus insolens, & que son absence leur ouvriroit la porte des provinces septentrionales : mais il ne fut pas moins opiniâtre qu'il l'avoit été l'autre fois, & ne renonça à son projet qu'à cause d'une inondation subite qui arriva alors, & qui lui parut de mauvais augure. Chi-tsong, ou Kia-tsing, son successeur, répara la grande muraille qui sépare la Chine de la Tartarie ; ce qui n'empêcha pas qu'en l'année 1550, la vingt-neuvieme de son regne, les Tartares ne s'approchassent de Peking avec une armée de soixante mille hommes; elle fut taillée en pieces, & plus de deux cents de leurs Officiers furent faits prisonniers. L'année suivante, le Roi Tartare envoya un Ambassadeur pour demander pardon à l'Empereur, & pour le supplier de permettre à ses sujets l'entrée de ses Etats pour y vendre des chevaux. Chi-tsong y consentit d'abord; mais ayant éprouvé dans la suite que cette permission étoit une semence continuelle de querelles entre les Mandarins & les Marchands, & que souvent elle causoit des révoltes, il défendit absolument ce commerce.

Vers l'an 1560, Lieu-han, Général de l'armée

Histoire des Mongols, &c.

1550.

Histoire des Mongols, &c.
Ils cessent de faire des irruptions.

Chinoise, passa la grande muraille : au bruit de son arrivée, les Mongols prirent la fuite, & allerent se cacher dans leurs forêts ; de sorte qu'il n'y en eut que vingt-huit de tués dans cette expédition, & le Général Chinois n'amena pour tout butin que cent soixante-dix chameaux. En 1574, la seconde année de Chin-tsong ou Vanlie, onzieme Empereur de la Dynastie des Ming, les Mongols firent une irruption dans le Leatong ; mais ils furent défaits à plate couture,

1582.

& en 1582, Liching, Général Chinois, les défit encore, & leur tua dix mille hommes. L'année suivante, les rivieres qui furent glacées faciliterent leurs excursions sur les terres de l'Empire, & quoiqu'ils fussent en grand nombre, les troupes Chinoises les taillerent en pieces. Dans la suite, dit-on, les Mongols, que les Chinois appellent *Tartares Tanju* ou *Occidentaux*, demeurerent tranquilles dans leurs terres, & cesserent d'inquiéter l'Empire, tandis que les Manchéous, que les Histoires Chinoises nomment *Tartares Orientaux & Niu-che* ou *Nu-che* commençoient à se faire redouter, & parvinrent enfin à subjuguer les Mongols & les Chinois (*a*).

Deviennent vassaux des Mantchéous.

Si les successeurs d'Yong-lo avoient vigoureusement poursuivi ce qu'il avoit commencé, ils auroient pu réduire entierement les Mongols sous leur obéissance ; mais ayant ou négligé cet objet, ou n'ayant agi que mollement, ces ennemis de la Chine reprirent courage, & se répan-

---

(*a*) Couplet, mon. sinic. p. 81. Du Halde, tom. I. pag. 449 & suiv.

Histoire des Mongols, &c.

on lui donna & à plusieurs autres des plus puissans Princes Mongols, le titre de *Roi* ou de *Vang*. Pendant la minorité de Kang-hi, le Khan conçut le dessein non seulement de secouer le joug, mais même de se remettre en possession de l'Empire de la Chine, s'il étoit possible. Dans cette vûe, il gagna les autres Princes & les engagea à se liguer avec lui. Kang hi, ayant eu connoissance du complot, en prévint l'exécution, & envoya d'abord, du Leaotong, un petit corps de troupes contre Tchahar Khan. Le Prince Mongol se voyant attaqué avant que d'avoir eu le temps de se mettre en défense, fut obligé de combattre l'armée Impériale avec ce qu'il put rassembler en hâte de ses propres troupes; il fut entiérement défait, & en fuyant il tomba entre les mains de ses ennemis avec son frere & ses enfans (*a*).

Demeurent dépendans.

Depuis ce temps-là, les Mongols sont demeurés sous la domination des Mantchéous qui regnent aujourd'hui à la Chine, quoique l'on assure que le Chef des Princes Mongols, descendus de Touhan-temûr, le dernier Empereur Mongol de la Chine, qui sont en grand nombre en Tartarie, conserve toujours beaucoup de supériorité sur les Princes des autres branches issues de Jenghiz Khan & de ses freres. Ces Princes sont aujourd'hui les Chefs des Hordes Tartares appelées *Mongols* & *Kalkas* (*b*). A cette occasion, il ne sera pas inutile de remarquer que ces deux peuples ne sont que deux branches d'une seule & même nation, sous des noms différens; les Mongols sont ceux

---

(*a*) Bouvet, Portrait Hist. de Kang-hi, p. 50-54.
(*b*) Gaubil, p. 317.

qui ont toujours demeuré en Tartarie ; & les Kalkas font ceux qui ont été chassés de la Chine, qui, peut-être pour se distinguer, ont pris le nom de la riviere Kalka, une de celles sur les bords desquelles ils se sont établis ; de la même façon qu'une troisieme branche ou nation de Mongols s'appelle à présent *Eluths* ou *Aluths*, connus en Europe ordinairement sous le nom de *Kalmuques*.

Histoire des Mongols, &c.

La nation des *Kalkas*, *Khalkhas* ou *Halhas*, car on écrit leur nom de toutes ces différentes manieres, la plus nombreuse & la plus célebre des Nations Mongoles, conserva son indépendance pendant cinquante ou soixante ans, après que les Mongols eurent perdu la leur. Au commencement, il n'y avoit parmi eux qu'un Prince qui portât le titre de *Khan* ou de *Roi*, encore payoit-il tribut, aussi bien que les autres Kalkas, au Prince nommé *Tchahar Khan*, dont nous avons parlé. Mais ces Kalkas s'étant fort multipliés, & les Princes descendans de Kublay, qui ne portoient que le nom de *Taiki*, étant en grand nombre, ceux qui se trouverent les plus puissans se rendirent peu à peu indépendans les uns des autres, & de leur Roi même, auquel ils ne rendoient plus qu'un léger hommage. Avant la guerre qu'ils eurent avec les Eluths sur la fin du dernier siecle, ils étoient divisés en sept étendards, lesquels avoient chacun leur Chef ; trois de ces Chefs avoient obtenu du Grand Lama du Tibet le titre de *Khan* ; mais la plupart des Taikis agissoient en Souverains sur leurs terres, & ne rendoient d'autre hommage à ces Khans, que de leur céder la premiere place dans les assemblées qu'ils tenoient entre eux,

Les Kalkas indépendans.

lorsqu'il survenoit quelque différend ou quelque affaire importante à traiter.

Histoire des Mongols, &c.
Ont trois Khans.

Le plus ancien de ces trois Khans s'appeloit *Tchafaktou*; il occupoit le pays qui est à l'orient des Eluths, qui s'étend depuis le mont Altay jusque vers les rivieres de Selinga, Orkhon & Tula. Le second, nommé *Tuchetou* ou *Tuchektu Khan*, étoit le plus puissant des Princes Kalkas; son pays s'étendoit le long de ces trois rivieres jusque vers le mont Kentey, d'où la riviere de Kerlon & celle de Tula tirent leur source. Le troisieme, nommé *Tchetching Khan*, étoit établi vers la source du Kerlon; ses gens s'étendoient le long de cette riviere jusqu'à son embouchure dans le lac Dalay ou Kulon, & encore au delà jusqu'aux frontieres de la province de Solon. Ces deux derniers Princes n'ont porté le titre de **Khan** que depuis quarante ou cinquante ans, c'est-à-dire vers l'an 1650 ou 1660; le premier le portoit long-temps auparavant. Avant les guerres qu'ils ont eues, ces Kalkas étoient si puissans, qu'ils donnoient de l'inquiétude même à l'Empereur de la Chine: ils étoient au nombre de six cent mille familles, & étoient très-riches en troupeaux & en chevaux; mais ils ont été presque détruits entiérement par la guerre, dont voici l'occasion.

Troubles.

Un Taiki ou Prince Kalka, nommé *Lopʒanghum Taiki*, que notre Auteur Gerbillon avoit vu depuis à l'assemblée des Etats de Tartarie, attaqua Tchafaktou Khan, le fit prisonnier, & après l'avoir fait mourir, s'empara de ses biens & d'une partie de ses gens; le reste prit la fuite avec les enfans de Tchafaktou Khan; ils se retirerent auprès de Tuchetou Khan. Celui-ci fit savoir d'abord ce qui venoit d'arriver à tous les Chefs des étendards & aux principaux Taikis, les invitant de se joindre à lui pour faire la guerre à l'Usurpateur. Ils s'assemblerent aussi-tôt, fondirent sur Lopzang-hum, le firent prisonnier, l'envoyerent au Grand Lama pour en faire justice, & prierent en même temps ce Pontife de donner au fils aîné de Tchasaktou la même dignité qu'avoit son pere. Le Lama accorda leur demande, & le fils fut rétabli dans les Etats du pere; mais on ne lui restitua ni ses troupeaux ni ses sujets, dont Tuchetou s'étoit saisi par l'avis de son frere, qui étoit un de ces Ho-fos ou Fo vivans, qui sont en grand nombre dans la Tartarie.

Ce Lama, nommé *Tsing-chung-tumba* (a) *Khutuktu*, avoit été huit ans disciple du Grand Lama du Tibet, & il s'étoit rendu si habile à cette école, qu'il voulut être indépendant, prétendant être, avec autant de raison que son Maître, un Fo vivant. Il avoit si bien trompé ces Kalkas, qu'il s'en faisoit adorer comme une Divinité; son frere même alloit régulierement à certains jours lui rendre les mêmes adorations qu'on a coutume de rendre aux Idoles; il lui cédoit le pas en toute occasion, & le laissoit maître absolu de ses Etats. C'est proprement ce prétendu immortel qui, par son orgueil & sa mauvaise conduite, a été cause de la destruction de sa famille & de l'Empire des

---

(a) Son nom se trouve différemment écrit dans les Relations du Pere Gerbillon, toutes les fois qu'on l'y rencontre, comme *Chepzuin-tamba*, *Chempsin-tamba*, & *Chunpezun-tamba*.

Kalkas. Tchafaktou Khan (a), voyant qu'on refusoit de lui restituer ses biens, contre ce qui avoit été arrêté à l'assemblée des Etats des Kalkas, envoya des Ambassadeurs au Grand Lama du Tibet, pour le prier d'interposer son autorité auprès de Tuchetou Khan & du Lama son frere, afin de lui faire rendre ses biens. Le Dalai Lama envoya un de ses principaux Lamas aux deux freres; mais cet Envoyé s'étant laissé gagner par des présens, se contenta des belles promesses qu'on lui fit. Tchafaktou n'espérant plus de justice de ce côté-là, envoya son second fils à l'Empereur de la Chine, pour le supplier de prendre ses intérêts en main. En ce temps-là, tous les Princes Kalkas, pour avoir la liberté du commerce à la Chine, envoyoient à Kang-hi un chameau & neuf chevaux blancs par forme de tribut, quoiqu'ils ne s'acquittassent pas fort régulièrement de ce devoir. L'Empereur fit partir un Ambassadeur vers le Dalai Lama, pour l'engager à envoyer au temps qu'il lui marquoit, une personne de considération dans le pays des Kalkas, & il promettoit d'y envoyer en même temps un Grand de sa Cour, afin de disposer ces Princes à un accommodement & de prévenir la guerre (b).

Cependant Tchafaktou mourut; son fils aîné, qui s'étoit lié avec Kaldan, Roi des Eluths, dont il étoit voisin, lui succéda & fut fait Khan. Les Envoyés de l'Empereur de la Chine & du Dalai

---

(a) Il paroît par-là que le fils avoit le même nom que le pere, ou que Tchafaktou étoit un nom générique dans cette famille, qui passoit de l'un à l'autre, avec le titre de Khan.

(b) Du Halde, tom. IV, p. 54-57.

Lama s'étant rendus auprès de Tuchetou Khan, on convoqua une seconde fois les Etats des Princes Kalkas. L'Envoyé de l'Empereur, nommé *Argni* (*a*), étoit le premier Président du Tribunal des Mongols, qui est à peu près du même ordre que les six suprêmes Tribunaux de Peking. Comme l'Envoyé du Grand Lama (*b*) représentoit son Maître, personne ne lui disputa le pas, à l'exception du frere de Tuchetou Khan (*c*), qui étoit aussi Lama, & qui se disant Fo vivant, prétendoit être égal à ce Pontife, & vouloit être traité avec la même distinction. Les Envoyés de Kaldan, qui assistoient à l'Assemblée pour soutenir les intérêts de l'ami de leur Maître (*d*), se récrierent contre les prétentions du Lama Kalka, qu'ils regardoient comme un attentat contre le respect dû à leur Pontife commun : ce Lama ne voulant pas céder, ils se retirerent fort mécontens. Enfin, pour éviter une brouillerie plus grande que celle qu'on étoit venu terminer, l'Envoyé du Dalaï Lama fut obligé de

---

(*a*) Bentink, dans ses Notes sur l'Histoire d'Abu'lghazi Khan, l'appelle *Averna Akayba*. (On n'a point trouvé dans le François de cette Histoire ce qu'on en cite ici & dans les Notes suivantes : toutes les recherches ont été inutiles.)

(*b*) C'étoit sans doute un Lama ; mais Bentink dit qu'il étoit le Dava ou Tipa du Tibet ; c'est le Vice-Roi du grand Lama, qui gouverne le temporel.

(*c*) Bentink l'appelle *Zain* ou *Zuzi Khan*, Prince des Mongols, par lesquels il faut entendre les Kalkas Mongols. Zuzi est le même nom que *Juji* & *Tushi*.

(*d*) Selon Bentink, la querelle que Kaldan avoit avec Zain Khan, le regardoit lui-même. Mais le récit du P. Gerbillon mérite la préférence, ayant appris les faits de l'Envoyé Chinois lui-même & des Mandarins de sa suite. Il est vrai que dans la suite Kaldan se trouva personnellement intéressé dans la querelle.

Histoire des Mongols, &c.

consentir que le Lama, frere du Roi des Kalkas, fût assis vis-à-vis de lui. Cette contestation une fois finie, les affaires furent bientôt réglées dans les Etats : Tuchetou Khan & le Lama son frere promirent solennellement d'exécuter de bonne foi ce qu'on venoit de régler : mais après que les Etats furent séparés, ils continuerent leurs délais ordinaires sous différens prétextes.

Conduite de Kaldan.

Cependant le Roi des Eluths, choqué du peu de considération qu'on avoit eu pour ses Envoyés, & de l'affront qu'on avoit fait au Dalai Lama en la personne de son Légat, pressé d'ailleurs par Tchasaktou Khan de hâter la restitution de ses biens, envoya un Ambassadeur à Tuchetou Khan & au Lama son frere, pour les exhorter à la restitution qu'ils avoient promis de faire, & sur-tout pour se plaindre de ce que ce Lama Kalka avoit disputé le pas au Légat du Dalai Lama, qui avoit été leur Maître commun (a). Le Khutuktu ne put retenir sa colere ; il chargea l'Ambassadeur de fers, & ayant envoyé à Kaldan une lettre menaçante, il se mit, avec son frere, à la tête d'un gros de troupes pour surprendre Tchasaktou Khan. Ce Prince, qui ne s'attendoit point à cette attaque imprévue, tomba entre les mains du Lama, qui le fit noyer ; il fit mourir encore un des plus considérables Taikis, dont il retenoit les biens. Ensuite il entra sur les terres du Roi des Eluths (b),

---

(a) Kaldan lui-même avoit été élevé parmi les Lamas, comme il paroît par la suite.

(b) Suivant Bentink, Zain ou Tuchetou Khan entra sur les terres des Eluths par le conseil de Kang-hi, Empereur de la Chine. Si l'on en excepte cette circonstance, & la cause de la guerre dont on a parlé, le récit de Bentink s'accorde avec celui de Gerbillon.

& surprit un des freres de ce Prince (*a*) ; lui ayant fait trancher la tête, il la fit planter sur une pique, & l'exposa ainsi au milieu de la campagne ; en même temps il renvoya quelques-uns des domestiques de ce malheureux Prince au Roi des Eluths, avec une lettre pleine d'invectives & de menaces.

Histoire des Mongols, &c.

Kaldan, outré de dépit, dissimula son ressentiment, jusqu'à ce qu'il fût en état de le faire éclater. Cependant il assembla ses gens, & au commencement de l'année 1688 il s'approcha des terres de Tuchetou Khan. Le Kutuktu, qui s'y étoit attendu, demanda du secours à tous les autres Princes Kalkas, leur faisant entendre qu'il n'avoit fait mourir Tchasaktou Khan, que parce qu'il s'étoit ligué avec le Roi des Eluths pour faire la guerre à tous les autres Kalkas. La plupart de ces Princes se trouverent au rendez-vous sur les frontieres des Etats de Tuchetou avec des forces considérables. Le Roi des Eluths s'étant avancé, & voyant que l'armée ennemie étoit beaucoup plus forte que la sienne, ne songea qu'à se camper avantageusement, se flattant que la division se mettroit bientôt dans l'armée des Kalkas. Ce qu'il avoit prévu arriva ; le Chef d'un des plus nombreux étendards décampa le premier pendant la nuit avec toutes ses troupes. Tchetching Khan suivit peu après son exemple ; enfin tous les autres prirent le parti de la retraite, & laisserent Tuchetou Khan & le Lama son frere avec les seules troupes de leur étendard.

Il attaque les Kalkas. 1688.

Aussi-tôt que Kaldan eut avis de ce qui se pas-

En fait un grand carnage.

(*a*) Bentink l'appelle *Dorzizap*, & dit qu'il fut tué à l'avant-garde du Khan, qui fut mise en déroute.

soit, il vint, sans perdre de temps, fondre sur les troupes ennemies, qui, ne faisant aucune résistance, furent aisément mises en déroute (a). Les deux freres avec leurs familles eurent bien de la peine à se sauver des mains du vainqueur; ils furent obligés d'abandonner presque tout leur bagage, & la plus grande partie de leur armée & de leurs troupeaux. Le Roi des Eluths fit passer au fil de l'épée tous les Kalkas de la famille de Tuchetou Khan, qu'il trouva sous sa main; il pénétra jusqu'à son camp & jusqu'au lieu où le Lama son frere avoit fixé sa demeure, brûla tout ce qu'il ne put emporter, & ruina de fond en comble deux beaux temples que le Lama avoit fait bâtir à grands frais. Ensuite il envoya ses troupes battre la campagne, avec ordre de mettre le pays à feu & à sang, & sur-tout de faire main-basse sur tout ce qui se trouveroit de Kalkas, qui fuyoient de toutes parts (b). Tuchetou Khan & le Lama son frere se retirerent jusqu'à l'extrémité méridionale du Désert, proche de la Chine, & de là ils envoyerent prier l'Empereur Kang-hi de les prendre sous sa protection, & de les défendre contre un ennemi dont ils exagéroient l'ambition & la cruauté.

(a) Bentink dit qu'il remporta la victoire en feignant de prendre la fuite, ce qui engagea Zain Khan à diviser ses forces pour le poursuivre.

(b) Suivant Bentink, il envoya au lieu où il faisoit ordinairement sa résidence, neuf chameaux chargés d'oreilles & de floquets de cheveux, par où l'on peut juger de l'horrible massacre qu'il avoit fait: après quoi, à la tête de trente mille hommes, il chassa son ennemi au delà de la grande muraille.

L'Empereur dépêcha un de ses Officiers à Kaldan, pour savoir de lui le sujet de cette guerre. Ce Prince répondit respectueusement, » qu'il avoit » entrepris & qu'il étoit résolu de continuer la » guerre pour venger la mort de son frere ; qu'il » ne croyoit pas qu'aucun Prince voulût donner » retraite à un aussi méchant homme qu'étoit le » Lama Kalka ; que c'étoit lui qui étoit le prin- » cipal auteur des cruautés qu'on avoit exercées ; » que par cette raison il étoit résolu de le pour- » suivre quelque part qu'il se retirât ; qu'au reste » l'Empereur étoit également intéressé à cette » vengeance, puisqu'il avoit hautement violé les » promesses qu'il avoit jurées en présence des » Ambassadeurs de l'Empereur pendant la tenue » des Etats, & qu'il avoit si peu déféré à sa mé- » diation «.

Histoire des Mongols, &c.

Le Khutuktu vit bien que si Kang-hi l'abandonnoit, il tomberoit infailliblement entre les mains de son ennemi, sur-tout le Dalai Lama lui étant tout à fait contraire : ainsi, pour s'assurer une protection qui le mît en sûreté, il offrit à l'Empereur de se faire, à perpétuité, son vassal, avec son frere, sa famille & ses sujets, & d'engager même tous les autres Kalkas à suivre son exemple. Pendant que cette affaire se négocioit, plusieurs des autres Princes Kalkas rechercherent la protection de Kang-hi sous la même condition. Tchetching Khan étant mort cette même année, sa veuve supplia pareillement l'Empereur de recevoir son fils au nombre de ses vassaux, & de lui donner l'investiture & le titre de *Khan*, qu'on lui accorda, à condition qu'il ne passeroit pas à ses descendans. Kang-hi exhorta le Roi des Eluths

Il poursuit le Khutuktu.

Histoire des Mongols, &c.

à ne pas pousser plus loin une vengeance qui devoit être satisfaite par l'état déplorable où il avoit réduit ses ennemis. Kaldan répondit encore, que l'Empereur étoit lui-même intéressé à punir des perfides qui avoient rompu un traité, dont il étoit le garant, aussi bien que le Dalai Lama; il ajoutoit néanmoins qu'il étoit prêt à mettre bas les armes, pourvu que le Lama Kalka fût remis entre les mains du Dalai Lama, pour être jugé par ce dernier. L'Empereur crut qu'il étoit indigne de sa grandeur d'abandonner des Princes qui étoient venus chercher un asile chez lui; d'ailleurs, n'ayant plus rien à craindre de la part des Russes, avec lesquels il venoit de conclure la paix à Nipocheu ou Nerchinskoy, il prit les Princes Kalkas sous sa protection, & leur marqua un lieu dans ses terres de Tartarie, pour s'y établir; c'est ce qui donna occasion à la guerre qui s'alluma entre lui & le Roi des Eluths (a).

Ils s'avancent vers la Chine.

Ce Prince vint, vers la fin de Juillet de l'année 1690, à la tête de quelques troupes peu nombreuses, mais fort aguerries, jusque sur les frontieres de l'Empire. Il tua ou fit esclaves tout ce qu'il trouva de Kalkas campés le long de la riviere de Kerlon, qu'il avoit suivie pour la commodité du fourrage; & il alla chercher les meurtriers de son frere jusque dans le lieu même où l'Empereur leur avoit donné une retraite. Au premier bruit de la marche de Kaldan, l'Empereur rassembla toutes les troupes des Mongols qui étoient assujettis depuis le commencement de la Monarchie des Mantchéous, & qui étant presque

_____
(a) Gerbillon, ap. Du Halde, t. IV. p. 57-60.

immédiatement au dehors de la grande muraille, font comme les gardes avancées de l'Empire. Il joignit à ces Mongols quelques soldats Mantchéous, qui servoient d'escorte au Président du Tribunal de la Milice & à celui du Tribunal des Mongols, qu'il avoit envoyés sur les frontieres pour observer les mouvemens des Eluths. Ces deux Présidens amuserent le Roi Eluth par des négociations, dans le dessein de le surprendre dans son camp; & lorsqu'il ne se défioit de rien, ils l'attaquerent pendant la nuit: mais ils furent vigoureusement repoussés, & poursuivis jusque sur les terres de l'Empire, où ils se mirent en sûreté en gagnant les montagnes.

Histoire des Mongols, &c.

Kang-hi ayant appris cette nouvelle, fit partir de Peking une grosse armée, qu'il eut d'abord dessein de commander en personne; mais sur les remontrances de son Conseil, il changea de résolution, & en donna le commandement à son frere aîné, qu'il nomma Généralissime. Kaldan étoit campé avantageusement à quatre-vingts lieues environ de Peking, & quoiqu'il manquât d'artillerie & qu'il n'eût que peu de troupes, il attendit les Chinois de pied ferme. D'abord son avant-garde souffrit beaucoup du canon ennemi, ce qui l'obligea de changer de poste pour la mettre hors d'insulte; & comme il s'étoit placé derriere un grand marais qui l'empêchoit d'être investi, il se défendit avec une bravoure incroyable jusqu'à la nuit, que chacun se retira dans son camp (*a*). L'oncle maternel de l'Empereur, qui

Combat les Chinois.

―――――――――――――――――

(*a*) Suivant Bentink, le Roi des Eluths défit, les uns après les autres, divers corps envoyés par Amulon Bogdoy Khan;

Histoire des Mongols, &c.

Conclut un Traité.

faifoit la charge de Grand-Maître de l'Artillerie, fut tué d'un coup de moufquet vers la fin de la bataille, lorfqu'il donnoit fes ordres pour retirer le canon.

Les jours fuivans fe pafferent en négociations de part & d'autre, & enfin on convint que Kaldan auroit la liberté de fe retirer avec les fiens ; mais on lui fit jurer auparavant devant fon Fo, qu'il ne reviendroit jamais fur les terres de l'Empereur ni de fes vaffaux. Dans fa retraite, une partie de fon armée périt de faim & de mifere ; & fon neveu Tfe-vang Raptan, qu'il avoit laiffé dans fes Etats pour les garder, les abandonna, & fe retira fort loin avec tous ceux qui voulurent le fuivre. Ce fut un coup mortel pour Kaldan ; il fut trois ou quatre ans à rétablir fon armée (*a*).

Cependant, quand les Généraux de l'armée Impériale furent de retour à Peking, on commença à inftruire leur procès, quoiqu'ils euffent eu l'avantage du combat : c'eft une loi parmi les Mantchéous, qu'un Général qui livre bataille & qui ne remporte pas une victoire complette, eft cenfé coupable & doit être puni. Le frere de l'Empe-

---

c'eft ainfi que les Ruffes appellent les Empereurs Mantchéous de la Chine : il ajoute que les troupes de Kaldan étoient fi braves, ou celles de l'Empereur fi mauvaifes, que dans une rencontre mille Kalmuques ou Eluths battirent vingt mille Chinois, & dans une autre dix mille en mirent en déroute quatre-vingt mille.

(*a*) Elle ne peut donc avoir été auffi peu nombreufe qu'on le dit ; elle avoit peut-être fouffert auparavant dans fon expédition.

Livre V. Chapitre XIII.

reur & quelques autres Officiers-Généraux furent condamnés à perdre trois années de leur revenu, & les autres furent abaissés de cinq degrés. Si l'Empereur ne les avoit favorisés, ils auroient été punis bien plus sévèrement. Ce Prince honora extraordinairement la mémoire de son oncle, qui avoit été tué dans l'action; il conserva à son fils aîné ses charges; recompensa pareillement tous ceux qui s'étoient distingués, & les parens de ceux qui étoient morts dans le combat, ou qui y avoient été blessés. L'année suivante, Kang-hi alla tenir les Etats dans la Tartarie; ce fut alors que les Princes Kaïkas lui rendirent solennellement hommage.

Histoire des Mongols, &c.

Le Roi des Eluths demeura jusqu'en l'année 1694 dans le pays qui avoit appartenu autrefois à Tchasaktou Khan & à Tuchetou Khan. Après avoir rétabli son armée, il parcourut les bords du Kerlon, enlevant tout ce qu'il y trouvoit de Kalkas; il s'avança même jusque sur les frontieres du pays de Korchin, d'où il envoya solliciter le principal Prince de se joindre à lui contre les Mantchéous. » N'est-il pas indigne, lui écrivoit-
» il, que nous devenions les esclaves de ceux
» dont nous avons été les maîtres? Nous som-
» mes Mongols, nous suivons une même Loi;
» nous devons donc unir nos forces pour recon-
» quérir un Empire qui est notre héritage. Je
» veux bien partager la gloire & le fruit de mes
» conquêtes avec ceux qui en auront partagé le
» péril. Mais aussi s'il arrive, ce que je ne puis
» me persuader, que quelques-uns des Princes
» Mongols soient assez lâches pour vouloir tou-

Il recommence les hostilités.

Histoire des Mongols, &c.

« jours être asservis aux Mantchéous, nos enne-
« mis communs, qu'ils s'attendent à éprouver le
« premier effort de mes armes ».

Le Roi de Korchin donna, en cette occasion, une preuve de la fidélité qu'il avoit jurée à l'Empereur; il lui envoya la lettre du Roi Eluth; elle donna quelque inquiétude à ce Prince; car quoiqu'il fût bien que les Eluths étoient trop foibles pour oser l'attaquer, il craignoit néanmoins la réunion des Princes Mongols, soutenus du Dalai Lama: il résolut donc ou d'exterminer les Eluths, ou de les contraindre par la force de ses armes à une paix durable & solide.

Il est mis en déroute.

Ce fut dans cette vûe qu'il fit entrer, en 1696, trois armées en Tartarie, afin d'envelopper les Eluths de toutes parts (*a*); une de ses armées remporta une victoire complette, tandis que celle que commandoit l'Empereur jetoit par-tout l'épouvante. Enfin cette année-là & la suivante il acheva de détruire, de soumettre ou de dissiper tous ces Tartares. La destruction des Eluths fut si grande dans cette guerre, qu'il ne resta dans ces vastes contrées que dix ou douze mille familles; la mort de Kaldan, qui arriva en 1697, lorsque l'Empereur alloit le chercher dans le fond de sa retraite, acheva de ruiner tout-à-fait cette nation; de sorte que ces restes infortunés d'Eluths furent obligés de venir implorer la clémence de l'Empereur, ou de se retirer auprès de Tse-vang Raptan, le seul Prince de leur nation qui res-

---

(*a*) Bentink dit que son armée étoit de trois cent mille hommes, & qu'elle avoit trois cents pieces de canon.

toit. Cette guerre ayant été terminée ainsi, Kanghi devint, dit-on, le maître absolu de l'Empire des Kalkas & des Eluths, & étendit sa domination dans la Tartarie jusqu'aux grands déserts & aux forêts, qui sont les frontieres de la Russie (*a*). Mais cela doit s'entendre principalement des terres que les Eluths avoient conquises sur les Kalkas, à l'orient du mont Altay; car il ne paroît point que les Chinois aient fait de conquêtes dans le pays qui est à l'occident de cette montagne, dont Tse-vang Raptan demeura en possession.

Histoire des Mongols, &c.

Après avoir conduit jusqu'à notre temps l'Histoire des deux premieres branches de Mongols; savoir, les Mongols proprement dits, & les Kalkas, il nous reste à faire celle des Eluths; mais ici nos Mémoires sont encore plus imparfaits. On ne voit par aucun des Auteurs que nous avons pu consulter jusqu'ici, ni quand ni à quelle occasion les Tribus Mongoles, comprises sous le nom d'*Eluths*, se rendirent indépendantes des Khans Mongols qui régnoient à Karakorom ou dans l'orient de la Tartarie, & prirent le nom d'*Eluths*; ni par quels degrés ils sont parvenus à être assez puissans pour être supérieurs aux deux autres branches des Mongols. Une seule circonstance pourroit répandre quelque jour sur ce sujet, si l'on étoit assuré que tous les Khans des Eluths ont été de la même famille que le premier; c'est que ces Khans ne descendent point de Jenghiz Khan, mais de Timur Beg ou Tamerlan : car de

Histoire des Eluths.

―――――――――――

(*a*) Gerbillon, ap. Du Halde, tom. IV, p. 49, 62, 63.

là il s'ensuivroit que leur Empire n'a commencé qu'après l'année 1400, peut-être vers le temps d'Yong-lo, lequel ayant réduit peu à peu les successeurs de Hu-pi-lay ou Kublay, & les Mongols dans l'Orient, fournit à ceux qui étoient plus éloignés vers l'Occident, l'occasion favorable de se rendre indépendans, & de créer un Grand Khan de leur nation.

Histoire des Mongols, &c.

Malheur d'Onchon.

Quoi qu'il en soit, on ne trouve rien de considérable touchant les Eluths, que depuis environ quatre-vingts ans (a) : on dit qu'en ce temps-là tous les Eluths n'avoient qu'un Chef ou Roi, nommé *Otchirtou Tche-tching Kan*. Le Prince Ablay son frere, s'étant révolté contre lui, fut défait, & obligé de se retirer bien loin vers la Sibérie. Il y avoit sous ce Roi plusieurs petits Princes de sa Maison, qui s'appeloient *Taikis* ou *Taighi*, & que les Russiens nomment *Taicha* & *Taichi*. Ces Taikis étoient absolument maîtres dans leurs terres, & rendoient à leur Roi tel hommage, & lui payoient tel tribut qu'ils le jugeoient à propos. L'un de ces Taikis, nommé *Paturouhum*, étoit fort riche, & s'étoit acquis beaucoup de réputation parmi les siens dans la guerre du Tibet. Il laissa en mourant plusieurs enfans ; l'aîné, appelé *Onchon*, lui succéda. Dans le temps que ce Prince faisoit la guerre aux Hassaks Pourou-

---

(a) C'est-à-dire à compter du temps où Du Halde écrivoit, & non de celui de Gerbillon ; autrement il faudroit remonter jusque vers l'an 1610, ce qui seroit trop haut pour le pere de Kaldan. Nous supposons donc que Tche-tching Khan regnoit vers l'année 1650 ou 1655.

tes (a), il tomba malade de la petite vérole dans son camp, &, selon la coutume que les Mongols observent dans cette maladie, on laissa Onchon seul dans sa tente. Les Tartares Mahométans, qui étoient postés vis-à-vis des Eluths, les ayant vu décamper, ne manquerent pas de venir le lendemain dans le camp abandonné, & ayant trouvé le Prince malade, ils en prirent tant de soin qu'il se rétablit.

Il est tué par Sengha.

Comme ce Prince ne jugea pas à propos de se faire connoître, on le garda comme un simple esclave pendant trois ans, & dans cet intervalle, Sengha son frere, ne doutant point de sa mort, épousa sa femme. A la fin Onchon se fit connoître aux Hassaks, & leur ayant promis avec serment que s'ils le mettoient en liberté, il ne leur feroit plus la guerrre, ils le renvoyerent & lui donnerent cent hommes pour lui servir d'escorte jusque sur ses terres. Etant arrivé sur la frontiere de ses Etats, il dépêcha un Courrier à son frere Sengha, pour l'informer de ses aventures & de son retour. Celui-ci, surpris d'une nouvelle si peu attendue, consulta sa femme sur ce qu'il feroit dans une pareille conjoncture. Elle lui répondit qu'elle ne l'avoit épousé que dans la persuasion que son premier mari n'étoit plus en vie; mais que puisqu'il étoit vivant, elle ne pouvoit se dispenser de retourner avec lui. Sen-

───────────────

(a) C'est le nom que les Eluths donnent aux Tartares Uzbeks, qui en revanche leur donnent le sobriquet de *Kalmuks*; & c'est d'eux que ce nom a passé à nous par le canal des Russes.

gha, également passionné & ambitieux, fit partir des gens de confiance, comme pour aller au devant du Prince & lui faire honneur, mais en effet pour le massacrer lui & toute sa suite. La chose ayant été exécutée, il fit publier qu'on avoit défait un parti de Hassaks Pouroutes, sans parler de son frere. Cependant ce crime ne fut pas long-temps ignoré : un de ses autres freres, qui étoit de la même mere qu'Onchon, se mit en état de venger sa mort, tua Sengha, & remit le fils d'Onchon en possession des Etats de son pere.

Kaldan venge la mort de Sengha.

Kaldan, troisieme fils de Patourou-hum Taiki, frere de Sengha du même lit, avoit été élevé auprès du Grand Lama du Tibet, comme un de ses principaux disciples : il étoit venu ensuite s'établir à la Cour d'Otchirtou Tche-tching Khan (*a*), qui le considéroit fort. Lorsque ce Prince apprit ce qui s'étoit passé, il demanda permission au Grand Lama de quitter l'habit & la profession de Lama, pour venger la mort de son frere. Cette permission lui ayant été accordée, il forma aussi-tôt un corps d'armée des anciens domestiques de Sengha & de quelques troupes que lui accorda Otchirtou. Avec ce secours, il se vengea des meurtriers de son frere, & se rendit maître de tous les biens de ses freres & des Etats de Sengha. Il épousa la principale femme de ce Prince, fille d'Otchirtou Khan ; & ses forces augmentant chaque jour, il se vit en état de disputer le royaume à son beau-pere, auquel il étoit redevable de sa fortune présente.

───────────

(*a*) C'est l'Otchiourti Khan de la relation imparfaite du P. Avril, dans ses Voyages, p. 150.

Une querelle que leurs gens eurent enſemble, fut le prétexte dont il ſe ſervit pour lui déclarer la guerre. Il entra avec ſes troupes dans les Etats d'Otchirtou, qui vint au devant de lui à la tête des ſiennes. La bataille ſe donna proche d'un grand lac, nommé *Kiʒalpou* : Kaldan remporta la victoire, fit ſon beau-pere priſonnier, & le fit égorger pour s'aſſurer la conquête de ſes Etats. Par-là, il devint le Chef de tous les Eluths. Le Grand Lama récompenſa ſa perfidie & ſes cruautés, en lui donnant le titre de *Khan* (a), qui ſignifie *Roi* ou *Empereur*. Depuis ce temps-là, Kaldan (b) jouit tranquillement de ſes conquêtes, & n'eut de guerre qu'avec les Haſſaks Pouroutes ou Uzbeks, juſqu'en l'année 1688, qu'il entra dans le pays des Kalkas & les ſubjugua : mais ayant pouſſé ſon reſſentiment trop loin (c), l'Em-

---

(a) Gerbillon dit qu'il faut écrire *Han*, & non pas *Khan*, *Hami* pour *Kami*, *Halhas* pour *Kalkas*, &c. Mais comme l'*h* eſt une forte aſpiration ou une gutturale, il vaut mieux, ſemble-t-il, l'exprimer par *kh*, ainſi qu'on doit l'écrire, & non avec un ſimple *k* ou un *c*, comme on le fait ordinairement.

(b) Bentink l'appelle *Boſto* ou *Boſugto Khan*, c'eſt peut-être plutôt *Buſſuktu Khan*. *Buſſuk* ſignifie *rompu* ; c'eſt le nom qu'Oguz Khan donna à ſes trois premiers fils, ſelon Abul'ghazi Khan, p. 62. Buſſuktu paroît avoir été ſon titre, & Kaldan ſon nom propre. Le même Auteur dit qu'il campoit ordinairement ſur les bords du lac Yamiſh, & dans les déſerts voiſins.

(c) Il nous ſemble que Kang-hi fut blâmable de protéger les meurtriers du frere & de l'allié de Kaldan, au lieu de les lui livrer, comme il le demandoit avec juſtice.

Ll ij

Histoire des Mongols, &c.

Est entièrement défait.

pereur de la Chine le ruina à son tour, comme nous l'avons rapporté (a).

Bentink rapporte les circonstances de la mort de ce Prince, dont les Russes ont pu être mieux instruits que les Chinois. Suivant cet Auteur, la perte de la derniere bataille n'affligea pas autant le Roi Eluth, que la mort de Guni ou Ani sa femme, qui fut tuée dans sa fuite. Le corps de cette Princesse ayant été trouvé parmi les morts, l'Empereur lui fit couper la tête pour la faire servir d'ornement à son triomphe. Les provisions & le fourrage commençant à manquer dans les montagnes voisines, où Kaldan s'étoit sauvé avec peine, il y vit périr de misere la plus grande partie de ses troupes & de ses chevaux, de sorte qu'il retourna presque seul dans ses Etats, où il passa deux ans dans l'humiliation, exposé aux reproches de ses sujets. Le temps lui fit comprendre qu'il n'avoit plus rien à espérer que de la négociation : il envoya donc Septenbalde son fils vers le Dalai Lama, pour lui demander sa médiation qu'il avoit ci-devant méprisée. Mais Abd'olla Beg, Gouverneur de la ville de Khamul (b), quoique sujet du Khan des Eluths, arrêta ce Prince avec sa petite suite lorsqu'il passoit dans son Gouvernement, & le fit conduire à l'Empereur de la Chine, qui lui fit couper la tête, & confirma le traître dans le poste qu'il occupoit.

(a) Gerbillon, ap. Du Halde, tom. IV, p. 47 & suiv.
(b) Khamil ou Hami, ainsi que prononcent les Chinois, est à l'extrémité orientale de la Petite-Bukharie, & sur le bord du grand Désert, qui la sépare de la Chine.

Livre V. Chapitre XIII.

La nouvelle de ce désastre jeta le Khan dans un affreux désespoir ; il assembla tous ses sujets, & les exhorta à vivre en paix ; ensuite leur donnant la liberté de se retirer, il avala du poison & mourut. Telle fut la fin de Bosto Khan, Prince d'un courage & d'un génie distingués, qui s'étoit rendu redoutable à ses ennemis par un grand nombre de succès, & avoit acquis beaucoup de gloire.

Histoire des Mongols, &c.
Il s'empoisonne.

Kaldan eut pour successeur Tse-vang Raptan (*a*) son neveu, fils aîné de Sengha. On a dit que Raptan avoit quitté la Cour de son oncle pendant qu'il étoit occupé à faire la guerre ; en amenant avec lui la plus grande partie de ses sujets, il fit beaucoup de tort à ses affaires (*b*). Voici le sujet de sa retraite. Une Princesse, fille d'Otchirtou, lui avoit été promise en mariage ; elle plut à Kaldan, & il l'enleva : non content d'avoir fait cette injustice à son neveu, il aposta des assassins, qui, ayant ordre de le tuer, manquerent leur coup, & lui creverent seulement un œil. Mais Bentink dit qu'un de ses Esclaves lui creva l'œil par accident, étant à la chasse, & qu'il s'enfuit un peu avant la guerre de 1688, pour une raison toute différente.

Raptan son neveu lui succede.

(*a*) C'est le nom sous lequel il est connu des Chinois, & peut-être des Mongols, sujets de la Chine. Bentink l'appelle *Zigan Araptan*, qui est le nom dont se servent les Russes. Quel est le véritable nom, si même l'un des deux l'est, c'est ce que nous ne pouvons dire, toutes les Nations ayant la mauvaise coutume de défigurer les noms ou d'en donner. Cependant celui d'*Araptan*, *Raptan* ou *Rabdan* appartient certainement à ce Prince ; peut-être *Zigan* est-il une corruption de *Tse-vang*.

(*b*) Bentink, ap. Abu'lghazi Khan, p. 252 & suiv.

Histoire des Mongols, &c.

Le Khan faisoit élever à sa Cour trois fils de son frere : il conçut une violente aversion pour l'aîné de ces Princes, & ne trouvant aucun prétexte pour lui ôter la vie, il se servit d'un homme fort vigoureux, qui, en feignant de lutter avec lui, le traita si rudement, qu'il en mourut peu de jours après. Zigan Araptan, le plus jeune des trois Princes, alarmé de cet accident, quelque effort que le Khan fît pour le faire passer pour un effet du hasard, prit la fuite avec ses amis & ses domestiques. Dhankinambu, son autre frere, que le Khan dépêcha aussi-tôt sur ses traces, tenta inutilement de le ramener à la Cour. Il lui représenta que leur frere aîné ne devoit sa perte qu'à son caractere farouche & turbulent ; mais Zigan Araptan n'en prit pas plus de confiance pour un oncle qui avoit été capable d'une action si dénaturée.

Son installation.

Aussi-tôt qu'Araptan ou Raptan, qui s'étoit toujours tenu caché, apprit la mort de son oncle, il se présenta aux Kalmuques & demanda sa succession ; elle ne pouvoit lui être contestée, étant le plus proche héritier. Les Bukhariens, que Bussuktu Khan ou Kaldan avoit subjugués depuis peu, suivirent l'exemple des Eluths ; & les autres provinces, qui paroissoient moins disposées à reconnoître Raptan, y furent contraintes par les armes. Quand les choses en furent à ce point, les Bukhariens conduisirent un jour ce Prince dans un agréable bosquet, qui n'étoit composé que de cent arbres fort épais & d'une espece particuliere, où il les régala pendant quelques jours avec beaucoup de magnificence, après quoi ils lui donnerent solennellement le titre de *Kontaish*, qui signifie *grand Monarque*, avec défense, sous peine de mort, de l'appeler de son premier nom. Ce Prince méritoit cette distinction par ses grandes qualités, ayant autant de génie & de douceur (*a*) que de courage & de piété (*b*).

Histoire des Mongols, &c.

Le nouveau Khan vécut d'abord tranquillement dans ses Etats, sans avoir de guerre qu'avec les Uzbeks ; il encouragea l'Agriculture, parce que ses troupeaux ne suffisoient pas à l'entretien de ses sujets. Mais il fit bien voir dans la suite qu'il n'étoit pas moins entreprenant que son oncle Kaldan. Peu de temps après son avénement au trône, la ville d'Yarkian (Irghen ou Jurkent), capitale du Kashgar, se révolta contre lui ; mais il la réduisit bientôt, & punit sévérement les rebelles. Vers l'an 1703, Ayuka ou Ayuki, un de ses cousins, gagna la tribu des Torgaüts, se sépara de lui sous prétexte qu'il avoit à craindre pour sa vie en restant à la Cour, passa le Jaïk, & alla se mettre sous la protection de la Russie (*c*). Vers l'an 1716, Kontaish conquit le Tibet (*d*) ;

Conquête du Tibet.

(*a*) Bentink rapporte pour exemple de sa modération, qu'il pardonna non seulement à l'esclave qui lui avoit crevé un œil, mais encore qu'il lui donna la liberté, comme un dédommagement du danger auquel sa vie avoit été exposée par la vengeance des Kalmuques.

(*b*) *Idem, ibid.* p. 253. Gerbillon, ap. Du Halde, tom. IV, p. 49, 50. (Les citations de Bentink sont selon l'Anglois ; on ne trouve point ce qui est rapporté ici dans la Traduction Françoise.

(*c*) Gerbillon, l. c. Bentink, ap. Abu'lghazi Khan, pag. 82.

(*d*) Gerbillon, ubi supr. p. 577.

mais quatre ans après, les provinces de Khamil & de Turfan, dans la Petite-Bukharie, lui furent enlevées par les Chinois. Voici à quelle occasion. Kontaish, ayant été informé qu'à l'est du grand Kobi ou Désert, la Nature avoit placé au pied des montagnes qui séparent son pays de la Chine, une mine d'or si riche qu'elle pouvoit être travaillée sans peine, fit partir un de ses Mursas (*a*) à la tête de dix mille hommes pour en prendre possession. Les Chinois & les Mongols, avertis de leur dessein, tomberent sur eux en grand nombre, & les forcerent de rentrer dans le Désert. Mais ils connoissoient dans cette solitude certaines vallées fertiles, qui sont cachées par de hautes montagnes de l'ouest à l'est, & qui avoient été jusqu'alors inconnues aux Chinois, par lesquelles ils retournerent tranquillement dans leur pays.

Perte en Bukharie.

L'Empereur Kang-hi résolut d'essayer s'il y auroit quelque avantage à tirer de cette découverte. Il envoya du même côté une puissante armée avec un gros train d'artillerie, sous la conduite de son troisieme fils (*b*), qu'il fit accompagner, dit-on, par un Jésuite fort habile dans les fortifications & dans la composition des feux d'artifice. Ce Prince, ayant passé le Désert par la même route que les Kalmuques avoient suivie dans leur retraite, pénétra jusqu'aux provinces de Khamil & de Turfan; mais il trouva Kontaish qui s'avançoit pour

_____

(*a*) C'est une corruption du mot Persan *Mirza*, qui signifie *Prince*.

(*b*) Il succéda à son pere en 1726, sous le nom d'*Yong-ching*.

Livre V. Chapitre XIII.

lui difputer le paffage à la tête d'une belle & nombreufe cavalerie. Comme il n'ofa rifquer de le combattre dans les vaftes plaines dont ces provinces font compofées, il prit le parti de bâtir, à certaines diftances, des forts, qu'il munit foigneufement de canon & d'infanterie. Enfuite, s'avançant à la faveur de ces forts, il parvint infenfiblement à fe rendre maître de ces deux provinces, fans que dans cet intervalle il eût été poffible aux Kalmuques de le forcer à une bataille.

Hiftoire des Mongols, &c.

Kontaish, voyant qu'il lui étoit impoffible de repouffer les Chinois fans canon & fans infanterie, dont les Kalmuques n'avoient point encore l'ufage, envoya en 1720 des Ambaffadeurs à Pierre I, Empereur de Ruffie, qui fe trouvoit alors à Pétersbourg, & lui offrit de lui payer tribut s'il vouloit envoyer à fon fecours dix mille hommes de troupes régulieres avec du canon; il fe flattoit, avec ce petit fecours, de chaffer les Chinois de fon pays. Mais la guerre avec la Suede, jointe aux vûes que l'Empereur Pierre commençoit à former du côté de la Perfe, l'empêcherent d'accepter une propofition fi avantageufe. Les Chinois fe faifirent de toute la partie des Etats de Kontaish, qui s'étendoit de l'eft du défert jufqu'aux frontieres de la Chine; ils y établirent des colonies de Mongols, mais ils ne toucherent point aux domaines du Dalai Lama (*a*). Il faut cependant que le Kontaish ait recouvré ces pays depuis; car le P. Gaubil nous apprend qu'en 1726 les Tartares de Hami ou Khamil, de Turfan, d'Akfu, de Kashgar,

Offres qu'il fait à la Ruffie.

(*a*) Bentink, p. 546 & fuiv.

d'Irghen ou Jarkien, & d'Anghien (*a*), étoient sous sa protection. Le lieu de sa résidence s'appeloit *Harkas* ou *Urga* sur la riviere d'Ili (*b*), que quelques-uns nomment *Konghis*, dont nous avons parlé dans la description de la Tartarie.

(*a*) D'Anville place sur sa carte cette ville sur la riviere de *Syr* ou *Sihon*, à soixante milles environ au nord-ouest de sa source ; mais Gaubil, dans Souciet, p. 179, dit qu'elle est à quelques lieues au sud de la source de cette riviere.

(*b*) Souciet, Observ. Mathém. &c. p. 176, 177, 180.

Fin du Tome septieme.

www.ingramcontent.com/pod-product-compliance
Lightning Source LLC
Chambersburg PA
CBHW070823230426
43667CB00011B/1677